نظم المعلومات الحاسوبية
نظريات وتطبيقات عملية في الشركات الرقمية

نظم المعلومات الحاسوبية
نظريات وتطبيقات عملية في الشركات الرقمية

Computerized Information System :
Theory And Practice In The Digital Companies

الدكـــتور
رياض سلطان علي

الطبعة الأولى

المملكة الأردنية الهاشمية
رقم الإيداع لدى دائرة المكتبة
الوطنية
(2008/8/2615)

025.04
علي، رياض
نظم المعلومات الحاسوبية، نظريات وتطبيقات عملية في الشركات الرقمية /رياض
سلطان علي.- عمان: المؤلف، 2008.
( ) ص.
ر.أ : (2008/8/2615)
الواصفات: / نظم المعلومات الحاسوبية//الإدارة الصناعية/

أعدت دائرة المكتبة الوطنية بانات الفهرسة والتصنيف الأولية .
يتحمل المؤلف كامل المسؤولية القانونية عن محتوى مصنفه ولا
يعبر هذا المصنف عن رأي المكتبة الوطنية أو أي جهة أخرى

المتخصصون في الكتاب الجامعي الأكاديمي العربي والأجنبي
دار زهران للنشر والتوزيع

تلفاكس : 5331289 – 6 – 962+، ص.ب 1170 عمان 11941 الأردن
E-mail : Zahran.publishers@gmail.com
www.darzahran.net

فصول الكتاب
الباب الأول
أساسيات نظم المعلومات الحاسوبية
1 منظور عام لنظم المعلومات وعملية صنع القرارات
2 التطور التاريخي لنظم المعلومات الحاسوبية
إذهب الى الباب الثاني
الباب الثاني
نظم المعلومات حسب المستويات الإدارية
3 نظم المعلومات التشغيلية
4 نظم معلومات دعم الإدارة
5 نظم معلومات دعم العمليات الإستراتيجية
إذهب الى الباب الثالث
الباب الثالث
نظم المعلومات حسب الوظائف الإدارية
6 نظم معلومات المحاسبة المالية
7 نظم المعلومات التكاليفية
8 نظم الرقابة المالية
9 نظم معلومات المشتريات
10 نظم معلومات الإنتاج
11 نظم معلومات المخزون
12 نظم معلومات الرقابة على الجودة
إذهب الى الباب الرابع
الباب الرابع
تطبيقات تكنولوجيا المعلومات في إدارة الأعمال
13 نظم سلسلة التزويد الإداري
14 إدارة علاقات الزبائن
15 الذكاء التجاري
16 التجارة الإلكترونية
إذهب الى الباب الخامس
الباب الخامس
حالات عملية في نظم المعلومات
17 الشركة الوطنية لإستخراج الزيوت النباتية
18 شركة المحيط لمنتجات الألبان
19 شركة السلطان للصناعات الغذائية
20 شركة البحر الأبيض للصناعات الكهربائية
21 شركة البحر الأحمر لصناعة قطع غيار السيارات
22 شركة النهرين لصناعة البطاريات السائلة
23 الشركة الأهلية لصناعة الألبسة الجاهزة
24 شركة الشرق العربي للنسيج الصوفي
25 الشركة العربية لصناعة الجلود
26 شركة عشتار للمنتجات الورقية
27 شركة مصانع الرياض لإنتاج التبغ والسجائر
28 شركة النهضة لصناعة الإسمنت

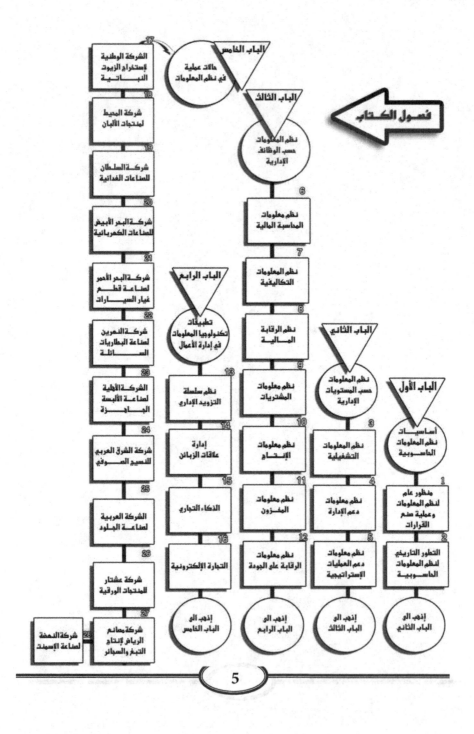

فهرس الأشكال الواردة في الكتاب

المقدمة :

في ضوء المتغيرات المتسارعة التي أخذ يشهدها العالم العربي في السنوات الأخيرة من القرن العشرين كنتيجة حتمية للإنجازات العلمية والتكنولوجية التي تحققت وفتحت أفاقاً مذهلة للتقدم في المجالات الواسعة في الكمبيوتر والانترنت، برزت الحاجة إلى تطوير واستخدام نظم معلومات محوسبة تناسب حاجات صناع القرار، من المديرين في منظمات الأعمال المختلفة.

فالتوسع في التصنيع في مختلف مستوياته وزيادة حجم الشركات التجارية في معظم البلدان النامية إضافة إلى الثورة المعلوماتية والاتصالات أدت إلى ضرورة التفكير في تطوير النظم الحالية في هذه المنشآت وتحديث انطلاقتها وتفعيل أدائها لتوفر أرضية ملائمة لصنع القرارات الإستراتيجية الصائبة.

والواقع أن تحسين وتحديث نظم المعلومات في منشآت الدول الصناعية المتقدمة ليست بجديدة إذ أن التركيز على هذه النظم والاهتمام بتطويرها، اخذ يزداد منذ عقود عديدة، بحيث أجريت العديد من الدراسات الميدانية والتجريبية على هذا الموضوع المهم وأصبحت المؤسسات التعليمية في المعاهد والجامعات تتسابق في أساليب تدريسة وتعمل على تطبيقه وظهرت العديد من الكتب والمؤلفات عنه.

ولقد أصبح تطوير وتحديث نظم المعلومات في منشآت الدول المتقدمة تحدياً كبيراً أمام مؤسساتنا صناعية أم تجارية التي لا تزال نظم المعلومات فيها تعاني من الضعف بالشكل الذي لا يمكن فيها تلبية عنصرـ التقنية والنمو والتكنولوجيا المتفجرة، الأمر الذي يستدعي حشد كل الطاقات والإمكانات وبذل كافة الجهود لتطوير هذه النظم لتناسب عصرـ الثورة الرقمية التي نتعامل معها ونواجة تأثيراتها الهائلة.

نعــم هنــاك حاجــة ملحــة آن أوانهــا لدراســة نظم المعلومــات في منشـأتنا ومؤسساتنا والتركيز على جوانب تطبيقهـا لـكي تلبي متطلبات الثورة المعلوماتيـة والنمو التكنولوجي المتفجر.

من هنا تأتي أهمية هذا الكتاب في وقت تخلو فيه المكتبـة العربيـة مـن أي مرجع موسع يركز على المنهج العلمي ويعرض حـالات دراسيـة واقعيـة متنوعـة في الشركات الصناعية المختلفة. يمتاز الكتاب بالخصائص الآتية :

1. اشتمالة على خمسة أبواب وثمانية وعشرون فصلاً مستقلاً ذات علاقـة نظريـة وتطبيقيـة بمفهـوم نظم المعلومـات وأنواعهـا وتطبيقاتهـا في الأعمال التجارية للشركات الرقمية .

2. تركيزه على جوانب تطبيقيـة لـنظم المعلومـات، إذ يتضمن الكتـاب على حالات دراسية وأمثلة واقعية تسهل على القارئ فهم موضوعـاته والعمل على تطبيقها، لقد اعتمد المؤلف على المنهج الوصفي التحليلي لدراسـة معوقـات وآليـات تطبيـق تكنولوجيا المعلومـات في الأعمـال والتجـارة وكـذلك المـنهج العلمـي والـذي يؤكـد عـلى دور الحـالات الدراسية في عملية تطوير النظم وتحسين أدائها.

إن معظم المؤلفات العربية في مجال نظم المعلومات المختلفة كانت تتجه إلى الجانب النظري في الدراسة دون النظر إلى الجانب العملي له.

لقد استطاع المؤلـف مـن خـلال خبرتـه الأكاديميـة والعمليـة التـي زادت عـن عشرين عامـاً من إصدار كتـاب يتضـمن مجموعـة مـن الحـالات الواقعيـة لتجارب الشركات الصناعية في مجال الإنتاج والمشتريات والتخزين والجودة بما يناسب كـل التطلعات التي يطمح إليها كل المدراء بشكل عام والمديرين الاستراتيجيين بشكل

خاص من أجل صنع قرارات إدارية صائبة.

3. نـدرة الكتـب التي تناولـت بالشرـح والتفصـيل الـدورات المسـتندية والعمليـات المتسلسـلة للإجـراءات المحاسـبية والمخزنيـة والإنتاجيـة وتصويرها بمخططات بيانية لإعطاء القارئ صورة واضحة عـن مسـار المعلومات وتدفق العمل بين نظم المعلومات المختلفة في الشركة.

4. وجود قائمة طويلة من المراجع الأجنبية الحديثة، أوردهـا المؤلـف في نهاية الكتاب ذات العلاقة الوثيقة بنظم المعلومات.

وموضوعاتها المتنوعة مما يجعله مرجعاً مهماً للمؤلفين في هـذا المجـال ويـوفر زاداً خصباً للباحثين والمهتمين الذين يريدون التعمق بالموضوع.

لقد اشتمل هذا الكتاب على خمسة أبـواب رئيسـية : الأول يتنـاول أساسـيات نظم المعلومات الحاسوبية، وقد تم تقسيم هذا البـاب إلى فصـلين، يعـرض الفصـل الأول منظوراً عاماً لمفهوم نظم المعلومات الحاسوبية ويتناول الفصل الثاني التطـور التاريخي لنظم المعلومات خلال العقود الماضية، أمـا البـاب الثـاني والـذي يخـتص بالحديث عن نظم المعلومات حسب المستويات الإدارية فقد تم تقسيمه إلى ثلاثة فصول ، ويركز الفصل الثالـث عـلى أنـواع نظم المعلومـات التشغيلية. ويناقـش الفصل الرابع أنواع نظم المعلومات لدعم الإدارة.

أما الفصل الخامس فقد تم تخصيصـه للحـديث عـن نظم المعلومـات لـدعم العمليات الإستراتيجية.

ويشتمل البـاب الثالـث عـلى سـبعة فصـول مترابطـة، يعـرض الفصـل السـادس موضوع نظم معلومات المحاسبة المالية من حيث مزاياها وعناصرها وفوائدها

وتطبيقاتها، ويتناول الفصل السابع نظم المعلومات التكاليفية من حيث المزايا والاستخدامات وعلاقتها بنظم التكاليف القياسية.

ويتناول الفصل الثامن نظم الرقابة المالية المحوسبة من حيث الأهداف والعناصر والفوائد والتطبيقات، ويتناول الفصل التاسع نظم معلومات المشتريات من حيث أغراضها ومفاهيمها وتطبيقاتها ، ويتناول الفصل العاشر نظم معلومات الإنتاج من حيث الفوائد والعناصر والتطبيقات ودور شبكات الأعمال في تطوير عمليات الإنتاج، و يتناول الفصل الحادي عشر نظم معلومات المخزون من حيث الفوائد والعناصر والتطبيقات .

ويتناول الفصل الثاني عشر ـ نظم معلومات الرقابة على الجودة من حيث العناصر والاستخدام والتطبيقات.

وقد تناول الباب الرابع من الكتاب موضوعاً تطبيقياً مهماً تقوم في الأساس عليه عملية بناء النظم في الشركات والمنظمات الرقمية وتطويرها وهو موضوع تطبيقات تكنولوجيا المعلومات في الأعمال والتجارة، لقد تم تقسيم هذا الباب إلى أربعة فصول، تناول الفصل الثالث عشر منه نظام سلسلة التزويد الإداري وذلك من حيث الفوائد والوظائف والتطبيق، مع توضيح لعلاقته بالبرامج الالكترونية.

أما الفصل الرابع عشر فقد ركز على تطبيقات إدارة علاقات الزبائن وبحث في هذا المجال نظم إدارة علاقات الزبون بمفهومها وخصائصها وطبيعتها وعلاقتها بالعمليات الإنتاجية في المنشآت الصناعية.

واهتم الفصل الخامس عشر من هذا الباب بموضوع الذكاء التجاري من حيث خصائصه ومبرراته ومقومات نجاحه، كما تناول هذا الفصل موضوع قواعد البيانات وركز على التفريق بين مستودعات البيانات الشاملة ومستودعات البيانات الفرعية، حيث يستعرض أهمية وفوائد هذه المستودعات للمنشآت الرقمية.

واختتم الباب بالفصل السادس عشر الذي تناول التجارة الالكترونية من حيث ماهيتها وفوائدها وأنواعها والخطوات الواجب إتباعها من قبل الشركات للتحول لها.

والباب الخامس والأخير في هذا الكتاب يختص بالحالات العملية عن تطبيق نظم المعلومات في المنشآت الصناعية، فقد تم تقسيمه إلى مقدمة تعريفية عامة شملت مجالات وفوائد استخدام الحالات العملية، ثم انتقل إلى مناقشة حالات دراسية واقعية لتجارب مجموعة من الشركات الصناعية المختلفة في مجال المشتريات والإنتاج والمخزون .

لقد وقع هذا الباب في اثنا عشر ـ فصلاً، الفصل السابع عشر ـ تناول الشركة الوطنية لاستخراج الزيوت النباتية، أما الفصل الثامن عشر فقد تحدث عن شركة المحيط لمنتجات الألبان، أما الفصل التاسع عشر فتناول شركة السلطان للصناعات الغذائية، أما الفصل العشرين، فتناول شركة البحر الأبيض للصناعات الكهربائية، أما الفصل الحادي والعشرين فتحدث عن شركة البحر الأحمر لصناعة قطع الغيار في حين تناول الفصل الثاني والعشرين شركة النهرين لصناعة البطاريات السائلة، أما الفصل الثالث والعشرين فتحدث عن الشركة الأهلية لصناعة الألبسة الجاهزة، أما الفصل الرابع والعشرـين فتناول شركة الشرق العربي للنسيج الصوفي، والفصل الخامس والعشرين، فتناول الشركة العربية لصناعة الجلود فيما تناول الفصل السادس والعشرـين شركة عشتار للمنتجات الورقية، وتحدث الفصل السابع والعشرين عن شركة مصنع الرياض لإنتاج التبغ والسجائر وأخيراً تناول الفصل الثامن والعشرين شركة النهضة لصناعة الاسمنت.

لقد تم بناء هذا الكتاب وترتيبه بتسلسل موضوعي وروعي فيه إلى جانب تقديم المفاهيم النظرية الأساسية وربطها بالحالات الواقعية والحلول العملية أن

يكون مراعياً لمتطلبات الثورة المعلوماتية والنمو التكنولوجي المتفجر من أجـل تطوير نظم المعلومات المعمول بها حالياً في منشآتنا الصناعية.

يمثل الكتاب بحق ثورة إدارية علمية بالغة الأهمية ومرجعاً يجدر بكل مـدير ومربي وباحث مهتم قراءته والاستفادة من غنى موضوعاته ولعل عـرض ومناقشـة الحالات الواقعية لتجارب الشركات الصناعية التي صيغت بطريقـة واضـحة سـهلة مليئة بالمخططات البيانية والرسوم التوضيحية والأشـكال التخطيطيـة تمثل جانبـاً آخر من ميزات هذا الكتاب.

المؤلف

رياض سلطان علي

2008م

الباب الأول

أساسيات نظم المعلومات الحاسوبية

الفصل الأول

مدخل إلى نظم المعلومات وعملية صنع القرارات

بعد دراستك لهذا الفصل تستطيع أن:

1. توضح المقصود : بنظم المعلومات الإدارية من حيث نشوئها وفوائدها وخصائصها.

2. تبرز متى ينبغي استخدام التغذية الراجعة في الاتصالات لدعم عملية صنع القرارات في المنشأة .

3. تحدد طبيعة الدور الذي تقوم بها نظم المعلومات في دعم عملية الإدارية للمنشأة.

4. توضح كيف يمكن أن يساهم المدراء في تحقيق النجاح للمنشأة.

5. تعرف فوائد نماذج القرار والحلول التكنولوجية المتطورة وتأثيرها في صنع القرارات الصائبة.

6. تعطي أمثلة توضح من خلالها أهمية تدفق البيانات بدقة ومرونة وبسهولة فيما بين الأقسام الوظيفية والإنتاجية في المنشأة.

7. تبين أهمية دراسة شبكة التفاعلات داخل النظم ومعرفة تدفق البيانات بين الأقسام المختلفة في تحديد النقاط المهمة المسببة لانخفاض الكفاءة في عمليات الإنتاج والتصنيع.

المقدمة :

نظم المعلومات الحاسوبية هي مجموعة الأجهزة والبرمجيات وشبكات الاتصال والإجراءات والبيانات والأفراد التي تستخدم لجمع ونقل وتصنيف وتبويب وتركيب ومعالجة المعلومات بكفاءة عالية في المنشأة بغية إشباع الحاجات المتصاعدة والمتزايدة للمدراء وصناع القرارت، كثيراً من المنشآت طورت مع الزمن عدد من النظم الفرعية للمعلومات لتداول ومعالجة أصناف من المعلومات الداخلة والخارجة منها،وتوليد تقارير ذات قيمة للمدراء من مستويات مختلفة ووحدات وظيفية مختلفة.

ولما كانت هناك عدة أنواع من أنظمة المعلومات في المنشأة، فثمة حاجة لوجود أداة لتحقيق عملية الربط بينهم. فظهر أن نظام المعلومات الإدارية هو أفضل أداة لربط نظم المعلومات ببعضها البعض.

مفهوم النظم وعلاقته بمفهوم المنشأة :

ومن أجل التفهم الجيد لهذه النظم على الفرد أن يفهم فكرة المنشأة أو مفهومها، وحول هذا الموضوع قال (Alter) بأن المنشأة عبارة عن معالجات مترابطة لكل منها وظائف خاصة كالرقابة المالية والإنتاج والتسويق وإدارة الأفراد، كما وأنها عبارة عن شبكة معقدة لمعالجة القرارات للفعاليات المختلفة في جميع أقسام المنشأة من أدنى مستوى إلى أعلى مستوى.

ويرى (O Brien) أن نظم المعلومات الإدارية تنشأ في ظروف بيئية اقتصادية واجتماعية وتجارية وتقنية لتحقيق احتياجات المدراء من المعلومات الضرورية وبالوقت المناسب. أي أن نظم المعلومات هي أداة أو مركز للدخول وخروج

المعلومات من أجل تسهيل الاتصالات بين نظم المعلومات المختلفة والمنشأة نفسها ومحيطها الخارجي.

ومعنى ذلك أن نظام المعلومات الإدارية ينشأ في إطار بيئي تؤثر فيه وتتأثر به، فهو نظام إداري فيه تفاعل بين الأفراد والأجهزة والإجراءات والبيانات داخل هذا النظام مع بعضهم البعض ومع البيئة المتواجدة خارجة من أجل الوصول إلى هدف أو أهداف إدارية تنهض بالمنشأة. لاحظ الشكل (1-1) والشكل (1- 2) .

وفي مجال العملية الإدارية، فإن هذه القوى البشرية والتكنولوجيا والمعلوماتية المتفاعلة تعمل متكاتفة لخدمة المدير صانع القرارات الذي أصبح محور العملية، وبذلك تكون نظم المعلومات نواة مركزية للمنشأة وأداة قيمة لإيصال المعلومات الضرورية لكافة المدراء بمستوياتهم الإدارية المختلفة في الوقت المناسب وبالكميات المطلوبة والنوعية اللازمة.

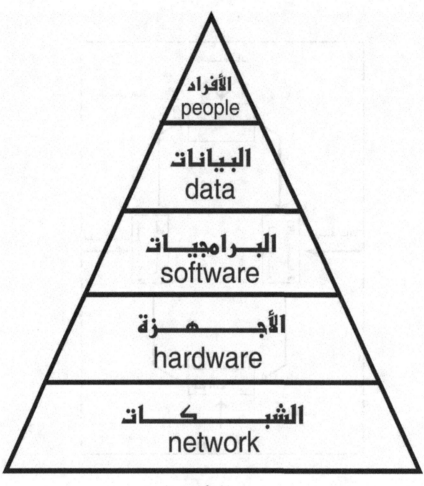

(الشكل 1-1)

كما موضح في الشكل أعلاه فإن نظم المعلومـات تسـتعمل الأفـراد ، البيانـات والبرمجيات، والأجهزة وشبكات الاتصالات والتكنولوجيا، لجمع ونقل وتصنيف وتبويب وترتيب ومعالجة المعلومات في المنشأة.

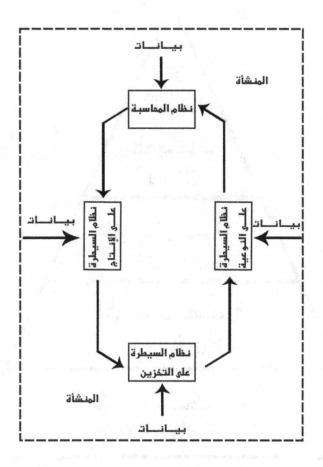

بيانات
المنشأة
نظام المحاسبة
بيانات
نظام السيطرة على الإنتاج
بيانات
نظام السيطرة على النوعية
نظام السيطرة على التخزين
المنشأة
بيانات

(الشكل 1-2)

مفهوم التغذية الراجعة :

ويجب التأكد بأن الإنجاز الفاعل للاتصالات ضمن المنشأة يحتاج على تغذية راجعة (استرجاعية) (Feed back) لغرض التأكد من أن المعلومات تصل إلى المكان المطلوب من قبل الشخص الطالب وهي مفهومة من قبل مستلمها، وبحكم الضرورة تعتبر التغذية الراجعة (الاسترجاعية) في الاتصالات مهمة جداً من أجل التأكد بأن المعلومات التي أرسلت إلى المدير صانع القرارات قد استلمها وفهمها فهماً جيداً.

ومما يجدر ذكره هنا أن التغذية الراجعة تمثل ركناً مهماً من أركان قياس كفاءة نظم المعلومات الإدارية وذك لأنها تلعب دوراً أساسياً في تبيان مدى نجاح النظم في تحقيق أهدافها .

إن صنع القرارات الإدارية من قبل المدراء ووضعها موضع التنفيذ وتطبيقها في العمل هو جانب بالغ الأهمية. والعامل الحاسم لهذا كله هو الإدارة السليمة والمتميزة لصناع القرارات من المدراء باختلاف مستوياتهم الإدارية الذين يقومون باتخاذ القرارات في ضوء خبراتهم الذين تعلموها عبر حياتهم الوظيفية.

إن النجاح في الشركة يعود إلى نجاح المدير في القرار الذي يصنعه وفي الإجراء الذي يتخذه، ولا يمكن للمدير أن يؤدي دوره الحقيقي في صنع القرارات السليمة إلا في ظل نظام المعلومات الإدارية الذي يوفر له المعلومات الملائمة والدقيقة والشاملة والآنية التي تساعدهم في تحقيق هذا الهدف.

ويمكن توضيح ذلك من خلال الشكل (1- 3) .

أدوار المدراء في عملية صنع القرار :

ويقوم المدراء والقادة الإداريين بالتخطيط للعمل وبتنفيذ الخطط وقياس النتائج وبتقويم الأداء، وهذه الأعمال التي يقوم بها القائد الإداري موضحة في الشكل (1-4) الذي يتضح فيه بأن القائد الإداري يعتمد على خبراته الوظيفية وتجاربه المتراكمة والتفكير العلمي الصحيح بغية إنجاز الوظائف وصنع القرارات السليمة. إن القائد الإداري هو وحده الذي يمكن أن يرتفع به الحدس إلى الإبداع في صنع القرارات الصائبة.

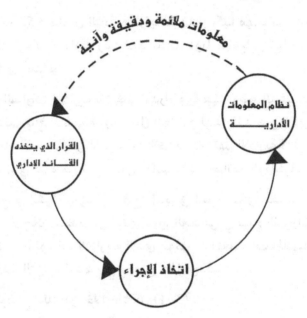

(الشكل 1-3) يبين علاقة القرار الذي يصنعه المدير بالمعلومات التي يوفرها نظام المعلومات .

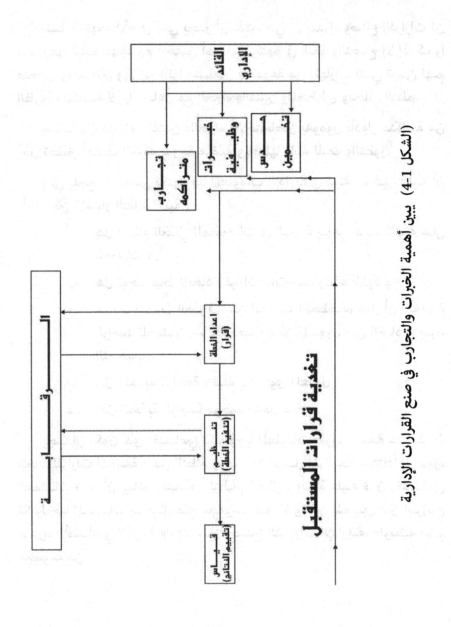

(الشكل 4-1) يبين أهمية الخبرات والتجارب في صنع القرارات الإدارية

المسألة المهمة الأخرى التي يجدر أن تذكر، هي أن المدراء وصناع القرارات لن يستطيعوا قيادة موظفيهم لتحقيق أهداف شركتهم في النمو والنجاح إلا إذا كانوا متحابين ومتعاونين وإلا إذا كانوا متسلحين بمجموعة من المهارات التي تهيئ لهم الظروف المناسبة لإجراء تفاعل مع الخبراء والفنيين والمخططين ومحللي النظم.

وهكذا فإن المدراء والفنيين والخبراء والاختصاصين يقومون بأدوار متكاملة من أجل تحقيق أهداف الشركة بدرجة مرضية ويجعلها قابلة للنمو والتطور.

ولكي ينجح اختصاصي تكنولوجيا المعلومات الإدارية في شركة ما فإن عليه أن يأخذ بعين الاعتبار النقاط الآتية :

أ. هل النظام الحالي للمعلومات في الشركة يوفر رقابة كافية على العمليات .

ب. هل توجد نقاط لاتخاذ القرارات ذات صلة وثيقة بالموضوع.

ج. عندما يحدث انحراف عن العملية المخططة، هل أن التغذية الراجعة للعمليات سريعة بحيث تمكّن المسؤول من اتخاذ الإجراء التصحيحي.

د. هل التغذية الراجعة دقيقة بالمستوى المعقول.

هـ. هل التغذية الراجعة موجهة بشكل صحيح.

يجب أن يكون لدى اختصاصي تكنولوجيا المعلومات صورة واضحة عن نقاط اتخاذ القرارات المختلفة ضمن النظام ووقت رد الفعل المرتقب استناداً إلى دورة العمليات قبل أن يباشر بتبسيط النظام الحالي . وبناءً عليه فإن اختصاصي تكنولوجيا المعلومات يتواصل مع مجموعة من الموظفين المعنيين من أبرزهم مدراء الأقسام في الشركة والمهندسين وصناع القرارات الإدارية، وتربطه بهم مجموعة من

العلاقات التي ينبغي أن تكون وطيدة وصافية، لأنها على جانب كبير من الأهمية لتحقيق مخرجات تامة ومؤهلة للإبداع وذلك لسببين :

1. أنها تحدد مدى الحماس والنشاط الذي يمارس به هؤلاء الاختصاصين والمدراء العمل في الشركة .

2. أنها تعود بالخير على العمل إن كان فريق العمل متحاباً ومتفاهماً أو يتم العمل بفقر المخرجات أن كان هؤلاء الأفراد مختلفين ومتنافرين.

وهكذا أصبح اختصاصيو تكنولوجيا المعلومات من مصممين ومحللين للنظم هو محور عملية تبسيط وتطوير النظم الحالية وبناءها.

فالقائد الإداري هو المخطط الاستراتيجي للسياسات المتعلقة بشركته وهو صاحب التقويم النهائي للخطط والبرامج المتعلقة بهذا المجال وهو الذي يقوم بتهيئة كافة متطلبات النجاح للشركة، لذا فمن المهم الارتقاء به ليصبح كيان تعلم، بحيث يطور نظمه المعلوماتية والإدارية لدعم عملية صنع القرار، ويقود التغيير وينظم برامج التطوير والإبداع .

ويطبق السياسات والاستراتيجيات طويلة المدى وقصيرة المدى بشكل ناجح لكي يستطيع وبوقت قياسي التغلب على التحديات واستغلال الفرص المتاحة لتطوير نظم معلوماته لكي تكون قادرة على مواكبة المستجدات وتوظيف تكنولوجيا المعلومات.

إن إعطاء القائد الإداري مزيداً من الصلاحيات وتقديم الدعم المالي المجزي له يجعله يصنع القرارات ويبادر إلى وضع البرامج والخطط الإستراتيجية ويساهم في تطوير وتحديث نظم المعلومات الحالية.

إن ضعف الإعداد النظري والعلمي للقائمين على عملية صنع القرارات الإدارية يعود مما لا شك فيه إلى اتخاذ قرارات مخطوءة ومشوشة مما يـؤدي إلى هـدر للوقت والمال والجهود.

إن القائد الإداري الذي يستخدم نماذج القرار Decision Models والحلـول التكنولوجية المتطورة التي تتمتع بصفات تقنية عالية وذات علاقة وثيقة بالحالة، ويقوم بتفسير النتائج المستقاة من هذه الأدوات بناء على معايير محددة مقدماً، هذا القائد سوف يمتلك الثقة والجرأة الكافيتين لصنع القرارات الصائبة مـن غـير تردد أو ارتباك.

هناك عوامل متعددة ربما تؤثر تأثيراً كبيراً على عملية صنع القرارات وسوف نوضح في المثال التالي أهم هذه العوامل :

إذا لزم اتخاذ قرار لمعالجة طلب وارد في دائرة المبيعـات، فـإن دائـرة الإنتـاج يمكن أن تعلم مدير التصنيع لتزويد المواد الأولية واليد العاملة.

وغيرها من المدخلات اللازمة للمباشرة بعمليات الصنع، ومن الضروري أن يتأكد مدير التنظيم والإنتاجية بـأن التعليمات تصـل إلى المعنيين ويفهموهـا وإن عمليات التصنيع تسير بكفاءة ولا توجد أي اختناقات أو تأخير .

تقوم دائرة التنظيم والإنتاجية باستلام المعلومات عن تقديم عمليات الصنع بمراحل مختلفة ومحددة مسبقاً وترسلها إلى دائرة السيطرة علـى الإنتاج . تحفظ دائرة التنظيم والإنتاجية معلومات تتعلق بكيفية سـير الإنتاج وعمليات الصنع والمتطلبات من المواد الأولية واليد العاملة.

تقوم دائرة السيطرة على الإنتاج بتحديد النقاط المهمة المسببة لانخفاض الكفاءة في عمليات الإنتاج وتوفير المصانع بالمعلومات الضرورية التي تساعد على اكتشاف نقاط الضعف واتخاذ الإجراءات اللازمة لتصحيح الانحرافات.

وفي الوقت نفسه يحاول قسم الإنتاج تحقيق أقصى- انتفاع في المكائن والمعدات والأيادي العاملة بإنتاج دفعات طويلة الأمد من منتجات معينة قليلة الاختلاف.

إن نظام التصنيع في المنشآت الصناعية يمكن تصوره بشكل عام كمجموعة من النقاط الثابتة متصلة بعضها بالآخر بواسطة شبكة نقاط أو حركة، وهذه النقاط الثابتة تتألف من وحدات إنتاجية وعدة وحدات لخزن وتجهيز المواد الأولية وتوزيع البضائع المنتجة .

فنظام معلومات التصنيع عبارة عن شبكة علاقات تركيبية لا يمكن إدراك عواملها بشكل نهائي إلا من خلال فحص وإدراك العلاقة بين العوامل الأساسية والبيئية الذي يعمل النظام ضمن إطارها ويمارس فيها نشاطه.

ينشأ نظام معلومات التصنيع وفقاً لظروف بيئية اجتماعية واقتصادية وسياسية وتعليمية لتحقيق احتياجات مجتمع هذه البيئة ومن ثم فهي تتغير بتغير احتياجات المجتمع وقدراته.

إن التوظيف الموسع في البرامج والمشاريع وبناء الحلول والأنظمة الإلكترونية وإدخال المبتكرات والأنماط الجديدة من المنتجات لها التأثير البالغ على نوع الخدمات التي تقدمها النظم المختلفة للمنشأة .

تأثير الثورة الرقمية على الهياكل التنظيمية للمنشآت الصناعية :

إن التقدم الحاصل في التكنولوجيا والتغير السريع الذي تحدثه في البنية التحتية لنظم التصنيع القائمة يؤثران ليس في درجة نمو الشركات فحسب وإنما أيضاً من مكونات وعناصر النظم، فثورة التكنولوجيا والتطورات العلمية والمعلوماتية والتراكمات المعرفية قادت بمجموعها إلى تحولات جذرية في الهياكل التنظيمية للمنشآت الصناعية . فقد تغلغلت أدوات العصر الرقمي في شتى مجالات وتطبيقات نظم معلومات التصنيع في هذه المنشآت .

فوجدناها في مجالات السيطرة على الإنتاج والسيطرة على الخزين والسيطرة على جودة المنتجات ثم ظهرت شبكات الانترنت بقدراتها الجبارة وخدماتها المتنوعة لتؤدي إلى حدوث المزيد من التوسع في نطاق عمل هذه النظم حيث أصبحت هذه النظم لها وظائف متعددة الجوانب تعكس فعاليات متخصصة ولها بيئة داخلية تضم نقاط القوة والضعف وتحدد قدرة النظام على الإفادة من الفرص ومقاومة التحديات لاحظ الشكل (1 -5).

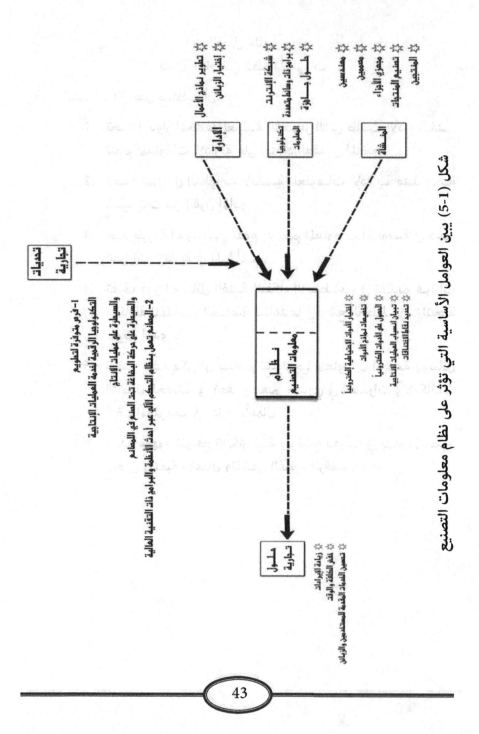

شكل (1-5) يبين العوامل الأساسية التي تؤثر على نظام معلومات التصنيع

الفصل الثاني
التطور التاريخي لنظم المعلومات

بعد دراستك لهذا الفصل تستطيع أن:

1. تحدد الأدوار المختلفة لعملية التطوير التي طالت الأداء التقني لنظم المعلومات الإدارية على امتداد العقدين الماضين.

2. تحـدد المراحـل التطوريـة لأنظمـة المعلومـات الإداريـة منـذ بدايـة السبعينات من القرن الماضي .

3. حدد طبيعة الدور الذي تقوم به نظم المعلومات المحوسبة في دعـم القرارات الإدارية في المنشأة .

4. تعرف دور الوسـائل الفنيـة للـذكاء الاصـطناعي في تقـديم قـرارات متكاملة للمنشآت الصناعية تساعدها في وضع الخطط الإستراتيجية طويلة المدى .

5. توضح كيف يمكن أن يساهم تكنولوجيا المعلومات الرقمية ووسائل الاتصال الحديثة في تحقيـق تغـير جـذري في القـدرات والإمكانـات لنظم المعلومات في إدارة الأعمال.

6. تحـدد مفهوم المواقع الالكترونيـة وتوضـح دورهـا في بنـاء الاقتصـاد المعرفي وتنمية الأعمال وتقليص الفجوة الرقمية.

التطور التاريخي لنظم المعلومات

مقدمة :

زاد الاهتمام بنظم المعلومات كثيراً خلال القرن الماضي وبداية القرن الحالي، بسبب الثورات العلمية والمعرفية المتتالية التي أدت إلى سرعة انتشار الانترنت والتقنية الرقمية والحواسيب المتنقلة، لم تحدث التطورات في نظم المعلومات فجأة أو خلال فترة زمنية قصيرة ، بل أخذت وقتاً طويلاً وكافياً نسبياً، تم خلاله إدخال التحسينات على نظم المعلومات التقليدية تلبية لمتطلبات المنشآت الصناعية التي جرت فيها تغيرات تكنولوجية وإدارية وتقنية وصناعية متسارعة.

هذه التغيرات العلمية والتكنولوجية قد أثرت على مدار السنوات الماضية بشكل ملحوظ وكبير على تطور نظم المعلومات في مختلف أنحاء العالم، لقد لعبت ثورة المعلومات والاتصالات دور الريادة في هذا التطور التاريخي للنظم، فمع التطور الهائل للأنظمة المعلوماتية تحولت التقنية التكنولوجية إلى أحد أهم جوانب تحديث نظم المعلومات في المنشآت الصناعية خلال السنين الماضية في العالم بشكل عام.

ولكي نعطي للموضوع حقه من الشرح والتوضيح فسوف يتم الحديث أولاً عن التطور التاريخي لنظم المعلومات الإدارية ولا سيما منذ بداية السبعينات ثم نتعرض للأدوار المختلفة التي مر بها تطوير النظم.

تباين علماء الإدارة في نظرتهم إلى دور نظم المعلومات الإدارية في تطور وتحديث المنشآت الصناعية، مما أدى إلى ظهور عدة أدوار في فترات زمنية مختلفة، بدأت في الستينات في القرن الماضي، وترجع أهم الأسباب التي أدت إلى ظهور مثل هذا التباين هو الاختلاف في التركيز على الأدوار المختلفة لعملية التطوير التي طالت الأداء التقني لنظم المعلومات الإدارية على امتداد العقدين الأخيرين. انظر الشكل (2-1).

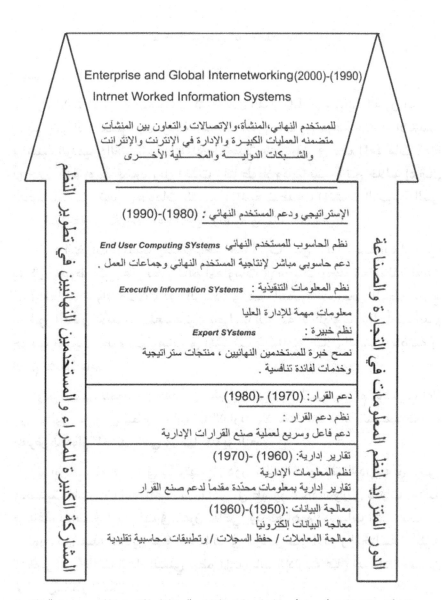

يبين الشكل (2-1) تطور نظم المعلومات الإدارية خلال القرن الماضي وبداية القرن الحالي

كان العقدان الماضيان أكثر من كافيين لأحداث هذه النقلة النوعية المنشودة في نظم المعلومات الإدارية وفيما يأتي توضيح الاتجاهات المختلفة لدور نظم المعلومات الإدارية في المنشآت الصناعية.

• الدور الذي يركز على معالجة المعلومات الكترونياً . انظر الشكل (2-2) لقد كان دور نظم المعلومات الإدارية بنهايات الستينات وبداية السبعينات بسيطاً يركز على معالجة المعاملات Transaction Processing التجارية . كحفظ السجلات Record - Keeping والمحاسبة ومعالجة البيانات الالكترونية Electronic Data Processing .

لقد ظهرت في نفس الفترة عدد من الوظائف لنظام المعلومات الإدارية والتي تمثل في الوقت ذاته تطوراً إضافياً لدور النظام وتكشف عن رؤية جديدة لأهميته للإدارة . لقد أصبح الدور الجديد لنظام المعلومات هو توفير المعلومات الضرورية للمدراء لمساعدتهم في صنع القرارات الإدارية الصائبة وهذا ما سوف نتعرض له الآن.

• الدور الذي يركز على نظم دعم القرارات (Decision Support System).

في بداية السبعينات ساهم الانفتاح وسهولة الاتصال والتواصل بين عمليات النظام ومصادره من المعلومات وسرعة انتشار الحاسوب في المنشآت الصناعية والخدمية إلى بروز نوع من الوعي والإدراك من قبل المسئولين في المنشآت الصناعية لأهمية نظم دعم القرارات في تزويد المدراء في المستوى التكتيكي بالمعلومات السريعة والدقيقة لكي تساعدهم في صناعة القرارات الصائبة. ومن هنا تحول الاهتمام في حفظ السجلات ومعالجة البيانات إلى الاستفادة من نظم دعم القرارات باعتبارها أداة تقوم بتزويد الإداريين والمستخدمين بدعم فاعل وسريع لعمليات صنع القرارات.

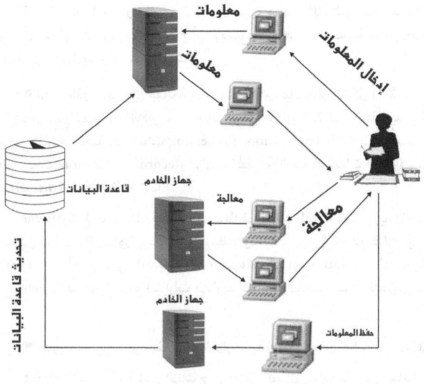

شكل (2-2)

شـكل (2-2) يوضـح كيفيـة معالجـة المعلومـات إلكترونيـاً باسـتخدام شبكة تقليديـة تتكون مـن رزمـة متكاملـة مـن الأدوات والحواسـيب وقواعـد البيانـات وأجهزة الخوادم التي تقوم بإعـداد البـرامج الحاسـوبية الخاصـة بإدخـال البيانـات ومعالجتها واستخراج النتائج حسب برامج معدة مسبقاً لهذا الغرض.

والشكل (2 -3) يمثل العلاقة القوية بين نظم دعـم القرارات وعمليات صنع القرارات، وباختصار ، فإن نظم دعم القرارات تعتبر أدوات مهمة، هـدفها الأسـاس تزويد المدراء بالتقارير التي تفيد في اتخاذ القرارات الإستراتيجية وتقـديم المشـورة الخبيرة في خطط المنشأة وسياستها الشرائية لتمكينهـا مـن تحقيـق أهـدافها ورفع مستوى أدائها وخدماتها.

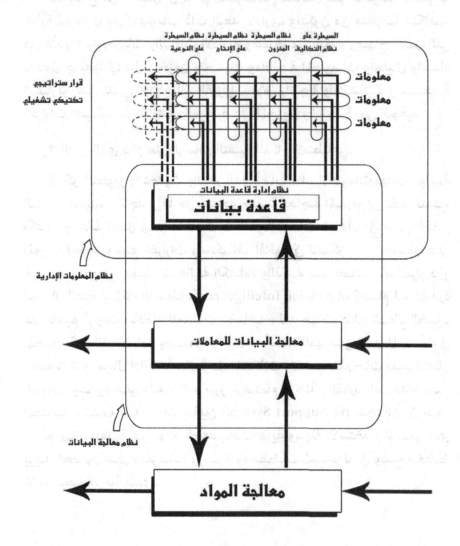

السيطرة على   نظام السيطرة نظام السيطرة نظام السيطرة
نظام التكاليف   المخزون   على الإنتاج   على النوعية

معلومات
معلومات
معلومات

قرار ستراتيجي
تكتيكي تشغيلي

نظام إدارة قاعدة البيانات

قاعدة بيانات

نظام المعلومات الإدارية

معالجة البيانات للمعاملات

نظام معالجة البيانات

معالجة المواد

شكل (2-3) يبين نظم دعم القرارات

كما يتضح من الشكل أن نظم المعلومات المتكامل هو منظومة حاسوبية لإدارة كم هائل من المعلومات ذات البعد الإداري، ويتكون من منظومة متكاملة من الأجهزة والبرمجيات والبيانات الإدارية ومستخدمي النظام ومنهاج العمل التي تتكامل جميعها لإدخال وتخزين وتحديث ومعالجة المعلومات وتحليل وإعداد التقارير التي تلبي احتياجات القرارات الإستراتيجية والتكتيكية والتشغيلية كقرارات السيطرة على الإنتاج والسيطرة على المخزون والسيطرة على النوعية.

● الدور الذي يركز على الوسائل التقنية للذكاء الاصطناعي.

لم يكن التطوير والتحديث والتغير الذي أصاب نظم المعلومات بهدف مواكبة العصر وتحدياته مفاجئاً وإنما حل كنتيجة حتمية لحاجة المدراء إلى نظم تتمتع بكفاءة وفاعلية أفضل وهذا ما قامت به الشركات عندما بدأت في تبني النظم الموجهة لخدمات صنع القرارات واستكشاف آفاقها كي تتمكن من الحصول على جيل جديد من التطبيقات عالية الكفاءة والذكية لقد تعاظم باستمرار دور الوسائل الفنية للذكاء الاصطناعي Artificial Intelligence. كنظام له القدرة على تقديم قرارات متكاملة للمنشآت الصناعية ، لقد ظهرت هذه النظم الخبيرة المحوسبة في الثمانينات واستمر الاهتمام باستخدامها من قبل المنشآت في التسعينات في مجال إدارة الأعمال وحل المشكلات وتقديم المقترحات المبنية على الخبرات. وعلاوة على ذلك، فقد برز الاهتمام في هذه الفترة باستخدام نظم المعلومات لدعم المدراء التنفيذيين (Executive Support System)، إن هذه النظم تمتاز بالمقدرة على توفير قواعد بيانات قوية وسهلة الاستخدام للمدير الذي يريد الحصول على معلومات ورسوم ومخططات لمساعدته في وضع الخطط الإستراتيجية طويلة المدى.

● الدور الذي يركز على أهمية خدمات الانترنت وشبكات الاتصال العالمية.

خلال عقد من الـزمن طـرأت عـلى الخدمـات التي تقدمها نظم المعلومات تحسينات هائلة وذلك بسبب النمو السريـع في استخدام الانترنـت والانترانت والاكسترانت من قبل المنشآت الصناعية، لقد أدى هـذا التطـور الـذي حصـل في تكنولوجيا المعلومات والاتصالات إلى حصول تغير جـذري في القدرات والإمكانات لنظم المعلومات في إدارة الأعمال في التسعينيات من القرن الماضي.

في الواقـع لقـد أخـذ الاهـتمام يتزايد في ظـل هـذه التطـورات بتكنولوجيـا المعلومات بالدور الذي تلعبه نظم المعلومـات في صـناعة القرارات حيـث أخـذت المنشآت ببناء وتصميم نظم معلومات متطورة تعتمد على البنية التحتيـة المتـوفرة لديها ولعل مما أسهم في تزايد أهمية نظم المعلومات ما يلي :

أ.   تحسين وسائل الاتصال بفضل اكتشاف الانترنت والبريـد الالكتروني، لقد أدى الاستخدام المكثف لوسائل الاتصال الحديثة والتكنولوجيا الرقمية إلى زيادة كفاءة وفاعلية نظم المعلومـات في تزويـد صـناع القرارات بالمعلومات السريعة والدقيقة والملائمة والشاملة في داخل المنشأة أو خارجها.

ب. تطور عمليات المعالجـة الالكترونيـة السـريعة للملفـات السـمعية والبصرية، إن هـذه التطـورات بتكنولوجيا المعلومـات والاتصالات ساعد على زيادة قـدرات نظم المعلومات المحوسبة عـلى خدمـة صناع القرارات خدمة ذكية وتخليصهم من المهمات المتعبة المتعلقة بالبحث عن المعلومات الملائمة لصنع القرارات المهمة.

إن انتشار الانترنت في الدول المتقدمة صناعياً في السنوات الأخيرة من القرن الماضي أدى إلى ظهور الشركات الالكترونية e.Business والتجارة الالكترونية e.Commerce والتي حققت مكاسب كبيرة في القطاع العام والخاص، وما يميز التجارة الالكترونية ويدفعها للتطور في المستقبل هو أن المنشآت المنتجة والشركات المصدرة لم تعد ترتبط فقط بزيادة الإنتاج وتحسين الجودة وإنما بتقليل الفترة الزمنية اللازمة لانتقال البضاعة أو المواد الأولية من المنتج إلى المستورد وتخفيض التكاليف والنفقات المرتبطة بكل مرحلة من مراحل انجاز العملية.

إن الانترنت والتكنولوجيا لا يساعدان في بناء العلاقات بين المنشآت المنتجة والشركات المصدرة وتوطيدها فحسب إنما يرشدان المدراء وصناع القرارات في هذه الشركات في اتخاذ القرارات والاختبارات الهامة كما يعتبر الانترنت مستشاراً ممتازاً ويستطيع دائماً حل المشاكل الاقتصادية والإدارية الأكثر تعقيداً.

إن الانترنت يوفر بنية تحتية تكنولوجية متطورة للاتصال والتواصل بين الشركات المختلفة. كما يوفر شبكة متطورة لتفعيل الخدمات الالكترونية ولربط الأنظمة والبرامج بين المنشآت الصناعية ورفع مستوى مهارات الموارد البشرية وتأهيل الفنيين لدعم وتشغيل الحلول التقنية الجديدة. كما يتضح في الشكل الآتي (2 – 4).

ومما هو جدير بالذكر أن التطور الذي حصل في تكنولوجيا المعلومات والاتصالات ساهم بشكل كبير في ظهور المواقع الإلكترونية للشركات التي رفعت من كفاءة وفاعلية هذه الشركات ووضعت الأساس المتين لتقديم خدمات مميزة للعملاء والمستثمرين.

لقد أصبحت المواقع الإلكترونية المداخل الشاملة للحصول على المعلومات والخدمات التي توفرها الشركات من خلال ما تحتويه من محتوى دقيق وشامل وحديث عن الخدمات وعلى مدار الساعة كما أصبحت المواقع الإلكترونية بمثابة نظام مركزي موحد يسهل على الموظفين والعملاء الحصول على المعلومة الصحيحة بأسرع وقت، وقنوات اتصال إضافية للترويج للخدمات التي تقدمها الشركات. لقد ساهمت هذه المواقع في بناء الاقتصاد المعرفي وتنمية الأعمال وتقليص الفجوة الرقمية. لقد بات الموقع الإلكتروني يشكل إحدى النوافذ المهمة للموظفين في الشركة للوصول إلى المعلومة وإجراء الاتصال مع مختلف الأقسام والدوائر والمصانع بالإضافة إلى إجراء بعض المعاملات عبر شبكة الحاسوب من خلال الموقع الإلكتروني. لاحظ الشكل (2-5).

إن التطور المستمر في تكنولوجيا المعلومات والاتصالات لعب دوراً كبيراً في مساعدة الشركات الصناعية في الدول المتطورة على بناء شبكات معلومات واسعة تمتد على أكثر من وضع ومركز ومكتب باستخدام التقنية الرقمية والانترنت والحواسب المتنقلة لضمان نجاح الأعمال وتوفير البيئة المناسبة لها.

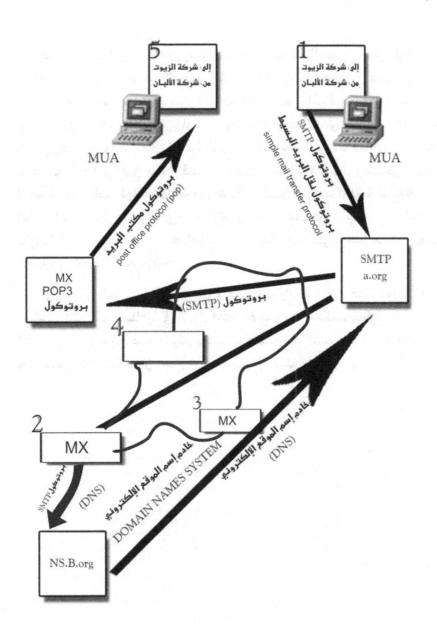

الشكل (2-4) يوضح أهمية الانترنت للشركات

يتيح البريد الإلكتروني الاتصال والنفاذ إلى الانترنت عبر :

1. بروتوكول نقـل البريـد البسـيط [SMTP] Simple mail transfer protocol : الذي يعتبر البرتوكول الرئيسي المستخدم في إرسـال البريـد الإلكتروني على شبكة الانترنت والذي يستفاد منـه في إرسال الرسـائل الالكترونية إلى الخادم Server .

2. برتوكول [POP] Post Office Protocol : والـذي يسـتفاد منـه في الحصول على الرسائل الإلكترونيـة مـن الخـادم ومـن ثـم تخزينهـا في الحاسوب ، يستطيع المستخدم عن طريق هذا البرتوكول من إبقـاء أو حذف الرسائل المستلمة.

3. برتوكـول [MHS] Message handling service : يعتـبر هـذا البرتوكول جيداً في إدارة الاتصالات داخل الشـبكة التـي تـتحكم بهـا. ويساعد في إدارة اتصالات متعددة مع مقدمي خدمة الانترنت.

4. يقوم نظام اسـم الموقع الالكـتروني [DNS] بتنظيم شـبكة الانترنت وتشكيلها على شكل .

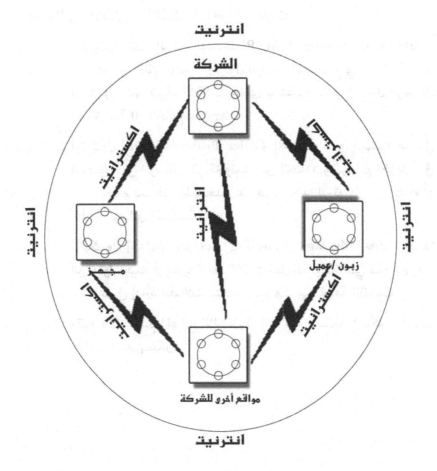

الشكل (2-5)

(الشكل (2-5) يبين البنية التحتية التكنولوجية للاتصال والتواصل بين الشبكات المختلفة ، وكما واضح أعلاه تقوم مواقع محركات البحث على شبكات الانترنت والانترانت والاكسترانت بمساعدة المستخدمين في الوصول إلى المواقع التي تحتوي على المعلومات التي يحتاجونها. إذ أن المواقع لمحركات البحث هي أقصر طريق للوصول إلى المعلومات التي يحتاجها المستخدمون بسرعة وسهولة .

إن البنية التحتية التكنولوجية تساعد على توفير تبادل المعلومات عبر الانترنت مما يمكن التجار ورجال الأعمال والموزعين والمهنيين من تبادل المعلومات الكترونياً .إن توفير قنوات اتصال الكترونية ما بين المجهزين والشركة المستوردة وذلك لتسهيل عملية الحصول على المعلومات المهمة بشكل الكتروني عبر الانترنت بأقل وقت وبأقصى سرعة.

1. توفر الشركة مجموعة من الحواسيب وقواعد البيانات والبرمجيات التي تربط عدة مواقع مثل المصانع والمكاتب والمخازن ، وتتكون شبكة الشركة من أجهزة مستندة إلى معالجات متخصصة يتيح للمستخدم الحصول على معلومات عن المصانع والمخازن والتسويق والمبيعات مترجمة إلى معلومات إحصائية مرئية أو على شكل أرقام وتخطيطات.

2. أن توفير إمكانية الربط الإلكتروني عن طريق الانترانت يساهم في تمكين حاسوب المركز الرئيسي في الشركة من التكامل والتداخل بالحواسيب الأخرى المرتبطة به مثل حاسوب المصنع وحاسوب مكتب الشركة وحاسوب المخازن بالإضافة إلى العديد من الحواسيب الأخرى المترابطة، مما يخفف من تكاليف الإنتاج ويحد من الازدواجية في الإجراءات بشكل عام ويؤدي إلى وفورات أكبر . فبدلاً من القيام بأعمال المحاسبة مثلاً على مستوى كل قسم يتم إجراء ذلك مركزياً لجميع الأقسام.

3. إن الانترانت يساهم في تحسين التدفق المعلوماتي بين أقسام الشركة ومصانعها ومكاتب التوزيع والمدراء، فضلاً عن تحويل عملية إعداد التقارير من عملية يدوية إلى نظام أوتوماتيكي يعمل عند الطلب . لاحظ الشكل (2-6).

4. إن حاسوب مركز الشركة الرئيسي- يضـم مجموعـة مـن الـبرامج والـنماذج الفرعية لحسابات الأقسام والمصانع والمكاتب التي يقوم كـل منهـا بمهمـة من المهام التي تنفذ الكترونياً ويتم التنسيق فيها بينهـا رقميـاً ويجمعهـا كلهـا في نظـام واحـد متكامـل سريـع الحركـة، دقيـق في المعلومـات التـي يتداولها وكل جزء منه قادر تماماً على التفاعـل التـام والإحسـاس المتبـادل بما يجري في الأجزاء الأخرى عبر شبكة الشركة الداخلية (الانترانت).

5. يعتمـد نجـاح عمليـة التـدفق المعلومـاتي بـين الأقسـام والمصـانع والمركـز الرئيسي للشركة على مدى دعم المـدير العـام للشركة وفعاليـة الاتصـالات وتبادل المعلومات المستمر بينا وبين المستويات الإداريـة المعنيـة عـلى أن تـتم الاتصـالات بيـنهما بالاسـتمرارية والوضـوح وبالاسـتجابة الآتيـة لاحتياجاتهم من المعلومات الرقميـة لأغـراض التخطـيط والرقابـة واتخـاذ القرارات الصحيحة.

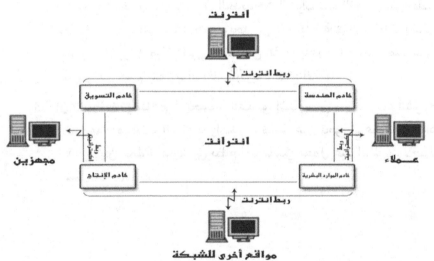

الشكل (2-6) يوضح أهمية استخدام الشبكات للشركة

يستطيع المستخدم الدخول إلى الموقع الإلكتروني على شبكة الانترنت الخاص بمعلومات موظفي الشركة باستخدام رقمه وكلمة مرور خاصة به والاطلاع على المعلومات التي يحتاجها، وإذا رغب بإرسال معلومات مهمة عن طريق البريد الإلكتروني فإنه عادة يستخدم نظاماً للتشفير لكي يوفر له الحماية الضرورية.

ويوفر البرنامج حلا متكاملاً لإدارة وأرشفة رسائل البريد الإلكتروني في الشركات والرسائل الفورية حيث تمكن هذه الحلول العملاء وبشكل منخفض التكاليف من تحقيق أهدافهم من إدارة الرسائل البريد الإلكتروني.

إن الانترنت مبني على أحدث تكنولوجيا رقمية مما يجعله متميزاً وفريداً في نظام تشغيله وخدماته وهذا يعزز قدرة الشبكة لخدمة العدد المتزايد من المستخدمين.

بات بإمكان المستخدمين في هذه الأيام الوصول بسهولة إلى الحواسيب البعيدة وإرسال واستبدال الرسائل عبر نظم الاتصالات الإلكترونية وتطبيق خدمة التحكم عن بعد المستندة إلى المتصفح ويب، أصبح بإمكان المدراء والموظفين في الشركات أن تتصل عن بعد من أجهزة الحواسيب المتوفرة .

مثال :

تستفيد النظم المالية والإدارية والإنتاجية من التكنولوجيا المتقدمة لدعم التطبيقات الجديدة مثل نظم المعالجات ومراكز التوزيع. كما تستفيد المكاتب والمصانع من إتاحة النفاذ إلى الانترنت بسرعات وسعات فائقة وبأسعار مناسبة . ويمتد الكابل الضوئي المستخدم لمسافة ألاف الكيلو مترات يربط بين ستة محافظات بدءاً من بغداد وحتى السليمانية مروراً بأربيل وكركوك والموصل والبصرة. يمثل هذا المشروع انجازاً كبيراً في تطور البنية التحتية للاتصالات في العراق نظراً لوجود حاجات ملحة للربط بالاتصالات الضوئية التي تسهم بقدر كبير في الربط بين كل محافظة من محافظات العراق لتبادل الآراء والمعلومات والخبرات الثمينة والمستندات. لاحظ الشكل (2-7).

1. تتيح الشركة لمدرائها التواصل المباشر فيما بينهم وتبادل المعلومات خاصة ما يتعلق منها بالجوانب الإنتاجية في العمل وعمليات التصنيع وجدولتها وتخطيطها. كما تمكن فرق العمل في الشركة من تبادل المعلومات والتواصل مع الموظفين ومدراء المبيعات والمخازن بطريقة سهلة وعملية.
2. توفر الشركة لمدراء الأقسام مرونة في ممارسة أعمالهم من أي مكان متصل بالويب حتى الهاتف المحمول، ويمكنهم أيضاً من خلالها تتبع المهام المجدولة المطلوب تنفيذها ووقت إنهائها ومعرفة المهام التي تم تنفيذها والمهام التي تأخرت والمهام الجديدة.
3. إن لنظام جمع المعلومات عن سير المواد والعمل في البصرة القدرة على معالجة البيانات وإدارة وتشغيل البرمجيات والتطبيقات ونظم المعلومات العامة عبر الشبكة وإدارة الخدمات المختلفة التي تقدمها الشبكة لمدراء المصانع، ولكي يتم تحقيق معالجة سليمة ينبغي على عدة تقنيات أن تتعاون وتندمج وتتكامل ووتتضافر وتمتزج فيها بينها ولابد من حدوث تواصل سلس بين الشبكات والأجهزة والخدمات والبيئات.
4. إن الشبكة الواسعة تمكّن المستخدمين في المواقع المختلفة من تنفيذ مهامهم الإنتاجية كما تسهل على مدراء المصانع التحكم في عمليات التصنيع وغيرها من العمليات، يتطلب الأمر هنا وجود عالم رقمي لاسلكي يشمل أجهزة تواصل واستشعار مستقلة لتحسين وتبسيط إجراءات العمل للمستخدمين وجعلها أكثر إنتاجية فيكفي وجود حاسب لكل مدير قسم متصل بالانترنت لكي ينظم مشروعاته واتصالاته بدلاً من الحاجة إلى جهاز خادم وبرامج للخادم وبرنامج للبريد الإلكتروني .

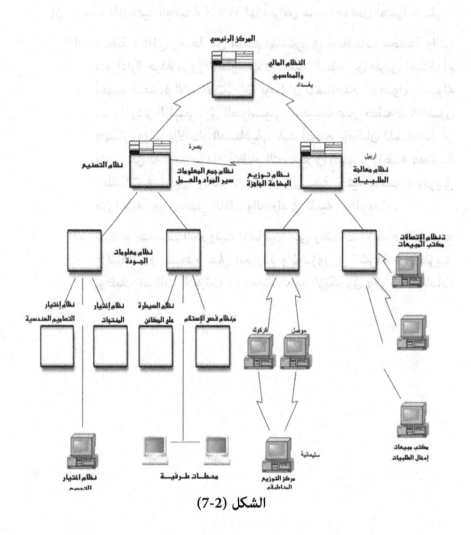

اربيل

الشكل (2-7)

يتضح من الشكل (2-7) :

إن الشبكة المناطقية الواسعة WAN لها أغراض متعددة، لعل أهمها ما يلي:

1. تغطية مناطق واسعة من النظم المنتشرة في محافظات مختلفة والتي يتم إدارة حركة مرور المعلومات بين هذه النظم عن طريق استخدام أجهزة متعددة الاتصالات. بات بإمكان المستخدم الوصول بسهولة من المركز الرئيسي- إلى الحواسيب البعيدة عبر خطوط التلفون والميكروويف والأقمار الصناعية,. لقد أصبح بإمكان المستخدم أن يتصل عن بعد من بغداد بنظام التصنيع في البصرة ونظام معالجة الطلبيات في أربيل، وذلك بالاعتماد على بنية تحتية متطورة وفريق من المهندسين ومحللي النظم والخبراء في تقنية المعلومات .

2. تقديم خدمات الكترونية للقائمين على وظائف الإنتاج والتصنيع والمبيعات والسيطرة على الجودة والمخزون في الشركة عن طريق توظيف شبكات الانترنت وخدمات البريد الإلكتروني وقواعد البيانات المحوسبة.

الباب الثاني

نظم المعلومات الحاسوبية حسب المستويات الإدارية

- الفصل الثالث : نظم المعلومات التشغيلية .

نظم المعلومات حسب المستويات الإدارية

المقدمة :

سأحاول في هذا الباب تسليط الضوء على الأصناف المختلفة لنظم المعلومات والهدف من استخدامها. ويأخذ التصنيف أبعاد أخرى تتعلق بالأدوار التي تلعبها هذه النظم والوظائف التي تنجزها والتأثيرات الإيجابية لاستخدامها في المنشأة الصناعية.

لقد اعتمدت دراسة هذا الباب على المنهج الوصفي التحليلي للتعرف على أهم الخدمات التي توفرها النظم باعتبارها تشكل عصب الحياة في عالم الأعمال، وكذلك التعرف على أهم المراحل التاريخية لنشوء وتطور النظم في المنشآت الصناعية بهدف التركيز على الأدوار الرئيسية التي يلعبها كل نظام في إدارة الأعمال.

وبناء على ما سبق يمكن تحديد أهم النظم المعمول بها حالياً في المنشآت الصناعية وتصنيفها على النحو الآتي :

أولاً : نظم معلومات تشغيلية

Operation Support Systems.

ثانياً : نظم معلومات لدعم الإدارة

Management Support Systems.

ثالثاً : نظم معلومات لدعم العمليات الإستراتيجية

Strategic Support Systems.

أولاً : نظم دعم التشغيل : Operations Support Systems

تقوم بمعالجة البيانات التي تولدها النظم التشغيلية وأنواعها هي :

1. نظم معالجـة المعـاملات : تعـالج البيانـات النـاجمة عـن المعـاملات التجاريـة بتحـديث قواعـد البيانـات التشـغيلية وإنتـاج الملفـات التجارية.

2. نظم السيطرة عـلى العمليات : يسـعى للسيطرة عـلى العمليـات – الصناعية.

3. نظـم التعـاون للمشـروع : يـدعم جماعـات العمـل والتعـاون والاتصالات بين المنشآت .

ثانياً : نظم دعم الإدارة العليا :

تسعى إلى تزويد المدراء بالمعلومات التي تحتاجهـا لصنع القرارات الفاعلـة وأنواعها هي :

1. نظم المعلومات الإدارية : تزود الإدارة بالمعلومات – المطلوبـة عـلى شكل تقارير دورية ومحددة.

2. نظـم دعـم القرارت : تهـدف إلى توظيـف تكنولوجيـا المعلومـات والوسائل الفنية الحديثة لتحسين عملية اتخاذ القرارات الإدارية.

3. نظـم المعلومـات الإداريـة للمـدراء : تهـدف إلى تزويـد المـدراء بالمعلومـات اللازمـة والدقيقـة التـي تلبـي احتياجـاتهم الآنيـة والمستقبلية.

ثالثاً : نظم معلومات تدعم العمليات، والإدارة والتطبيقات الإستراتيجية .

أنواعها هي :

1. النظم الخبيرة : وهي نظم تستند على المعرفة وتوفر النصح الخبيرة وتقوم بمقام الاستشاريين والخبراء للمستخدمين.

2. نظم إدارة المعرفة : وهي نظم تستند على المعرفة وتهدف إلى المساعدة في خلق تنظيم ونشر المعرفة في المنشأة.

3. نظم المعلومات الإستراتيجية : تزود الإدارة بالمعلومات التي تتعلق بالمنتجات والخدمات الإستراتيجية.

4. نظم معلومات الأعمال : توفر معلومات لدعم التطبيقات الإدارية والتشغيلية لوظائف المنشأة التجارية .

أمثلة لأنواع النظم المعمول بها في المنشآت الصناعية.

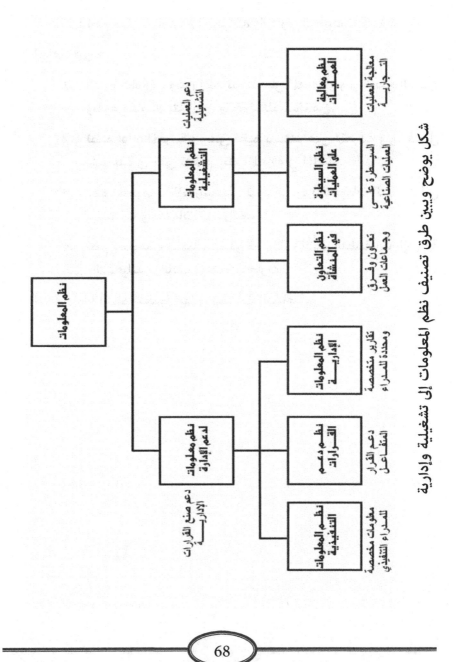

شكل يوضح ويبين طرق تصنيف نظم المعلومات إلى تشغيلية وإدارية

الفصل الثالث
نظم المعلومات التشغيلية

بعد دراستك لهذا الفصل تستطيع أن:

1. تعرف المنافع التي تحققها المنشأة من وراء استخدام نظم المعلومـات التشغيلية.

2. تبين أهم النظم المتفرعة من نظام المعلومات التشغيلية.

3. تعرف أهمية نظام معالجة المعاملات للمنشأة.

4. تحدد دور نظم معالجة المعاملات.

5. تبرز فوائد استخدام نظام السيطرة على العمليات.

6. تعرف أهمية دور نظام التعاون والعمل التشاركي للمنشأة .

7. تحدد أهم مزايا خدمة مؤتمرات الفيديو عبر الألياف الضوئية.

نظم المعلومات التشغيلية

تمتاز نظم المعلومات التشغيلية بأنها، توفر للمنشأة معلومات يمكن أن تستخدم للاستعمال الداخلي والخارجي، كما تمتاز بأنها تقدم للمنشأة كافة المتطلبات الأساسية للسيطرة على العمليات الصناعية والتجارية فضلاً عن بعض المزايا الإضافية الأخرى مثل معالجة المعاملات التجارية وتحديث قواعد البيانات المعمول بها في المنشأة ولكنها تفتقد الوظيفة الموجودة في نظم معلومات دعم الإدارة وذلك لأنها لا تركز على توليد المعلومات، التي تطلبها الإدارة لأن هذا النوع من المعلومات يسلتزم معالجات إضافية.

وفي هذا القسم سنقوم بتغطية وافية ومبسطة للاستخدامات الرئيسية لهذه النظم وذلك عن طريق تبيان وظائف النظم المتفرعة عنها.

والتعرف على مدى تأثير نظم المعلومات التشغيلية على المنشآت الصناعية، فإنه مفيد حقاً التعرض لأهم النظم الإدارية المتفرعة عنها، وما تتمتع به في تطبيقات يمكن أن توفر فوائد مباشرة لمعظم المنشآت الصناعية.

يأتي أهم هذه النظم الفرعية وعلاقتها بنظم المعلومات التشغيلية :

1) **نظم معالجة المعاملات Transaction processing Systems.**

2) **نظم السيطرة على العمليات Process Control Systems.**

3) **نظم المشاركة Enterprise Collaboration Systems .**

نظم معالجة المعاملات **Transaction processing Systems:**

يعتبر هذا النظام من أكثر النظم أهمية للمنشأة لأنه يعتبر وسيلة فاعلة لتسجيل ومعالجة البيانات التي تتعلق بالمعاملات التجارية والعمليات الصناعية للمنشأة .

ويتمثل دور نظم معالجة المعاملات في تسجيل ومعالجة بيانات المعاملات التجارية. وعموماً تهتم نظم معالجة المعاملات بدراسة وتحليل وحفظ المعلومات التي تتعلق بالتغيرات التي تحصل في المبيعات والمشتريات والخزين وتستخدم نتائج المعالجات في تحليل قواعد البيانات التي تتمتع بمقدرة كبيرة على التحكم بسلاسة في نفاذ المستخدمين إلى البيانات المتعلقة بالمبيعات والمشتريات والخزين كما يتضح في الشكل (3-1) .

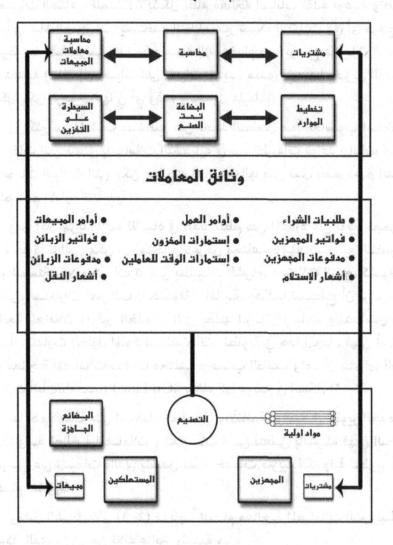

نظم معالجة المعاملات
مشتريات
محاسبة
محاسبة معاملات المبيعات
تخطيط الموارد
البضاعة تحت الصنع
السيطرة على التخزين
وثائق المعاملات
• طلبيات الشراء
• فواتير المجهزين
• مدفوعات المجهزين
• أشعار الإستلام
• أوامر العمل
• إستمارات المخزون
• إستمارات الوقت للعاملين
• أوامر المبيعات
• فواتير الزبائن
• مدفوعات الزبائن
• أشعار النقل
التصنيع
مواد اولية
البضائع الجاهزة
المستهلكين
المجهزين
مبيعات
مشتريات

شكل (3-1)

شكل (3-1) يبين نظم معالجة البيانات التي تتعلق بالمعاملات التجارية ، والعمليات الصناعية للمنشأة ، يشكل نظام معالجة البيانات نقلة نوعية وتطوراً كبيراً في عالم البرمجيات. يستخدم النظام عبر شبكة الانترنت وفي أي موقع في الشركة بطريقة عرضة جديدة وسهلة الاستخدام مما يوسع عمليات البحث المستخدمة إضافة إلى احتوائه على تقنيات جديدة مطورة ومنها تخزين الوثائق بشكل يمكن الرجوع إليها في أي وقت والتعديل عليها.

وفي كثير من المنشآت يستطيع من يجيد التعامل مع الحاسوب استخدام المعلومات التي تتعلق بالمعاملات التشغيلية في بناء تطبيقات قواعد بيانات لإدارة مجموعات البيانات التي يمكن معالجتها واستعمالها من قبل نظم دعم القرار ونظم دعم الإدارة التنفيذية.

ومن أكثر المزايا اللافتة للانتباه في هذه النظم هي المقدرة على توفير مجموعة من المعلومات التي يمكن أن تستخدم لأغراض مختلفة فمثلاً تستطيع النظم أن توفر للمستخدمين معلومات تتعلق بطلبيات الشراء، وصولات البيع، كشوفات الزبائن، استمارات الضرائب والكشوفات المالية، وهكذا تستطيع أن تركز على معالجة المعاملات وتوفير الخدمات التي يطلبها الزبائن والباعة والمتعاملين مع المنشأة. تتفاوت الحلول المتوفرة والمعالجات المطلوبة في هذا المجال فهي أما إن تتم معالجة المعاملات بفترات مختلفة وحسب الطلب وإما أن يتم بمعالجة البيانات ألياً On Line Processing. وذلك كما موضع في الشكل (3 -2).

أما أهم الأمثلة على استخدام الحاسوب والأنظمة الرقمية في تطوير الخدمات الإلكترونية لمعالجة المعاملات والمعلومات التي تتعلق بالشركة فهي النظام الضريبي على المبيعات والذي يتضمن تنفيذ خدمات ضريبة الكترونية لتطوير أداء الأقسام المسؤولة.

ويمثل الشكل الآتي (3 -2) نموذجاً لنظام معالجة المعاملات الضريبية في الشركة، الذي يتألف من ثلاثة عناصر رئيسية هي:

1) البيانات المدخلة :

يتلخص دور البيانات المدخلة في تزويد قواعد البيانات التشغيلية والخوادم بالمعلومات التي تتعلق بالضريبة المستحقة على مبيعات الشركة وما إلى ذلك من معلومات مالية ومحاسبية.

تتم أتمتة كاملة لعملية المعالجة والتدقيق في حواسيب الشركة وذلك عن طريق التبادل الإلكتروني للمعاملات بين المدققين ومتلقي الخدمة من أجل التعديل وإبداء الرأي والملاحظات.

2) المحتوى والطرق الخاصة بجمع البيانات وتحليلها ومعالجتها.

تقوم مجموعة حواسيب الشركة معالجة المعلومات التي تصل إليها من الخوادم، وذلك عن طريق إعداد البرامج الإلكترونية الخاص بمستودع بيانات الشركة ومن خلال مجموعة متميزة من الموظفين المختصين في البرمجة والتحليل ونظم المعلومات.

3) المعالجة التحليلية الإلكترونية :

يقدم النظام مجموعة من الخدمات الخاصة بالضريبة على المبيعات من خلال موقع الشركة الإلكتروني. يستطيع مستخدم النظام الإطلاع على الأرصدة الضريبية الكترونياً والاستفسار عن الوضع الضريبي، كما يستقبل الموقع الإلكتروني على شبكة الإنترنت كشوف التقدير الذاتي للشركة والأرصدة المقسطة وكذلك الاستفسار عن مجموع المبالغ المدفوعة.

يوفر النظام مجموعة من الفوائد الخدمية والتقنية وتتلخص بإصدار تقارير متنوعة منها ما بين حجم العمل والإنجاز وأخرى لمتلقي الخدمة بسبب الوضع المالي والرصيد والضريبة المستحقة على الشركة عن طريق البريد الإلكتروني والرسائل القصيرة.

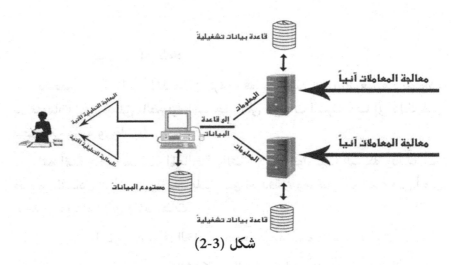

شكل (3-2)

شـكل (3-2) يبيـن كيفيـة اسـتخدام الحاسـوب في مجـال معالجـة المعـاملات
والبيانات التشغيلية أنياً ، وكذلك اسـتخدام الأنظمـة الرقميـة في تطويـر الخـدمات
الإلكترونية لمعالجة المعاملات والمعلومات التي تتعلق بالشركة

نظام السيطرة على العمليات Process Control Systems .

يتيح هذا النظام للمستخدم صنع القرارات الروتينيـة التـي تفيـد في السـيطرة
على العمليات التشغيلية كقرارات السـيطرة عـلى الإنتـاج والسـيطرة عـلى المخـزون
والسيطرة على جودة المنتجـات والسـيطرة عـلى تكـاليف الإنتـاج . لاحـظ الشـكل
.(3 – 3)

إن جعل نظم السيطرة على العمليات أكثر كفـاءة وفعاليـة تحتـاج إلى تطويـر
هذه النظم عن طريق التخلص مـن الاختناقـات والمعوقـات في إجـراءات العمـل
الروتينية التي تحول دون تحسين فعال لنوعية الخدمات التي تقدمها هذه النظم
وتسهيل انتقال المعلومات .

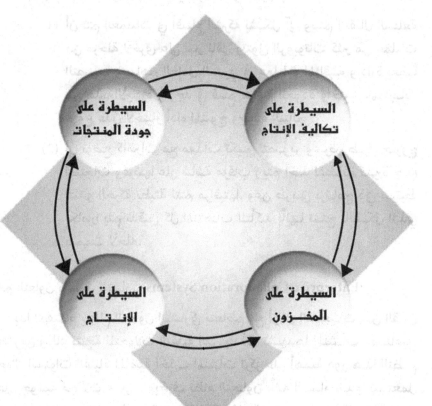

الشكل (3-3)

الشكل (3-3) يبين أنواع القرارات التي تفيد في السيطرة على العمليات التشغيلية .

ولجعل نظم السيطرة على العمليات أكثر كفاءة يجب :

(1) أن تتم العمليات في أقسام الشركة بشكل آلي ويتم انتقال السلعة من مرحلة لأخرى على سير ناقل وتتولى الروبوتات كثير من عمليات التصنيع، ويساهم العامل البشري في عمليات المراقبة وإدارة بعضاً من هذه الأجهزة وتوجد في قسم مراقبة الجودة واختبار المنتجات فروع عدن لاختيار أداء المنتوج وجودة النتائج .

(2) أن توضع كاميرات مع معدات تكبير لتصوير وعرض طرق خروج المنتجات وعرضها على شاشة مرقاب ويتم أخذ لقطات كثيرة جداً لتبدو الحركة بطيئة لتتم مراقبتها. وعن طريق برنامج ذكي مرتبط بكاميرا يتم تدقيق كل المنتجات للتأكد بأنها تنتج بالشكل الذي صممت لأجله.

نظم التعاون والعمل التشاركي **Enterprise Collaboration Systems**:

بدأ الاهتمام بنظام التعاون التشاركي يتعاظم مع أوائل التسعينات من القرن العشرين وذلك نتيجة للتحولات التقنية التي بدأت تشهدها المنشآت الصناعية. وخلال السنوات القليلة الماضية أخذت المنشآت تركز على أهمية دور هذا النظام وعلى حوسبة مجالات عملها . ويعّرف نظام التعاون بأنه النظام الذي يستعمل تكنولوجيا المعلومات بهدف تحقيق المشاركة الفاعلة بين مجموعات العمل بهدف رفع مستوى الإنتاجية وتعظيم كفاءة رأس المال في المنشأة . إن الهدف الرئيس من هذا النظام هو تحسين إستراتيجية المنشأة في مجال المشاركة في الموارد البشرية ومقاومة المنافسة القادمة من المنشآت الأخرى . لاحظ الشكل (3-4) .

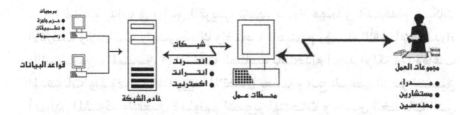

الشكل (3-4) يبين مكونات نظم التعاون والعمل التشاركي

بدأت الشركات الصناعية في تبني المعماريات الموجهة للخدمات المتعلقة بنقل البيانات لاسلكياً كي تتمكن من الحصول على بيانات تجارية أفضل ووصولاً أوسع وكفاءة إنتاج أعلى والانتقال إلى بيئة الشبكات اللاسلكية. ويمكن توضيح هذه المعمارية ومزاياها الأساسية من الشكل (3-4) يبين هذا المخطط أجهزة متعددة للاتصالات تدير حركة مرور المعلومات بين الخوادم والزبائن في الشركة .

البنية التحية للشبكات اللاسلكية هي بيئة التشغيل اللازمة لتنفيذ خدمات ويب . وهي تتحكم بالاتصال والعمليات بين طالب الخدمة ومقدمها. تستخدم الشركات شبكات معلومات تربط مجموعة الحاسبات الموجودة لدى الأقسام المختلفة للعمل كمنظومة واحدة تقوم بتنظيم دخول وخروج المعلومات من الشبكة.. يعتمد الربط على الاتصالات اللاسلكية بدلاً من الكابلات. تعمل جميع الحواسيب بمعالج سنتوريو ومزودة بخاصية الاتصال اللاسلكي بشبكات المعلومات بدون الحاجة إلى استعمال كارت الشبكة.

في التسعينات كان استخدام شبكة الانترنت بين مئات المهندسين الاختصاصين والعمال في عالم الأعمال قد اقتصر على الدردشة وإنشاء منتديات النقاش لتحديد واكتشاف المشاكل التي تعاني منها المنشأة. لكن يبدو أن المنشآت

الصناعية بدأت في الماضي القريب تشهد تحولاً مهماً في استخدام شبكات الانترنت والانترانت وتجلى ذلك واضحاً في اهتمام رؤساء الأقسام والمدراء والاستشاريين والمهندسين في المنشآت الصناعية باستخدام البريد الإلكتروني وقاعات المناقشات والمؤتمرات الفيديوية للاتصال بعضهم مع البعض الآخر لتنسيق أعمالهم المشتركة ولتفعيل تعاونهم لتطوير المنتجات وتحسين الخدمات التي تقدمها هذه المنشآت وتحسين أداء نظم العمليات ضمن المنشآت . إن القرارات التي تتخذ بالمشاركة أصبحت ضرورة اقتصادية مهمة وذلك لزيادة تنافسية المنشآت الصناعية وتمكين منتجاتها من دخول الأسواق العالمية في ضوء المنافسة الشديدة التي قد تواجهها بسبب العولمة والانفتاح الاقتصادي . لا شك إن الاجتماعات التي تعقد في الشركات الصناعية تجعل الموظفين والمدراء على إطلاع بأعمال الأقسام الأخرى وفضلاً عن ذلك فإن معظم القرارات الإدارية المهمة بما يتعلق بالإنتاج والتسويق والمشتريات يتم اتخاذها في هذه الاجتماعات، وعادة ما يستخدم في هذه الاجتماعات خدمات الانترنت والفيديو والهاتف التي يمكن تأمينها عبر ألياف ضوئية تصل داخل قاعة الاجتماعات.وفي السنوات الأخيرة استخدمت المهاتفة الحية وفيديو المؤتمرات لتأمين خدمات التواصل بين مجموعات العمل في المنشآت الصناعية ويمكن توضيح ذلك من خلال الشكل (3 -5).

يتضح من هذا الشكل أن خدمة مؤتمرات الفيديو هي خدمة تجمع بين الاتصال السمعي والمرئي بهدف تمكين مختلف الشركات والعملاء القيام باجتماعات عبر المسافات وجهاً لوجه في أي مكان في العالم دون الحاجة إلى الانتقال من مكانهم.

يتضح مما سبق أن أهم مزايا خدمة مؤتمرات الفيديو عبر الألياف الضوئية مـا يلي:

أ. تمنح هذه الخدمـة للزبائن سهولة ومرونـة في استخدام المعلومـات مباشرة من جهاز الحاسب الآلي.

ب. تمكين الزبائن في إنجاز الإجراءات المتعلقة بالعمل بسرعة كبيرة.

ج. تمكين الزبائن من عقد الاجتماعات والمؤتمرات المهمة بسرعة وفاعلية.

د. تأمين خدمات التواصل الأكثر تطوراً مثل المهاتفة الحية (مع الفيديو) وبرامج فيديو عند الطلب والتعليم الإلكتروني كما يتضح في الشكل (3 – 5).

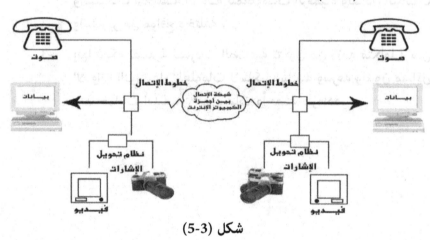

شكل (3-5)

شكل (3-5) يبين التقنيـات اللاسـلكية التـي تسـتعملها الشـركة لإدارة حركـة مرور المعلومات بينها وبين الزبائن عن طريق استخدام بنية تحتية جاهزة بإمـداد مثلث (Triple play) لتزويد خدمات الهـاتف ، الانترنت وخـدمات الفيـديو عـبر شبكة ألياف ضوئية واحدة.

ومن الشكل (3- 5) نلاحظ ما يلي :

1- تستخدم الشركة شبكة لاسلكية متطورة مكونة مـن محـولات وحاسبات خادمة وشبكة انترنت وخدمات الفيديو عبر شبكة ألياف ضوئية تعمـل كجسـور لتحقيق التواصـل فيما بينها وبين الشركات الأخرى التي تعمل في مختلف دول العالم بهدف الحصول على بيانات تجارية أفضل ووصولاً أوسع وكفاءة وإنتاج أعلى .

2- تمتلك الشركة بنية معلوماتية رقمية متكاملة تضم الحاسبات الخادمة والشـبكات المختلفـة الناقلـة للمعلومـات الرقميـة وتبـادل البيانـات والتقارير من مواقع مختلفة .

3- إنها شبكة تقليدية للشركات الصناعية تتكون من رزمة متكاملـة مـن الأدوات التي تنقل المعلومات لاسلكياً بسلاسة وسرعة وبدون مشاكل وبها حمايات أمنية من الفيروسات وأحصنة طروادة.

الفصل الرابع
نظم معلومات دعم الإدارة

بعد دراستك لهذا الفصل تستطيع أن:

1. توضح فوائد نظم دعم الإدارة للمدراء والمخططين في المنشأة.

2. تحدد الأنواع الأساسية لنظم دعم الإدارة.

3. تعرف مزايا نظم دعم القرارات للمدراء في مختلف المستويات الوظيفية.

4. تعرف مزايا معلومات دعم الإدارة العليا في المنشأة.

5. تعرف أهم الخدمات الإلكترونية التي توفرها النظم المحوسبة للمدراء.

نظم دعم الإدارة

Management Support System

نظـام دعـم الإدارة هـو نظـام المعلومـات الـذي يـزود المـدراء والمخططـين بالمعلومات التي تساعدهم في صنع القرارات غـير الروتينيـة، التي تفيـد في وضـع الخطط الإستراتيجية طويلة المدى وإدارة الشؤون التجارية والصناعية بكفـاءة بمـا يحقق مزيداً من الأرباح للمنشأة كتلك الموضحة في الشكل (4- 1) .

فوائد نظم دعم الإدارة :

1- التركيـز عـلى أهميـة نظـم المعلومـات المحوسبة لـدعم صـنع القرارات الإدارية :

2- استخدام تكنولوجيا المعلومـات والثـورة الرقميـة والأنظمـة الإلكترونيـة لتحسين وتطوير معالجة البيانات في المنشأة .

حدّد عدد من الكتاب نوعين أساسيين لنظم دعم الإدارة يمكن إنجازها بالآتي:

● نظم دعم القرارات Decision Support Systems

● نظـم معلومـات دعـم منفـذي الإدارة العليـا Executive Support Systems .

نظم دعم القرارات :

عبارة عن نظم مصممة تقنياً بصورة يتم فيها عملياً دمج وتفاعـل بـين نمـاذج القرار وقواعد البيانات المحوسبة مـن أجـل تزويـد المـدراء في مختلـف المسـتويات الوظيفية بالمعلومات الواضحة والشاملة والدقيقة والآنية لكي تساعدهم على صـنع القـرارات الصـائبة داخـل المنشـأة – انظر الشـكل (1 – 4) . تمتـاز هـذه النـظم بالصفات الآتية :

- اهتمامها بتزويـد الإدارة بنمـاذج تحليليـة ومخططـات ورسـومات التـي يمكن أن تستخدم في صنع قرارات فاعلة.

- وجـود برامجيـات متخصصـة لـدعم القـرارات ومجهـزة للتعامـل مـع البيانات الإستراتيجية.

- اشـتمالها علـى تطبيقـات لهـا القـدرة علـى الاسـتجابة السـريعة عـل استفسارات المدراء الآنية .

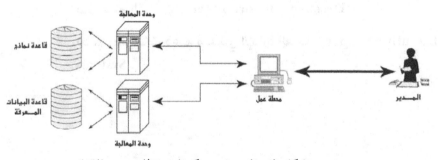

شكل (4-1) يوضح مكونات نظام دعم القرار

● تزود قاعدة المعرفة المدراء بالتقارير لدعم عملية صنع القرارات وبالمعلومات التي تفيد في اتخاذ القرارات الإستراتيجية وتقديم المشورة الخبيرة للمستخدمين.

● تعرض قاعدة بيانات النموذج (Model Base) جميع المعلومات الإحصائية على موقع ويب ويترجمها إلى تخطيطات ورسومات مرئية تساعد المدراء في صنع القرارات الإدارية.

تستعمل نظم دعم القرار الأدوات التالية :

أ.   نماذج تحليلية.

ب. قواعد بيانات متخصصة.

ج. عمليات نمذجة تفاعلية لدعم صنع القرارات.

ومن الشكل (4 – 1) نلاحظ ما يلي :

1.   تستفيد النظم المختلفة ومراكز التوزيع والإدارات العامة والأعمال من التكنولوجيا المتقدمة لدعم التطبيقات الجديدة مثل نظم السيطرة والاختيار عن بعد ومراكز الاتصال المحلية، كما تستفيد المخازن والمصانع من إتاحة النفاذ على الانترنت بسرعات وسعات فائقة.

2.   إن قواعد البيانات التي تخزن المعلومات التي تتم معالجتها أكثر عرضة للمخاطر الأمنية الشبكية من قواعد البيانات الأخرى نظراً لأنها تستلم المعلومات من مصادر مختلفة والتي غالباً ما يشرف على حمايتها وصيانتها عدد غير كاف من المختصين ولأنها مفتوحة على منافذ مختلفة يصبح من الصعب جداً مراقبة ما يحدث على كل مزود وجهاز حاسوب متصل بنظام معالجة المعاملات.

ومن هنا يبرز التحدي الكبير المتمثل في الحفاظ على صحة ودقة المعلومات التي تدخل نظام معالجة المعاملات ، إن نظم المعالجة تحتاج على إستراتيجية ملائمة لتحديث البرمجيات وأدوات المعالجة وفق جدول زمني واضح، وتعد الثقافة التقنية للقائمين على إدارة المعالجات من فنين ومهندسين واختصاصين أمراً غاية في الأهمية للإبداع وتطوير المهارات.

3. يتيح النظام للمستخدمين الحصول على المعلومات التي تتم الحاجة إليها بعدالة وشفافية من حيث التوقيت وكمية المعلومات المطلوبة. يقوم النظام بالتقاط البيانات ومعالجتها وتوليد المعلومات ونقلها ثم عرض المعلومات النهائية على الأجهزة الطرفية.

4. تعد قاعدة البيانات التي يطلق عليها قاعدة المعرفة Knowledge الأداة الأكثر أهمية لمديري الشركات باعتبارها مستشار خبير المستخدمين والتي تعرض حلولاً عما يحتاجه صانع القرارات.

توفر هذه الأداة الوقت على أي مدير حيث تزود له جميع البيانات في مكان واحد وفي الوقت المناسب.

تقدم قاعدة المعرفة خدمة استشارية وهو عبارة عن نظام يعتمد على جمع وتسجيل وتحليل البيانات التي تم جمعها من آلاف الخبراء والاستشاريين والاستفادة من خبراتهم.

تعتمد قاعدة المعرفة على فرضيات ومتغيرات مستقبلية يمكن التنبؤ بها بوجود أجهزة بحث متطورة تعتمد على كميات هائلة من المعلومات.

أ. وجود قائمة طويلة من البدائل الملائمة يستطيع المدراء من الاستفادة منها لبناء حلول مفيدة للمشاكل المستعصية حيث يمكن للمدير العام مثلاً أن يحصل على إجابة سريعة ومفصلة للأسئلة الصعبة. من

الجدير بالملاحظة بأن بناء نظم دعم القرار يتطلب وقتاً وخبرة، وتحتاج المنشأة التي تقوم ببناءه إلى محللين ومستشارين على مستوى عالي من الثقافة للمساعدة في اتخاذ القرارات المهمة.

ب. نظم معلومات دعم (منفذي) الإدارة العليا Executive Support Systems هي نظم متخصصة لتلبية احتياجات المدراء من المعلومات المفيدة التي يمكن استخدامها في صنع القرار واستراتيجيات وسياسات المنشأة المهمة داخل المنشأة لتحسين صورتها وزيادة قدرتها التنافسية مما يؤدي إلى زيادة الإقبال عليها وعلى منتجاتها.

تمتاز هذه النظم بالصفات الآتية :

● تستطيع النظم تحرير وإنشاء التقارير التي تحتاجها الإدارة عن طريق مصادر يدوية وبصورة روتينية وحسب الطلب.

● تزود النظم المحوسبة الإدارة بمعلومات آنية وسريعة تفيد في تحقيق أهداف المنشاة الإستراتيجية . إن هذه النظم تتسم بمزيد من السلاسة والسرعة وبتوافقيه أفضل من النظم اليدوية.

● توفر العروض البيانية والرسوم والجداول وغيرها من المعلومات التوضيحية بصورة أسهل وأكثر كفاءة من الطرق اليدوية.

● يستطيع المدراء من الوصول على قواعد البيانات الداخلية والخارجية بسهولة وبسلاسة كبيرة، كما يتمكن صناع القرار من استخدام ملفات المنشأة، بأقسامها المختلفة بحرية مطلقة، وكما يتضح في الشكل (4-2) .

يتضح مما سبق أن نظم المعلومات المحوسبة، تكون ناجحة عندما تمكن المدراء على العمل بشكل سريع والاتصال بقواعد بيانات النظم واستيراد البيانات منها بسهولة. توفر النظم المحوسبة كفاءة وفاعلية أكثر من النظم اليدوية التقليدية ولكن تكاليف تصميمها اكبر . وعلى المدى الطويل فإن نظم المعلومات المحوسبة يمكن أن تقود إلى توفر كبير وإنتاجية أعلى .

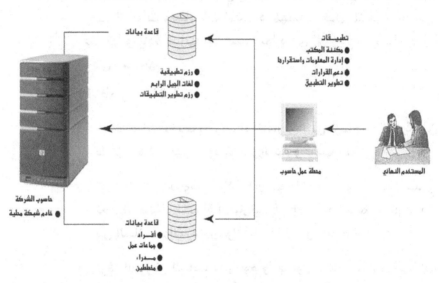

الشكل (4-2) يبين مكونات نظام حاسوب المستعمل النهائي

أخيراً تلعب نظم معلومات دعم منفذي الإدارة العليا دوراً بارزاً في إرشاد المدراء العامين والمخططين والإستراتيجيين في اتخاذ القرارات والاختبارات الهامة، ويعد الآلية الممتازة لتقديم الاستشارات التي تساعد في حل المشاكل الإدارية واتخاذ القرارات المتعلقة بالضرائب والمنافسون وكذلك القرارات المتعلقة بالتوسع والاندماج والقرارات المتعلقة بإستراتيجية الشركات في رفع رؤوس أموالها.

كما تساعد المدراء في الاستفادة من الخدمات الإلكترونية الذي توفرها النظم المحوسبة كخدمة الاستفسار عن الأرصدة في المستودعات وخدمة الاستفسار عن الذمم المالية الخاصة بالموردين الذين يتعاملون مع المنشأة .

نظم المعلومات التي تدعم التطبيقات والعمليات الإستراتيجية :

ظهر في الحقب الأخير من القرن العشرين عدد من النظم الإدارية المحوسبة والتي تكوّن بمجموعها نظام يسعى إلى دعم التطبيقات والعمليات الإستراتيجية في المنشأة الصناعية. وتمثل هذه النظم المحوسبة امتداداً لنظم المعلومات التشغيلية ونظم معلومات دعم القرار، ولكنها تمثل في الوقت ذاته تطوراً مهماً وتكشف عن رؤية جديدة لفهم النظم المحوسبة ودورها في دعم العمليات والأنشطة الإدارية في المنشأة.

ولا بد هنا من إلقاء بعض الضوء على عدد من النظم المكونة لنظام دعم التطبيقات والعمليات الإستراتيجية ومعرفة أثرها على صنع القرارات وتحديد فوائدها للمنشأة.

وتتمثل هذه النظم في الآتي :

- نظم إدارة المعرفة Knowledge Management Systems :

إن الحديث عن النظم الخبيرة يفترض معرفة واضحة بمفهوم ومزايا ومقومات قواعد المعرفة والبرمجيات التطبيقية. لأنه بات مؤكداً أن من يمتلك المعرفة والبرمجيات هو المؤهل للتحكم في قيادة المنشأة وبالتالي على اتخاذ القرارات الصائبة أو التأثير بقوة على مركز اتخاذه.

يدرك كثير من المدراء بأنه يقتضي العمل على فهم أهمية ودور المعرفة ورأس المال البشري والفكري في تطوير المنشأة وتقدمها لما له من تأثيرات على أساليب الإنتاج والعمليات الصناعية وفرص التسويق ومجالاته.

تستهدف الوسائل الفنية لإدارة المعرفة والتقنيات المتقدمة تمكين المدراء من تنفيذ مهامهم الإدارية عبر استخدام الانترنت وحلول تكنولوجيا المعلومات، حيث

سيتم تطوير أدوات جديدة أفضل للبحث عن المعلومات التي تحتاجها الإدارة في صنع القرارات تعتمد على نظم الذكاء .

يشير عدد من خبراء التكنولوجيا إلى أن المنشآت الصناعية لكي تستطيع تحسين إستراتيجيتها ومقاومة المنافسة القادمة من شركات أخرى ولتتمكن من البقاء والنمو في محيط عمل متغير يستوجب عليها الاستفادة من نظم إدارة المعرفة . لكي يستطيع صانع القرارات من مواجهة التحديات والأخطار ولكي يتحقق الاستغلال الأمثل للموارد والإمكانات المتوفرة بها يضمن تحسين أداء نظم المعلومات المعمول بها حالياً في منشآته فإنه يحتاج إلى الاستفادة من نظم إدارة المعرفة التي تعتمد على الانترنت والانترانت .

النظم الخبيرة **Expert Systems** :

ونقصد بها تلك البرمجيات المتطورة التي تمكّن الحاسبات الإلكترونية من توفير حلول متكاملة وتقديم استشارات مفيدة إلى صناع القرارات من المدراء ورؤساء الأقسام في المنشأة.

لا شك أن النظم الخبيرة توفر للمدراء مجموعة من المزايا لعل أبرزها ما يلي :

أ. تمكن المدراء من تنفيذ مهامهم الإدارية كالتخطيط والرقابة وصنع القرارات عبر الأجهزة والشبكات وقواعد البيانات المحوسبة.

ب. يفتح الآفاق لمستويات جديدة من التعاون على مستوى الفرد والمنشأة، وتمكين المدراء من تبادل الخبرات والمعلومات المهمة والحلول للمشاكل المستعصية من مواقع مختلفة على شبكة الانترنت.

ت. تبسيط حياة المدراء وجعلها أكثر إنتاجية من خلال المزج بين تقنيات الحواسيب وخبرات العاملين في المنشأة والمعلومات المخزونة في قواعد بيانات المعرفة.

الفصل الخامس

نظم معلومات لدعم العمليات الإستراتيجية

بعد دراستك لهذا الفصل تستطيع أن:

1. تحدد مزايا النظم الخبيرة للمدراء.

2. تعـرّف الـنظم المكونـة لنظـام دعـم التطبيقـات والعمليـات الإستراتيجية وأثرها على صنع القرارات الإدارية.

3. تبـين فوائـد والوسـائل الفنيـة لإدارة المعرفة والتقنيـات المتقدمـة للمدراء.

4. تحدد طبيعة الدور الذي يقوم به نظام المعلومات للأعمال.

5. توضح أهمية استخدام نظم المعلومات المتكاملة للمنشأة.

6. توضح مبررات قيام المنشأة ببنـاء قاعدة بيانـات شـاملة لجميع الأقسام والدوائر.

7. تبين المهام التي تتضمنها عملية إنشاء قاعدة البيانـات الشـاملة في المنشأة.

8. توضح كيف يمكن أن يساهم الترابط والاندماج بين نظم المعلومات في تجنب تكرار استخدام المعلومات مرات عديدة في كل نظـام مـن النظم المعمول بها في المنشأة.

نظم المعلومات الإستراتيجية
Strategic Information Systems

مقدمة :

هي النظم المحوسبة التي تزود مدراء الأقسام الإدارية والإدارة العليا في الشركة بتقارير مفصلة على شكل مخططات ورسومات وأشكال هندسية تساعدهم في اتخاذ القرارات التي تتعلق بالمنافسين والزبائن والمجهزين والشركاء.

يفتح التطور الحالي في التكنولوجيا والاتصالات وقواعد بيانات المعرفة الباب واسعاً أمام المدراء في أقسام الشركة المختلفة من إدارة وتبادل المعلومات مع العملاء والموردين بسرعة وكفاءة . ينصب تركيز نظم المعلومات الإستراتيجية حالياً في كثير من الشركات على تطوير تقنيات الاتصال وأنظمة الوسائط المتعددة لتفعيل استمرار تدفق المعلومات بين الشركة وعملائها وذلك بهدف تطوير منتجاتها وخدماتها ومن ثم تحسين استراتيجيها في مجال الإنتاج والتسويق لمقاومة المنافسة القادمة من شركات أخرى .

إن كل ذلك يتم وفق آلية تضمن منهجية تقنية تضمن سلامة العمل وقدرة المدراء والمستهلكين والعملاء والموردين والمنافسين على استقبال وإرسال المعلومات بسرعات آلية.

نظم المعلومات للأعمال Business Information System :

وهي النظم المحوسبة المصممة تكنولوجيا لحفظ ومعالجة أحدث المعلومات المتعلقة بالمحاسبة والتمويل والتسويق والإنتاج والموارد البشرية. وتعمل هذه النظم

عادة في تقديم التقارير لمدراء الأقسام في الشركات لتمكينهم مـن متابعـة أداء الأعمال في المنشأة وبالتالي صنع القرارات الملائمة بهدف السيطرة والرقابة على هذا الأداء .لاحظ الشكل (5-1).

فعلى سبيل المثال يزود نظام المعلومات للتسويق المـدراء في قسـم التسـويق بالمعلومات الضرورية المتعلقة بحجم المبيعـات وبـرامج العمـلاء المسـتقبلية مـما يساعد الشركة على التخطيط لمزيد من الاستثمار في هذا المجال.

تقـدم نظـم المعلومـات المحاسـبية للمـدراء المـاليين معلومـات تتعلـق بعائـد الاستثمار وبالتكاليف والمصاريف الصناعية ونفقـات الإنتـاج للاسـتفادة منهـا في التخطيط والرقابة وتحسين الأداء المالي .

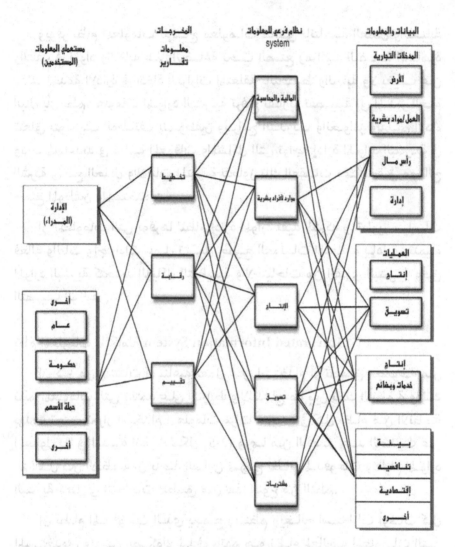

الشكل (5-1)
أهم وظائف نظم معلومات الأعمال

ويوفر نظام المعلومات للإنتاج معلومات تتعلق بإنتاجية العمل والصيانة والتلف في المواد والرقابة على البضاعة تحت الصنع ومراقبة البضاعة الجاهزة وذلك لخدمة الإدارة في اتخاذ القرارات المتعلقة بالتخطيط والرقابة ولا يغيب عن البال بأن نظم معلومات الموارد البشرية ترفع تقارير تفصيلية إلى المدير العام تتعلق بتوصيف الوظائف للموظفين وبرامج التدريب والحوافز وتقييم الأداء وذلك لمساعدته في دراسة المعوقات والمشاكل التي تواجه إدارة الموارد البشرية في الشركة ووضع الحلول والآليات المناسبة لتجاوز تلك العقبات وبما يحقق مصالح جميع الموظفين والمستخدمين.

إن المعلومات التي يوفرها لنظام إدارة الموارد تفيد الشركة في تطوير سياسات فعالة وآليات وإجراءات عمل تشمل جميع العمليات المتعلقة بإدارة وتنمية الموارد البشرية كتحديد الهياكل التنظيمية والاحتياجات من القوى البشرية وفق التصنيف الوظيفي.

نظم المعلومات المتكاملة **Integrated Information System** :

إن كثير من المنشآت الصناعية تعمل على استخدام أو تطبيق مجموعة من نظم المعلومات التي تعتمد على الترابط والاندماج ما بين تلك الأنظمة وذلك بهدف تجنب تكرار استخدام المعلومات مرات عديدة في كل نظام من الأنظمة المعمول بها في المنشأة انظر الشكل (2-5) وربما من الأفضل عند الحديث عن التكامل بين الأنظمة أن يأخذ القارئ نموذج نظام المدفوعات ونظام الموارد البشرية كمثل في النجاحات لتطبيق مثل هذا النوع من النظم.

إن نظام المدفوعات الذي يجمع وينظم ويعالج استمارات أوقات كل المستخدمين ويهيئ الصكوك لمدفوعاتهم هو نظام لمعالجة المعلومات التي تستخدمه

الشركة ، كما وإن نظام المعلومات الذي يجمع ويحلّل ويعالج المعلومات المتعلقة بمدفوعات المستخدمين بهدف تقديم تقارير عـن انحرافات العمـل وعـن التغيـرات في تكاليف العمل وتخدم العاملين والمدراء في مجال التخطيط والرقابة على قوة العمـل في المنشأة هو نظام معلومات للموارد البشرية في الشركة.

إن هذه الفعاليات للعمليات المشتركة في نظام معالجة المعاملات ونظام معلومات الموارد البشرية تترابط مع بعض وتتجمع في نظام لتحليل العمل والمـدفوعات المتكاملـة يقلل من التكرارية في استخدام المعلومات مما يزيد الإنتاجية ويقلل التكاليف.

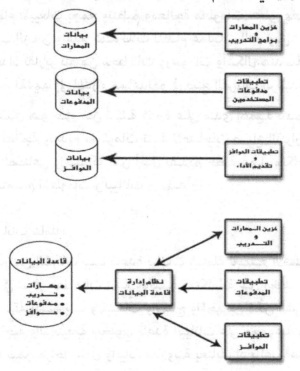

شكل (5-2) نظام المدفوعات والموارد البشرية المحوسب يتكون من مجموعة واسعة من الأنظمة والحلول والخدمات المتكاملة التي تسهم في النهوض بأداء المنشاة

ومن الأمثلة الأخرى على النجاحات في الاندماج والتعاون والارتباط بين النظم التي تخدم هدف مشترك هي نظم معلومات المبيعات والتسويق.

إن نظام المبيعات في كثير من الشركات يعمل بتنسيق واندماج مع نظام التسويق بهدف الحصول على نتائج أكثر قوة وفاعلية .

إن نظام المعلومات للمبيعات ونظام المعلومات للتسويق يمكن أن تعمل بشكل متكامل للحفاظ على مستوى عالي من الكفاءة والفاعلية في الانجاز.

يقوم نظام المبيعات بجمع وتنظيم ومعالجة معلومات تتعلق بمعاملات البيع وكذلك طلبات الزبائن وتقدم كمدخلات لنظام عمليات التسويق . يقوم نظام التسويق بإعداد تقارير تتضمن مخططات ورسومات وأشكال هندسية عن إنجاز المبيعات ويتم تقديمها إلى المدراء لمساعدتهم في صنع القرارات الرشيدة.

وهذا المثل هو جزء من أمثلة كثيرة على مدى أهمية نظم المعلومات المتكاملة في معالجة وتقديم المعلومات تلبية لاحتياجات صناع القرار وخلق جو من التعاون الصناعي والمشاركة من أجل تقديم خطة عمل متكاملة تتجنب التكرار في استخدام المعلومات والبيانات في المنشأة.

بناء قاعدة بيانات شاملة:

تقوم كثير من الشركات ببناء قاعدة بيانات شاملة لجميع الأقسام والدوائر الوظيفية لكي توفر معلومات آنية ودقيقة ومتكاملة عن مختلف العمليات والأعمال المتعلقة بالمشتريات والمبيعات والإنتاج والمجهزين تمكّن الشركة من تنفيذ برامجها الإنتاجية والتصنيعية وتحتوي قاعدة البيانات على مجموعة من الملفات يتم إعدادها ضمن مراحل عمل وآليات مدروسة بعناية، إذ يراعى عند إعدادها السهولة

والوضوح وشمولية البيانات المراد جمعها بحيث تلبي جميع احتياجات ومتطلبات صناع القرارات الإدارية.

تشتمل هذه الملفات على عدة عناوين أهمها ملف الزبائن والمستهلكين وملف المشتريات وملف المجهزين وكلف الإنتاج وملف المخزون من المواد الأولية والبضاعة الجاهزة.

مراحل إنشاء قاعدة البيانات الشاملة :

ومن الجدير بالملاحظة أن عملية إنشاء قاعدة البيانات الشاملة تتضمن عدة مهام منها:

أ. تصميم النماذج للملفات وجمع البيانات.

ب. إعداد البرنامج الإلكتروني الخاص بقاعدة البيانات.

ج. إدخال البيانات وتحليلها وإصدار التقارير.

وتشمل عملية التطوير مجهوداً تعاونياً حيث يشترك فيه العديد من الاختصاصين في البرمجة والتحليل ونظم المعلومات يتم اختبارهم بعناية بعد الاطلاع على خبراتهم العلمية والعملية.

كذلك يعتمد التطوير على إعادة هيكلة أقسام الشركة ودوائرها الإنتاجية المختلفة، والذي يتضمن إعداد هيكل تنظيمي قادر على تحقيق أهدف الشركة والقضاء على الازدواجية في المهام والمسؤوليات.

وكما هو واضح فإن فرق عمل تطوير النظم يمكن أن تخدم الشركة أو تضعف برامجها التطويرية اعتماداً على العلاقة والتعاون بين هؤلاء ليتمكنا من العمل معاً

بروح الفريق الواحد في مناخ وبيئة سليمة وبمنهجية علمية واضحة فيقوم الاختصاصيين بدورهم في تحليل النظم وتحديد الاحتياجات من المعلومات وتصميمها، عن طريق إعداد مخططات انسيابية الأعمال وتحديد الاختناقات والمشاكل في النظم الحالية .

الباب الثالث

نظم المعلومات الإدارية حسب الوظائف

أنواع نظم المعلومات الإدارية

حسب الوظائف الإدارية

المقدمة :

لقد توسعت وتنوعت نظم المعلومات الإدارية وتغيرت تركيبتها في السنوات الماضية بشكل ملحوظ كنتيجة حتمية للتطورات التي حصلت في تكنولوجيا الاتصالات والمعلومات.

إن التوظيف الموسع في البرامج والمشاريع وبناء الحلول والأنظمة الإلكترونية وإدخال المبتكرات والأنماط الجديدة في المنتجات السلعية والخدمية كانت جميعها لها التأثير البالغ على حجم ونوع الخدمات التي تقدمها نظم المعلومات .

إن التقدم الحاصل في التكنولوجيا والتغير السريع الذي تحدثه في البنية التحتية للنظم القائمة يؤثران ليس في درجة نمو الشركات وسرعته فحسب وإنما أيضاً في مكونات وعناصر النظم.

إن للثورة التكنولوجية والتطورات العلمية المعلوماتية والتراكمات المعرفية قادت بمجموعها إلى تحولات جذرية في الهياكل التنظيمية للمنشآت الصناعية. فقد تغلغلت أدوات العصر الرقمي في شتى مجالات، وتطبيقات نظم المعلومات في هذه المنشآت، فوجدناها في مجالات المحاسبة المالية والتصنيع والمشتريات، ثم ظهرت شبكات الانترنت بقدراتها الجبارة وخدماتها المتنوعة لتؤدي إلى حدوث المزيد من التوسع في نظام عمل هذه النظم، حيث أصبحت نظم المعلومات لها وظائف متعددة الجوانب تعكس فعاليات متخصصة. لذلك سوف نفرد هذا الباب لمناقشة ودراسة نظم المعلومات الآتية:

1. نظم معلومات المحاسبة المالية.
2. نظم معلومات الرقابة المالية.
3. نظم معلومات المشتريات ونظم معلومات السيطرة على الانتاج.
4. نظم معلومات السيطرة على الجودة.

ونظراً لأهمية هذه النظم في خدمـة الإدارة بمستوياتها المختلفـة فـلا بـد مـن توضيحها بدرجـة مـن التفصيل، وذلـك للتعـرف إلى ماهيـة كـل نظـام وطبيعتـه وعناصره واستخداماته وارتباطه بالنظم الأخرى، في المنشأة. وفيما يلي توضيح لكل نظام من هذه النظم في الفصول التالية مبتدئين بنظام معلومات المحاسبة المالية.

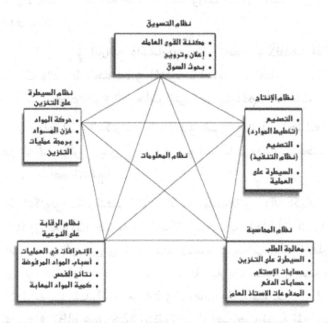

بين الشكل أعلاه أمثلة عن كيفية الربط الذي يحققه نظام المعلومات الحاسوبي . لاحظ كيف إنه يساعد المناطق الوظيفية المختلفة للمنشأة في تحقيق عملية الربط بينهم.

الفصل السادس
نظم معلومات المحاسبة المالية

بعد دراستك لهذا الفصل تستطيع أن:

1. توضح المقصود بنظم معلومات المحاسبة المالية المحوسبة.

   أ)   مزاياها الأساسية.

   ب)   عناصرها.

   ج)   تطبيقاتها .

2. تبين مزايا وفوائد الحلـول والتطبيقـات التقنيـة والمعلوماتيـة لـنظم معلومات المحاسبة المالية ومتى ينبغي استخدامها.

3. تذكر مزايا استخدام الخدمات الإلكترونية لتطـوير نظـم المعلومـات المالية في الشركات .

4. توضح أهداف نظـام Global Financial Bridge الموجـه لخدمـة الإدارة المالية في المنشأة.

5. تصـف أهـم الملامـح التـي تتميـز بهـا تطبيقـات وحلـول Alpha Softimage inc .

نظم المعلومات المالي

Financial Information System

مقدمة

تعتبر نظم المعلومات المالية مـن أهـم النـظم وأقـدمها وأكثرهـا استعمالاً في التجارة والأعمال. وقد أخذت نظم المعلومات المالية منذ بداية ظهورها على أرض الواقع تستحوذ على اهتمام المؤسسات الحكومية وغير الحكومية والشركات المختلفة لما كان لها من تأثير كبير على مختلف جوانب الحياة الاقتصادية لهذه المؤسسات وقد ترافق تطور نظم المعلومات المالية مع مجموعة من التطورات الهامة الحاصلة في المنشآت والشركات ودخول المكننة التكنولوجية كل شركات ومؤسسة وزيادة الوعي المعرفي والمعلوماتي، كل هذه التغيرات قادت إلى تحولات جذرية في هذه النظم.

ولهذا نجد أن نظم المعلومات المالية قد جاءت كنتيجة لسلسلة من التطورات التاريخية التي مرت بها الأنظمة الرأسمالية، وبالتالي فهي ليست نتاج السنوات التي ازدهرت فيها وإنما يعود أصلها إلى نمو المنشآت الصناعية في القرون السابقة مروراً بمراحل مختلفة من التطورات الاقتصادية والصناعية والتقنية.

وبرغم توكيد بعض أصحاب الرأي من الكتاب والباحثين على أن بـروز نظم المعلومـات المالية كـان في الأسـاس في مجـال الصـناعة والاقتصاد إلا أن العامـل الأساسي – حسب رأيهم-في تدعيم ظهوره هو التقدم العلمي والتكنولوجي الـذي كان بمثابة نقله نوعية جديدة لتطور هذه النظم. وبناء على ما سبق يمكننا القـول بأن نظم المعلومات المالية يمكن إرجاع عمق جذورها التاريخية إلى بـدايات القـرن الماضي عندما كانت هذه النظم عبارة عن طرق تقليدية في المحاسبة والتي تعتمد

على مسك الدفاتر والنقود الورقية المستندة على مفهوم double – entry book keeping ثم أصبح اهتمامها بمرور الزمن يتمركز حول القيام بتسجيل وإعداد التقارير المالية للإدارة عن تدفق الأموال في المنشأة وتقديم الكشوفات المالية المهمة مثل الميزانيات العمومية وحسابات الأرباح والخسائر في أوقاتها المحددة . لاحظ الشكل (6-1) .

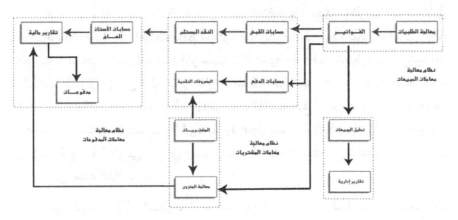

الشكل (6-1)

يبين إجراءات العمل المتعلقة بنظم المعلومات المالية ويحدّد العلاقات التي تربط فيما بين النظام المحاسبي والنظم الأخرى في المنشأة . إن الترابط بين نظم المعالجة المختلفة يفيد في توفير معلومات صحيحة وتحقيق أداء فعال للمنشآت بأنواعها كافة وتنفيذ فعال للبرامج المستقبلية والاستخدام الأمثل للموارد المتوفرة.

تستند استراتيجيات نظم المعلومات المالية على توفير بيئة محاسبية سليمة تسهم في النهوض بمستوى معالجة المعلومات المحاسبية والمعلومات التي تتعلق بمعاملات البيع والشراء بالإضافة إلى توليد المعلومات ونقلها ثم عرضها على المدراء للاستفادة منها في صنع القرارات المالية والإستراتيجية.

لقد ازداد مؤخراً سواء على المستوى الوطني أو الدولي التحدث عن ما يسمى بنظم المعلومات المالية المعتمدة على الحاسوب التي هي في الواقع محطة لخليط من العوامل والتطورات المختلفة. إذ يمكن رد بعض جوانبها المهمة إلى التقديم العلمي والتكنولوجي والمعلوماتي والتطور الاقتصادي للمنشآت.

المزايا الأساسية لنظام المعلومات المالية :

1. توفير المعلومات المتعلقة بالتدقّيق النقدي الداخل والخارج من المنشأة بهدف تمكين المدير العام بصنع القرارات الإدارية المتعلقة بالمشاريع الرأسمالية بصورة سليمة.
2. إصدار تقارير فصلية أو سنوية عن مختلف نواحي المنشأة لتقييم مصادر التمويل وتقييم الاستثمارات المالية.
3. إعداد الميزانيات التقديرية والتنبؤات المالية مما يساعد الإدارة في التخطيط الاستراتيجي للمنشاة.

عناصر نظم معلومات المحاسبة المالية المحوسبة :

المدخلات :

وهي المعلومات التي يتم جمعها داخلياً من مراكـز وأنظمـة إدارة معلومـات النظم الأخرى وبرامج تنظيم التدقيق المالي والاستثمارات الماليـة وأنظمـة معالجـة معلومات المراجعة والتدقيق . كما تتضمن المدخلات المعلومات التي يتم الحصـول عليها من خلال تعامل المنشأة مع شركائها في العمل وزبائنها في الخارج .

العمليات :

وهـي عبـارة عـن المعلومـات المالية التي يتم معالجتها مـن خـلال التقـاط البيانات ومعالجتها وتوليد المعلومات ونقلها ثم عـرض المعلومات النهائيـة علـى الأجهزة الطرفية. حيث يتم استلام البيانات من النظم الأخرى في المنشأة الكترونيـاً وتحويلها إلى نظام معلومات المحاسبة المالية عبر شبكة المنشـأة الداخليـة،حيث تتوافق بهدف عرضها على شكل تقارير بالأجهزة الطرفية. لاحظ الشكل (6-2).

المخرجات :

يتضمن نظام المعلومات للمحاسبة المالية الـذي يستخدم الحاسـوب أحـدث التطبيقات والأدوات لتكنولوجيا الرقمية التي تساعد الخبراء والمـوظفين في قراءة وإنشاء الجداول الإلكترونية والملفات والرسوميات والمستندات التي تتيح لهـم اتخاذ القرارات الإدارية بسرعة وسهولة في أي وقت وأي مكان . انظر الشكل (6-2).

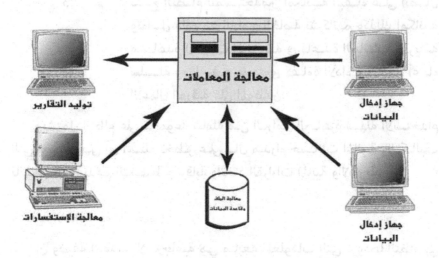

معالجة المعاملات

توليد التقارير

جهاز إدخال البيانات

معالجة الإستفسارات

جهاز إدخال البيانات

معالجة البيانات وقاعدة البيانات

الشكل (6-2) يوضح نظام لمعالجة المعلومات المالية

وبالنظر إلى الشكل السابق نلاحظ ما يلي :

1. يــوفر النظــام حلــول التخــزين والأرشــفة الرقميــة للمستخدمين باستخدام التكنولوجيـا الحديثـة مـن أجهـزة حواسـيب وشبكات معلومات تربط هذه الحاسبات لتعمل كمنظومة واحدة. كما يـوفر النظام العديد من التقارير الجاهزة لمساعدة الموظفين والمدراء علـى مراقبة إنجاز الخطط السنوية.

2. تشتمل ميـزات إنشـاء التقـارير الشـاملة الموجـودة في النظام علـى تقارير مسبقة وقابلة للتخصيص، يمكن تصـديرها إلى شبكة الويـب ويمكن تصديرها أيضاً على شكل تقارير مرئيـة معبـرة عـن الموضوع تعرض على شكل جداول تحليلية.

3. يتيح النظام للمستخدمين أمكانية البقاء على اتصال وتواصل دائم مع البرامج الخاصة بشركاتهم وكذلك إمكانية مشاهدة الملفات المخزونة في قاعدة البيانات بطريقة سلسلة وبما يرفع مستوى كفاءة الأداء ويخفض أعباء الأعمال الورقية على الموظفين.

ويشتمل النظام على مجموعة شاملة من البرامج الجاهزة سهلة الاستخدام التي تجيب على أي أسئلة تخطر على بال مدراء حسابات المالية والتكاليف بالشكل الذي يدعم التخطيط والرقابة واتخاذ القرارات المالية والإدارية.

التغذية الاسترجاعية (الراجعة) :

إن وظيفة التغذية الاسترجاعية هي متابعة المعلومات التي يزودها النظام إلى المستخدمين لمعرفة إمكانيتها على تحقيق تحسينات في العملية المالية والمحاسبية، لذلك يجب أن تكون هذه المعلومات دقيقة لكي تفيد في التعرف على كفاءة النظام في تحقيق النجاح لخدمة الإدارة في اتخاذ القرارات المتعلقة بالتخطيط والرقابة، كما تهدف التغذية الاسترجاعية إلى تطوير أساليب تعامل النظام مع المستخدمين عن طريق تحسين الخدمات التي يقدمها لهم النظام ومتابعة تعاملاتهم وطلباتهم بدقة بما يخص كيفية الاستفادة من المزايا العديدة التي ويوفرها النظام للمستخدمين.

تطبيقات نظم المعلومات المحوسبة :

فيما يلي نتعرف على أهمية دور الحلول والتطبيقات التقنية والمعلوماتية وما تقدمه من خدمات تساهم في تحقيق الأهداف المالية والمحاسبية للشركة بفاعلية وكفاءة.

أولاً : لمواجهة احتياجات المنشآت الفورية إعداد حساباتها الختامية المالية بسرعة. تستخدم هذه المنشآت طرق الكترونية فعالة وسريعة لجمع البيانات المالية

وتحليلها وتلخيصها وعرضها في حسابات وقوائم مالية بدلاً من الطرق اليدوية التي يستنزف الوقت والجهد الذي يضيع في التدقيق وفي تعبئة المعلومات الواردة في النماذج الورقية.

ثانياً: أن الأسلوب اليدوي يتطلب تجميع الكشوفات والتقارير والبطاقات والقوائم المالية هائلة العدد والسير في إجراءات الترحيل والتبويب والقيود الحسابية المطلوبة ضمن حلقة طويلة قد ينجم عنها العديد من الأخطاء البشرية التي سيتجنبها خدمة النظام الإلكتروني الحديث.

إن هذه الخدمات الإلكترونية المقدمة من خلال موقع الشركة الإلكتروني تعتبر فرصة رائعة لتطوير نظم المعلومات المالية في الشركات. تهدف هذه الخدمة إلى تمكين موظفي الشركة من إعداد كشوفات الميزانيات العمومية وحسابات الأرباح والخسائر أولاً بأول مما يسهم في اختصار الوقت والجهد، إن استخدام الطريقة الإلكترونية سيحقق الفوائد التالية للشركات : لاحظ الشكل (6-3).

(أ)   توفير البيانات اللازمة لإعداد الحسابات الختامية المالية والميزانيات العمومية بالدقة المطلوبة والسرعة المناسبة.

(ب)   تبسيط وتوحيد الإجراءات المتعلقة بإعداد الميزانية العمومية الدورية وحساب المتاجرة والأرباح والخسائر مما يسهم في تقليل الأخطاء ويضمن دقة المعلومات المستخدمة.

(ج)   تحسين وتطوير الخدمات الإلكترونية لدى إدارة أقسام المالية لكي يقوم بدور حيوي وفعال في مد مدير العام بالبيانات والتقارير التي تساعد في عملية التخطيط ومراقبة التنفيذ ومتابعة النتائج وتقييم الأداء المالي في الشركة.

(د) جمع البيانات من الأقسام المختلفة في الشركة وخزنها على وحدات التخزين بالحاسب ومعالجتها وتوليد المعلومات ونقلها ثم عرض التقارير والمعلومات النهائية على الأجهزة الطرفية لحظياً وعند الحاجة . ولعل أهم ما يتميز به هو السرعة والسهولة والبساطة في الخزن والدقة في الأداء والمرونة في استرجاع المعلومات الموجودة.

(هـ) تعزيز نقل المعلومات المالية من استخدام الأوراق إلى الشكل الإلكتروني وتسليح المدراء بالمعلومات المالية الصحيحة ليصبحوا قادرين على اتخاذ خيارات وقرارات صحيحة ذكية.

(و) توفير قاعدة معلومات متكاملة عن المالية.

(ز) توفير نظام أرشفة الكتروني لأرشفة وحفظ جميع الوثائق المتعلقة بالحسابات المالية والإدارية .

(ح) تحويل العمليات المتعلقة بالحسابات المالية من الطريقة اليدوية إلى الطريقة الإلكترونية.

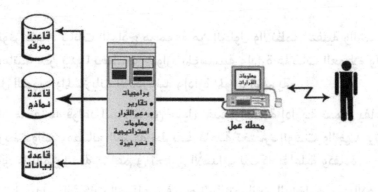

الشكل (6-3) يبين نظام معلومات المحاسبة المالية المحوسب

تزود قاعدة البيانات المالية معلومات دقيقة ومحدثة باستمرار لمدراء المالية ومدراء الحسابات والمحاسبين والاستفادة منها في عمل توقعات مدروسة للمستقبل بما في ذلك النفقات والإيرادات الحالية والمستقبلية للشركة.

تقدم قاعدة البيانات خدمات استشارية معلوماتية متطورة من خلال الخدمات البيانية وتقدم حلول برمجية على أجهزة الحاسوب لتلبية احتياجات صناع القرارات الإدارية على فقط قاعدة بيانات المعرفة بمجموعة من المعارف والخبرات المتراكمة التي يستخدمها مدراء المالية والمدراء العامين في مجالات اقتصادية وتجارية مختلفة بغية إشباع حاجات صناع القرارات المتصاعدة والمتزايدة على مستوى الشركة والمجتمع.

تجمع قاعدة البيانات المعلومات المتعلقة بالحسابات المالية والتكاليفية من مصادر مختلفة وتعالجها ومن ثم إصدار التقارير المفصلة بأشكال مختلفة. تستخدم هذه التقارير من قبل صانعي القرار في الشركة.

توفر قاعدة بيانات النماذج مجموعة من الحلول والأنظمة التقنية والخدمات المعلوماتية من بينها تخطيط الموارد المؤسسية وإدارة علاقات العملاء وإدارة سلاسل التوريد والمشتريات الإلكترونية وإدارة الموارد البشرية.

إن ما تقدمه قواعد البيانات من حلول تقنية وأنظمة إدارية تعمل بفاعلية على ربط دوائر ومصانع الشركة بطريقة فاعلة تختصر الوقت والجهد وتوفر مستوى عالياً من الدقة تساهم في تحقيق الأهداف للشركة بفاعلية وكفاءة.

ثالثاً : بدأت الشركات الصناعية في مجال الاتصالات الداخلية من الاهتمام باستخدام الشبكة الداخلية (الانترانت) لدمج جميع الاتصالات الداخلية وإدارة سير الأعمال في نظام واحد وذلك بهدف المشاركة في البيانات لزيادة إنتاجية أداء الأعمال. ويمكن توضح ذلك من خلال الشكل (6-4).

كما أن استخدام الحلول التقنية والخدمات المعلوماتية يعمل بفاعلية على ربط أقسام المالية مع الأقسام الوظيفية في الشركة بطريقة فاعلة توفر الوقت والجهد على المدراء وتوفر مستوى عالي من الدقة.

رابعاً : بدأت الشركات الصناعية بمعالجة المستندات الواردة بالكامل بدون استخدام ورق على الإطلاق . فمثلاً بالنسبة للمستندات المرتبطة بالميزانيات وحسابات المتاجرة والأرباح والخسائر وبالضرائب التي يجب تخزينها لمدة عشر سنوات والتي تحتاج إلى مساحات هائلة من غرف الأرشيف فإذا ما تم تخزينها رقمياً فلا يحتاج التخزين إلا لمساحة ضئيلة للغاية. فالأسطوانة المدمجة يمكن أن تحوي عشرة آلاف مستند أي ما يقارب محتويات رفاً من مجلدات الأرشيف.

تقوم كثير من الشركات بإنشاء نظم للمحاسبة ولتخطيط الموارد الصناعية، إن هذه الأنظمة هي نوع من البرمجيات الجاهزة والمصممة لإنجاز تطبيقات خاصة في المالية وجدولة الإنتاج وتخطيط متطلبات المواد.

أ‌) يعـد نظـام global financial bridge نـواه نظـم المعلومـات الموجهة لخدمـة الإدارة المالية في المنشـأة. إن هـذا النظـام مصمم خصيصاً لـدعم المنشـأة في إعـداد القـوائم المالية وإيجـاد الخطط لتطوير نشاطاتها المالية والتدفقات النقدية ولتحسين عملية اتخاذ القرارات المالية.

يقـدم النظـام معلومـات دقيقـة وسريعـة عـن الشـحن Shipping والفـواتير billing وعن مدى توفر المنتجات والإجابة عن أسئلة العملاء والزبائن .

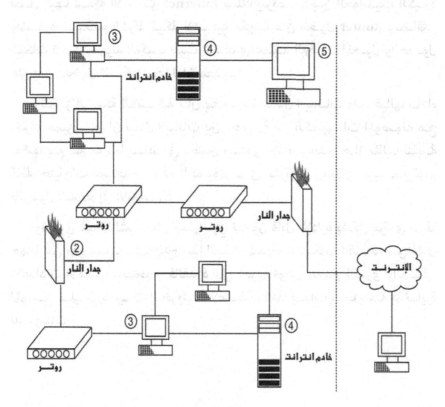

الشكل (6-4)

يبين الشكل (6-4) طرق الاتصال اللاسلكي بالحاسبات وبشبكة الانترنت مـن الشركات ويمكن توضيـح هـذه الطـرق كـالأتي : إنشـاء بنيـة تحتيـة واسـعة تتمتـع بقدرات الاتصال اللاسلكي الموجه روتر Router تستخدم لتحقيق الاتصال اللاسلكي للحواسيب. ويضم الموجه Router عدة أجهزة في جهاز واحد هي مفتاح للاتصال أو نقطة تشغيل الاتصالات اللاسلكية ومودم وجدار حماية ناري يمتاز بأنه قـادر على موازنة عدة خطوط اتصال بالاعتماد على الرزم أو البيانات.

Hub or Switch محـرر التحويـلات يقـوم بـربط مجموعـة مـن أجهـزة الكمبيوتر الخطية والمحمولة في وقت واحد بشبكة الانترنت لخدمة المناطق التي لا تصل إليها شبكة الانترنت. Ethernet سـلك يـربط مـا بـين الحواسـيب الكبـيرة والمصغرة. تستخدم الشركة شبكة لاسلكية مكونـة مـن محـول Router وبطـاقتي شبكات تتميز بسهولة التركيب حيث لا تتعدى عمليـة التركيب المحـول والحصـول على إذن الدخول للشبكة سوى ثوان معدودة.

وتتميـز الشـبكة اللاسـلكية بـأن بمقـدورها تبـادل البيانـات واسـتقبالها بـأداء وسرعة مميزة . أي أن تبادل البيانات بين مجموعة من الكمبيوترات الموصولة مـع بعضها يتم بسرعة مما يساهم في تحسين مستوى الأداء ويعتبر حـلاً مثاليـاً لتلبيـة كافة احتياجات مستخدمي هذه الكمبيوترات في الشركات وعملائها ويسـمح لهـم بالوصول السريع إلى الانترنت.

وتحتوي شبكة الشركة على جدار ناري للزبون قابل للإدارة بشكل مركزي يـوفر حماية من الفيروسات . كما يمنح هذا الجهاز لمـدراء الشـبكات القـدرة عـلى قفـل الإعدادات الأمنية للمستخدم. فالقدرة على تحرير قوانين الجدار النـاري والكشـف الموسـع عـلى البرمجيـات التخزينيـة لاصـطياد التهديـدات التخزينيـة المغـايرة للفيروسات

وتستطيع الشركة أن تولد تقارير جدار نار مفصلة حسب طلبها تستخدم الشركة الشبكات السلكية واللاسلكية الموحدة المبنية على المبدلات اللاسلكية وتستفاد الشركة من فوائد جميع المنتجات السلكية واللاسلكية والتكامل السهل مع الشبكات.

ب) لحماية الكم الهائل من البيانات التي يجري تبادلها يومياً في جميع أقسام ودوائر الشركة أو لبناء ولإنشاء تطبيقات قواعد بيانات متطورة لتعمل على شبكة الإنترنت ، فقد قسمت شركة alpha software inc لزبائنها من المنشآت ما يلي:

-تطبيقات وحلول شاملة تتم بمرونة عالية، تتضمن تحسينات مهمة تحقق سهولة الاستخدام لجميع الأقسام والدوائر الوظيفية في المنشأة التي تتطلع إلى تجميع البيانات المالية والمحاسبية والإنتاجية وتشاركها من دون الاستعانة بخبراء تقنية المعلومات.

(1) نستطيع أقسام المالية والإنتاجية من تنفيذ جميع المهام المحتملة باستخدام قواعد البيانات المحوسبة، إذ يتمكن مدراء المالية والإنتاج وبقية المدراء في المنشأة الاتصال بقواعد البيانات المتطورة مثل [Oracl, Mysdl] والحصول على المعلومات فيها بواسطة التقنيات [odbc/ado].

(2) تتيح تطبيقات alpha five للأقسام الوظيفية والإنتاجية إنشاء مجموعة مخصصة من جداول البيانات والمخططات البيانية مباشرة من قواعد البيانات الموجودة في تطبيقات التجارة الإلكترونية كما تتيح لها تعقب الطلبات على شبكة الانترنت.

(3) تتيح تطبيقات قواعد البيانات للمنشأة مـن إنشـاء تقاريـر بهيئـة ملفات أو تقارير مطبوعة وتتيح لمدير قسـم الماليـة مـن مشاهدة سجلات التفاصيل الرئيسية للفواتير.

(4) تتيح للمـدير العـام تقييـم وتحسـين مسـتوى أداء الأقسـام الماليـة والمحاسبية من خلال دراسـة وقـراءة جميـع التقاريـر الناتجـة عـن هذه الأقسام لحظياً وعند الحاجة . انظر الشكل (6-5).

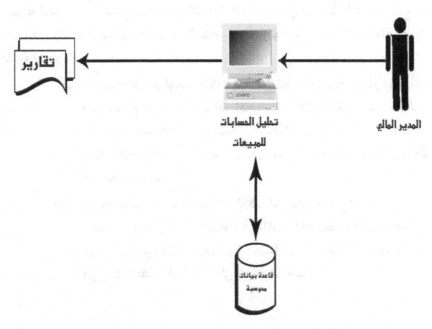

الشكل (6-5) نظام معلومات المحاسبة المالية المحوسب

يتضح من الشكل السابق ما يلي :

1. تعـرض الميزانيـة العموميـة وحسـاب الأربـاح والخسـائر والتقـارير المالية الرقمية على شبكة الإنترنت لتسهيل الحصول على معلومات تفيد في صنع القرارات الإدارية الآنية.

2. يتضمن النظام أحدث التطبيقات وبرامجيات الحلول الإلكترونيـة . إذ بإمكان المستخدم إنشاء الجداول والرسوميات وذلك مـن خـلال التقاط البيانـات ومعالجتهـا وعرضـها علـى الأجهـزة الطرفيـة. لقد ساهمت وسائل التكنولوجيا الحديثة بالإسراع بإعداد هذه البيانات وتبويبها .

3. يشتمل النظـام علـى أدوات بحـث متقـدم لمسـتخدمي النظـام مـن ذوي الاختصاص .

4. تتضمن قاعدة معلومات متكاملة عن التدفقات النقديـة والخطـط المالية والعملاء توفر معلومات دقيقة وسريعة حسب الطلب.

5. يتضمن نظام أرشفة الكترونـي لأرشفة جميـع وثـائق التـدفق المـالي ولاستثمارات الماليـة وأرشـفة وثـائق العمـلاء والشـركاء التجـاريين، تكمن أهمية ذلك في توفير وحفظ الوثائق المتعلقة بالأقسام الماليـة والتكاليفية وسهولة الحصول عليها إلكترونياً .

6. يحتفظ النظام بجميع النماذج والوثـائق والسـجلات اللازمـة لإدارة وتخطيط وتنفيذ ومتابعة التدفق النقدي.

7. يحفظ جميع المعلومات المتعلقة بالمالية والتكاليف في قاعدة بيانات محوسبة شاملة ودقيقة بحيث تشكل مرجعاً لكافة الجهات ذات العلاقة.

الفصل السابع
نظم المعلومات التكاليفية

بعد دراستك لهذا الفصل تستطيع أن:

1. تبين أهمية نظام محاسبة التكاليف للمنشأة.

2. تحدد أهم الوظائف لنظام محاسبة التكاليف.

3. تعرف المصادر الأساسية التي يمكن استخدامها من قبل النظام للحصول على المعلومات المطلوبة.

4. توضح المقصود بعناصر نظام محاسبة التكاليف من حيث أغراضها وفوائدها.

5. تبين الخصائص الأساسية التي تميز نظام المعلومات التكاليفية الفاعل.

6. تشرح بالأمثلة استخدامات النظم المحوسبة للتكاليف في الشركات الصناعية.

7. تبرز متى ينبغي استخدام الانترانت للربط الإلكتروني لنظام التكاليف بالنظم الأخرى في الشركة .

8. تشرح بالأمثلة فوائد استخدام خدمة مؤتمرات الفيديوية لمدراء أقسام التكاليف في الشركات الصناعية.

9. تذكر مزايا وفوائد التكاليف القياسية ومتى ينبغي استخدامها.

10. تلخص الإجراءات التي يستلزم إتباعها لتحديد ووضع معايير التكاليف الإنتاجية في المنشأة.

نظام معلومات محاسبة التكاليف

مقدمة

يعتبر نظام محاسبة التكاليف من أحد أهم المعلومات المحاسبية في الشركة ويقوم هذا النظام بتزويد صناع القرار والقائمين بالتخطيط في الوحدات الإنتاجية ببيانات شاملة ودقيقة عن جميع الموارد واستخداماتها حتى يمكن تحقيق الاستفادة القصوى من الإمكانيات المتاحة ورفع مستوى الإنتاج كماً ونوعاً بأقل تكلفة.

الأهداف الرئيسية :

المزايا الأساسية لنظام محاسبة التكاليف :

1- الرقابة والتخطيط : يقوم النظام بدور حيوي وفعال في مد إدارة المنشأة على مختلف مستوياتها بالبيانات والتقارير التي تساعد في عملية التخطيط والرقابة ومراقبة التنفيذ وتقييم الأداء.

2- اتخاذ القرارات : إن الوظيفة الأساسية لنظام محاسبة التكاليف ليس مجرد تسجيل للعمليات المحاسبية وبالطرق المحاسبية المعتادة، وإنما عرض تلك العمليات ونتائجها بشكل تستطيع فيه الإدارة من اتخاذ القرارات التي من شأنها أن تؤثر على مجمل الحياة الاقتصادية للمنشأة في كافة مراحل حاجة الإدارة في مستوياتها الإدارية المختلفة لاتخاذ تلك القرارات.

3- اختيار أفضل البدائل في مجال الإنتاج : تخدم نظم التكاليف الإدارة في اختيار أفضل الأدوات اللازمة للتصنيع عن طريق حسابات

التكاليف ونفقات تشغيلها وما تحتاجه من قوى محركة وعمال وفنيين وصيانة.

4- تقييم كفاءة المشتريات : في مجال المشتريات تفيد دراسة تكاليف المشتريات وتخزينها من بداية الطلبية أو إصدار الأمر بالشراء حتى مرحلة الاستعمال النهائي في معرفة مدى كفاءة عمليات الشراء والتخزين على ضوء القرارات التي اتخذت من قبل الإدارة وبهذا يمكن أن يقضي على مجالات الإسراف والتبذير عن طريق ضغط نفقات المشتريات واختيار أفضل الطرق لرفع كفاءة هذه العمليات.

5- التسعير : لعل من أهم الوظائف لنظام محاسبة التكاليف هي تحديد أسعار منتجات الشركات الذي يعتمد على احتساب تكاليف كل مادة منتجة. إن أعداد قائمة التكاليف الفعلية للمنتجات من قبل محاسب الكلفة تفيد في معرفة ثمن تكلفة الإنتاج، وبالتالي الوصول إلى سعر البيع الحقيقي للمستهلك لذلك ينبغي أن يتم احتساب التكاليف على أساس علمي أو بناء على دراسة شاملة ورقابة دقيقة على عناصر التكاليف.

إن تطبيق نظام علمي للتكاليف يفيد في تحديد التكاليف الفعلية لمنتجات الشركة بشكل سليم والتي بدورها تساعد الإدارة على اتخاذ القرارات الصحيحة المتعلقة بتسعير المنتجات.

ويعتقد O.Brien وآخرون أن البيانات التكاليفية تساعد في رسم سياستها واكتشاف أي خلل فيها وإصدار القرارات الرشيدة الأمر الذي يمكنها من القيام بدورها الفعال وحتى يمكنها أن تعبر تعبيراً حقيقياً عن الأهداف المرجو الوصول إليها.

مصادر معلومات نظم محاسبة التكاليف

هنالك مصدرين أساسيين يمكن استخدامها من قبل نظام محاسبة التكاليف للحصول على المعلومات التي يحتاجها لتحقيق أهدافه وهي:

أ) المصادر الداخلية :

هي المعلومات التي يحصل عليها نظام محاسبة التكاليف من داخل المنشأة أو الشركة مثل معلومات عن المواد المستعملة وعن العمل واستغلال المكائن والمصاريف الرأسمالية والمصاريف الإدارية وغيرها من المعلومات التي ترد إليها من الأقسام المختلفة في الشركة أو من قواعد بيانات النظم المختلفة.

ب) المصادر الخارجية :

وهي المعلومات التي يجمعها النظام من خارج الشركة مثل معلومات عن الأسعار والمنافسين والأسواق الخارجية.

عناصر نظام محاسبة التكاليف

المدخلات :

وهي المعلومات التكاليفية التي تدخل نظام محاسبة التكاليف والمتعلقة ببيانات عن مشتريات الشركة من المواد وقطع العيار وعن استخدام المواد الأولية والمصاريف والمبيعات والإنتاج والتلف والتسويق وحركة المخازن والتدقيق النقدي.

العمليات :

ويقصد بها معالجة البيانات التكاليفية عن طريق جمع وتسجيل وترحيل وتبويب وترتيب وتخزين هذه البيانات وتقديمها بشكل يستفيد منها المستخدمين للنظام.

المخرجات :

ويقصد بها المعلومات التي يقدمها نظام محاسبة التكاليف لأقسام الشركة المختلفة على شكل كشوف وتقارير ومخططات ورسومات تعينها على أداء مهمتها. وهنا تبرز أهمية التقارير التي يرفعها المحاسب إلى الإدارة حتى تتمكن من تحقيق الرقابة على عناصر التكاليف الداخلة في مجال اختصاصها. يجب أن تكون التقارير والرسومات مصممة بشكل ملائم ومناسب لاحتياجات صناع القرارات، وأن تكون سريعة في الإعداد ودقيقة في المحتويات وأن تكون مرنة بشكل يمكن أن تستجيب إلى احتياجات الإدارة من ناحية التقييم وأنواع البيانات المطلوبة منها . لاحظ الشكل (7-1).

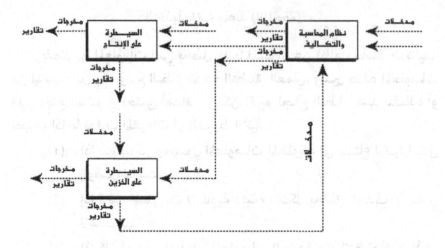

شكل (7-1) يوضح مدخلات ومخرجات نظام التكاليف

إن الـترابط بـين نظـام المحاسـبة والتكـاليف ونظـم السـيطرة عـلى الإنتـاج والسيطرة على الخزين يكمن في تـوفير معلومـات صحيحة تسـهم في تحقيـق أداء فعال للمنشاة وفي تـوفير الإحصـاءات اللازمـة لأصحـاب القرار المعنيـين وبصـورة لحظية وذلك بإعطائهم صورة ملخصة ومتكاملة عن المعلومات التكاليفية والبيعية والتسويقية والمخزنية كما يتميز نظام المحاسبة والتكـاليف بمرونتـه وقدرتـه عـلى النمو وعلى استيعاب وضم نظم معلومات أخرى.

وندرج أدنـاه أهـم المخرجـات التـي تـتم معالجتهـا مـن قبـل نظـام محاسـبة التكاليف وتصدر على شكل مثل تقارير كلفـة الإنتـاج وتقارير الإنتـاج وتقارير انحرافات المواد والعمل والمصاريف وتقارير تكـاليف الصيانة وتقارير اسـتغلال المكائن.

التغذية الاسترجاعية (الراجعة)

ويقصد بها المعلومات التي يحصل عليها المسؤول عن نظام محاسبة التكاليف من المستخدمين بعد وضع النظام موضع التطبيق العملي، وتبين هذه المعلومات مدى نجاح النظام في تحقيق أهدافه، ويمكن تقييم نجاح النظام عند تنفيذه أو تطبيقه إذا ما توفرت المقومات أو الشروط الآتية :

(1) إذا تـم تـوفير ووصـول المعلومـات المطلوبـة إلى صنـاع القـرارات في الوقت المناسب.

(2) إذا كانت المعلومات المطلوبة دقيقة بشـكل يحقق الهـدف الأساسي لاستعمالها.

(3) إذا كان اهـتمام المـدراء بالمعلومـات الـواردة مـن النظام كبير لأنهـا تسـاعد في التعـرف علـى تفاصيـل المشاكـل والانحرافـات الحاصلـة والبدائل لمعالجة هذه المشاكل.

(4) إذا أتاح للإدارة تقييم وتحسين مستوى أداء الشركة من خـلال دراسة وقراءة جميع التقارير الناتجة عن هذا النظام لحظياً وعند الحاجة.

(5) إذا تمكن النظام من توفير في وقت وجهد المستخدم في الحصـول علـى المعلومات وتسهيل الحصول عليها بشكل دقيق وموثوق ومستمر.

(6) إذا استطاع زيادة ثقة المستخدم بإجراءات العمـل بحـث يصبح المستخدم قادراً على الإطلاع على معلوماته وتعديلها بأمان تام.

(7) إذا شعر المسـتخدم بأهمية الحاجـة إلى النظام لرفع مسـتوى كفـاءة الأداء وتحقيق أعباء الأعمال الورقية عليه وشعر كذلك أنه يعمـل في بيئة تكنولوجيا معلومات أكثر تطوراً وإنتاجية.

(8) إذا شعر المسـتخدم بـأن النظام يهـدف إلى تلبيـة حاجاتـه ورغباتـه وخاصة من ناحية سهولة الإجراءات وسرعتها.

إستراتيجية وخطة عمل متكامل لنظام المعلومات التكاليفي

مقدمة :

إعداد إستراتجية تعني بنظم المعلومات التكاليفية ووضع التوصيات اللازمة للنهوض بهذا القطاع.

تشكيل لجنة من المتخصصين للتأكد من أن مخرجات المشروع قابله للتطبيق وتتناسب مع احتياجات الشركة. تقوم اللجنة في المرحلة الأولى مـن عملها بتقييم الوضع الحالي الواقع لنظم المعلومات الإدارية في الشركة. حيث تقوم بتنفيذ مسـحاً ميدانياً للشركة وتعقد اجتماعات ميدانية وورش عمل مع المعنيين لتقييم الوضع الحالي بهدف الوصول إلى أهم المشكلات التي تعاني منها الشركة.

أولاً : تعريف نظام المعلومات التكاليفي

ثانياً : خطوات وضع نظام المعلومات التكاليفي

يتم إنشاء نظام التكاليف على المراحل التالية :

المرحلة الأولى :

1. مسح عام للشركة وفعالياتها.
2. تحليل ودراسة المعلومات السابقة.
3. مقابلة الفنيين والمسؤولين ورؤساء الأقسام وأصحاب الخبرة
4. وضع التوصيات اللازمة .
5. إعداد خطة العمل.

6. تصنيف وترميز الحسابات.

المرحلة الثانية :

1. تصميم استمارات الرقابة على الإنتاج .

2. تصميم استمارات حركة المواد.

3. تصميم استمارات تحليل الأجور.

المرحلة الثالثة :

تحليل المصاريف غير المباشرة إلى :

1. مراكز الكلف .

2. مصاريف المعمل.

3. الوقود والقوى.

4. مصاريف بيعيه وخدمات

المرحلة الرابعة :

مشروع تجريبي في استخدام الاستمارات

المرحلة الخامسة :

1. إعداد أستاذ مساعد للمواد والعمل والمصاريف غير المباشرة.

2. إعداد أستاذ مساعد للرقابة على تكاليف المواد والعمل والمصاريف غير المباشرة.

3. التعديلات الشهرية للنفقات المستحقة والمدفوعات مقدماً.

4. مطابقة مع الحسابات المالية.

5. إعداد التقرير النهائي.

المرحلة السادسة :

تصميم تقارير الكلفة المرسلة إلى الإدارة

يتم خلال هذه المرحلة إعداد تقارير تفصيلية منها ما يلي :

1. تقرير مراقبة الكلف : يبين كمية المواد الداخلة في الإنتاج .

2. تقرير فعاليات الورش : يبين حجم التكاليف من المواد وحجم الوقت الضائع.

3. تقرير التكاليف الفعلية : تبين تكاليف كل مرحلة من المراحل الإنتاجية.

4. تقرير المصاريف الإدارية / الرأسمالية والصناعية

المرحلة السابعة :

متابعة تطبيق النظام

التحديات التي تعتبر عائقاً وتحدياً

أمام إستراتيجية تطوير نظام التكاليف

1. عدم توفر معلومات دقيقة وشاملة .

2. ضعف إدراك أهمية مكننة النظام من قبل العديد من الإدارات العليا.

3. تدني مستوى البرامج التطويرية المتوفره في السوق من حيث الجودة والنوعية .

4. وجـود خلـل في نظـام العمـل وعـدم القـدرة علـى تحقيـق مزيـد مـن العمليات الانسيابية في تداول المعلومات وسرعة الوصول إليها.

5. ضعف أنظمة إدارة المستندات وخاصة دورة الإدارة المستندية وخاصـة أرشفة مستندات التكاليف.

متطلبات ينبغي مراعاتها لنجاح تطبيق النظام

1. ينبغي توفير بنية تحتية تكنولوجية متطورة لربط مركز الشركة بالمصانع عن طريق الشبكة الداخلية (انترانت) والتي سيستفيد منها الموظفين في الشركة ومصانعها، إن تعزيز الاعتماد على خـدمات الانترانـت يـؤدي إلى اختصار في الجهد والوقت على المستخدمين.

2. ضرورة إدارة الكم الهائل من المعلومات التكاليفية وتسهيل تبادلها عـبر الانترانت بأقل وقت وبأقصى سرعة.

3. يفضل تقديم الخدمات للموظفين من خلال شبكة الحاسوب وتسريـع عملية الاتصال الداخلي ما بين الموظفين والأقسـام المختلفـة عـبر شبكة الحاسوب الداخلية بما يضمن تمكين متلقي الخدمة من موظفين ومدراء بأقل وقت وبأقل تكلفة.

4. ينبغي أن يوفر النظام المحوسب حلاً متكاملاً لإدارة وأرشفة ملفات وسجلات الأقسام المختلفة في الشركة وبشكل منخفض التكاليف.
5. ستمنح خدمة النظام المحوسب سهولة ومرونة في استخدام المعلومات مباشرة من جهاز الحاسب الآلي مع سرعة في إنجاز الإجراءات المتعلقة بالعمل . إن هذه الزيادة ستصب في مصلحة الزيادة في الإنتاجية والتالي تطوير العمل على المستوى التجاري والصناعي .
6. ينبغي تقديم خدمة أفضل ذات مستوى عالي تلبي احتياجات وتطلعات الزبائن.
7. ينبغي تقديم الحلول الخلاقة لجميع المشاريع المتعلقة بمجال السيطرة على التكاليف مرتكزه على أحدث تكنولوجيا في عالم الاتصال الرقمي.
8. ينبغي إعداد بنيه تحتية متطورة باستخدام تكنولوجيا الاتصال الضرورية.
9. سيساهم النظام في رفع كفاءة وفاعلية أداء الشركة ويضع الأساس المبني لتقديم خدمات مميزه للمستخدمين ويتيح المجال للاستفادة من الإمكانات والميزات التي توفرها تكنولوجيا المعلومات.
10. سيكون بمثابة نظام مركزي موحد يسهل على المستفيدين الحصول على المعلومة الصحيحة بأسرع وقت ويوفر مرجعيه واحده للمستخدم والشركات الأخرى، وقنات اتصال إضافية للترويج لخدمات الشركة ويساهم في بناء التجارة الإلكترونية وتنمية الأعمال.
11. ينبغي تقليص الفجوة الرقمية عن طريق توفير محتوى يخص حياة كل مستخدم ويعمل على بناء الثقة في الخدمات المقدمة من قبل الشركة عبر

الشفافية في تقديم هذه الخدمات . وزيادة تنافسية الشركة من خلال رفع مستوى إنتاجية وفعالية المستخدمين مما سيؤثر وبشكل إيجابي على تطوير مستوى الخدمات التي تقدمها الشركة من خلال ما يوفره النظام المحوسب لهم من اتصال لاسلكي بالانترنت .

يتيح لهم النظام إمكانية البقاء على اتصال وتواصل دائم مع عملائهم وشركائهم :

–   توفير الأرشفة الرقمية وحلول تكنولوجيا المعلومات وخدماتها لخدمة البنية التحتية للشبكات.

–   توفير المعلومات المطلوبة إلى المستخدمين وتأمين الوصول إليها في المكان والزمان الذي يريدونه.

–   تهدف خدمة النظام المحوسب إلى تمكين المستخدم أينما وجد من توفير البيانات المتعلقة بتحديد التكاليف الفعلية لكل مرحلة من المراحل الإنتاجية ولكل مركز من مراكز تكلفة الإنتاج التي تتكون منها هذه المراحل والمتوفرة عبر هذه الخدمة من خلال تعبئة الاستمارات والحقول المعتمدة لهذا الغرض وطباعتها الكترونياً مما يسهم في اختصار الوقت والجهد بالإضافة إلى تقليل الأخطاء بضمان دقة المعلومات إلى جانب إتاحة كافة المعلومات المطلوبة عن تسعير المنتجات أو عن شراء أجزاء أو تصنيعها أو عن التوقف عن إنتاج سلعة معية والمتوفرة عن هذه الخدمة بالإضافة إلى المعلومات التي تفيد رؤساء الأقسام كمعلومات عن فعاليات الورش التابعة لهم وتبين حجم التكاليف من المواد وحجم الوقت الضائع وحجم الإنتاج وحركة المواد والعمل .

– توفير الخدمات الأفضل والأكثر تطوراً وعصرية لكافة المستخدمين لما يسهل أعمالهم في أجواء تضمين لهم الأمان والحماية.

– توفير كافة الخدمات للمستخدمين وتمكينهم من الاتصال وتبادل المعلومات بجودة أعلى .

– إن النظام مبني على أحدث تكنولوجية رقمية مما يجعله متميزاً في نظام تشغيله وخدماته والمبنية على تكنولوجيا المتطورة.

– أن تكون عمليات تداول البيانات والمعلومات المؤرشفة أكثر سرعة وأماناً بدون ورق ومعالجة المستندات الكترونياً بدون استخدام الورقة.

نظم معلومات محاسبة التكاليف المحوسبة :

لقد أحدثت تكنولوجيا المعلومات وثورة الاتصالات تطوراً ملموساً في دور نظام المعلومات المحاسبية للتكاليف وحولته من مجرد نظام بسيط وتقليدي يقوم بإعمال روتينية بسيطة من قيد وترحيل وتبويب للمعلومات التكاليفية وإعداد التقارير التي تفتقر إلى المرونة والشمولية والدقة والاستجابة إلى احتياجات صناع القرار من ناحية الملائمة والتوقيت وأنواع البيانات المطلوبة منه إلى نظام الكتروني يعمل وفق متطلبات عصر المعلومات والمعرفة والقادر على التعامل السريع مع احتياجات صناع القرار والاستجابة الآنية لاحتياجاتهم من المعلومات الرقمية لأغراض التخطيط والرقابة .

استخدامات النظم المحوسبة

1. توظيف تكنولوجيا المعلومات ونظم إدارة المعلومات الحديثة في إدارة نظام معلومات محاسبة التكاليف والانتقال بقسم التكاليف من الورق إلى الشكل الالكتروني.

2. حوسبة أعمال وإجراءات أقسام المالية والمحاسبة والتكاليف وما يتعلق بها من قوانين وقرارات لجان وأعمال أخرى بصورة تخدم متخذي القرارات في الوصول إلى البيانات والمعلومات اللازمة وبأسرع وقت وتوفير الخدمات الأفضل والأكثر تطوراً وعصرية لهم بما يسهل أعمالهم.

3. حفظ جميع المعلومات المتعلقة بالمالية والتكاليف في قاعدة بيانات محوسبة شاملة ودقيقة بحيث تشكل مرجعاً لكافة الجهات ذات العلاقة.

4. تسهيل وتسريع تبادل المعلومات وإنجاز المعاملات التكاليفية وتبسيط إجراء العمل المحاسبي عن طريق عملية الحوسبة والربط الإلكتروني مع الأقسام ذات العلاقة سيوفر الوقت والجهد ويقلل من نسبة حدوث الأخطاء.

إن نظام محاسبة التكاليف يضم مجموعتين من النماذج والبرامج الفرعية لحسابات المالية والتكاليف التي يقوم كل منها بمهمة من المهام التي تنفذ الكترونياً ويتم التنسيق فيما بينها رقمياً ويجمعها كلها في نظام واحد متكامل سريع الحركة دقيق في المعلومات التي يتداولها وكل جزء منه قادر تماماً على التفاعل التام والإحساس المتبادل بما يجري في الأجزاء الأخرى عبر شبكة الشركة الداخلية (انترانت).

أن أي نظام للتكاليف الذي يعتمد على الحاسوب هو عبارة عن كيان معلوماتي متكامل يتميز بالشمولية والمرونة التي تسمح بالتعديل والإضافة لمكونات أخرى إليه في أي وقت من الأوقات.

أن توفير إمكانية الربط الإلكتروني عن طريق الإنترانت يساهم في تمكين نظام التكاليف في الشركة من التكامل والتداخل بالنظم الأخرى المرتبطة به مثل النظم المالية والمحاسبة والمشتريات والإنتاج والموارد البشرية بالإضافة على العديد من النظم الأخرى المترابطة . لاحظ الشكل (7-2) .

5. تحسين التدقيق المعلوماتي بين أقسام الشركة المختلفة والمدراء فضلاً عن تحويل عملية إعداد التقارير التكاليفية من عملية يدوية إلى نظام مالي أوتوماتيكي يعمل عند الطلب.

6. تعزيز قدرات موظفي قسم التكاليف وتواصلهم بشكل أفضل لتساعدهم على تقديم المزيد من القيمة والفائدة في أعمالهم وإطلاق طاقاتهم الكامنة.

7. أن تطبيق نظم معلوماتية حديثة ومتطورة يمنح المدراء قوة واعتمادية ومعيارية أعلى أثناء تحسين عملية اتخاذ القرارات ويسّهل لهم عملية إدارة مواردهم.

8. أن تطوير وتحديث الأنظمة المعلوماتية في المنشأة وأتمتة إجراءات العمل في المصانع التابعة لهم يسهم في تعزيز قدرات موظفي الشركة وتواصلهم بشكل يمكنهم من تقديم المزيج من السيطرة والتحكم على كلف السلع التي تنتجها المنشأة.

تطبيقات نظم معلومات محاسبة التكاليف المحوسبة :

فيما يلي سنتعرف على الفوائد التي يقوم نظام محاسبة التكاليف المحوسب بتقديمه إلى الإدارة .

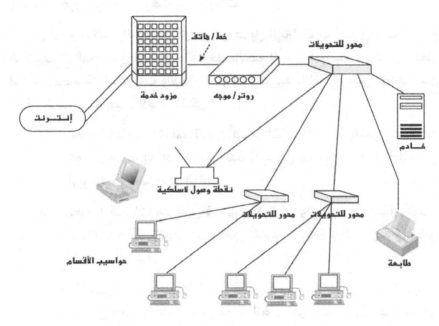

الشكل (7-2)

يتضح في الشكل (7-2) ما يلي :

1-   **تستخدم الشركة شبكات معلومات تربط مجموعة الحاسبات الموجودة لدى الأقسام المختلفة للعمل كمنظومة واحدة تقوم بتنظيم دخول وخروج المعلومات من الشبكة . يعتمد الربط على الاتصالات اللاسلكية بدلاً من الكابلات . تعمل جميع الحواسيب بمعالج سنترينو ومزودة بخاصية الاتصال اللاسلكي بشبكات**

المعلومات بدون الحاجة إلى استعمال كارت الشبكة. وجـود شبكة لاسلكية تعمل على تبادل البيانات بين مجموعة مـن الكمبيوترات الموصولة.

2- إن أجهزة توجيه الاتصالات اللاسلكية (Router) تتمتع بميزات تشغيلية جيـدة وقدرة عـلى الاتصال الشبكي السريـع (Fast Ethernet Switch) لتسهل للشركة الالتحاق والتوصل بالشبكات السلكية الموجودة . تعمل الأجهزة بنظام الاتصالات الشبكية اللاسلكية التي تـوفر أقصى ـ حـد لنقل البيانـات مـن خـلال (Bandwidth) وللتشارك في الاتصالات بشبكة الانترنت.

3- يمكن للحواسب أن تتصل بشبكة الانترنت وتتصفح المواقع المختلفة الموجودة عليها عن طريق المودم (Modem).

فوائد نظام محاسبة التكاليف المحوسبة :

إن نظم التكاليف المحوسبة لا تقف عند مجرد عرض الأرقام في الحاسوب بـل تقوم بتحليلها وتفسيرها وإظهـار الانحرافات واكتشاف أسـبابها بهدف مسـاعدة الإدارة في رسم سياستها واكتشاف أي خلل منا وإصدار القرارات الرشيدة.

1. يستطيع المدير استلام تقارير الكلفة من خـلال نظام يتـولى عـرض المعلومـات عـلى شاشـة الحاسـوب ممـا يتـيح لـه دراسـة محتوى التقارير والتحقيق من سلامة المعلومات الكترونياً قبل عرضها عـلى المدير العام.كما يتيح النظام لمحاسبي الكلفة التـحكم الكامـل في عرض العمليات المحاسبية ونتائجها بشكل يستطيع فيه اتخـاذ القرارات التي من شـأنها أن تـؤثر عـلى مجمـل الحيـاة الاقتصادية للمنشأة.

2. أن الخدمة الإلكترونية المقدمة من خلال موقع الشركة الالكتروني تستهدف إلى تمكين محاسب التكاليف من حساب تكاليف ونفقات تشغيل الأدوات المستخدمة في المصنع وما تحتاجه من قوى محركة وعمال وفنيين وصيانة. إن عرض هذه المعلومات التكاليفية على الشاشة المرئية تسهم في اختصار الوقت والجهد بالإضافة إلى تقليل الأخطاء بضمان دقة المعلومات المعروضة والمتوفرة آنياً عبر الحاسوب.

3. في خطوة تستهدف معرفة مدى كفاءة عمليات الشراء والتخزين قامت بعض الشركات التي توفر حلولاً جاهزة للمشكلات التجارية ، كشركة سأكس بتصميم برامج متكاملة لدراسة تكاليف المشتريات وتخزينها في بداية الطلبية أو إصدار الأمر بالشراء حتى مرحلة الاستعمال النهائي، ويمكن من خلال البرنامج إدارة عمليات الشراء بكفاءة . كما يمكن أن يقضي ـ على مجالات الإسراف والتبذير عن طريق ضغط نفقات المشتريات واختبار أفضل الطرق لرفع كفاءة هذه العمليات.

كما أطلقت شركة سأكس خدمة جديدة مبنية على استعمال الحاسوب تتيح لمحاسبي الكلفة إعداد قوائم التكاليف الفعلية عن طريق التكاليف المباشرة وغير المباشرة مما يفيد في معرفة مراحل التكاليف وتطورها حتى ثمن تكلفة البيع مما يتيح الوصول إلى سعر البيع الحقيقي للمستهلك.

تتميز هذه الخدمة بسهولة الاستخدام والبساطة وفي خلال دقائق يتم إنشاء قوائم التكاليف المطلوبة، إذ أن إعداد هذه القوائم لن يستغرق من المحاسب غير لمسه صغيره على زر الحاسوب .

ومن المزايا الكبيرة التي تقدمها هذه الخدمة أيضاً إمكانية إعداد وعرض التقارير التي تطلبها الإدارة واللجان الاستشارية في المنشأة، على سبيل المثال تقارير التي تتعلق بانحرافات التكاليف وبالسيطرة على التلف وتسعير المنتجات وكذلك التقارير التي تبين حجم التكاليف من المواد وحجم الوقت الضائع وتحليل كلفة العمل وتكاليف الصيانة. تمتاز هذه التقارير بالدقة والشمولية.

4. يتـيح الحاسـوب لقسـم التكـاليف في المنشـأة إنشـاء الملفـات والمجلدات الاحتياطية بسرعة وسهولة ودقة. على سبيل المثال يعتبر برنامج (Version backup) واحداً من أشهر البرامج المجانية التي تقوم بعمل نسخ احتياطية كاملة من الملفات والمجلدات الموجودة على وحدات التخزين بالحاسب، يمتاز هذا البرنامج بحرية اختيار الامتداد الذي يود القسم حفظ الملفات به، كما يوفر إمكانية استرجاع النسخ الاحتياطية الموجودة بسهولة تامة كما يمتاز بسهولة الاستخدام وسرعة الأداء.

5. يتيح موقع الشركة لمدراء الأقسـام الوظيفية في الشركة التواصل المباشر فيما بينهم وتبادل المعلومات، فعلى سبيل المثال يتيح الموقع لمدير حسابات الكلفة إمكانية تبادل المعلومات مع أقسام الإنتاج والمشتريات بشكل يسهل عليه تتبع كل البيانات التي تساعده في إنشاء التقارير التي تفيد في تحقيق الرقابة على التكاليف، كالتقارير التي تبين حجم التكاليف من المواد وحجم الوقت الضائع وحجم الإنتاج وحركة المواد والعمل.

6. تستخدم كثير من الشركات خدمة مؤتمرات الفيديو وهي خدمة تجمع بين الاتصال السمعي والمرئي بهدف تمكين مدراء أقسام

التكاليف باجتماعات وجهاً لوجه مع مدراء المصانع والإنتاج المتواجدين في مناطق بعيدة عن مركز الشركة دون الحاجة إلى الانتقال من مكانهم وبالتالي الاستفادة من الوقت بشكل أكثر. تمنح هذه الخدمة لمدراء أقسام التكاليف سهولة ومرونة في استخدام المعلومات مباشرة من جهاز الحاسوب مع سرعة في إنجاز الإجراءات المتعلقة بالعمل والسرعة في عقد الاجتماعات مع مدراء المصانع أو مدراء الإنتاج لمناقشة انحرافات المواد والعمل أو أسباب توقفات المكائن أو أسباب التلف في المنتجات وغيرها من المواضيع التي تؤثر على الإنتاجية والتي يحتاج إلى معرفتها مدير حسابات الكلفة لتحليلها وتفسيرها واتخاذ الإجراءات الضرورية بشأنها. ويمكن توضيح ذلك من خلال الشكل (7-3).

7. يستطيع محاسب التكاليف كمستخدم للحاسوب ولشبكة الإنترنت اختيار نوع البيانات التكاليفية التي يريدها. ومن هذه البيانات يتمكن من التميز بين التكلفة الثابتة والمتغيرة التي تعطيه القدره على تغطية النفقات الثابتة ضمن ظروف إنتاج مختلفة.

8. إن استخدام الحاسوب وشبكة الانترنت تساعد المدير العام في اختيار البرنامج الذي يقوم بعرض البيانات التكاليفية المطلوبة في رسم سياستها الاقتصادية واكتشاف أي خلل فيها وإصدار القرارات الرشيدة التي تحقق الأهداف المرجو الوصول إليها. ولعل أهم ما يتميز به هذا البرنامج هو السرعة والسهولة والبساطة في التشغيل والدقة والأداء العالي.

9. إن كثيراً من الشركات الصناعية تعاني أقسامها من الازدواج والتكرار بالبيانات الواردة إليها وذلك بسبب استخدام التقارير والمستندات الورقية في التعامل، وإن هذه الشركات تحتفظ بسجلات تقليدية مالية ومجموعة من البطاقات والقوائم المالية والتكاليفية كمجموعة بطاقات المصاريف والعمل والمواد المخزونة والتي يتم تخزينها لسنوات عديدة وتحتاج على مساحات كبيرة من غرف الأرشيف. إذ ما تم تخزين هذه التقارير والمستندات والسجلات والبطاقات رقمياً فلا يحتاج التخزين إلا مساحة صغيرة، فالأسطوانة المدمجة يمكن أن تحوي آلاف المستندات والقوائم.

10. بالنسبة للشبكات الكبيرة والمتوسطة يفيد الحاسوب محاسب الكلفة ومدير الحسابات من تحليل فعاليات الشركة المختلفة وتوجيه الإدارة وإرشادها في سياستها المالية المقبلة. ولتوضيح الأمر سنفترض أن المدير العام طلب من المحاسب ومدير الحسابات تنفيذ مشروع معين يُحقق للشركة الأرباح المطلوبة.

يمكن للمحاسب ومدير الحسابات استخدام الحاسوب للكشف عن انحرافات تكاليف الإنتاج والمبيعات وتحليلها ومعرفة أسبابها ومن ثم التنبؤ بالربح أو الخسارة وإعداد التقارير الآنية بشأنها للمدير العام لاتخاذ الإجراءات اللازمة وتعديل الأوضاع الشاذة أن وجدت. كما يمكن للمدير العام التعليق على المعلومات في التقارير المعروضة والمساهمة برأيه وإضافة الملاحظات الضرورية.

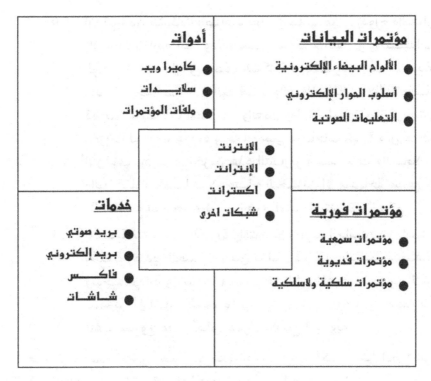

الشكل (7-3)
يوضح أهم الأساليب الحديثة المستخدمة في الاتصالات
بين الأقسام المختلفة في الشركة أو بين الشركة وشركات صناعية أخرى

فوائد نظام التكاليف القياسية :

يرى دوزلاند (Dows Land) أن فائدة نظام التكاليف القياسية ترجع في المقام الأول إلى أنها تعطي للإدارة معلومات تفيدها في معرفة مقدار انحرافات الإنجاز الفعلي عن الإنجاز المخطط بهدف كشف مصادر الضعف أو القوة في فعاليات المنشأة ويمكن تحقيق ذلك عن طريق تقارير التكاليف القياسية التي تحتوي

على مجموعـة كاملـة مـن الانحرافـات التـي بالإمكـان تحليلهـا بالسـبب والمسؤولية.

ويصف كبس (Gibbs) نظام التكاليف القياسية بأنه إحدى طرق محاسبة التكاليف التي تخدم الإدارة في إلقاء الضوء على الانحرافات ومواطن الضعف أو القوة في المنشأة وذلك عن طريق مقارنة التكاليف المحددة مقدماً مع التكاليف الفعلية المتحققة وذلك لاستخدامها في أغراض التخطيط والسيطرة واتخاذ القرارات الإدارية.

من هذا يتضح لنا بأن مفهوم التكاليف القياسية يستند إلى ما يلي :

1. تسجيل التكاليف القياسية المحددة مقدماً.
2. تسجيل التكاليف الفعلية .
3. مقارنة التكاليف الفعلية مع التكاليف القياسية.
4. تحديد الانحرافات وتحليلها.
5. إعداد التقارير وتقديمها إلى الإدارة.
6. اتخاذ الإجراءات المصححة.

تعتبر القرارات الإداريـة والإجـراءات العلاجيـة التـي تتخـذها الإدارة بصـدد الانحرافات من أهـم أهـداف أنظمـة التكاليف القياسية وذلك باعتبارها وسيلة لعلاج الأوضاع الشاذة في المنشأة وأداة تسعى إلى العمل على تحقيق أكبر كفاءة ممكنة.

والذي نود أن نؤكده هـو أن التكاليف القياسية تعطي صورة واضحة عـن التكاليف المرتقبة في ظل ظروف معينة متفق عليها وبحجم إنتاجي محـدد، ومـن ناحية أخرى يقتضي إجراء تغييرات في أنظمة التكاليف القياسية إذا طرأ تغيير في

سياسة وظروف وطبيعة أعمال المنشأة، وفي الواقع، أن الميزانيات المرنة تسمح بوضع أنظمة التكاليف القياسية لعدد من المستويات الإدارية المختلفة.

وفي هذا الصدد لا بد وأن نفرق بين الأنواع التالية للتكاليف القياسية :

1. التكاليف القياسية المثالية Ideal Standard Costs:

يندر وجود هذا النوع من أنظمة التكاليف في المنشآت الصناعية إذ أنه يفترض أن اليد العاملة والمكائن وعناصر الإنتاج الأخرى تعمل بطاقة إنتاجية قدرها 100% من الكفاءة.إن هذا النوع من الافتراضات لا يستند إلى أسس واقعية ومنطقية ولذلك لا يستخدم هذا النوع من الأنظمة إلا في ظروف إنتاجية معينة وبمنشآت خاصة.

2. التكاليف القياسية الأساسية Basic Standard Costs :

يعتمد تطبيق هذا النوع من الأنظمة على توافر ظروف مثالية، وتخدم كمؤشر إحصائي يبين اتجاهات الأسعار ومستويات الأجور والكفاءة، وتتميز بالثبات والاستقرار إذ أنها لا تهتم بالتغيرات التي تطرأ على ظروف وسياسات المنشأة.

3. التكاليف القياسية المتوقعة Expected Standard Costs:

يعكس هذا النوع من الأنظمة أعلى درجات الكفاءة المرتقبة في ظل الظروف العادية السائدة في المنشأة.

فوائد التكاليف القياسية :

1. السيطرة على عناصر التكاليف .

2. تخطيط سياسة الإنتاج والتسعير وتقويم المخزون السلعي.

3. تقويم أداء الوحدات التنظيمية داخل المشروع .

4. تطوير مبدأ الإدارة بالاستثناء (Management by exception).

5. إيجـاد نـوع مـن الحـوافز التشـجيعية التـي تـدفع العـاملين لتحقيـق الأهداف المطلوبة منهم.

وضع المعايير (Setting Standards) :

من الضـروري أن يكـون المصنـع مـنظماً ومنسـقاً بشـكل تكـون فيـه الأقسـام موزعة توزيعاً سليماً والمسؤوليات والصلاحيات قد حددت تحديداً دقيقاً .

إن جميع هذه المتطلبات تعتبر عـاملاً مهمـاً في إقامـة معـايير سـليمة . وعـلى ذلك يقتضي ـ أن تعطـي مسـؤولية إقامـة المعـايير إلى مجموعـة مـن الأفـراد ذوي الاختصاص والخبرة إذ أن نجاح نظام التكاليف المعيارية يعتمد على سلامة وصحة المعايير. ومن الجدير بالذكر أن عدد الأفراد المسؤولين عـن تصـميم النظـام يعتمـد على حجم وطبيعة المنشاة . وعادة يمثلون ما يلي :

1. مراقب الإنتاج (The Production Controller)

تكون مسؤولية تهيأة معلومات مفصلة عن احتياجات الإنتاج المتمثلة بـالمواد والعمل والمصاريف غير المباشرة.

2. مدير قسم المشتريات :

يقوم بتهيأة كشوفات الأسعار وتقديم معلومات عن اتجاهات أسعار السوق.

3. مدير الأفراد (The Personnel Manager)

يزود معلومات تتعلق بمعدل مدفوعات العمل والعمال .

4. المهندس الميكانيكي:

يقوم بحساب الوقت المعياري لجميع العمليات المطلوبة من المكائن وذلك لتسهيل تقدير كلفة ساعة ماكنة .

5. محاسب التكاليف :

يزود المعلومات الضرورية المتعلقة بأرقام الكلفة مثل كلفة ساعة ماكنة ومعدل المصاريف غير المباشرة (Ever head recovery rate) وكذلك يقوم بتنسيق فعاليات لجنة تصميم المعايير وذلك بهدف وضع معايير سليمة ودقيقة وفضلاً عن ذلك فهو يقوم بتحضير وتقديم كشوفات التكاليف المعيارية بأحسن شكل ممكن.

كيفية وضع المعايير :

إن وضع معايير للتكاليف الإنتاجية يستلزم أتباع نفس الإجراءات التي تتخذ عند تحضير كلفة الشغلة باستثناء استعمال الأرقام التقديرية بدلاً من الحقيقية ويقتضي تحديد المعايير التالية لكل ناتج أو حدة إنتاجية.

1. معيار تكاليف المواد — Standard Materials Costs
2. معيار تكاليف الأجور — Standard Wages Costs
3. معيار المصاريف المباشرة — Standard direct expenses

4. معيار التكاليف غير المباشرة المتغيرة **Standard Variable Overhead Costs**

5. معيار التكاليف غير المباشرة الثابتة **Standard Fixed Overhead Costs**

6. معيار التكاليف التوزيعية والبيعية **Standard Selling & Distribution Costs**

7. معيار سعر البيع والربح **Standard Selling Price & Prefit**

8. معيار المبيعات الحدية **Standard Selling Margin**

تستند التكاليف القياسية على الاعتبارات الدقيقة التي توجه إلى الموارد الاقتصادية اللازمة لصنع وحدة واحدة ولأسعار مثل هذه الموارد .

1. معيار تكاليف المواد :

إن حساب مقاييس لتكاليف المواد يستلزم معرفة ما يلي:

(أ) مواصفات المواد القياسية (Standard Materials Specifications) وهذا بدوره يحتاج إلى أخذ التصميم (مستلزمات القوة والمظهر) والنوعية وأصناف المواد المتوافرة والقرارات التي تتعلق بشراء أو صنع المواد بالاعتبار وعادة يكون قسم التصميم مسؤول عن وضع هذه المقاييس.

(ب) معيار استعمال المواد (Standard Materials Usage) يقتضي- أن يؤخذ الحجم والخسارة التي لا يمكن السيطرة عليها بنظر

الاعتبار ، يحدث هذا النوع من الخسارة أثناء العمليات الإنتاجية بسبب التبخر والفقدان الطبيعي، يتم تحديد هذه المقاييس من قبل قسم التصميم وقسم الورشة (Workshop)

(ج) معيار أسعار المواد (Standard Materials Prices) يتم تخمين معدل أسعار المواد خلال الفترة القادمة على أن تؤخذ السماحات بنظر الاعتبار كالخصم وتكاليف الشحن وتداول المواد ، أن قسم المشتريات هو المسؤول عن تحديد هذا النوع من المعايير .

2. معيار تكاليف الأجور :

يتضمن حساب معيار تكاليف الأجور ما يلي :

(أ) معيار درجات العمل (Standard Laber Grades) .

إن تحديد هذا المعيار يستلزم أخذ العمليات والخبرة وحجم العمل وكمية العمل بنظر الاعتبار. يتم هذا التحديد من قبل قسم دراسة العمل وقسم الأفراد.

(ب) الساعات القياسية (Standard Hours) .

ويقصد به الوقت المخطط لكل وحدة من أصناف العمل وفي كل مرحلة من مراحل العمل. ويتم إعدادها من قبل قسم دراسة العمل وقسم الانتاج.

(ج) معيار معدل الأجر (Standard wage rate) .

ويقصد به معدل الأجر المخطط لكل صنف من أصناف العمل ويتم تحديده من قبل مدير الأفراد (Personnel) ومحاسب الكلفة (Cost Accountant) ثم نصل إلى أن معيار :

كلفة العمل = الساعات القياسية × معدل الأجر القياسي .

3. معيار المصاريف المباشرة :

يعتبر تصميم هذا النوع من المعايير بسيطاً ولا يستلزم القيام بعمليات رياضية معقدة.

4. معيار التكاليف غير المباشرة المتغيرة :

تفصل التكاليف غير المباشرة عادة إلى ثابتة ومتغيرة وغالباً ما يتم توزيعها (absorbed) على أساس ساعات العمل المباشرة، وينطوي تحديد معيار التكاليف غير المباشرة المتغيرة على تثبيت ما يلي:

(أ) معيار التكاليف غير المباشرة المتغيرة ونسب توزيعها : يتم حساب هذه المعايير لكل مركز كلفة بنفس الطريقة التي يتم فيها حساب نسب المصاريف الإضافية المحددة مقدماً .

معيار التكاليف غير المباشرة المتغيرة :

مركز الكلفة التقديري للمصاريف الإضافية المتغيرة

مركز الكلفة التقديري لساعات العمل المباشرة

وتحتاج هذه المعادلة إلى قرار يتعلق بمستويات الفعالية التي يتم تبنيها . وفي التكاليف القياسية تعتبر هذه غالباً كمستوى الفعاليات التي بموجبها تعمل مركز الكلفة في ظل ظروف اقتصادية طبيعية.

(ب) معيار استعمال المصاريف غير المباشرة (ساعات قياسية)
(Standard overhead usage) .

حيث أن المصاريف غير المباشرة قد وزعت على أساس ساعات العمل المباشر وعليه يقتضي استعمال معيار ساعات العمل ونتوصل مما سبق إلى أنه يمكن حساب معيار التكاليف غير المباشرة عن طريق ضرب الساعات المعيارية لوحدة التكاليف بالنسب المعيارية للمصاريف غير المباشرة المتغيرة.

5. معيار التكاليف غير المباشرة الثابتة :

يمكننا تحديد هذا المعيار بإتباع نفس الإجراءات التي يتم إتباعها عند حساب معيار التكاليف غير المباشرة المتغيرة باستثناء استعمال التكاليف الثابتة التقديرية بدلاً من التكاليف المتغيرة التقديرية عند حساب توزيع المصاريف غير المباشرة الثابتة.

6. معيار التكاليف التوزيعية والبيعية :

يقتضي- عند وضع المعيار أخذ وقت التغليف والشحن وعمولة البيع والتكاليف الإدارية وتكاليف الإعلان بنظر الاعتبار، وتلعب أقسام المبيعات والتوزيع دوراً مهماً في تحديد المعيار .

7. معيار سعر البيع :

يقوم هذا المعيار بتعيين السعر التقديري الذي تباع به وحدة الكلفة ويتم تحديد هذا المعيار من قبل مدير المبيعات بمساعدة المدير العام.

8. معيار المبيعات الحدية :

يمثل هذا المعيار الفرق بين معيار التكاليف الكلية للإنتاج ومعيار سعر البيع، وحيث أن معيار التكاليف الكلية تشتمل على كل التكاليف فإن معيار المبيعات الحدية يعني أيضاً "معيار الربحية" .

قائمة الكلفة المعيارية (Standard Cost Card) :

يقتضي تسجيل كل المعايير السابقة في صحيفة الكلفة المعيارية، أن هذه الصحيفة التي تشبه صحيفة الشغلة (Job Card) يتم إعدادها لكل وحدة كلفة عمل وتمثل سجلاً كاملاً لكل معايير الكلفة والتكاليف المعيارية المتعلقة بهذه الوحدة، وتتلخص فوائد إعداد هذه الصحيفة في أنها تزود البيانات التي تساعد في حل مشاكل التكاليف المعيارية فضلاً عن أنها تستخدم في حساب الانحرافات المعيارية .

تنقيح المعايير (Revision of standard) :

إذا حصل تغيير دائم في بعض العوامل الاقتصادية كحصول ارتفاع في مستوى الأجور مثلاً فإن ذلك يستلزم القيام بما يلي:

1. في حالة استعمال المعايير (Criterion) يكون هذا النوع من المعايير ثابتاً إلى حد ما لكي يمكن الاستفادة منه في المقارنات بين فترات مختلفة.

2. في حالة استعمال المعايير كهدف (Target) يقتضي تنقيح وتبديل هذا النوع من المعايير على وفق تبدل الظروف كتغيير مستويات الأجور.

وبصورة عامة يمكن القول أن تحوير المعايير ينطوي على أعمال كبيرة وشاقة، إذ أن تحوير معيار كلفة المواد الأولية يعني مثلاً تحوير جميع استمارات الكلفة القياسية للمنتجات التي تستعمل المواد الأولية أولاً وتحوير قوائم الأسعار (Price Lists) المحتوية على الأسعار القياسية للمواد والإنتاج ثانياً وتحوير تقييم المخازن والبضاعة تحت الصنع وخزين البضاعة الجاهزة ثالثاً، ولجميع هذه الأسباب نجد أن هذا التنقيح يحصل عادة في نهاية السنة.

الفصل الثامن
نظم معلومات الرقابة المالية

بعد دراستك لهذا الفصل تستطيع أن:

1. تبين مفهوم نظم الرقابة المالية المحوسبة.

2. تعرف أهم تطبيقات نظم معلومات الرقابة المالية.

3. تعدد وتشرح مزايا وفوائد نظم معلومات الرقابة المالية.

4. تحدد المنافع التي تحققها الشركة من وراء استخدام نظم الميزانيـات التقديرية.

5. تعرف أهمية التخطيط الطويل المدى والعناصر التي تتضمنها.

6. تعرف فوائد دليل الميزانية التقديرية.

نظم الرقابة المالية المحوسبة

التعريف :

لعل السؤال الذي يطرح نفسه في البداية هو : ماذا نعني بنظم الرقابة المالية المحوسبة، يقصد بنظام الرقابة المالية المحوسبة بأنه النظام المبني على طرق إلكترونية حديثة وبرمجيات ذكية تعتمد في بنائها على تكنولوجيا الذكاء الاصطناعي الذي يستطيع التعامل التلقائي مع البيانات الواردة إليه من بقية نظم المعلومات الأخرى، واتخاذ القرارات المناسبة دون الرجوع إلى العامل البشري مما يضفي على التقارير التي يخرجها درجة عالية من الدقة والمرونة الملائمة والوضوح بما يتلائم مع متطلبات صناعة القرارات الإدارية والمالية.

المفهوم :

إن نظم الرقابة المالية التي تستخدم أحدث التطبيقات والبرمجيات الذكية وتمتلك قاعدة بيانات الكترونية ستضمن توفير المعلومات المطلوبة من قبل مدراء الرقابة المالية بشكل فوري وفعال وستؤمن سهولة الوصول إليها في المكان والزمان الذي يريدونه.

بدأت كثير من الشركات الصناعية في الدول المتقدمة تطبيق نظم الكترونية للأخطار عن الانحرافات عن الخطط الموضوعة يهدف إلى تسهيل عمليات تخزين البيانات واستعادتها وتحليلها وتقصير الإجراءات خاصة تخفيض المدة اللازمة للإبلاغ عن هذه الانحرافات .

إن حوسبة هذه النظم يأتي في إطار النهج الذي اختطه كثير من الشركات بأتمتة الأعمال المتعلقة بالرقابة والسيطرة بالميزانيات التقديرية وضرورة إعداد تقارير الانحرافات بشكل الكتروني.

تقوم هذه النظم المحوسبة في إعداد تقارير دورية عن الانحرافات وأسبابها لكي تستطيع دراستها والقيام بوضع الحلول لها في الوقت المناسب. كما يتيح للمدير العام تقييم وتحسين مستوى أداء الشركة من خلال دراسة وقراءة جميع التقارير الناتجة عن هذا النظام لحظياً وعند الحاجة.

وفي ضوء النقاط السابقة والتعاريف المطروحة، فإنه يمكن القول أن نظام الرقابة المالي مسؤول عن إعداد الميزانيات التقديرية والنسب المالية وعرضها بصورة دورية.

تشمل هذه المسؤولية تعميم وتطبيق نظام رقابة داخلي ذي صلة بإعداد وعرض الميزانيات التقديرية للشركة بصورة دورية ومعالجة العديد من الأمور المتعلقة بأنظمة الضبط والرقابة المالية ومواكبة لأفضل المعايير والممارسات الدولية الحديثة.

الأهداف :

1. توفير وقت وجهد المدراء في الحصول على المعلومات المالية والمحاسبية المطلوبة وتسهيل الحصول عليها بشكل دقيق وموثوق بهدف الارتقاء بالأداء والوصول إلى نتائج مرضية.

2. رفع مستوى كفاءة الأداء وتخفيض أعباء الأعمال الورقية على الموظفين إذ سيتمكن الموظف من العمل في بيئة تكنولوجيا معلومات أكثر تطوراً وانتاجية.

3. تمكين مدير الرقابة المالية من الحصول على المعلومات من النظم الأخرى بسهولة عن طريق التبادل الإلكتروني للمعلومات وتمكين المدير من الاستخدام الأمثل والفاعل لهذه المعلومات ومواكبة التطورات التكنولوجية في هذا المجال.

4. تطوير الإدارة المالية في الشركة بالقيام بالكثير من عمليات البحث والتحديث الذي يختصر الوقت اللازم لإعداد وتوليد التقارير وتمكين المدراء من الاستخدام الأمثل والفاعل لهذه التقارير ومواكبة التطورات في هذا المجال .

5. إنشاء بنية تحتية تكنولوجية متطورة لربط نظام الرقابة المالية بالأنظمة الأخرى في المنشأة وذلك لتوفير تبادل المعلومات عبر الشبكة الداخلية (الانترنت) لتمكين جميع المستخدمين من تبادل معلومات الرقابة الكترونياً بأقل وقت وبأقصى سرعة.

6. تسهيل سير الإجراءات المتبعة في النظام من قبل الموظفين بحيث تصبح أكثر فاعلية وإنتاجية وتوفير الوقت والجهد المبذولين في إنجاز الميزانيات التقديرية والنسب المالية والرقابية.

7. أتمتة كاملة لعمليات الرقابة المالية وذلك عن طريق التبادل الإلكتروني لمعاملة إعداد الميزانيات التقديرية بين النظم ذات العلاقة من أجل التعديل وإبداء الرأي والملاحظات، كما وتوفر لمدير الرقابة المالية

إمكانية متابعة المعاملة الكترونياً، كـما يـوفر للمـدير العـام إمكانيـة مشاهدة قوائم الميزانيات العمومية وتعديلها الكترونياً.

عناصر نظم معلومات الرقابة المالية

المدخلات :

إن المدخلات تعتمد بشكل أساسي على البيانات التي يحصل النظام عليها مـن داخل الشركة ومـن خارجهـا والتي تقـوم بترتيبها وتصنيفها وتسجيلها في المكـان المناسب داخل قاعة بيانات الشركة.

وتشمل هذه المعلومات على بيانات الخطط الطويلة المـدى كأرقام التنبـؤات للمبيعات والإنتاج والمخزون والتكاليف والمصروفات الرأسمالية والنقدية.

العمليات :

وهو معالجة بيانات الرقابة المالية من خـلال جمـع ونقـل وتبـادل المعلومـات ومعالجتها واستخدامها في اتخاذ القرارات المتعلقة بالرقابة المالية بما يجعل المـدير العام قادراً على إنشاء النماذج ومخططات التقارير علـى شاشـة الحاسـوب .لاحـظ الشكل (8-1).

المخرجات :

وهي المعلومات التي ينتجها النظام على شكل وثائق أو تقارير أو كشوفات أو رسوم بيانية وصور أو ملفـات او إحصائيات دقيقـة ومتناسـقة لغايـات صنـع القرار.

تبين هذه التقارير مدى تقدم العمل والإنجاز عن طريق الكشـف عـن حجـم انحرافات الأرقام الفعلية عن التخمينية.

التغذية الاسترجاعية (الراجعة)

توفر للمدير إمكانية مدى نجاح النظام الكترونياً والاستفسار من المستخدمين عن كفاءة النظام من حيث تحقيق أهدافه وكذلك الاستفسار في المستخدمين عن مدى إمكانية تطوير وتعديل النظام لكي يحقق أهدافه الموضوعة. تفيد معلومات التغذية العكسية في تحديد نقاط الضعف في النظام وإيجاد الطرق المناسبة للتحكم والسيطرة عليه عن طريق وضع ضوابط وإجراءات وقائية لمنع حدوث أي مشاكل تؤثر على سلامة النظام أثناء وضعه موضع التطبيق العملي وذلك بهدف تحقيق أعلى مستويات التفاعل الإيجابي مع مستخدمي النظام وتلبية احتياجاتهم بشكل مستمر.

تطبيقات نظم معلومات الرقابة المالية

يتيح نظام المعلومات للرقابة المالية للمدراء إمكانية الاستعلام الفوري والآلي عن المبيعات والإنتاج والتكاليف السابقة والمحتملة عبر الشبكة الداخلية للشركة.

حيث يتيح النظام المحوسب الذي يعتمد على استخدام شبكة الإنترانت إمكانية استفسار مدراء الأقسام الوظيفية عن جميع مفردات المبيعات والإنتاج والمخزون والتكاليف والنقد والمشتريات والحصول على كافة المعلومات والبيانات بما في ذلك تنبؤات الربح والخسارة وتنبؤات الميزانية العمومية.

يوفر نظام معلومات الرقابة المالية المحوسب خدمات ذات قيمة كبيرة تسهل من أعمال المستخدمين وتجعلهم قادرين على إعداد الميزانيات التقديرية للأقسام المختلفة في الشركة في الوقت المحدد لها.

إن أتمتة عمليات تبادل المعلومات بين الأقسام الوظيفية كالإنتاج والمشتريات والمبيعات والمخزون وبين قسم الرقابة المالية في الشركة سيعزز من عملية الرقابة

الفاعلة على التكاليف والإيرادات لما سيختصره من الوقت والجهد في إيصال المعلومات الرقابية حول أداء الشركة بشكل أدق وأسرع.

كما يوفر النظام أداة للتواصل الإلكتروني بين مدراء الأقسام المختلفة في الشركة وبين المدير العام للاستماع إليهم والأخذ برأيهم لإرشاده في سياستها المالية المقبلة، لذلك يعتبر النظام المحوسب للرقابة المالية نقلة نوعية في طرق الاستماع لأراء مدراء الأقسام وتحليلها والاستفادة منها من قبل المدير العام لتحقيق المستويات المنشودة في التخطيط والرقابة على التمويل المالي للشركة .

ومن الجدير بالذكر أن الشركات العالمية لخدمات تكنولوجيا المعلومات والانترنت تعتبر من الشركات الرائدة في تقديم الأنظمة الخاصة بالقنوات الإلكترونية والحلول المتخصصة والخدمات المتكاملة التي تسهم في دعم مدراء المالية والحسابات في اتخاذ القرارات التطبيقية الملائمة للسيطرة بالميزانيات التقديرية.

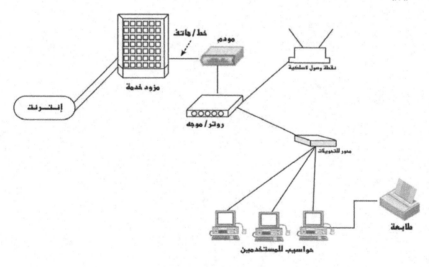

الشكل (8-1)

الشكل (8-1) يبين بنية تحتية حاسوبية متكاملة من خوادم وروترات وحواسيب لتشغيل نظام الرقابة المالية في الشركة، وتعتبر هذه الأنظمة إدارة أعمال متكاملة لجميع النواحي المالية والتجارية. إن الشبكة المعتمدة على الاتصالات اللاسلكية هي مجموعة من البرمجيات الحاسوبية التي تستخدم لإدارة نظم الرقابة الداخلية في مجال المالية والميزانيات التقديرية ولإنجاز وظائف التخطيط والرقابة والتقييم صممت هذه الشبكة بطريقة تمنح السرية التامة والأمان لجميع المعلومات باستخدام احدث التقنيات والبرامج الأمنية المخصصة لحماية البيانات والحيلولة دون اختراقها.

فوائد نظم معلومات الرقابة المالية

من الممكن أن تستفيد كل شركة بشكل كبير من نظام الرقابة الداخلية المعتمد على الحاسوب إذا استطاعت تنفيذه خلال فترة طويلة من الوقت في مجال المالية والميزانيات التقديرية بالشكل الصحيح.

يعد الحاسوب وسيلة مهمة التي يمكن أن يستفيد منها المدراء في الرقابة الداخلية ، يستفيد مدراء المنشآت الصناعية من التكنولوجيا المتقدمة لدعم التطبيقات الجديدة مثل الرقابة والتخطيط ومن إتاحة النفاذ إلى الإنترنت بسرعات وسعات فائقة. ويمكننا تلخيص فوائد حوسبة نظم الرقابة الداخلية بالآتي :

1. تزويد المدراء على اختلاف مستوياتهم الوظيفية بالمعلومات السريعة والشاملة التي ستمكنهم من أداء وظائف التخطيط والرقابة والتقييم بكفاءة وفاعلية وذلك عن طريق تشخيص الانحرافات ومن ثم معالجتها.

2. يوفر الحاسوب للمدراء بيانات ومعلومات مناسبة تساعد في الرقابة وصنع القرارات تتضمن هذه البيانات أرقام فعلية وتقديرية عن كميات المواد المرغوب بشرائها تعرض وتقدم بالشكل الذي يسهل على المدراء إجراء المقارنات المطلوبة وتحديد الانحرافات وتحليلها ومن ثم تفسيرها بالصورة التي تساعد على اتخاذ الإجراءات اللازمة لتصحيح هذه الانحرافات وتلافيها في المستقبل.

3. يتمكن المدراء من الاستفادة من الحاسوب في تحليل الإنجازات السابقة لمنشأتهم في الحصول على المعلومات المناسبة التي ستمكنهم من إعداد الميزانيات التقديرية التي تعطي صورة واضحة وصحيحة عن موقف

الشركات في المستقبل وتعبر تعبيراً حقيقياً عن الأهداف المرجو الوصول إليها كما تساعد هذه الميزانيات في تحليل الانجازات ودراسة الظروف المتوقعة.

4. يوفر الحاسوب للمدراء تقارير تحليلية ستمكنهم من اكتشاف مواطن الضعف والانحراف عن معدل الأداء القياسي. ويتم إعداد التقارير الفعلية فوراً وتقدم للإدارة في الوقت المناسب لمساعدتها في إجراء المقارنات مع الميزانيات التخمينية.

5. من أهم المزايا لنظام الرقابة الداخلية الإلكتروني أنها تتيح للمدراء إنشاء الجداول والرسوم الخطية المدرجة وعرضها على الحاسوب وتتبع المعلومات وتعقب التغييرات التي يمكن أن تحصل. تحتوي هذه الأشكال التوضيحية على سبيل المثال معلومات على الأرقام التخمينية والأرقام الفعلية للمبيعات والإنتاج والمخزون والتي يستطيع المدراء المسؤولين من تتبع الانحرافات التي تحصل فيها والتقرير بشأنها وذلك لاتخاذ الإجراءات التصحيحية الضرورية.

6. يتيح الحاسوب لمدراء المالية إنشاء الرسوم والأشكال التوضيحية بمختلف أنواعها إذ يمكن استخدامها في التخطيط والرقابة على تكاليف الإنتاج والمبيعات مما يساعد المدراء في التنبؤ عن الخطط التي تحقق للشركة أرباحاً أكثر. على سبيل المثال بالنسبة للشركات الكبيرة والمتوسطة يفيد الحاسوب محاسب الكلفة ومدير الحسابات في تحليل فعاليات الشركة المختلفة وتوجيه الإدارة وإرشادها في سياستها المالية المقبلة. ولتوضيح الأمر سنفترض أن المدير العام طلب من المحاسب ومدير الحسابات تنفيذ مشروع معين يحقق للشركة الأرباح المطلوبة.

يمكن للمحاسب ومدير الحسابات استخدام الحاسوب للكشف عن انحرافات تكاليف الإنتاج والمبيعات وتحليلها ومعرفة أسبابها ومن ثم التنبؤ بالربح أو الخسارة وإعداد التقارير الآلية بشأنها للمدير العام لاتخاذ الإجراءات اللازمة وتعديل الأوضاع الشاذة أن وجدت . كما يمكن للمدير العام التعليق على المعلومات والتقارير المعروضة والمساهمة برأيه وإضافة الملاحظات الضرورية.

7. يستطيع مدراء الرقابة المالية عن طريق استخدام النظم الإلكترونية قياس مستوى رضى الأشخاص المسؤولين عن أعداد الميزانيات التقديرية.إذ يستطيع هؤلاء الأشخاص وبضغطه زر واحدة إبداء رأيهم ومستوى رضاهم عن المعلومات المستلمة من الأقسام الوظيفية في الشركة مما يتيح لإدارة الرقابة المالية تقييم وتحسين مستوى أداء المسؤولين عند إعداد الميزانيات من خلال دراسة وتحليل آراءهم وقراءة تقاريرهم لحظياً وعند الحاجة بهدف الاستفادة منها لإعداد ميزانيات تقديرية شاملة ودقيقة.

نظم الميزانيات التقديرية

يجدر بنا أن نتساءل عن ماهية الميزانية التقديرية، وكيف يمكن أن تستخدم في دعم المنشأة الصناعية؟ وماذا يجب على السيطرة بالميزانية التقديرية (Budgetary Control) أن تقدمه إلى ربحية المنشأة الصناعية؟ وقد يكون من الصعب على المرء أن يحدد ما هو المقصود بالميزانية التقديرية بصورة دقيقة ولكننا نميل هنا إلى القول بأن الميزانية التقديرية في الأشغال إنما هي جسر ـ يصل بين الخطة وتحقيق إنجازها، أو هي كما نحن نعلم كشف مالي يبين بشكل تقديري دقيق الاحتياجات المختلفة للمنشأة ويترجم أهدافها في خطة عمل للمستقبل ويمد الإدارة بوسيلة لقياس مدى تقدمها نحو الهدف الموضوع ويضع للعاملين في المنشأة أساساً للتوجيهات والتوصيات المفصلة لتحقيق هذا الهدف.

صفات الميزانيات الفاعلة :

والذي نود أن نؤكده لأهميته هو أن الميزانية الفاعلة يجب أن تتصف بالصفات التالية :

1. أن تكون مفصلة بصورة كافية.
2. أن تكون مرنة لتعكس التغييرات في الخطة أو في ظروف المنشأة في الحالات غير الاعتيادية التي يمكن أن تطرأ على المنشأة مباشرة أو غير مباشرة لأسباب خارجية.
3. أن تعكس الأهداف الطويلة المدى.

وفي تقديري أن النقطة التي يجب أن تؤخذ بنظر الاعتبار هي أنه لا توجد ميزانيات غير فعالة ولكن هناك نقص في عدد الإداريين الذين يملكون الكفاءة

الإدارية اللازمة للقيام بمهمة رسم وتنفيذ الخطط ومتابعتها . وعلى ضوء هذه الحقيقة تستلزم الميزانية التقديرية تنظيماً إدارياً كفوءاً واشتراكاً مباشراً في إعدادها ومتابعة تنفيذها .

ويمكننا القول بإيجاز أن الميزانية ليست لعبة عددية بيد المحاسبين وإنما هي أداة مالية فعالة تساعد الإدارة في التخطيط والرقابة على أعمالهم وتتضمن قرارات تقوم بها الإدارة تتعلق بالسياسات والخطط التي توضع موضع التنفيذ العملي.

الميزانية التقديرية والخطة :

من الضروري الاعتراف بأن الميزانية إنما هي مجرد أداة وليست غاية بحد ذاتها فهي دليل تفصيلي لقياس مدى التقدم نحو الهدف الذي يوضع عادة ضمن الخطة وتكون الميزانية عديمة الفائدة أن لم تعكس خطة معقولة. ولي في هذا الشأن ملاحظتان أسوقهما هنا مؤكداً في الوقت عينه أن أبعادهما الحقيقية ونتائجهما العملية تستلزم دراسة جدّية وعميقة وشاملة.

الملاحظة الأولى : لا يمكن أن تقاس منجزات الإدارة إلا بما يعود به الاستثمار من عائدات .

الملاحظة الثانية : من الواجب وضع تخطيط شامل لعائد الاستثمار ولا يمكن أن يتم تحقيقه باطمئنان إلا بخطة طويلة المدى.

عائد استثمار :

من الواضح أن الهدف الأساسي لأية منشأة هو تحقيق الربح، فماذا نعني بالربح؟ أنه بعرف المحاسبين عبارة عن الزيادة في مجموع القيمة المالية للمنشأة خلال فترة من الزمن، وإن التحديد الاعتيادي ربما يعّبر عنه بالفرق بين الإيراد

والتكاليف أثناء فترة من الزمن. إن كلمة ربح معروفة لدينا وإن تكون غامضة وليس من السهل إعطاء تعريف دقيق لها على أن من الواضح هو أن الربح بحد ذاته لا معنى له ما لم يرتبط ببعض أسس القيادة وتجد ذلك فيما يقدمه مفهوم الاستثمار من عوائد.

من الواضح أيضاً أن المهارة الإدارية ورأس المال هما المطلبان في كل صناعة لكسب الربح، وفي الظروف السائدة عندنا نجد أن الموارد الرأسمالية محدودة بشكل يبعث على اليأس وأن أحسن وسيلة لقياس مهارة الإدارة هو قدرتها على كسب الحد الأعلى من الربح باستخدام الحد الأدنى من الموارد الرأسمالية.

التخطيط الطويل المدى :

لست بمغالٍ أن قلت أنه في عالم متغير ومضطرب تجارياً واقتصادياً من الممكن بلوغ الحد الأعلى من عوائد الاستثمار إذا وضعت له الخطط المسبقة المحكمة، وبصورة عامة يصح القول بأن رجل الأعمال الذي يفكر مسبقاً بمحاولة السيطرة على محيطه يكون في وضع أقوى مما لو سمح أن تتحكم فيه الظروف وتملي عليه مجرى عمله. وفي ضوء هذه الاعتبارات التي ذكرناها يتضح لنا أن الموقف النسبي للوضع الأول لابد وأن يدر عائدات أكثر على الاستثمار، إذن المشكلة هي كيف نضع موضع التنفيذ خطة طويلة المدى. وفي هذا الفصل نرى لزاماً علينا أن نقوم بإعادة النظر في النقاط الأتية :

1. ما الغرض من خطة طويلة المدى ؟
2. ما هي العناصر التي تتضمنها؟
3. كيف نقوم بالتنظيم لإعداد خطة طويلة المدى؟
4. ما هي مصادر المعلومات التي نحتاجها؟

أهداف الخطة الطويلة المدى :

من المفيد هنا أن نـذكر أن أهـداف المنشأة في وضـع تخطيط طويـل المـدى تتضمن في معظم الأحوال ما يأتي :

1. تحسين الربحية .
2. تقليل التصادم الاقتصادي وذلك بالتنبؤ بالمصاعب التي سوف تظهر.
3. تحقيق النمو المعقول .
4. التغلب على عقبات المصادر النادرة التي تعاني منها المنشأة.

تكوين الخطة الطويلة المدى :

مما لا ريب فيه أنه لا يمكن تطوير خطة طويلة المدى بـدون تحديـد أهـداف الإدارة أولاً وعلى ضوء ذلك يمكنك أن تبدأ بأن تجلـس أمـام مكتبك وتجيـب عـلى هذا السؤال : ما هو هدفي في دوري كمدير لهذه المنشاة ؟ أنـا اعتقـد بأنك سـوف تجد أمامك أمرين : الأول هو أنه ليس صعباً في الواقع تعريف الأهداف كما تظن، والأمر الثاني هو أنك سـوف تتعلم كثيراً عما يهمك حقاً من قيامك بشغلك بصورة صحيحة فإن حصيلة تنبؤاتك سـوف تكـون عبـارة عـن قائمـة مختصرة للأهـداف الرئيسية التي تصل المنشأة على الوصول إليها .

وفي حالة الانتهاء من وضع الأهداف الإدارية وحصول الموافقة عليها مـن قبـل الإدارة أصبح من الضروري نشرها لفائدة رجال الإدارة التنفيذيين وأن يعـاد النظـر في نتائج تنفيذ الخطة للتأكد مـن أن الخطـة تعكس أهـداف الإدارة. وليس مـن المبالغة إذا قلنا أنها ستكون مفاجئة لبعض العاملين في كثير مـن المنشآت عنـدما يتبين لهم ماهية أهداف الإدارة، ولـن أشير هنا إلى الأهـداف النظريـة كمضـاعفة الربح مثلاً

(Maximizing Profit) وإنما أشير إلى أهداف مفصلة كتطوير مجموعة العاملين في المنشأة أو تطوير منتجات جديدة أو التغلغل إلى أسواق جديدة وما إلى ذلك.

ومن الضروري جداً بطبيعة الحال أن تحتوي الأهداف التي تخرج بها على الصفات الآتية :

1. يجب أن تلائم الإطار الإداري ويعبر عنها بالأدوات الإدارية التي تملكها المنشأة.

2. يجب أن تكون في انسجام تام وذلك لتمكّن مختلف الوظائف في المنشأة من التآلف والتآزر نحو تحقيق إنجازها. وفي الحقيقة أن الأساليب الداخلية للأعمال تستدعي دائماً تصادم الأهداف بين الأقسام المختلفة وأن إحدى المهام الرئيسية للإدارة العليا هي العمل على تقليل التأثيرات غير المثمرة لمثل هذا التصادم .

3. يجب أن نعبر عن أهدافنا بكميات مفيدة وقابلة للقياس وعلى سبيل المثال حصة الشركة في السوق وتشكيله المنتجات Product Mix وانجازات الوكيل وإنتاجية المستخدمين وما شاكل ذلك .

4. يجب أن تكون الأهداف حقيقة ومنظورة لكي تعكس ما للمنشأة من قوة أو ضعف ولا شك أنه بعد الانتهاء من تحديد أهدافنا الرئيسية وكذلك الكثير من أهدافنا الثانوية للأقسام المختلفة من العمل، فإن القيام بوضع وتنسيق هذه الأهداف في الخطة التشغيلية يصبح عملاً من عمليات الميزانية التقديرية. وهذه عملية مفصلة وطويلة تحتاج إلى مهارات المحاسبين مضافة إلى خبرة إدارة المخازن.

وهذا وإني أتوقع مـما ذكرنـاه أعـلاه في كثير مـن الحـالات أن يكون تعرضك للميزانية التقديرية على هـذا المستوى وحـده فقـد يطلب إليك أن تحـدد عـدد الأشخاص الذين تحتاج إليهم. أن السير في هذه الطريقـة وأن يكـن جـزءاً ضرورياً من طريقة الميزانيـة التقديريـة فسـوف نكـون في هـذه الحالة قـد أنجزنـا نصف الشغل إذا لم ترتبط بخطة طويلة المدى تحتوي على ذكر دقيق للأهداف.

التنظيم في سبيل التخطيط الطويل المدى :

من الجدير بالذكر أنه إذا اتفقنا على أن الاقتراب نحو التخطيط الطويل المـدى أمر ملائم، ذلك الاقتراب الذي يحصل معه الجلوس إلى الخلف وإلقاء نظرة شـاملة على الهدف, فإن السؤال الذي يتلو ذلك هو كيف يجب أن تنتظم المنشـأة بحيث تكون قادرة على القيام بهذه الوظيفة مع أنه لا توجد قواعد ثابتة في هـذا الشـأن، وتتوقف بكليتها على كفاءة الإدارة وحسن تصرفها على أنه من حسن الحـظ توجـد أربعة أمور للقيام بالتنظيم يجوز أن يكون كل واحد منها بـديلاً عـن الآخر وفيما يلي نستعرض هذه الأمور :

1. تعيين جماعة مـن الـذين لهـم خـبرة في وضع الخطط ذات المـدى الطويل.

2. جعل التخطيط الطويل المدى وظيفة رئيسية.

3. ينبغي عند القيام بها اعتبارها وظيفة لجنة التخطيط .

4. مزيج من البدائل المختلطة المذكورة أعلاه.

ومهما يكن من أمر فإن الـذي لا شـك فيـه هـو أنـه بقطع النظر عـن شـكل التنظيم الذي تم اختياره فـإن هنـاك بعض القواعد العامـة التـي يمكن عرضـها. ينبغي أن يتم انجاز التخطيط من قبل الإداريين أنفسهم، وليس هذا مـما يمكن التشاور به ولو أن تمحيص البيانات وجمع التفصيلات يمكـن أن يقوم بـه بعـض المساعدين وفضلاً عن

ذلك فإنه من الضروري أن يشعر العاملين في المنشأة بالإضافة إلى رجال الإدارة بأنهم مشاركون في عمل التخطيط، وبعبارة أخرى ليس من المستحسن أن يقوم كل مدير بذكر أهدافه الخاصة ثم يفسح المجال للشخص الأعلى منه في المنشأة بأن يقوم بإلغاء هذه الأهداف دون أن تعطي الفرصة للمناقشة والاعتراض.

وفي ضوء ما تقدم يتضح لنا أنه من المفضل ، بصورة عامة، أن تفوض مشاكل تكوين الخطة إلى أفراد معينين، إذ من الحكمة فصل وضع لسياسة عن جوانب التنفيذ الإداري للتخطيط وأن يعهد بشؤون تنسيق المسؤوليات وتطوير البيانات لشخص واحد، ومما يجدر ذكره أن الخطأ الشائع هنا هو أن يترك كثير من شؤون عمليات الميزانية التقديرية إلى المحاسب. إن الجوانب الإدارية من العمل لاشك مهمة ولكنها ليست كل شيء في القضية.

مصادر المعلومات :

من المفيد هنا أن نطرح بعض الأسئلة الضرورية التي ينبغي أن يحاول كل فرد في المنشأة الإجابة عليها عند تصميم أو وضع خطة طويلة المدى وقد تشتمل الأسئلة على ما يلي :

1. ما هو شغلنا ؟
2. أين هو الطلب على منتجاتنا ؟
3. ما هي نقاط القوى التي تتمتع بها منشأتنا الصناعية ؟
4. ما هو مقدار النمو المتوقع لمنشأتنا ؟
5. ما هي المشاكل الرئيسية التي تواجهنا وكيف نعمل على حلها وتذليلها؟
6. أي عائد استثماري نحن بحاجة إليه أو نرغب فيه ؟

وعلى أساس ما قدمنا من حقائق يمكننا أن نلمس أن هذه المجموعة من الأسئلة لا يمكن أن تقف عند حد، وفي الإجابة عليها يستحسن أخذ الحذر بحيث تحصر خططك بالشروط المالية فقط.

ويحق للقارئ في هذا المجال ، أن يطرح سؤالاً منطقياً فيقول مثلاً :

ولما كان محاسب الكلفة يتوفر لديه سجل جيد لما قد حدث فإنه من السهل جداً استعماله كدليل إلى ما سوف يحدث. إن هذا المفهوم خطر لسببين : أنه يؤدي إلى الميل إلى تجاهل المعلومات المهمة كبيانات البحوث السوقية والتي هي ليس من حيث الأساس مالية، كما أنها تعني بأن خطط السنة القادمة سوف توضع على قالب خبرة السنة الماضية.

وفي ضوء ذلك فإن الهيكل المحاسبي الذي بني لأغراض السيطرة هو في الغالب ليس الأساس الأفضل للانطلاق في عملك.

خلاصة لإجراءات نظام السيطرة بالميزانيات التقديرية: لاحظ شكل (8-1).

1. إعداد التنبؤات لتغطية المفردات التالية :

أ. المبيعات .

ب. الإنتاج .

ج. المخزون .

د. تكاليف :

أولاً : الإنتاج .

ثانياً : المبيعات والتوزيع .

ثالثاً : الإدارية .

رابعاً : البحوث والتطوير ,

هـ . النقد .

و. الأرصدة – المدينون والدائنون .

ز. المشتريات .

ح. المصروفات المالية .

ي. التنبؤات الأساسية .

أولاً : تنبؤات الربح والخسارة .

ثانياً : تنبؤات الميزانية العمومية .

كل هذه الأمور ستبين ، بطبيعة الحال ، مقادير مادية وقيماً مالياً بالإضافة إلى أن عرض تفاصيل هذه الأمور ستنتشر في صفحة أو جدول العمل .

ومما لا شـك فيـه أن هـذه المفردات المدونة أعـلاه تمثـل احتمالات (Probabilities) كمبيعات محتملة وإنتاج محتمل وتكاليف محتملة وغير ذلك.

2. مقارنة بين مجاميع التنبؤات البديلة :

بعد أخذ الإجراءات الضرورية السابقة وتكاليفها المحتملة بنظر الاعتبار يتسـم اختيار مجموعة التنبؤات التي تمثل أكثر الخطط الشاملة كفاءة والتي يؤمـل أن تحقق للمنشأة أرباحاً أكثر .

3. يتم إعداد الميزانيات التقديرية لتغطيـة جميع المفردات المشار إليها سابقاً ومن هذا المنطلق ستندمج أجزاء من فعاليـات المنشأة في خطـة كاملة بشكل يتوقع أن ترفع الحد الأعلى من الأرباح؟

إن التنسيق والرقابة هما بلا شك ضروريان شأنهما شأن التخطيط.

إن بعض الكتاب يعتقدون بأن أعداد الخطط الشاملة ووضع الأهداف الثابتة تدخل ضمن مجال السيطرة بالميزانية التقديرية وهذا يعني القيام بتكوين السياسة الضرورية لكل منشأة سواء استعملت السيطرة بالميزانية التقديرية أو لم تستعملها.

وفي اعتقادي أن تكون السياسة ينبغي أن يكون جزءاً متمماً أو مكملاً للسيطرة بالميزانية التقديرية وينبغي أيضاً أن تعد الخطط ضمن الإطار الذي تتخذه السياسة وهذا بالطبع يؤدي إلى تخطيط أحسن ومن ثم إلى الميزانيات التقديرية.

ينبغي أن يكون الأشخاص المسؤولين من أعداد الميزانية مدربين لأهمية وضرورة السياسة الصحيحة لأية منشأة وأن يدركوا بأن السياسة قد تتغير مع تغيرات الظروف وأن يكونوا قادرين على تجهيز المعلومات الضرورية للوصول إلى قرارات إدارية حاسمة.

إن المنتجات المثلى وخليط المبيعات الأكثر ربحاً إنما هي أمثلة أصيلة لما يستطيع المسؤولين من إعداد الميزانية وأن يقدموا لها من المساعدة والإرشاد.

4. إن الترتيب والتنظيم الضروري قد تم إعداده لمعالجة الإجراءات المفصلة. يتعين معالجة جميع القضايا المتعلقة بنظام محاسبة مناسبة تكتنفها حسابات مصنفة تصنيفاً لائقاً، وجهاز لتحليل الانحرافات والتقرير بشأنها وذلك لاتخاذ الإجراءات المقتضية ويجب أن تقوم المقارنة بين الأرقام التخمينية والأرقام الفعلية تأخذ مكانها الفعلي بانتظام واستمرار.

ولا يغيب عن أذهاننا أيضاً أنه حال الانتهاء من إعداد الخطة يصبح اتخاذ الإجراءات اللازمة لتنفيذها من واجبات الإدارة ومن مسؤوليتها في حين أن الأعمال المتعلقة بقياس النتائج الفعلية ومقارنتها بالخطة تكون من واجبات

المحاسب. وفضلاً عن ذلك فإن على المحاسب أن يتولى مهمة القيام بكشف الانحرافات وتحليلها ومعرفة أسبابها وإعداد التقارير بشأنها للمستويات الإدارية المختلفة لاتخاذ الإجراءات المصححة وتعديل الأوضاع الشاذة في المستقبل .

فوائد السيطرة بالميزانية التقديرية :

إن الميزانية هي في المقام الأول وسيلة مهمة من الوسائل التي تستعين بها الإدارة في تنسيق وتنظيم سياستها وخططها وإجراءاتها ، وفضلاً عن ذلك فهي تساعد في اكتشاف أية ظروف قد تنشأ غير مرضية والعمل على معالجتها عن طريق تحوير فعاليات المنشأة إلى خطط مرسومة تقوم بمراقبة تنفيذها لكي تلقي مزيداً من الضوء على الأسباب التي أدت إلى الانحراف عن الخطة والقيام بوضع الحلول الناجعة لها في الوقت المناسب وفي المكان الصحيح.

وسنحاول فيما يلي استعراض أهم الفوائد الأخرى للميزانيات التقديرية :

1. ضمان نوع من الرقابة المالية على المصاريف الصناعية، إن القصد من هذه الرقابة هو تقليل هذه المصاريف إلى أقل حد للحصول على أكبر عائد ممكن.

2. الرقابة على تكاليف البحوث والتطوير والمساعدة على تحسين الخطط المتعلقة بالبحوث ومراقبتها.

3. ضمان الاستغلال الاقتصادي الأمثل لعوامل الإنتاج .

4. المساعدة على تحليل فعاليات المنشأة المختلفة وتوجيه الإدارة وإرشادها في سياستها المالية المقبلة وكذلك تحقيق المستويات المنشودة في التخطيط والرقابة على التمويل المالي للمنشأة الأمر الذي يساعدها على توفير الأموال اللازمة لتنفيذ هذه السياسة.

دليل الميزانية التقديرية :

يقصـد بـدليل الميزانيـة التقديريـة الجداول أو الكتيبـات التي تبـين بشـكل مكتوب طرق تنظيم وإجراءات إعداد الميزانية التقديرية، ويجب أن يراعـى في كتابة الدليل الدقة والوضوح .

إن الدليل السليم لأية ميزانية تقديرية يجب أن يشتمل على :

1. مقدمة وشرح موجز لأسس ومبادئ النظام الكامل للسيطرة عن طريق الميزانيـة التقديريـة ويشـتمل أيضـاً عـلى الأهـداف والفوائـد الرئيسية الهامة المتوقعة من تطبيقها .

2. المسؤوليات – الوظيفية والإدارية ، أن لوائح التنظيم مفيدة لوضع تعليمات توضح فيه واجبات ومهام الإدارة بمستوياتها المختلفة، إن دليل الميزانية الفعال يجب أن يضمن وجود لوائح دقيقة تشرح بصورة تفصيلية واجبات كل شخص ومسؤولياته في إعداد الميزانيات التقديرية.

3. يجب أن يتنـاول الـدليل تحديـد السـلطات الممنوحـة لكل مـدير في المنشـأة مـن مختلـف المسـتويات ، ويتعـين أيضـاً تبيـان الإجـراءات الروتينية الواجب إتباعها لضمان مصادقة الإدارة العليا على الميزانيات التقديرية وعلى المسـتندات والاسـتمارات والوثائق التـي تخول صرف المال.

4. وضع جداول زمنية لكل مرحلة من مراحل الميزانيات التقديرية.

5. أنواع التقارير والكشوفات والاستمارات الواجب استعمالها، وتحديد عدد النسخ الضرورية والغرض من استعمال كل واحدة منها .

6. تحديد فترة الميزانية التقديرية وفترة السيطرة بالميزانية التقديرية.

7. الإجـراءات التنظيميـة لإعـداد نظـام السـيطرة عـن طـريق الميزانيـة التقديرية.

8. تحديد التصنيف المحاسبي الواجب الاستعمال.

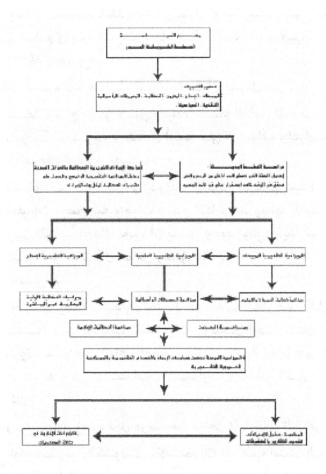

شكل (1-8) مخطط يوضح اجراءات نظام السيطرة عن طريق الميزانيات التقديرية

فوائد دليل الميزانية التقديرية

يمكننا تلخيص فوائد استخدام دليل الميزانية التقديرية بما يلي :

1. إن التخطيط الشامل والتنسيق الفعال الذي يترتب من استعمال دليل الميزانية وتطبيق مبادئه إنما يعني في الحقيقة تحديد الأدوار وتوزيع المسؤوليات على جميع أفراد الإدارة بحيث يكون لدى كل فرد إلمام واسع بالمسؤوليات الملقاة على عاتقه من أجل تحقيق أهداف المنشأة كما يحول دون قيام مشاكل المستقبل.

2. المساعدة في التغلب على الصعوبات والمشاكل التي قد تظهر بعد تطبيق نظام السيطرة عن طريق الميزانيات التقديرية.

3. مساعدة الموظفين الجدد في الوقوف على إجراءات المنشأة وطرقها التنظيمية وفهمها فهماً صحيحاً.

4. تساعد في إقناع المستويات الإدارية المختلفة بأهمية وضرورة تطبيق أنظمة السيطرة بالميزانيات التقديرية.

وقبل إتمام هذا الفصل ينبغي أخذ الأسئلة الحرجة التالية بنظر الاعتبار :

• لماذا نثير لأنفسنا المشاكل ونصرف المبالغ لتطوير خطة طويلة المدى للمستقبل الذي لا نراه على كل حال؟

• هل أن الإدارة العليا ستساعد الخطة حقاً، وهل ستعتبرها وسيلة لكشف أهدافها؟

• ما الذي ستقوم الخطة الطويلة المدى بتغييره؟ هل تشتمل وسيلة ما هو قائم من أجل تحقيق أهدافها؟

- هل ستكون الأشياء حقاً مختلفة؟ وهل يوضع ذلك موضع التنفيذ؟
- هل هذه حقاً خطة العمل أو هي مجرد تقديرات؟

وعلى العموم يمكن القول أنه مالم تكن حقاً تشعر بأن أجوبة مرضية لهذه الأسئلة على وشك أن تأتي من الإدارة العليا، فإن تخطيطك الطويل المدى سوف لا يكون مرضياً ولربما أنت تصرف الوقت عبثاً في مشاريع خيالية.

إن التخطيط من غير سيطرة عديم الفائدة وإن السيطرة بدون تخطيط شيء تافه ولكن الخطة التي تساندها الإدارة وتدعمها بنظام سيطرة محكم ضمن الميزانية التقديرية فإنها تحقق لنا إدارة أعمال كفوؤة حقاً.

وقبل الختام من المناسب أن أوكد على أنني حاولت أن أربط بين الميزانيات التقديرية وبين الربحية العامة للشركة، وبهذه المناسبة يجدر بنا أن نبين أن الميزانية هي ليست إلا كشفاً مفصلاً يساعد على تحويل الخطة إلى حقيقة وكوسيلة وإدارة للرقابة على عمليات المنشأة الصناعية، كما أنه من المعقول القول بأن الخطة هي التي تحدد ربحية المنشأة وهذه الربحية هي التي تقاس بعائد الاستثمار.

لقد شرحت بعض المشاكل التي تعرقل التخطيط الطويل المدى وهذه كلها تتعلق بالحاجة إلى تحديد أهداف المنشأة الصناعية، إن المنشأة التي هي خير من يعرف إلى أن تسير ولماذا ، فإنها سوف تجد من الأسهل عليها الإجابة على السؤال التالي :

كيف ينبغي لها أن تصل إلى هناك ؟

ثم تقوم بتطوير الميزانيات نحو تلك الغاية بعد أن تهيئ لها الظروف المناسبة من هذا كله يتضح أن الميزانية التقديرية يمكن أن تكون نموذجاً حياً وفعالاً لتحقيق التخطيط والتنسيق والرقابة الإدارية.

الفصل التاسع
نظم معلومات المشتريات

بعد دراستك لهذا الفصل تستطيع أن:

1. تحديد وظائف نظم معلومات المشتريات.

2. توضح فوائد نظم معلومات المشتريات للمنشأة الصناعية.

3. تحدد مصادر معلومات نظام المشتريات الداخلية والخارجية.

4. تبين عناصر نظم معلومات المشتريات.

5. تبرز الفوائد والمنافع التي يحصل عليها المدراء من تطبيقات نظم معلومات المشتريات المحوسبة .

6. تشرح وتوضح أهمية استخدام الحاسوب والانترنت في توفير المعلومات الشاملة والآنية للمدراء في المنشأة.

7. تبين أهمية استخدام الأنظمة الإلكترونية في عمليات الشراء وبيع المنتجات للشركات.

8. توضح بالأمثلة أهم الخدمات والحلول التقنية التي توفرها شركات الأساليب التكنولوجية المتخصصة للمنشآت الصناعية.

9. تعرف المشتريات الرقمية وتوضح أهميتها في ظهور الشركات الصناعية متعددة الجنسيات.

نظم معلومات المشتريات

المفهوم

أن نظم معلومات المشتريات هـي الـنظم المسؤولة عـن القيـام بالعديد مـن النشاطات المتعلقة بالرقابة على مصـادر التجهيـز والأسعار والنوعيـة والتكـاليف، وبذلك أصبحت وظيفة هذه النظم متعددة الجوانب تعكس فعاليـات متخصصـة وتتمثل هذه الفعاليات فيما تقوم به الـنظم بالمنشـأة في تجميـع وتحليـل وفحص البيانات في مجال الأنشطة الخاصة بشراء السلع والمفاصلة بـين تـوفير احتياجـات المنشأة عن طريق التصنيع أو الشراء.

فوائد نظم معلومات المشتريات :

- إعداد الميزانيـات التخمينيـة للمشـتريات بهـدف التخطيـط وتحديد الاحتياجات من المواد والعمل.

- توفير المعلومات المتعلقة بالشراء.

- وضع دورة مستندية كاملة لعمليات الشراء من بدايتها حتى نهايتها كما يتضح في الشكل (9 -1).

- رسم سياسات الشراء العامة مثل طرق اختيار مصادر الشراء وتحديد الإجراءات المناسبة للشراء.

مصادر معلومات نظام المشتريات :

المصادر الداخلية :

وهي المعلومات التي يحصل عليها نظام معلومات المشتريات من ضمن حدود المنشأة ومثال ذلك المعلومات المتعلقة بعمليات وإجراءات الشراء والمخزون من المواد والمعلومات الخاصة بالمجهزين.

وتكون هذه المعلومات موجودة في سجلات المنشأة أو قواعد بيانات نظم المعلومات المختلفة أو مخزونة بشكل رقمي في حواسيبها.

المصادر الخارجية :

وهي المعلومات التي يحصل عليها نظام معلومات المشتريات من خارج حدود المنشأة ومثال ذلك معلومات عن السياسة الاقتصادية والسياسة الضريبية وقانون العمل والقانون التجاري وتوزيع الدخل وكذلك معلومات عن المنافسين والأسواق .

عناصر نظم معلومات المشتريات :

المدخلات :

وهي عبارة عن المعلومات التي تصل النظام من الأنظمة الأخرى في المنشأة كالتكاليف والخزين وكذلك من المصادر الخارجية، تقوم كثير من الشركات بحفظ المعلومات التي تتعلق بنظم معلوماتها في قواعد بيانات حاسوبية أو تحفظ .

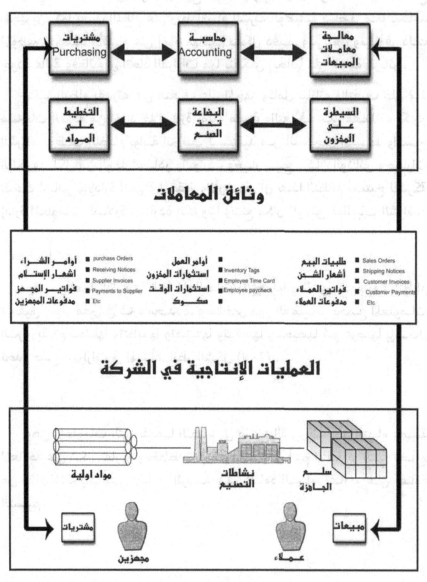

نظم معالجة المعاملات
مشتريات Purchasing
محاسبة Accounting
معالجة معاملات المبيعات
التخطيط على المواد
البضاعة تحت الصنع
السيطرة على المخزون
وثائق المعاملات
أوامر الشراء
اشعار الإستلام
فواتير المجهز
مدفوعات المجهزين
purchase Orders
Receiving Notices
Supplier Invoices
Payments to Supplier
Etc
أوامر العمل
استثمارات المخزون
استثمارات الوقت
صكوك
Inventory Tags
Employee Time Card
Employee paycheck
طلبيات البيع
أشعار الشحن
فواتير العملاء
مدفوعات العملاء
Sales Orders
Shipping Notices
Customer Invoices
Customer Payments
Etc
العمليات الإنتاجية في الشركة
مواد اولية
نشاطات التصنيع
سلع الجاهزة
مشتريات
مجهزين
عملاء
مبيعات

الشكل (9-1)

الشكل (9-1) يوضح نظام معلوماتي متكامل لإدارة إجراءات الشراء يساعد الإدارة في الحفاظ على التواصل مع العملاء وتبادل المعلومات بكفاءة مع المجهزين، كما يعمل النظام على ربط أقسام الشركة الوظيفية ببعضها مما يساعد الموظفين في هذه الأقسام على إتمام مهامهم بشكل دقيق وسريع ، وسيوفر ذلك جودة عالية وفعالية في اتخاذ القرارات مما ينعكس إيجابياً على خدمة الزبائن.

يتميز النظام بقدرته على التعرف على المجهز وكامل بياناته والتعرف على نمط مشتريات الشركة من المواد خلال فترة زمنية معينة والتعرف على معدلات تكرار الشراء. يوظف النظام بوابة انترانت ليستفيد من التسجيل المبسط والمسح الإلكتروني لكل من البريد الصادر والوارد ، وخيار تتبع مكان الوثائق وخيارات البحث المباشر والإدارة السهلة للحفظ والأرشفة. أن هذا النظام سيتيح للشركة إدارة المعلومات الصادرة والواردة الكترونياً وتتبع مكان الوثائق وطلبيات الشراء .

العمليات :

يقصد بالعمليات هنا تلك المعالجات والإجراءات التي يقوم بها النظام لتحقيق إنجاز معين في فترة محددة، ويتلخص دور العمليات بجمع المعلومات الضرورية ثم تحليلها وتنظيمها وتصنيفها وتدقيقها وتلخيصها ثم عرضها بإشكال تخدم صناع القرارات في المنشأة. انظر الشكل (9-2) .

المخرجات :

وهي المعلومات التي يقدمها النظام إلى صناع القرارات بعد انتهاء عملية المعالجة على شكل تقارير ومخططات ورسومات، ومن أهم التقارير التي تخرج من نظام المشتريات هي تقارير الرقابة على كفاءة الشراء، تقارير على كفاءة التسليم

وتقارير الرقابة على نوعية المواد المستلمة. لاحظ الشكل (9 -3).

ومن الجدير بالملاحظة أن النظام المحوسب يتضمن قدرات قوية لتوليد عدد كبير من التقارير الجاهزة التي يسمح للمستخدم بترتيب البيانات وبعرض النتائج أما في استمارة تقرير أو على شكل رسومي كما يتيح للمستخدم إنشاء تقارير ملخصة أو مفصلة أو بشكل جداول .

التغذية (الراجعة) :

هي إجراء مفيد غرضه التأكد من أن المخرجات أو المعلومات التي تصل صناع القرارات والمدراء على اختلاف مستوياتهم الإدارية من النظم قد تمت الاستفادة منها على أحسن صورة ممكنة، أن عوامل نجاح التغذية الراجعة في مهمتها يعتمد على العناصر التالية :

أ. أن تكون التغذية الراجعة دقيقة بالمستوى المعقول .

ب. أن تكون التغذية الراجعة سريعة بحيث تمكن المدير من اتخاذ الإجراء الصحيح .

ج. أن تكون التغذية الراجعة موجهة بشكل صحيح.

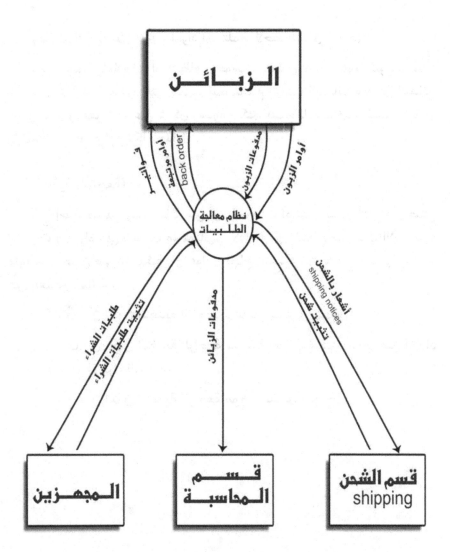

الشكل (9-2) يبين فعاليات معالجة الأوامر والطلبيات في المنشأة

تهدف هذه الفعاليات إلى رفع كفاءة أداء المنشأة من ناحية تقديم الخدمة إلى الزبائن والدقة وتقليل الوقت والتكلفة اللازمين لإنجاز المعاملات التي تتعلق بالشحن والمدفوعات والطلبيات والوصول إلى درجة عالية من الرضا لمتلقى الخدمة، مما يتطلب التكامل والتنسيق بين الأقسام الوظيفية المختلفة بهدف الوصول إلى كفاءة وشفافية وأداء أفضل للمنشأة، وكل هذه المزايا تساعد إدارة المنشأة في تحقيق أهدافها المتمثلة بتقليص الوقت الكلي لتنفيذ إجراءات الشراء والشحن وتقليل التأخيرات والتعجيل في وصول المواد المطلوبة.

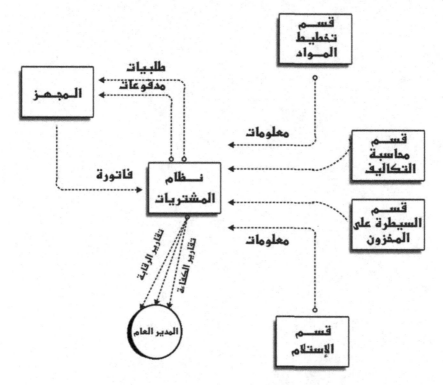

الشكل (9-3) يبين النشاطات التي يقوم بها نظام المشتريات

إن نظام المشتريات هو نظام متكامل لإدارة وتطوير ومعالجة المعلومات التي يستلمها من الأقسام الأخرى ، يبدأ عمل بالتحليل والمعالجة وصولاً إلى إصدار تقارير متنوعة منها ما يبين حجم العمل والانجاز وأخرى للمدير العام يبين ويقيس كفاءة الشراء والتسليم.

تطبيقات نظم معلومات المشتريات المحوسبة

إن تطبيق نظم معلومات محوسبة للمشتريات يحقق العديد من الفوائد والمنافع التي يحصل عليها المدراء والعاملين في أقسام المشتريات والمخازن.

وفيما يلي نجد أهم الفوائد التي تحصل عليها المنشأة من تطبيق هذه النظم.

1- توفير معلومات آنية تتيح للمدراء تحديد كميات الشراء من المواد ومواصفاتها، إذ يقوم الحاسوب بتوفير جداول ورسومات وأشكال توضح فيها للمدير كمية المواد الواجب شرائها باستخدام المعادلات وخدمات البرمجيات المتوفرة في الشركة . يتيح الحاسوب للمدراء أرشفة المعلومات والمعاملات التي تحتاج لها الشركة في السيطرة على المخزون والمشتريات وإمكانية الوصول إليها في أي مكان وزمان، كما يمكن للمدراء أرشفة الملفات الأخرى بما فيها الوثائق والجداول وعروض المجهزين مما يغنيهم من الحاجة إلى الاستعانة بالسجلات والملفات اليدوية المستهلكة للوقت والباهظة التكاليف والتي تتطلب كوادر بشرية عديدة لإدارتها ومتابعتها.

2- يساعد الحاسوب على تخفيف عبء العمل المتعلق بتعقيب إجراءات الشراء وإتمام إجراءات الشحن والاستلام وذلك عن طريق تقليص الوقت الكلي لتنفيذ هذه الإجراءات وتقليل التأخيرات والتعجيل بوصول البضاعة .

3- يتيح الاستعانة بالانترنت للشركة التخطيط الجيد والتنبؤ الصحيح بالتغيرات التي قد تطرأ على كمية المواد في المخازن مما يساعد الإدارة على مراقبة المستويات المختلفة للمخزون ومراجعة أرصدة المخازن قبل الشراء.

4-يوفر الحاسوب والانترنت معلومات تتعلق بالشراء وبالـدورة المسـتندية الكاملة لعملية الشراء من بدايتها حتى نهايتها مما يساعد على تمكين المـدراء عـلى تقييم الأعمال المتعلقة بالشراء كما يساعد في وضع تحت تصرف المـدراء في الوقت المناسب نوع وكمية المعلومات الواجب دراستها عند اتخاذ قرار معين أو التخطيط لأعمال معينة أو تقييم نتائج الأعمال المتعلقة بالشراء . لاحظ الشكل (9-4) .

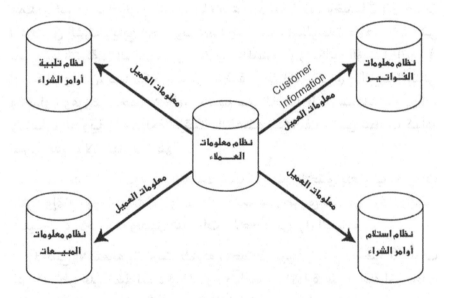

يبين الشكل (4-9) نظاماً شاملاً لمعلومات العميل

وبالنظر إلى الشكل السابق نلاحظ ما يلي :

1. إن نظام معلومات العميل هـو نظـام موحـد شامل مصـمم لجمـع وتنسيق وعرض أحدث المعلومات المتعلقة بطلبيات العمـلاء والفـواتير والمبيعات ولتوفير إحصائيات دقيقة ومتناسقة لغايات صنع القرارات.

2. إن نظام معلومات العميل هـو نظـام يسـاهم في رفـع سـوية البيانات والمعلومات والحد من الازدواجية في مصادرها وتحقيـق الإدارة الأفضـل للبيانات مما يعود بفائدة أكبر على واضعي السياسات وصانعي القرار في الاستفادة منها.

3. إن نظام معلومات العميل يوفر قاعدة بيانات إحصائية شاملة ودقيقـة حول العملاء وقدراتهم الشرائية وميولهم واهتماماتهم ورغباتهم بحيث تشكل مرجع لكافة الموظفين ذات العلاقة، وذلك أن تـوفير مثل هـذه المعلومات يعزز الجهود المبذولة لتطوير خدمات دعم الزبائن وإتاحة المجـال أمـام صـناع القـرار في الشـركة لمعرفـة أحـد التفاصيـل المتعلقـة باحتياجات الزبون وتفضيلاته الشرائية من السلع والخدمات .

4. إن النظـام يحتـوي عـلى معلومـات متنوعـة حـول طلبيـات الشـراء والمبيعات والحملات التسويقية والأسواق وخواص المنتجـات المطلوبـة من قبل العملاء وقنـوات التوزيـع الملائمـة تحفـظ هـذه المعلومـات في قاعدة بيانات مشتركة بين النظم المختلفـة ذات العلاقـة ، يقـوم النظـام على تحويل الوثائق والملفات الورقية إلى رقمية وتخزينها عـلى الأقـراص الممغنطة وربط البيانات الكتابية بعنـاصر الملفـات الرقميـة مـما يمكـن للمستخدم من الاستعلام عـن كافة المعلومـات التي يحتاجهـا واتخـاذ القرارات الدقيقة والسريعة.

5. يوفر الحاسوب معلومات إلى مـدراء المشـتريات لتساعدهم في تحديـد الكمية الاقتصادية للشراء بمعادلات رياضية ممـا سـتمكنهم مـن التأكـد من حاجة الشركة من شراء ما تحتاج إليه من مواد بصورة دقيقة وذلك لأن عدم الدقة في الشراء قد يؤدي إلى ركود أو تكدس المواد في المخازن،

وعلى سبيل المثال، يتمكن المدير عن طريق الجداول والرسومات والأشكال المعروضة من تحديد كمية المواد الواجب شراءها وباستخدام المعادلة التالية، كمية المواد المطلوبة + خزن آخر المدة من المواد – خزين أول المدة من المواد .

6. يتيح موقع الشركة لمدير المشتريات قراءة وإنشاء وحفظ ملفات العروض المقدمة من المجهزين للمواد أو البضائع، كما تتيح الواجهة المعتمدة على الويب لمدير المشتريات التعامل مع ملفات العروض المقدمة بسهولة ويسر.. كما يحتوي الموقع على أداة تمّكن مدير المشتريات من دراسة وقراءة شروط اختيار العروض المقدمة من قبل المجهزين مثل أوطأ الأسعار وأفضل العروض نوعية وأفضل شروط الشحن والتسليم وأفضل شروط الدفع . إن هذا الموقع يوفر لمدير المشتريات مرشداً لمساعدته في اختيار أفضل عرض يناسب احتياجات ومتطلبات الشركة، كما يقدم إمكانية المقارنة بين العروض المختلفة. يقوم مدير المشتريات بالنقر على الحاسوب لبدء تشغيل المرشد والذي يسأله عدة أسئلة وعلى أساس الإجابات الخاصة بها يتم اختيار العرض الأفضل المناسب للشركة.

7. يتيح موقع الشركة في شبكة الانترنت للمدير من تبادل المعلومات بكفاءة مع المجهزين والتواصل مع الموظفين والعملاء في الداخل والخارج . يستفيد المدير من هذا الموقع لتقليل الوقت الضائع في التعامل مع المجهزين بسبب الاتصال المباشر والسريع معهم وإمكانية الاتصال اللحظي مع الشركات المجهزة للمواد المطلوبة وفي أي مكان. بالإضافة إلى تحقيق السرعة في تتبع إجراءات التجهيز للمواد التي تم اختيارها

والتـي سـبق أن عرضـها المجهـز بالسـعر والمواصـفات الفنيـة وشروط الدفع والشحن والتي يمكن أن تـتم باسـتعمال أدوات التراسـل الفـوري كالبريد الالكتروني عبر الويب. لاحظ الشكل (9- 5) .

8. وفي سبيل تقليل التأخيرات والتعجيل في وصول البضاعة مـن المجهزين والإسـراع في الشحن يقوم مـدير المشتريات بتطبيـق إجراءات المتابعـة وذلـك عـن طريـق الاتصـال بالشـركات المجهـزة عـن طريـق البريـد الإلكـتروني أو الفـاكس أو عـبر الويـب باسـتخدام الاتصالات الصـوتية المجانية . لاحظ الشكل (9-6) .

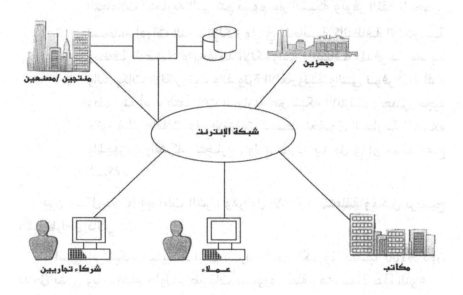

الشكل (9-5) يوضح أهمية الانترنت في تحقيق التواصل بين الشركة والعميل والمجهزين

يلاحظ من الشكل السابق ما يلي :

1. تغطـي شبكة الانترنـت كافـة أقسـام الشـركة ومكاتبهـا ومصانعهـا وعملائهـا وشركائهـا التجـاريين، إذ أن إسـتراتيجية الشبكة تركـز عـلى إتاحة خدمات الاتصال والتواصل لجميع المدراء والمـوظفين والعمـلاء والمجهـزين لاسـيما في ظل ازديـاد الاعتماد عـلى هـذه الخـدمات في الوقت الحالي.

2. إن التواصل المباشر بـين الشركة والمجهـزين هـو فرصـة للتفاعـل مـع استفسارات وملاحظات المسؤولين عـن إجـراءات الشـراء مـما يسـهل التعامـلات التجاريـة التي تتم بينهـم عبر الشبكة ويوفر الثقة للمجهز.

3. استخدام أدوات الدفع الإلكتروني في المحاسبة كالنظافة الإلكترونية وبطاقـة الاعتماد والمحفظة الإلكترونيـة والبطاقـة المدفوعـة مسـبقاً والشـبكات الإلكترونيـة والفـوترة الإلكترونيـة والتـي تـوفر أداة ثقة وطمأنينة أثناء التعاملات التجارية عبر شبكة الانترنت ويعطي حجية قانونية للمعاملات على الانترنت لحفظ الحقوق التجاريـة للعمـلاء والمجهزين والشركاء التجاريين ولأي طـرف يـدخل في أي صـفقة مـع الشركة .

يبين الشكل (9-6) إجراءات الشراء ومراحل الاستيراد المتعلقة ويمكن توضيح هذه المراحل كالآتي :

1-استخدام الميكنة لتنفيذ عمليات الشراء بشكل الكتروني بنسبة 100% دون تدخل بشري وباستخدام حلول وتطبيقات متطورة وآمنة ومتخصصة هذا النوع

من العمليات عن بعد . إن هذا النظام سيتيح للشركة إدارة المعلومات الصادرة والواردة الكترونياً وتتيح مكان الوثائق وطلبيات الشراء وعروض المجهزين واستمارات الشحن.

2-توظيف نظام مراسلات وبوابة انترانت ليستفيد من التسجيل المبسط والمسح الإلكتروني لكل من البريد الصادر والوارد، وخيار تتبع مكان الوثائق وخيارات البحث المباشر والأداة السهلة للحفظ والأرشفة.

3-استخدام نظام معلوماتي متكامل لإدارة إجراءات الشراء يساعد الإدارة العليا التواصل وتبادل المعلومات بكفاءة مع المجهزين . ويتميز النظام بقدرته على التعرف على المجهز وكامل بياناته والتعرف على نمط مشتريات الشركة من المواد خلال فترة زمنية والتعرف على معدلات تكرار الشراء، وتحقيق التواصل مع المجهزين عبر البريد الإلكتروني والموقع الإلكتروني . وكل هذه المزايا تساعد إدارة الشركة في تحقيق أهدافها المتمثلة بتقليص الوقت الكلي لتنفيذ إجراءات الشراء والشحن وتقليل التأخيرات والتعجيل في وصول المواد المطلوبة.

إن نظام معالجة المبيعات يشكل نقلة نوعية وتطوراً كبيراً في عالم البرمجيات ونظم معالجة بيانات المبيعات. يستخدم النظام عبر شبكة الانترنت وفي أي موقع في الشركة بطريقة عرض جديدة وسهلة الاستخدام مما يوسع عمليات البحث المستخدمة إضافة إلى احتوائه على تقنيات جديدة مطورة ومنها تخزين الوثائق بشكل يمكن الرجوع إليها في أي وقت والتعديل عليها ويمتاز كذلك بتقنية مطورة لأمن وحماية المعلومات بشكل محكم تتوفر فيه مجموعة من الحواسيب التي تعمل في النظام .

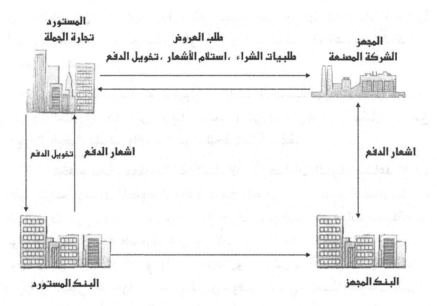

الشكل (9-6) إجراءات الشراء ومراحل الاستيراد

4-تستطيع الشركة من خـلال الحاسـوب تتبـع المهـام والبيانـات التـي تريـدها لإعداد الميزانيات التخمينة للشراء. حيـث يتـيح الحاسـوب للشركة إنشاء القوائم والجداول بسرعة . فكل ما على مدير المشتريات هو النقر على الحاسوب والبـدء في إعداد هذه القوائم والجـداول بالسـهولة واليسـر. وعـادة مـا يـتم إعـداد الميزانيـة التخمينية للمشتريات بصورة مندمجة مـع الميزانيـة التخمينيـة للإنتاج. ويتعـاون مدير الإنتاج مع مدير المشتريات ومدير الصيانة في إعداد هذه الميزانية . إذ يقدم مدير المشتريات المعلومات الخاصة بالمواد والعدد، ويقدم مدير الصيانة المعلومات والأسعار الخاصة بـالأدوات الاحتياطيـة والعـدد، ومـواد التشـحيم والأدوات التـي يحتاجها قسم الصيانة. ولإعداد الميزانية التخمينية للشراء يقـوم مـدير المشـتريات بالآتي : لاحظ الشكل (9-7).

(أ)   البحث عن نسخة من الميزانيـة التخمينيـة للمبيعـات مـن ملفـات الشركة المخزونة في الحاسوب وكذلك جداول كميـات وأقيـام المـواد المباشرة وغير المباشرة المرغوب شراءها.

(ب)   تحديد كميـة المـواد الواجـب شراؤهـا وذلـك باسـتخدام المعادلات المخزونة في الويب والمتاحة لاستعمال موظفي الشركة. وتوفر شبكة الانترنـت كـذلك للمـدير مرشـداً لمسـاعدته في ترجمـة الكميـات الواجب شراؤها إلى مبالغ وكذلك في تقدير تكلفة الوحـدة في كـل نوع مـن أنـواع المـواد الأوليـة اسـتناداً عـلى فـاتورة الشراء ناقصاً الخصم

(ج)   إن الدرجة التي ستستخدم بها ميزانية الشراء في الرقابة تتوافـق إلى حد كبير على مـدى تـوفر البيانـات المناسبة التـي تتضمن الأرقـام الفعلية والمقدرة لفقرات الشراء في الشركة معروضة عـلى شاشـة الحاسوب ومقدمة بالشكل الذي يسهل من إجراء المقارنة.

(د)   إنشـاء نظـام التقـارير يوضـح مـدى مسـايرة النتـائج الفعليـة للمشتريات المخزونة في ملفات الشركة ومقارنتها بالبيانـات المقدرة لفقرات الشراء معروضة في الحاسوب بشكل يفيـد صـناع القرارات وعـادة ما تتيح الشبكة للمـدير التواصـل مـع أصحاب الخـبرات والمهـارات في حـل المشـكلات التـي قـد تواجـه الشركة في إعـداد الميزانية.

(هـ)   يتيح الحاسوب لمـدير المشـتريات بتحديـد الانحرافـات وتحليلهـا وتفسـيرها بالصـورة التي تسـاعد على اتخـاذ الإجراءات اللازمـة لتصحيح هذه الانحرافات وتلافيها.

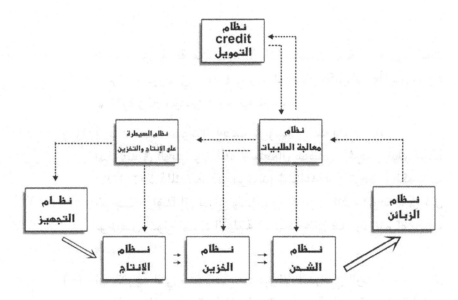

الشكل (9-7) يوضح التدفق المعلوماتي بين نظام الخزين والنظم الأخرى

كما واضح في الشكل أن إعداد الميزانية التخمينية للشراء تكمن في تطوير بنية تحتية حاسوبية متكاملة من خوادم وأنظمة تخزين لتشغيل أنظمة تخطيط موارد الأقسام المختلفة في المنشأة وتعتبر هذه الأنظمة إدارة أعمال متكاملة لجميع النواحي العملية . إن أنظمة تخطيط موارد المنشأة هي مجموعة من البرمجيات الحاسوبية التي تستخدم لإدارة وتخطيط المواد المطلوب شراؤها، قوائم بكميات وأقيام المواد المباشرة وغير المباشرة ، التعامل مع المجهزين توفير البيانات المناسبة لفقرات الشراء، ومتابعة الطلبات التجارية ، إن الترابط والتكامل بين النظم المختلفة يساعد على إعداد الميزانيات بصورة سريعة.

5-إن كثير من الشركات تعطي لأقسام المشتريات صلاحية شراء الأصناف الخاصة بها وطبقاً للسياسة الموضوعة لها، وتخصص لها مبالغ سنوية لكل مادة تبغي استيرادها وتحدد لها إجازة سنوية تستطيع الأقسام عن طريقها استيراد ما تحتاج إليه

من تلك المادة خلال السنة، وتستخدم هذه الأقسام عادة وعند وصول المـواد المستوردة إلى الجمارك نظام خاص بالإجراءات الإلكترونية يمتاز بإمكانية استخدامه عبر شبكة الانترنت بطريقة عرض جديـدة وسـهلة الاسـتخدام ويحتـوي عـلى نظـم متطورة لمعالجة وتنظيم البيانات الجمركية وتخزين الوثائق بشـكل يمكـن الرجـوع إليها في أي وقت والتعديل عليها .

ويمتاز كذلك بتقنية متطورة لأمن وحماية المعلومـات بشـكل محكـم . لاحـظ الشكل (9-8). أطلقت كثير من شركـات الأعـمال الاستشـارية في السـنوات الماضـية عدد من الخدمات والحلول التقنية والمعلوماتية والبرمجيات الخدمية الإسـتراتيجية المتكاملة المصممة لتوفر دعماً للمنشآت الصناعية ومساعدتها في تحقيق أهـدافها بفاعلية وكفاءة. تساعد هذه الحلول التقنية والأنظمة الإداريـة عـلى ربـط الـدوائر والأقسام الوظيفيـة في المنشـأة الصـناعية بطريقـة فاعلـة تختصرـ الوقـت والجهـد وتوفر مستوى عالي من الدقة، إضافة إلى تنوع هذه الحلول والخدمات يجعل منها أكثر مرونة وقابلية للتكيف مع متطلبات العمل .

ومن أمثلة هذه الخـدمات والحلـول التقنيـة التـي توفرهـا شركـات الأسـاليب التكنولوجية المتخصصة ما يلي :

(أ) تخطيط الموارد المؤسسية ERP .

(ب) إدارة علاقات العملاء CRM .

(ج) إدارة سلاسل التوريد SCM .

(د) المشتريات الإلكترونية E- Procarement .

(ه) إدارة الموارد البشرية Human Resources Management .

(و) إدارة الأداء الوظيفي Business Performance Management.

(ز)   إدارة خدمات تقنيات المعلومات IT Service Management .

(ح)   الذكاء التجاري Business Intelligence .

وتتولى هذه الشركات توريد وتدريب ودعم للمنشآت الصناعية طوال مـدة العقد.

1. أطلقت مؤسسة سأكس فاكتورز العالمية برنامج متكامل لإدارة المـوارد البشرية يقوم بإدارة شركات كبيرة أو صغيرة ، ويتميز البرنامج بالسهولة وحماية سرية البيانات وانخفاض التكاليف .

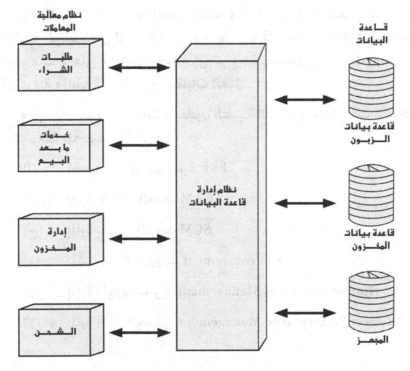

الشكل (9-8) يوضح فوائد نظم المعلومات الرقمية المتطورة في خزن ومعالجة المعلومات.

ويلاحظ من الشكل السابق ما يلي :

1. تخزين جميع بيانات العملاء والمخزون والمجهزين في ثلاث قواعد تستخدم التكنولوجيا الحديثة من أجهزة حواسيب وشبكات باستخدام أنظمة Nexsan المتطورة. يقوم جهاز Nexsan وهو نظام خادم خاص بالسماح لأجهزة الكمبيوتر المتعددة في وقت واحد بالوصول إلى مصادر البيانات على نظام Sale Beast الذي يتميز بسعات ضخمة ويحتوي على عشرات الأقراص الصلبة باعتمادها على قنوات اتصال عالية السرعة مصنوعة من الألياف Fiber .

2. توفر PRO Technology مجموعة واسعة من حلول تكنولوجيا المعلومات وخدماتها، حيث يتم توظيف هذه الحلول المتكاملة في خدمة البنية التحتية للشبكات وحلول التحكم بعملية الدخول إلى الملفات والتخزين الشامل للملفات وحلول الدعم التقني وأنظمة حماية أمن الشبكات والبيانات.

3. إن نظام معالجة المعاملات المحوسب بما يتضمنه من أجهزة رقمية متطورة وحلول الكترونية جاهزة يلبي جميع احتياجات المستخدمين من المعلومات التي تتعلق بالشحن وإدارة المخزون وخدمات ما بعد البيع وطلبيات الشراء بشكل فاعل.

4. يساعد نظام معالجة المعاملات المستخدمين في معالجة طلبيات الزبائن بسرعة وكفاءة. فعلى سبيل المثال تقوم كثير من الشركات بتصميم تطبيقات خاصة لمعالجة إدخال الطلبيات في مخزن ويب وتستخدم في ذلك نظم تطبيقية كاملة كي تقوم بجلب بيانات المخزون في نظام قاعدة البيانات.

ويتضمن البرنامج خمسة أنظمة رئيسية للإدارة وهي:

أهـداف الإدارة وأداء المـديرين ونظـام التقيـيم للأفـراد وبرنـامج الحـوافز والتعويضات وبرنامج التخطيط والمسار الوظيفي وخطط التتابع الوظيفي.

2. أطلقت شركات Net suite, Sales force Saleent نظـام كامـل لإدارة علاقات الزبائن أو مجموعـة كاملـة في الأدوات مصـممة لتـولي جميـع احتياجات الشركة من ناحية الإعمال والإدارة المالية، بدءاً من بناء موقع تجارة الكترونية حيث يمكن للزبائن إدخال طلبيـات البضائع ويتلقـى الطلبيـات عبـر الشبكة، كـما يسـمح للشركة بإعـداد وإدارة الحمـلات التسـويقية، كـما يتضمن النظـام قـدرات قويـة عـلى إعـداد التقـارير الجاهزة التي تعرض فيها النتائج عـلى شـكل رسـومي أو جـداول. كـما يسـاعد الشركة عـلى القيام بتتبع خيـوط احتمالات البيع التي نتجت عـن الحمـلات التسـويقية. كـما يقدم النظـام لمندوب المبيعـات مجموعـة أساسية مـن الأدوات لإدارة خيـوط احتمالات البيع وجهـات الاتصال والصفقات بالإضافة إلى المواعيد والمهمات.

الفصل العاشر
نظم معلومات الإنتاج

بعد دراستك لهذا الفصل تستطيع أن:

1. **تعرف المقصود بمفهوم السيطرة على الإنتاج وتحدد خصائصها.**
2. **تشرح عناصر نظام معلومات السيطرة على الإنتاج.**
3. **تتناول بالشرح تطبيقات نظم السيطرة على الإنتاج المحوسب.**
4. **تبين مهمام نظام معلومات الإنتاج المحوسب في إدارة عمليات الإنتاج وتبرز متى ينبغي استخدامه لتطوير إجراءات العمل في المصنع.**
5. **تصف أهم الملامح التي يتميز بها نظام الإنتاج المحوسب على المستوى الفني والتشغيلي.**
6. **تبين فوائد ومزايا نظام الإنتاج الإلكتروني ومتى ينبغي استخدامها.**
7. **تشرح بالأمثلة فوائد الحلول المتكاملة لشركة file maker للمنشأة.**
8. **تصف تقنيات البرمجيات الجاهزة من حيث غرضها وخصائصها وفوائدها ومتى ينبغي استخدامها لحل إدارة الإنتاج والمشكلات الصناعية.**
9. **توضح دور شبكات الأعمال في عمليات التخطيط وبرمجة الأعمال الصناعية والرقابة عليها.**
10. **تعدد السمات الرئيسية لطريقة المسار الحرج.**
11. **تشرح الأساس العملي والمبادئ المهمة التي يقوم عليها المخطط البياني لسير العمليات.**
12. **تبرز متى ينبغي استخدام المخطط البياني لسير العمليات.**
13. **تذكر مزايا وفوائد المخطط البياني لسير العمليات.**

نظام السيطرة على الإنتاج

مقدمة :

يقصــد بالسيطــرة عــلى الإنتاج (Production control) التقيـيم الـواقعي والدراســة الجذريــة للمسـؤوليات والسـلطات المخولـة للرقابـة عـلى الفعاليـات الإنتاجية وذلك بهـدف إلقاء الأضواء عـلى مـواطن الضـعف التي تعيق تحقيق الرقابة الفعالة على العمليات الإنتاجية .

وتعنى طرق السيطرة على الإنتاج الإجراءات التنظيمية والأساليب التخطيطية والاقتصادية التي تخدم تحسين سير العمليات الإنتاجية وبالتالي زيادة الإنتاج بأقل كلفة ممكنة .

تتسم هذه النظم بأنها مواكبة للتطورات الحديثة التي طرأت في ميادين تكنولوجيا المعلومات والتقنيات الحديثة للاتصالات الرقمية بصورة عامه وميـادين تطبيقات الحاسوب وصناعة البرمجيات بصورة خاصة.

يمكن النظر إلى وظيفة نظم المعلومـات للإنتاج مـن زوايا إدارية وتشغيلية وتكنولوجية. فمن الناحية الإدارية هناك من يرى بأن وظيفة هذه النظم تتمثل في التخطيط والرقابة على تدفق السلع والخدمات في المنشأة.

ومن الناحية التشغيلية يمكن النظر إلى وظيفة نظم السيطرة على الإنتاج بأنها تتعلـق بالعمليـات الإنتاجيـة ومتابعـة تطبيقهـا، فهـي تهـدف إلى خلـق عمليـات صناعية مرنه تقوم بإنتاج سلع بنوعيات جيدة . ومن الناحية التكنولوجية هناك اعتقـاد بـأن وظيفـة هـذه النظم هـي تطويـع التكنولوجيـة الرقميـة واستخدام الحاسوب لخدمـة العمليات الإنتاجيـة والسيطرة عـلى عمليـات الإنتاج وحركة البضاعة تحت الصنع في المصانع. إن الشركات المتخصصة في مجالات إدارة الإنتاج أطلقت حلولاً وبرمجيات جاهزة لمعالجة المشاكل التي تواجه العمليات الإنتاجية. وتتيح هذه التقنيات

المتطورة للمنشآت توفير أحدث الحلول لإجراءات السيطرة على العمليات الصناعية، والتي تمتاز بالموثوقية التي تحرص الشركات المجهزة على توفيرها لكافة المنشآت التي تطلبها. إن شركة أبيكور هي إحدى الشركات العالمية الرائدة في مجال تكنولوجيا البرمجيات والتي توفر مجوعة متكاملة من الحلول المبتكرة للتوزيع والتي تحتاج إليها المنشآت الصناعية. ومن أمثلة الحلول المتخصصة هي تطبيقات إدارة الإنتاج وتطبيقات الموارد البشرية. تتضمن برمجيات إدارة الإنتاج نظم تنفيذ التصنيع وإدارة بيانات الإنتاج وحلول مراقبة الجودة، بينما تشمل حلول إدارة الموارد البشرية دورة العمل وتسجيل الوقت وحلول تخطيط البرامج البشرية. وتتصف الحلول والتقنيات التي توفرها الشركات العالية بالتكامل والتوافق وأثبتت نجاحاً كبيراً في إنجاز وحل العديد من العقبات التي كانت تواجه المنشآت. يعمل مستشارو الخدمات الجاهزة في هذه الشركات العالمية كمستشارين موثوقين مقدمين لها خدمات عالية الجودة كالحلول والبرامج ذات التقنية العالمية والتي تتوافق مع الاحتياجات المتغيرة للأعمال وتواكب التطورات التي تطرأ على نظم السيطرة على الإنتاج.

ولو أخذنا أنماط الشركات الصناعية السائدة حالياً في الدول المتقدمة كمثال سنجد أن معظم مصانعها تعمل بنظام التحكم الآلي عبر أحدث الأنظمة والبرامج ذات التقنية العالية. إن إنشاء وتشغيل المصانع المعتمدة على الحاسوب أثبتت نجاحاً كبيراً في انجاز وحل العديد من العقبات التي كانت تواجه الشركات قبل المكننة المحوسبة. لقد أحدث ظهور التصنيع المحوسب تطوراً واضحاً على مدة الإنجاز والعوائد والتكاليف والجودة مقارنة بالطرق التقليدية المتبعة سابقاً، لقد أتاح التحديث للمصانع آلياً عدة مزايا رفعت من العوائد التي تحققها الشركة من عملياتها واختصرت في مدة الإنجاز من ناحية وخفضت التكاليف الإنتاجية إلى أدنى حد ممكن وأمنت تسليم السلع والمنتجات بأعلى جودة وبدون تأخير من ناحية أخرى. لاحظ الشكل (10-1).

نظم معلومات السيطرة على الإنتاج المحوسبة

التعريف :

هي منظومة حاسوبية لإدارة كم هائل من المعلومات ذات البعد التصنيعي والإنتاجي. ويتكون النظام من منظومة متكاملة من الأجهزة والبرمجيات والبيانات المتعلقة بالتصنيع والعمليات الإنتاجية ومستخدمي النظام ومنهاج العمل.

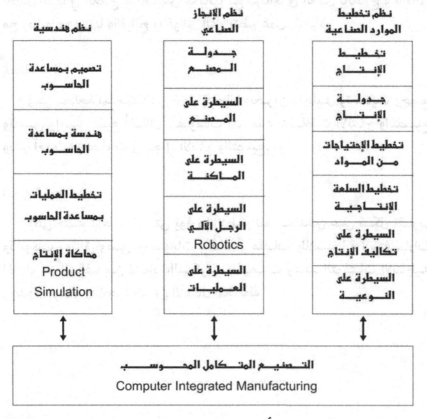

الشكل (10-1) يوضح كيف أن نظم المعلومات الإدارية تدعم التصنيع المتكامل المحوسب

عناصر نظام معلومات السيطرة على الإنتاج

المدخلات :

وهي عبارة عـن المعلومات التي يحصـل عليهـا النظام مـن مصادر داخليـة ومصادر هي خارج المنشأة. تتضمن المعلومـات الداخليـة البيانـات التي يستلمها النظام من قواعد بيانات الأقسام المختلفة في المنشأة، بينما تحتوى المعلومـات التي تحصل عليها في الخارج بيانات عن علاقاتها مع شركائها في العمل بالخارج وعلاقاتها مع زبائنها وعملائها واللوائح والقوانين التي تنظم عمل المنشأة.

العمليات :

وهي معالجة المدخلات من خلال إدخـال وتخـزين وتحليل وتحـديث وجمـع وتنسيق وإظهار جميع أشـكال المعلومـات المرتبطـة بنشـاطات الإنتاج والتصنيع ونشر أحدث الإحصاءات في مجالي الإنتاج والتصنيع.

المخرجات :

وهي جميع المعلومات التي يوفرها النظام للمستخدمين عـلى شـكل تقارير وكشوفات ووثائق وصـور ورسـومات بيانيـة أو ملفـات وللاستجابة لاستفسارات المدراء عن التـالف مـن المـواد والسكـراب والمهمـلات وعـدد التوقفـات الإنتاجيـة وجدولة الإنتاج والانحرافات عن الأعمال المخططة.

التغذية الإسترجاعية (الراجعة) :

إن الهدف في التغذية الإسترجاعية هو للتأكد من أن مخرجات النظام من معلومات وتقارير قابلة للتطبيق وتتناسب مع احتياجات المدراء وصناع القرارات الإنتاجية والصناعية.

وتساعد التغذية الإسترجاعية المسؤولين عن النظام على تعديل تصميم النظام أو أعادته من جديد بعد تطبيقه وتقويمه. إن المعلومات التي يحصل عليها المسئولين عن النظام تكون بمثابة تغذية راجعة لهم حيث توضح لهم جوانب قوة النظام وضعفه، وتكون بمثابة تنبيه لتعديل النظام بما يحقق الأهداف المحدّدة مما يشجعهم على بذل مزيد من الجهد لتحقيق المستويات المتوقعة أن ينجزها النظام. لاحظ الشكل (2-10).

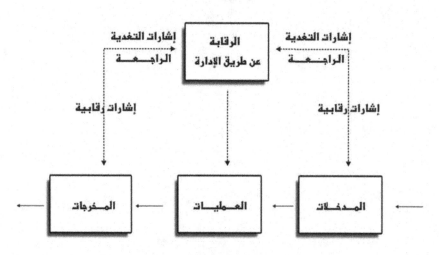

الشكل (2-10) مكونات نظام معلومات الإنتاج

لاحظ الشكل (2-10) يبين مكونات نظام معلومات الإنتاج ويركز على أهمية التغذية الراجعة في خلق تفاعل حقيقي للمدراء مع النظام خلال عملية الإنتاج والتصنيع. مما يجعل هذه التغذية أداة فعالة لتقييم المدير لأداء نظام الإنتاج قبل وخلال نشاطات التصنيع مما يزيد من قدرة المدراء على إعادة توجيه قراراتهم بما يتناسب وأوضاع نظم التصنيع والإنتاج في كل مرحلة من مراحل الإنتاج .

تطبيقات نظم معلومات السيطرة على الإنتاج المحوسب.

يهدف نظام معلومات الإنتاج المحوسب إلى توظيف تكنولوجيا المعلومات في إدارة عمليات الإنتاج وتطوير إجراءات العمل في كافة مراحل التصنيع .

إن استخدام نظم معلومات الإنتاج المحوسبة يحقق للمنشأة الفوائد التالية:

1. **يساعد مدراء الإنتاج في الوصول إلى المعلومات التي يتم الحاجة إليها بسهولة ويسر وباستخدام أحدث التكنولوجيات المتوفرة دون تكرار غير مفيد للمعلومات وبصورة تخدم عملية صنع القرارات الرشيدة.**
2. **إصدار التقارير المتضمنة كل ما تحتاج إلية الإدارة في تحقيق الرقابة على الإنتاج والسيطرة على التكاليف والمخزون، ومن أمثلة هذه التقارير ما يخص كلفة الإنتاج واستغلال المكائن والسيطرة على الخزين.**
3. **توفر معلومات دقيقة وآنية إلى مدير المصنع تمكنه من استعراض تصنيع سلعة معينة لمعرفة المهام التي تم تنفيذها والمهام التي تأخرت، كما تمنح المدير إمكانية الحصول على تقارير سريعة عن عدد ساعات عطل المكائن وحركة البضاعة تحت الصنع من حيث تكاليفها من مواد وأجور ومصاريف، بالإضافة إلى إمكانية تتبع الوقت المسجل لتوقفات العمل. لاحظ الشكل (10-3).**
4. **توفر معلومات دقيقة إلى رؤساء العمل عن كمية الإنتاج وعدد ساعات العمل والوقت الضائع وكمية المواد الداخلة في الإنتاج وكمية التالف منها وعدد ساعات عطل المكائن. يقدم النظام هذه المعلومات عن طريق عرضها بتقارير غنية مزودة بتخطيطات تبين الحالة الفورية للمصنع بالإضافة إلى إمكانية تتبع أسباب الانحرافات التي تحصل في المواد والعمل من خلال الحاسوب.**

5. يتيح النظام إلى مدير المصنع عرض وتحديث معلومات عن الصيانة في شكل بيانات خاصة. ومن الأشياء التي تمكّن المدير تنفيذها من خلال الحاسوب هي مقارنة الصيانة الفعلية مع الصيانة المخططة التي تفيد في تحديد الانحرافات واتخاذ الإجراءات المصححة. تتضمن الخدمة التي يقدمها النظام استلام قسم الإنتاج معلومات عن عدد ساعات عطل المكائن إلكترونياً في المصانع المختلفة وتحويلها إلى نظام إدارة الإصدار في قسم المحاسبة عبر شبكة الشركة الإلكترونية الداخلية حيث يتولى معالجتها وتحويل المخرجات على شكل تقارير مطبوعة إلى مدير المصانع بسرعة ودقة.

الشكل (3-10) يبين دور نظم معالجة المعاملات في الشركة، تهدف هذه النظم في تطوير وتنفيذ برامج حاسوبية خاصة بإدخال البيانات الإنتاجية والخزين والبيعة ومعالجتها وتوفير بيانات تفصيلية تتعلق بنشاطات التصنيع والعمليات الإنتاجية. كما تهدف هذه النظم إلى تحديد البرامج والإجراءات العملية بتطوير الأساليب والأدوات المطلوبة لضمان تنفيذ المهام المتعلقة بتحقيق الرقابة على الإنتاج والسيرة على التسويق.

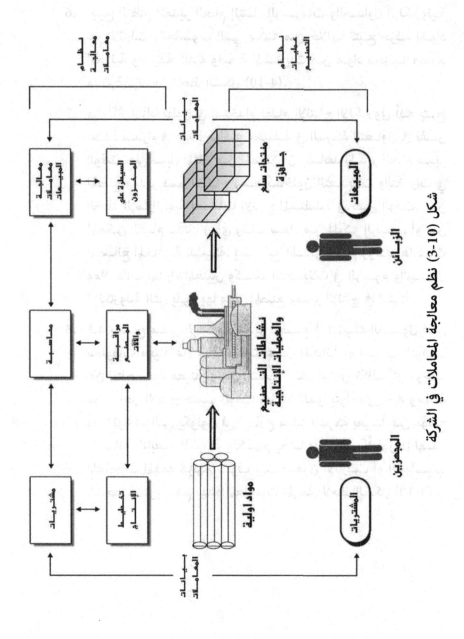

شكل (3-10) نظم معالجة المعاملات في الشركة

6. يتيح النظام للمدير العام إنشاء الرسومات والجداول الإلكترونية عبر الإنترنت والحاسوب التي يمكّنه من خلالها تتبع حركة المواد المخزنية ومعرفة كلفة وقيمة المشتريات من مواد مخزنيه ومواد مباشرة للإنتاج . لاحظ الشكل (10-4).

7. من أكثر المزايا تطوراً في استخدام نظام الإنتاج الإلكتروني أنه يتيح لعدة مدراء في عدة مواقع مختلفة في الشركة التعاون في نفس الوقت. على سبيل المثال من الممكن أن يشاهد المدير العام مدير المصنع ومدير قسم الإنتاج وهم يُدخلون التعديلات والتغيرات في الخطة الإستراتيجية لعمليات الإنتاج المستقبلية في نفس الوقت. ومن الممكن القيام بذلك في أي وقت سواء من المركز الرئيسي- أو من المصانع المختلفة للشركة. يستطيع المدير العام رؤية تعليقات وملاحظات المدراء المعنيين وكذلك التعديلات في الرسوم والجداول الإلكترونية التي يقوم بها مدير المصنع ومدير الإنتاج في الشركة.

8. قد يحتاج مدير الإنتاج ومدير المصنع في الشركة الحصول على معلومات معينة عن عدد ساعات عطل المكائن أو أسباب التوقف عن إنتاج سلعة معينة أو عن أسباب التلف أو عن تكلفة كل مرحلة من مراحل الإنتاج حسب الوقت والمكان الذي يتواجدون فيه وخاصة من المواقف التي يكونون فيها خارج مركز الشركة بعيداً عن موقع المصانع التابعة للشركة ولكنهم يحتاجون وصولاً فورياً لهذه المعلومات المهمة فإنهم سوف يستخدمون الإنترنت أو الحواسيب الشخصية لتزويدهم بهذه المعلومات المهمة. لاحظ الشكل (10-5).

9. مع تطور تقنيات البرمجيات الجاهزة وظهور أنـواع جديـدة متقدمـة مـن هـذه الحلـول المتكاملـة والمتخصصـة لحـل المشـكلات الصـناعية وحلول إدارة الإنتاج، أصبح بإمكان المدراء في الشركات استخدامها في أي وقت. وهذه المرونة هي من أحد الأسباب التـي سـتجعل المـدراء يقبلون على تطبيق هذه البرمجيات الجاهزة بجدية، بالإضافة إلى أنها تعطي المستخدم الإحساس بالتحكم والثقة والسيطرة.

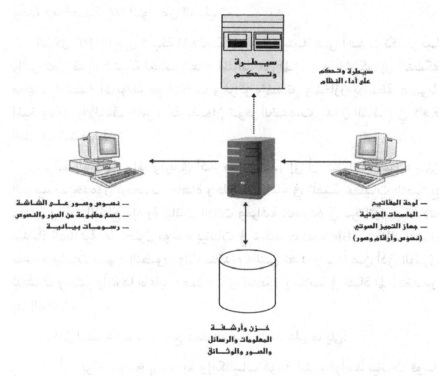

الشكل (10-4)

الشكل (10-4) يبين تأثير استخدام نظم المعلومات المحوسبة على شكل المعلومات التي يستلمها المدير العام .

إن أنظمة التخزين وتخطيط الموارد تستخدم مجموعة من البرمجيات الحاسوبية لإدارة وتخطيط المنتجات وشراء القطع وقوائم الجرد والتعامل مع المزودين وتوفير خدمة عملاء ومتابعة الطلبيات التجارية كما تحتوي على برامج خاصة في تدبير الموارد المالية والموارد البشرية للشركة. تستخدم هذه النظم المكننة لتنفيذ عمليات الإنتاج ودون تدخل بشري وباستخدام حلول وتطبيقات متطورة وآمنة ومتخصصة بهذا النوع من العمليات .

الشكل (10-5) يبين شبكة المعالجة الموزعة المبنية على أحدث تكنولوجيا والتي تعزز قدرة الشبكة لخدمة العدد المتزايد من المدراء في الشركة. إن الشبكة مجهزة بالأنظمة المربوطة مع المكاتب والمراكز والمصانع والمخازن بواسطة خطوط الميكروفون والألياف الضرورية لضمان توفر الخدمات بدون انقطاع في كافة الظروف التشغيلية .

وتؤكد الدراسات المتوفرة في أكثر من مصدر إلى أن مدراء السيطرة على النوعية يستخدمون برمجيات جاهزة وحلول متكاملة في تنفيذ عمليات التصنيع وإدارة بيانات الإنتاج وإدارة بيانات الآلات ومراقبة الجودة في شركاتهم. بامتلاك المنشأة الصناعية على حلول قواعد بيانات في شركة **file maker** ستمتلك أفضل قاعدة بيانات سهلة التطوير والاستخدام والتي تعد واحداً من أذكى الطرق للتشارك والنشر وأكثرها فاعلية ومقدرة على التحكم بسلاسة في نفاذ المستخدمين إلى البيانات.

ستكون المنشأة الصناعية مع **file maker** قادرة على ما يلي:

أ. توفير برامج إرشادية وإمكانيات قوية لبناء قواعد بيانات قوية وسهلة الاستخدام دون الحاجة إلى اللجوء إلى أقسام تقنية المعلومات التقليدية.

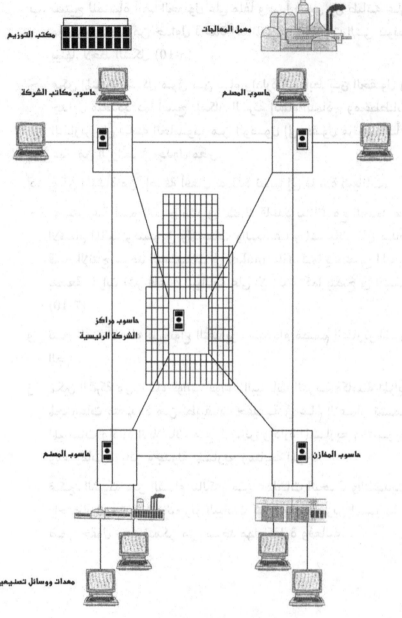

معمل المعالجات

مكتب التوزيع

حاسوب مكاتب الشركة

حاسوب المصنع

حاسوب مراكز
الشركة الرئيسية

حاسوب المصنع

حاسوب المخازن

معدات ووسائل تصنيعية

الشكل (5-10)

ب. سيتيح للمنشأة أيضاً الحصول على ملفاً وحيداً يحوي بين طياته على مجموعة كاملة من جداول قاعدة البيانات مع العلاقات التي تربط بينها. لاحظ الشكل (10-6).

ج. يمكّن المنشأة بشكل مرئي من بناء وإدارة الروابط بين الحقول في جداول متعددة كما أصبح بإمكان الشركة إنشاء النماذج ومخططات التقارير على شاشة الحاسوب من الوصول إلى حقول مرتبطة بأي عدد من الروابط في جدول معين.

د. يمكّن المنشأة من إضافة أفعال معقدة نسبياً إلى قاعدة البيانات.

هـ. وعند رغبة قسم الإنتاج مثلاً في تشارك قاعدة بياناته مع العديد من الأقسام المالية والتسويق والمبيعات والتكاليف والمشتريات فإن مدير قسم الإنتاج سيجد التسهيلات في file maker، كما يستطيع المدير ببضعة نقرات نشر قاعدة البيانات على الإنترنت. كما يتضح في الشكل (10-7).

و. تتيح للمنشأة بناء كل أنواع التقارير باستخدام مصمم التقارير المرئي الجيد.

ز. تمكين الشركة من إنشاء قوالب قواعد البيانات القوية وكاملة المزايا لمجموعات متعددة من تطبيقات حقيقية في عالم الأعمال تشمل المبيعات وإدارة العلاقات مع الزبائن وإدارة المشاريع والتسويق ومعلومات الزبائن وجدولة المشاريع ومتابعة الموارد.

ح. تمكين الشركة من القيام بالكثير من عمليات البحث والتحديث واختصار الوقت اللازم لتحرير البيانات كما تمكنها تخزين المستندات ضمن حقول حتى تتمكن من استخدامها بكفاءة وفعالية.

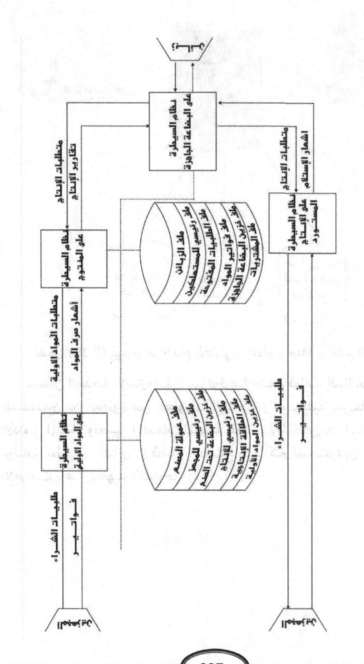

الشكل (6-10) يوضح نموذج لقاعدة البيانات الشاملة

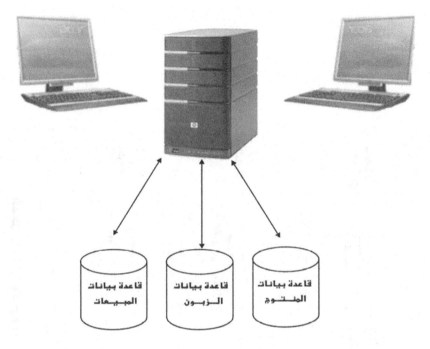

الشكل (10-7) يوضح استخدام الحاسوب لتطوير ملفات نظام الإنتاج .

ستمكن الخدمة الإلكترونية التي توفرها حلول قواعد البيانات المحوسبة المستخدمين من الحصول على المعلومات الإنتاجية والتسويقية بسرعة. إن تطوير الأداء في المنشأة وتحسين الخدمات المقدمة للمدراء والموظفين هو الدافع الأساسي لبرنامج تطوير الإنتاج. إن قطاع التصنيع هو أكبر المستفيدين من تحسين الإجراءات باعتباره مهيئاً تكنولوجياً .

دور شبكات الأعمال في تطوير عمليات الإنتاج

تلعب أساليب شبكات الأعمال دوراً أساسياً في توجيه وتطوير العمليات الإنتاجية في المنشأة. وذلك لأنها تستخدم في عمليات التخطيط وجدوله وبرمجة الأعمال الصناعية والسيطرة عليها. ومن أهم هذه الطرق والأساليب المستخدمة في الوقت الحاضر هي طريقة المسار الحرج والمخطط البياني لسير العمليات وسوف نوضح فيما يلي كل من هذه الطرق المستخدمة في تطوير العمليات الإنتاجية.

1. طريقة المسار الحرج   (Critical Path Method) :

هي طريقة رياضية متسلسلة ومنتظمة للتخطيط والتنسيق ولبرمجة الأعمال تهدف إلى إعداد برامج تطبيقية مثالية وإلى إنجاز مشاريع سليمة وذلك عن طريق تنظيم العمل واستخدام الحد الأدنى الممكن من الموارد المتاحة. ويعنى مفهوم المسارات الحرجة مجموع الفعاليات المتسلسلة والمتعاقبة وهي تستلزم أطول وقته لإنجازها. ويمكننا تلخيص السمات الرئيسية لهذه الطريقة بالآتي :

أ.   إن الهدف الرئيسي لهذه الطريقة هو تزويد الإدارة بأسلوب فني شامل للتخطيط والرقابة على المشاريع الصناعية المعقدة.

ب.   يساهم معظم العاملين في المنشأة بإجراءات التخطيط والرقابة.

ج.   إن الأشغال الحرجة هي تلك الأعمال التي تساهم بشكل مباشر إلى تأخير إنجاز المشروع ككل ما لم تتخذ الإجراءات العلاجية اللازمة.

د.   إن القرارات الإدارية التي توضع لمعالجة التوقفات قد يستدعي إعادة توزيع الموارد أو إعادة تخطيط أجزاء الشبكة.

يتضح مما سبق أنه كلما أصبحت عمليات المشروع أكثر تعقيداً «ازدادت فائدة استخدام طريقة المسار الحرج إذ يتم تحليل المشروع إلى فعاليات منفصلة ومتجزئة يحدد لكل منها جدول مثالي نسبياً». وعند المباشرة بالعمل يمكن تصحيح الانحرافات في الوقت المناسب.

ولابد من الإشارة في هذا الصدد، إلى أن الرسوم الشبكية التي تبين مراحل العمل وعدد من الأسهم التي تربط بين هذه المراحل ويطلق عليها اسم الفعاليات. وهكذا نجد أن كل مرحلة تعني إنجاز جزء محدد من المشروع في وقت معين من الزمن وتمثل الفعاليات عدد العمليات والأشغال والأعمال الأخرى ويقتضي أن تستهلك وقتاً وتستغل الموارد. وتبدأ كل فعالية من نهاية كل مرحلة من المراحل. ونورد فيما يلي بعض الأمثلة الخاصة باستخدام طريقة المسار الحرج . لاحظ الشكلين (10-8) و (10-9).

مثال 1 :

لو فرضنا أن إحدى شركات إنتاج التلفزيون الملّون قامت بإنجاز فعاليات مختلفة لتطوير نماذج جديدة لأجهزة التلفزيون. المطلوب رسم مخطط يوّضح هذه الفعاليات :

الحل	الرمز	الفترة /الأسبوع
طلب هياكل التلفزيون	1- 4	4
طلب الأجزاء الكهربائية	1- 3	4
طلب مواد التغليف	1- 6	4
تغيير خط الإنتاج	1- 10	4
تغيير معدات الاختبار	1- 15	6
استلام هياكل التلفزيون	4- 10	2
استلام الأجزاء الكهربائية	5- 10	4
استلام مواد التغليف	6- 20	6
تجميع أجهزة التلفزيون	1- 13	4
فحص أجهزة التلفزيون	15- 20	2
تغليف وتعبئة أجهزة التلفزيون	20- 30	2

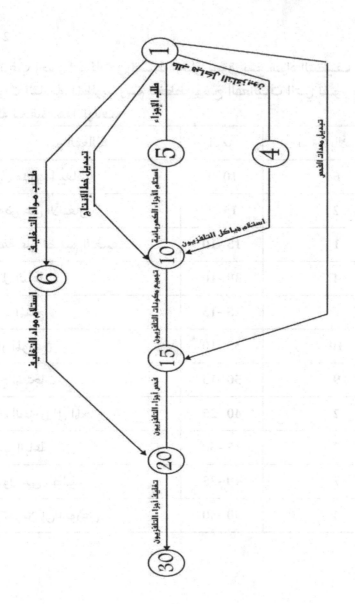

الشكل (8-10) يوضح طريقة المسار الحرج

مثال 2 :

ترغب إحدى الشركات في السيطرة على سوق بيع مواد التنظيف والتلميع للسنوات القادمة. المطلوب رسم مخطط يوّضح الفعاليات التي تقوم بها هذه الشركة لتحقيق هذا الهدف.

رسم الفعالية	الرمز	الفترة بالأسابيع
تشغيل مدير المبيعات	**1- 10**	**6**
التفاوض على الأسعار	**1- 15**	**2**
الموافقة على تصميم التغليف	**10- 15**	**1**
تشغيل الباعة	**10- 30**	**4**
تغليف المنتج	**15- 25**	**7**
اختيار الموزعين	**10- 35**	**10**
ترويج المنتجات	**15- 50**	**9**
إرسال الخزين إلى المخازن	**25- 40**	**2**
تدريب الباعة	**30- 35**	**2**
الحصول على الطلبية	**35- 40**	**7**
نقل الخزين إلى الموزعين	**40- 50**	**4**

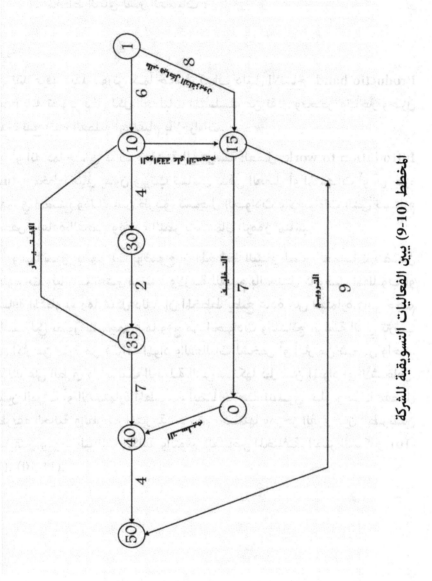

1
10
0

المخطط (10-9) يبين الفعاليات التسويقية للشركة

2. المخطط البياني لسير العمليات :

تعريفه :

لقد عرفه ديفد بورتر، كما جاء في كتاب دليل الإنتاج Productio hand book بأنه تصوير بياني لكل العمليات المتسلسلة من نقل وفحص وتأخير وخزن عندما تقع أثناء العملية أو القيام بالإجراءات.

أو أنه كما جاء في كتاب «مقدمة إلى دراسة العمل Introdution to work study» مخطط بياني يدون ويرتب تسلسل تدفق العمل أو المنتجات أو أي جزء منهما في المصنع وذلك عن طريق تسجيل الحوادث والإجراءات التي تستلزم الفحص وإعادة الفحص وإعادة النظر باستعمال الرموز المناسبة.

ومما سبق يظهر لنا بوضوح أن المخطط البياني لسير العمليات يتضمن معلومات وبيانات تعتبر مفيدة ولازمة للقيام بالتحليل كالوقت المطلوب أو المسافة المقطوعة وما شاكل ذلك. إن المخطط يطبع عادة على استمارة ذات حجم مناسب لكي يصور لنا مجموع ما وقع من الحوادث والنتائج الهامة التي تترتب على أكثر من فقرة من فقرات المواد والفعاليات لشخص أو أكثر من شخص واحد. وكذلك على الطرق والأساليب البديلة التي سلكها كل من المواد أو الأشخاص. وتبين الورقة أو الاستمارة المطبوعة أيضاً خلاصة تنطوي على وصف مفصل للطريقة الحالية والطريقة المقترحة التي تم تحسينها وموجز الفرق بين الطريقتين السابقتين وموجز لبيانات الكلفة والتوفير العناصر المختلفة. انظر الشكلين (10-10)، (10-11).

PROCESS CHART مخطط العمليات

Material Flow سير المواد
Operative Flow سير الشغل

Present Method الطريقة الحالية
Proposed Method الطريقة المقترحة

القسم .... الإستلام
Department

وصف العمل .... استلام - تفتيش وترقيم
Job Desctiption

يبدأ المخطط ....
Chart Begins

ينتهي المخطط ....
Chart Ends

رقم الخريطة .... Drawing No. رقم الخريطة .... MACHINE No.

العدد والأدوات ....
Jigs and Tools

الطريقة الأصلية

SUMMARY الخلاصة						
الفرق Difference		الطريقة المقترحة Proposed		الطريقة الحالية Present		
الوقت Time	العدد NO.	الوقت Time	العدد NO.	الوقت Time	العدد NO.	
				20	2	●
				35	2	■
				39	11	➡
				80	7	D
					1	▼
						المجاميع Totals
						المسافات Distances

الملاحظات Comments	المسافة Distance متر	الوقت Time دقائق	الكمية Quantity صندوق	خزن ST.	تأخير DEL.	نقل TR.	فحص INSP.	عملية OP.	الوصف DESCRIPTION
عاملين	13	10		▽	D	➡	□	○	1- إلى المستوى المائل
عاملين	13	10		▽	D	➡	□	○	2- ينزلق على مستوى مائل
	13	10		▽	D	➡	□	○	3- إلى مكان التخزين
		30		▽	◗	⇨	□	○	4- ينتظر الفتح
		5		▽	D	➡	□	○	5- إلى مكان الفتح (سحب الصندوق)
عاملين		5		▽	D	⇨	□	●	6- ينزع الغطاء - ويؤخذ عقد الإستلام
	1			▽	D	➡	□	○	7- إلى العربة اليدوية
عاملين	9	5		▽	D	➡	□	○	8- إلى منضدة الإستلام
		10		▽	◗	⇨	□	○	9- ينتظر التفريغ
	1	2		▽	D	➡	□	○	10- على المنضدة
أمين مخزن		15		▽	D	⇨	■	○	11- تفحص المحتويات
عاملين	1	2		▽	D	➡	□	○	12- إلى عربة النقل
		5		▽	◗	⇨	□	○	13- انتظار النقل
عاملين	16	10		▽	D	➡	□	○	14- إلى منضدة الفحص
الصندوق على العربة		10		▽	◗	⇨	□	○	15- ينتظر الفحص
مفتش	1	20		▽	D	⇨	■	○	16- فحص الأجزاء

الشكل (10-10) يبين الطريقة الحالية

مخطط العمليات	PROCESS CHART
سير المواد	Material Flow
سير المشغل	Operative Flow
الطريقة الحالية	Present Method
الطريقة المقترحة	Proposed Method
القسم (Department)	الإستلام

وصف العمل Job Desctiption	استلام ـ مراجعة ـ فحص ـ وترقيم الأجزاء
يبدأ المخطط ب Chart Begins	
ينتهي المخطط ب Chart Ends	
رقم الخريطة Drawing No.	رقم الخريطة MACHINE No.
العدد والأدوات Jigs and Tools	

الطريقة المحسنة

SUMMARY الخلاصة

الفرق Difference الوقت Time	الفرق Difference العدد NO.	الطريقة المقترحة Proposed الوقت Time	الطريقة المقترحة Proposed العدد NO.	الطريقة الحالية Present الوقت Time	الطريقة الحالية Present العدد NO.	
—	—	20	2	20	2	●
20	1	15	1	35	2	■
19	5	20	6	39	11	➡
70	5	10	2	80	7	◗
			1		1	▼
						المجاميع Totals
	13		32		45	المسافات Distances

الملاحظات Comments	المسافة Distance متر	الوقت Time دقائق	الكمية Quantity	خزن ST.	تأخير DEL.	نقل TR.	فحص INSP.	عملية OP.	الوصف DESCRIPTION
عاملين	1			▽	D	➡	□	○	1- إلى المستوى المائل
عاملين	6	5		▽	D	➡	□	○	2- ينزلق على مستوى مائل
عاملين	1			▽	D	➡	□	○	3- إلى عربة اليد
عامل واحد	6	5		▽	D	➡	□	○	4- إلى مكان فك التغليف
عامل واحد	—	5		▽	D	⇨	□	●	5- يرفع الغطاء من الصندوق
عامل واحد	9	5		▽	D	➡	□	○	6- الى منضدة الإستلام
	—	5		▽	◗	⇨	□	○	7- ينتظر التفريغ
مفتش		20		▽	D	⇨	■	○	8- تفحص الأجزاء
أمين مخزن		20		▽	D	⇨	□	●	9- ترقم ويعاد وضعها في الصندوق
		5		▽	◗	⇨	□	○	10- تنتظر ناقل النقل
عامل واحد	9	5		▽	D	➡	□	○	11- إلى نقطة التوزيع
	—	—		▼	D	⇨	□	○	12- تخزن

الشكل (10-11) يوضح الطريقة المقترحة

مبادئ المخطط البياني لسير لعمليات :

قبـل القيـام باسـتعراض فوائـد المخطـط البيـاني لسـير العمليـات، نـرى مـن المستحسن أن نورد فيما يلي بإيجاز بعض النقـاط المهمـة أو المقتضيات الأساسـية التي يجب أن تؤخذ بنظر الاعتبار في تحضير المخطط.

أ.   يقتضي أن تكون الملاحظة المباشرة أو المراقبة الدقيقة لتدفق العمل أو الإجراءات في المصنع وسيلة يسترشد بها في وضع التفاصيل التي تظهر في المخطط البيـاني. ويتوجب اختيـار وتسجيل نقاط أساسـية لبداية الفعاليات ونهايتها وبما أن معظم الدراسات تعتبر جـزءاً مـن موضـوع كبيـر فإن تحديـد نقـاط للبدايـة والنهايـة يسـاعد كثيـراً في تحقيق هذه الدراسة.

ب.   استخدام الإشارة المناسبة لتسجيل الشرح الملخص لكل تفصيل:

يجب تسجيل كل خطوة أو فعالية تحدث بشرح ووصف دقيـق دون الالتفات إلى حجم أو أهمية تلك الفعاليـة وفضلاً عن ذلك ينبغي تسجيل ما يحدث كالحركة والتأخير والفحص بطريقة دقيقة وسليمة.

ج.   وضع الظلال ورموز عملية الأداء Shade in the Symbols :

فمن الضروري تمييز الفعاليـات الرئيسـية حتـى تـتم دراستها قبـل غيرها. إذا حصل الشك حول مـا إذا كانت الفعاليـة هـي عمليـة أداء فعلي أم لا فإن الإجراء المألوف هـو اعتبارهـا أداء فعليـاً ثم القيـام بتضليلها لكي تجرى دراستها واكتشاف حقيقتها.

د.   ملاحظة مساحة النقل Note Transportation Distance :

تعتبر عمليتا النقل والتداول بين الأشغال من الفعاليات غير المنتجة ذات التكاليف الباهظة وأن أكثر العمليات من هذا النوع تستلزم التقليص أو الحذف. ويعتبر تقدير المسافات بخطوات أجزاء كافية طالما لا يمكن الحصول بسهولة على قياسات أكثر دقة.

هـ   بيان الوقت المستهلك في أداء العمل Indicate Time Consumed

يعتبر الحصول على فكرة الإنجاز المتحقق في كل خطوة أمراً «مفيداً» وخاصة عندما تتم المقارنة بين الطرق المختلفة وتبين مختصرات للوفورات المتحققة وينبغي أيضاً تحديد أي التفاصيل الأكثر كلفة، ومن ثم يتوجب أخذها بنظر الاعتبار. إن الطريقة المناسبة للتصريح عن الوقت هي ملاحظة سجلات الإنتاج في الوحدات لكل ساعة أو يوم.

تحضير الملخصات Prepare Summaries :

إن الغرض من وضع الخلاصة هو الكشف عن مجموع أو نتيجة كل تفصيل كالمسافة المقطوعة والوقت المستهلك. إن الخلاصة هي من مقومات أو مميزات المخطط البياني البارزة التي يهتم بها المسؤولون، وقد تستعمل هذه المختصرات لإجراء المقارنات مع مخطط الطريقة المقترحة وتوضيح نطاق التحسينات المتحققة. ومن دراسة الخلاصة يمكننا الوقوف على مقدار التخفيض في عدد الفعاليات غير المنتجة المترتب عن حذف بعض العمليات غير الضرورية ثم القيام بتحديد التوفير في الوقت والمسافة والكلفة.

فوائد المخطط البياني لسير العمليات:

1. أنه يبين المسافة بالإقدام بالنسبة للنقل أو الحركة من مكان إلى آخر وكذلك يكشف عن الوقت المطلوب لإنجاز كل خطوة.

2. يمكن الإفادة من المخطط في توقيت خطوات التأخير لتقليل أو تعطيل أو التوقف في جريان العمل وإلغاء الخطوات والجهود غير الضرورية وإزالة الحركات غير المنتجة وهذا بدوره يؤدي إلى تقصير عملية الإنتاج.

3. إن القاعدة العامة التي يمكن اتخاذها أساساً «صالحاً» للتحسين والتطوير هي الحذف والضم وإعادة الترتيب والتنظيم والتبسيط.

4. أنه أداة تستعمل لتسجيل خطوات الطريقة الحالية بصورة متسلسلة وواضحة ومن ثم تقوم بتصوير إجراءات أو عمليات الطريقة المقترحة بطريقة بيانية فعالة.

كيفية الحصول على البيانات المطلوبة :

يمكن الحصول على البيانات اللازمة لتخطيط تدفق سير العملية في المصنع عن طريق تتبع سير العملية الرتيب منذ نقطة البداية حتى نقطة الانتهاء. ومما يجدر ملاحظته بهذا الصدد أنه يقتضي المراجعة والضبط بالتعاون مع الكاتب المسؤول في حالة حصول تغيرات في سير العملية وذلك للتأكد من أن العملية تسير وفق الطريق المحدد لها. ويقتضي أيضاً اختيار أفضل الطرق وأنسبها فيما إذا كان إنجاز العمل يتم بطرق متعددة.

تحليل المخطط :

يتعين علينا، عند الانتهاء من تحديد الخطوات التي تبين سير العمل الحالي استعمال الوسائل التحليلية والطرق العملية لتبسيط الإجراءات الحالية ومحاولة الوصول إلى أفضل الطرق وأقلها كلفة بتطبيق أدوات التحسين الضرورية وهي الحذف والضم والتبسيط وإعادة التنظيم أو الترتيب. وعلى ضوء ما تقدم يقتضي- أيضاً إيجاد الحلول الناجعة إلى الأسئلة التالية التي ترشدنا إلى تصميم مخطط بياني منقح لسير العمليات يؤدي إلى تقليل عدد الخطوات وتوفير الوقت المطلوب وزيادة الكفاءة الإنتاجية للعمل.

1. هل أن كل خطوة أو عملية ضرورية حقاً ؟

2. هل يمكن تجزئة إحدى العمليات وإضافة الأجزاء إلى عملية أخرى ؟

3. هل يمكن ضم خطوات معينة لتكوين خطوة منفردة ؟

4. هل أن تسلسل الخطوات هو أفضل ما يمكن ؟

5. هل يمكن إنجاز العملية بصورة أكثر توفيراً في قسم آخر ؟

6. هل يمكن حذف أو تقليل تفصيلات العمل ؟

7. هل يمكن تقليل انقطاع أو تأخير العمل ؟

8. هل تجهز البيانات المطلوبة بطرق سليمة ودقيقة ؟

9. هل أن العاملين يتمتعون بالكفاءة اللازمة لإنجاز العمل ؟

10. هل يمكن تقليل المسافة المقطوعة وعملية النقل ؟

11. هل يمكن «اعتيادياً» إنجاز عمليتين منفصلتين في آن واحد ؟

الفصل الحادي عشر
نظم معلومات المخزون

بعد دراستك لهذا الفصل تستطيع أن:

1. تحدد وظائف نظم معلومات المخزون.

2. تبين وظائف نظم معلومات المخزون.

3. تشرح باختصار مكونات نظام معلومات المخزون.

4. تعدد أهم تطبيقات نظم معلومات المخزون المحوسب.

5. تشرح مزايا البرامج الإلكترونية المتخصصة في حساب مستويات المخزون ومتابعة أرصدتها.

6. تحدد صفات وأهمية نظام السيطرة على الخزين الفاعل للمنشأة.

7. توضح مبررات استخدام الطرق الإحصائية والرياضية من قبل نظم السيطرة على المخزون.

8. تحدد أهمية استخدام المعادلات الإحصائية لاحتساب الكمية الاقتصادية للطلب.

9. تعرف الاستراتيجيات المقترحة أو المؤشرات الإحصائية التي يمكن الاستعانة بها لتحسين فاعلية نظم السيطرة على المخزون.

نظام معلومات المخزون :

المفهوم :

إن نظم معلومات المخزون هي النظم المسؤولة عن مراقبة المخازن وذلك بمراقبة الحدود المقررة لتخزين المواد ومتابعة أرصدة المخزون وذلك عن طريق استخراج البيانات الإحصائية اللازمة لحساب مستويات المخزون وإعداد التقارير عن الأصناف التي يصل رصيد مخزونها إلى حد الطلب والأصناف الراكده والتالفة.

فوائد نظم معلومات المخزون المحوسب :

❖ الرقابة على صرف المواد عن طريق تسجيل كمية وقيمة المواد الصادرة في المخازن.

❖ تطبيق نظام الجرد المستمر على المواد المخزنية خلال السنة لكشف الأخطاء والفروقات في الوقت المناسب.

❖ إعداد الميزانيات التقريرية بهدف التخطيط والرقابة.

❖ إصدار التقارير عن الانحرافات ومستويات المخزون وحركة المواد المخزنية وذلك لتسهيل وتسريع تبادل المعلومات وانجاز المعاملات.

❖ تحسين التدفق المعلوماتي بين أقسام المخزون والمشتريات والإنتاج عن طريق توفير شبكة داخلية (انترانيت) للاتصال وتواصل هذه الأقسام فيما بينها.

إن تفعيل الخدمات الإلكترونية وربط النظم والبرامج بين هذه الأقسام يؤدي إلى تسهيل وتسريع تبادل المعلومات وتسهيل إتمام المعاملات المخزنية وتقليل فجوة الاتصال بين مدراء هذه الأقسام.

❖ الوصول إلى البيانات المخزنية بسهولة وبدون تكرار غير مفيد.

❖ تبسيط الإجراءات الروتينية والمخزنة بشكل يستفيد منه جميع مستخدمي النظام المحوسب وبصورة تخدم متخذي القرارات في الصول للمعلومات اللازمة وبأسرع وقت.

❖ توفير معلومات دقيقة وآنية للعاملين بمستوياتهم الإدارية المختلفة مما يعود بفائدة أكبر على واضعي السياسات وصانعي القرار في الاستفادة منها.

❖ رفع سوية البيانات والمعلومات والحد من الازدواجية في مصادرها وتحقيق الإدارة الأفضل للبيانات. تحسين نوعية بياناتها وتطوير سبل ضبطها وإدارتها بما يتلاءم واحتياجات صناع القرار.

❖ يوفر قاعدة بيانات إحصائية شاملة ودقيقة حول المخزون بحيث تشكل مرجعاً لكافة المدراء ذات العلاقة لمعرفة أحدث التفاصيل المتعلقة بالمخازن والسيطرة على الخزين، ومما يسهل على جميع متصفحي الموقع الإلكتروني للنظام فهم البيانات الواردة فيه والتي يمكن تحديثها باستمرار. لاحظ الشكل (11-1).

كما أن هناك خطوط مفتوحة من خلال الشبكة لإتاحة المجال أمام المزودين للنظام في الأقسام الوظيفية في الشركات كالمشتريات والإنتاج والمالية الوصول إلى النظام وتحميل البيانات المطلوبة وبشكل تلقائي.

نظم المعلومات المخزون المحوسبة :

عناصر نظام معلومات المخزون المحوسبة :

المدخلات :

وتتضمن معلومات عن المخزون والتي يتم الحصول عليها من مصادر الشركة الخارجية والداخلية مثل معلومات عن التغيرات التي تطرأ عن كمية المواد في المخازن ومعلومات عن البضائع الواردة، ومواصفاتها وكمياتها وجهة التجهيز، ومعلومات عن التغيرات التي تطرأ على الأسواق العالمية ومعلومات عن جميع العقود مع المجهزين.

العمليات:

ويقصد بها عمليات المعالجة التي يقوم بها النظام من خلال وسائل التسجيل والحفظ والتصنيف والتحليل التي تستطع أن تضع تحت تصرف المستخدمين في الوقت المناسب نوع وكمية المعلومات التي تفيدهم عند اتخاذ قرار معين أو التخطيط لأعمال معينة أو تقييم نتائج الأعمال المتعلقة بالسيطرة على الخزين.

المخرجات :

وهي المعلومات التي يستلمها المستخدم من النظام على شكل قوائم وتقارير وكشوفات ومخططات ورسومات بيانية.

وللاستجابة لاستفسارات المدراء عن انحراف أسعار الشراء وعن حركة المخزون بالكمية والقيمة والتذبذبات التي تطرأ على أسعار المواد الرئيسية وعن المواد الناقصة والمعرضة للنفاذ أو عن تراكم المخزون ونسبة دوران الخزين.

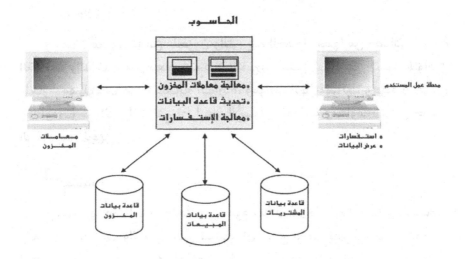

الشكل (11-1) يوضح نظام معالجة المخزون

ويلاحظ من الشكل (11-1) ما يلي :

1. يـوفر نظـام معـالجـة معـاملات المخـزون ثـلاث قواعـد بيانـات للمبيعات والعملاء والمخزون وقدرة أرشيفية واسعة بما يتعلق بـالعملاء وقـدراتهم الشرائية وميـولهم واهتماماتهم ورغبـاتهم ومستوى الدافعية

نحـو الشـراء والتـي يمكـن اسـتخدامها لأغـراض تحليليـة لجميـع المعنيين حسب احتياجاتهم ومتطلباتهم .

2. تمتاز خدمة ومعالجة معاملات المخزون بالمرونة كونها تبقي المدراء ورؤساء الأقسام في الشركة عـلى اتصـال دائـم ومسـتمر مـع قواعـد البيانـات عـبر أجهـزة الحواسـيب لتمكـنهم مـن الحصـول عـلى معلومات عن المبيعات والمخزون والعملاء .

3. يتمكن المستخدم تصفح الإنترنت واستخدام التطبيقات ومطالعـة الملفات المخزونة والدخول إلى أكـثر مواقـع عملهـم حساسـية عـبر البريـد الإلكـتروني وكـذلك الـدخول إلى البـرامج الخاصـة بشركاتهم وتطبيقات البيانات المرتبطة بشركاتهم .

التغذية الاسترجاعية (الراجعة) :

يتلخص دور التغذية الاسترجاعية في تزويد النظام بالمعلومات التي تصدر من المستخدمين والتي تمكنه من معرفة مدى نجاحه في تحقيق أهدافه وفاعليته في تحقيق خططه المرسومة. ويتم ذلك عن طريق تقييم انجازات النظام لاكتشاف العيوب أو الثغرات التي تظهر عند محاولة تحقيق الأهداف المرغوب فيها. وفي حالة اكتشاف الثغرات غير المرغوب فيها فإنه ليس من المستغرب على هؤلاء المسئولين أن يتخذوا عدداً من الخطوات المناسبة لتعديل النظام. إن الشكل (11- 2) يزودك بنموذج لمكونات نظام معلومات المخزون .

تطبيقات نظام الخزين المحوسب :

تقوم كثير من الشركات بحساب كميات وحدود الطلب لكل مادة من المواد بصورة ارتجالية إما اعتماداً على خبرة العاملين في المخازن وإما باستخدام قواعد عامة تطبّق على جميع الأصناف. إن الحساب الخاطئ في تحديد حد الطلب وكميته يمكن أن تشكل نقطة ضعف أساسية في الإستراتيجية العامة المتبعة في تحديد مستويات المخزون. ونعرض هنا برنامجاً إلكترونياً يساعد على التخلص من نقطة الضعف هذه. إنه البرنامج Visional Audit المتخصص في حساب مستويات المخزون ومتابعة أرصدتها. تأتي قوة هذا البرنامج المحوسب الذي يراقب حركة المواد في المخازن من قدرته على دمج جميع إجراءات الرقابة على المخازن وتقدمها لمدير قسم السيطرة على المخزون في مخطط عمل وحيد واضح ومترابط يبدأ هذا البرنامج عمله باستخراج البيانات الإحصائية الدورية اللازمة لحساب مستويات المخزون عن طريق إجراء عمليات حساب الحد الأدنى والحد الأعلى وحد الطلب على الحاسوب، ثم يبدأ البرنامج بعمليات المراقبة للحدود المقررة لتخزين المواد ومتابعة أرصدة المخزون وإعداد البيانات الدورية عن الأصناف التي يصل رصيد مخزونها إلى حد الطلب والأصناف الراكدة والتالفة.

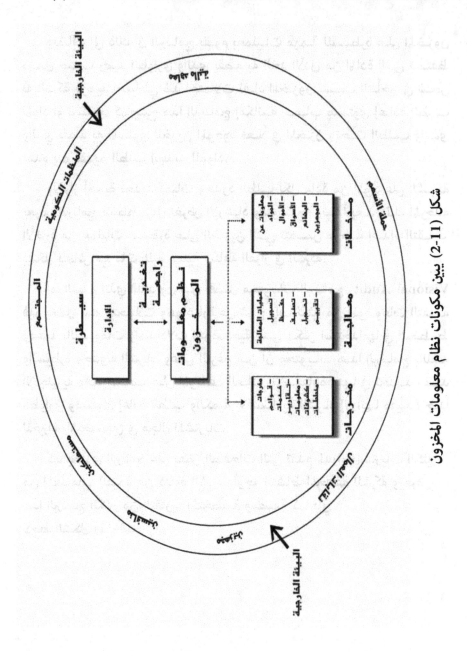

شكل (2-11) يبين مكونات نظام معلومات المخزون

ويضاف إلى ذلك أن البرنامج يقوم بعمليات مهمة للسيطرة على المخزون تشمل حساب رصيد الطوارئ والذي يقصد به الحد الأدنى من المادة التي تحتفظ به الشركة كرصيد احتياطي ضد احتمالات نفاذ المخزون بسبب التأخير في شحن المواد أو تسليمها كما يتيح هذا البرنامج إمكانية حساب مستوى إعادة الطلب والذي يقصد به المستوى للخزين الموجود فعلاً في المخزن وتحت الطلب والذي عنده يتم تقديم الطلب الجديد للمواد.

ولإبراز أهمية تحديد كميات وحدود الطلب لكل مادة من المواد على الشبكة يعرض البرنامج مخطط بياني لغرض الإرشاد والتوضيح. وتبدأ بعد ذلك المرحلة الأخيرة من عمليات السيطرة على الخزين التي تتضمن مرحلة إعداد التقارير بشكل يتماش مع ما تتطلبه عملية صناعة القرار في الشركة.

أما القسم الذي قد يكون من أفضل محتويات البرنامج Visional Audit فهو يحمل اسم التحليلات وهو عبارة عن شرح واف لكثير من الموضوعات التقنية ودعمه بالرسومات والمعادلات التوضيحية التي يمكن استخدامها في التخطيط والسيطرة وجدولة الشراء. وعلى الرغم من أن محتويات هذا البرنامج باللغة الإنجليزية وقد يصعب على الموظف العادي الاستفادة منها في تحديد رصيد الطوارئ ومستوى إعادة الطلب والكمية الاقتصادية للشراء إلا أنها مفيدة جداً للخبراء والمتخصصين في مجال المشتريات.

كما يحتوى البرنامج على بعض الصفحات التي تقدم لمدراء المشتريات الكثير من المعلومات القيمة عن كفاءة الشراء وأوجه النشاط المختلفة للشركة ويعرض هذا البرنامج الكثير من التقارير المتخصصة ومصنفة كما يأتي. لاحظ الشكل (3-11).

- السيطرة على تذبذب الأسعار.
- تقارير خفض الكلفة.
- الرقابة على كفاءة العاملين.
- تقارير حركة المخازن.

وبصورة عامة فإن البرنامج Visional Audit سيمّكن الشركة من تعزيز قدرات موظفيها وتواصلهم بشكل أفضل ليساعدهم على تقديم المزيد من القيمة والفائدة في إعمالهم وإطلاق طاقاتهم الكامنة.

إن البرنامج سيمنح للمدراء قوة أعلى أثناء عملية التعاون واتخاذ القرارات للسيطرة على المخزون في الشركة.

يهدف هذا النظام إلى تسهيل المعاملات المخزنية على الموظفين في المنشأة عبر تحويل إجراءات إعداد أوامر الشراء والتقارير المخزنية والكشوفات المالية والتكاليفية وتسجيل عروض المجهزين إلى خدمات إلكترونية لتسهيل وتطوير الخدمات المقدمة للمستخدمين والمدراء من أجل توفير هذه الخدمات بشكل إلكتروني توفيراً لوقت وجهاز المتعاملين مع المنشأة .

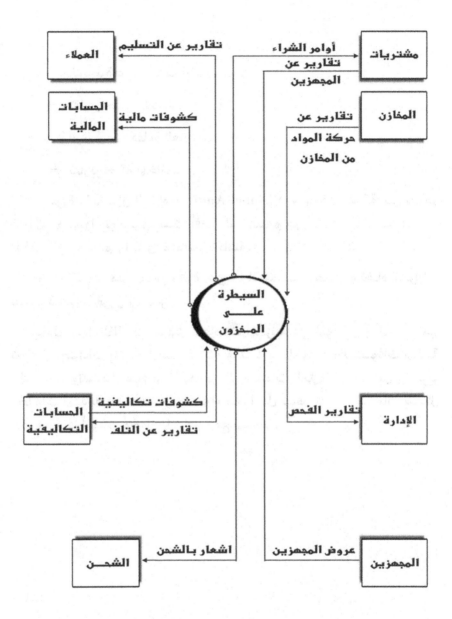

الشكل (11-3) يوضح سير المعلومات في نظام السيطرة على المخزون المحوسب.

صفات نظام السيطرة على الخزين الفاعل :

أولاً – استخدام الطرق الإحصائية والرياضية :

أهم صفات نظام السيطرة على الخزين الفاعل هو استخدامه للطرق الإحصائية والرياضية بهدف تخطيط ومراقبة كميات الخزين للفترات القادمة لتأمين تواجدها في الوقت المناسب. وتبين الفقرات التالية أهم المؤشرات الإحصائية التي يمكن الاستعانة بها في هذا الصدد.

ثانياً – تصنيف المواد حسب الأهمية الاستهلاكية :

إن فاعلية نظام السيطرة على الخزين تزداد باستخدام أسلوب تحليل (أ. ب .ج) للسيطرة على كل صنف من المواد المخزنية.

إذا أمعنا النظر جيداً في الوسائل الرياضية، التي تستخدم محاولات مختلفة فإننا نجد أن أسلوب تحليل (أ. ب. ج) يساعد الكادر القائم عل إدارة المخازن على تصنيف المواد المخزنية حسب الأهمية الاستهلاكية وأود هنا أن أنبه إلى أنه يجب أن لا نستهين بمثل هذا العمل، لأن الكادر المخزني في سبيل التعرف عن المواد المهمة جداً بغية تأمين وجودها في الوقت المطلوب قد يقضي ـ أحياناً أيام، بل أسابيع لأنه لا يدري أي الأصناف أكثر أهمية من غيرها من الناحية الاستهلاكية. ويمكن أن توفر للكادر هذا الوقت والجهد إذا تمكن من تصنيف المواد المخزنية حسب قيمتها الاستهلاكية عن طريق أسلوب تحليل (أ. ب. ج) الذي يمثل أداة متطورة لتصنيف الفقرات الموجودة في المخزن بهدف مساعدة صانع القرار على إعطاء أهمية أكبر للمواد المهمة جداً هي تلك الفقرات المخزنية التي تقع ضمن الصنف (أ) والتي تشكل قيمة عالية من رأس المال المستثمر ويقتضي في ضوء ذلك تطبيق رقابة دقيقة

عليها بهدف تأمين توافرها في المخازن في الوقت المناسب بينما توضع رقابة اعتيادية على أصناف المواد المخزنة التي تقع ضمن الصنف (ب) باعتبارها تمثل مواداً أقل أهمية من سابقتها. أما ما يخص المواد المخزنية التي تشكل نسبة قليلة من رأس المال المستثمر والتي تقع تحت الصنف (جـ) يتعين وضع رقابة ضعيفة عليها.

تحديد وتوقيت كمية لشراء :

تستخدم المعادلات الإحصائية لاحتساب الكمية الاقتصادية للطلب (Economic Order Quantity) للحصول على أجوبة الأسئلة التالية:

—   ما مقدار كمية المواد الواجب طلبها في وقت الشراء ؟

—   ومتى ينبغي تقديم الطلب الجديد بشراء المواد اللازمة للاستعمال ؟

إذا أردنا الإجابة على التساؤل عن الكمية الاقتصادية الواجب شراؤها لفترة زمنية معينة بهدف تجنب التكديس غير الضروري من المواد وبغية عدم تقليص الخزين لدرجة الخطورة على المنشأة إجابة تتفق مع تصورات النظرية العلمية الحديثة، فإننا قد نقول إن مهمة الكمية الاقتصادية للشراء تتلخص في تأمين توفير المواد المخزنية بالكميات والنوعيات المطلوبة وفي الأوقات المناسبة وذلك باستخدام الطرق الإحصائية والرياضية، ونود أن نشير أنه بالاستعانة بالمعادلة التالية يمكننا تحديد الكمية الاقتصادية للشراء لأي مادة من المواد المخزنية :

$$ س = \sqrt{\frac{2 \times م \times (ط + ن)}{(ف + خ + ن)}} $$

حيث أن (س) هي الكمية الاقتصادية للشراء .

م = معدل الاستهلاك السنوي لمادة معينة .

ط = تكاليف الطلب والاستلام والتداول للطلبية .

ن = تكاليف النقل للطلبية الواحدة .

ف = مقدار الفوائد للوحدة الواحدة .

خ = تكاليف الخزن للوحدة الواحدة .

ت = تكاليف التلف والتقادم للوحدة الواحدة .

إن الصعوبات التي تصادف الكادر القائم على إدارة المخازن في تطبيق هـذه المعادلة ترجع في المقام الأول إلى عدم الدقة في حساب بعض التكاليف الأساسية. ويمكننا تلخيص هذه الصعوبات كما يلي :

1. صعوبة حساب وحدة التكاليف بسبب استخدام الكلفة المتغيـرة الفعلية التي يصعب قياسها.

2. صعوبة حساب تكاليف التلف والتقادم للوحدة الواحدة، ويؤكد جاكسون Jackson مثله مثل كانتور Cantour وآخرين، إن العوامل الأساسية التي تدخل في حساب الكمية الاقتصادية للشراء تتطلب أحياناً تحويرات جوهرية تفرضها الظروف الخاصة كل منشأة.

يقتضي إذن مراقبة ودراسة العوامل الآتية :

‒ تكاليف الطلب والاستلام والتداول.

‒ الكمية الفائضة التي تؤثر على الخزين.

— الخصم وتكاليف الشحن.

— مخاطر التقادم والتلف.

— مشاكل النوعية والتسليم.

تحديد الحد الأدنى للخزين (حجم رصيد الطوارئ)Safety Stock:

ويمثل الرصيد الـذي يجـب أن تحتفظ بـه المنشـأة الصناعية لغـرض مقابلـة الطوارئ أو التقلبات الطارئة التي تحصل نتيجة تأخير وصول إرسالية المواد الأولية من المجهزين إلى المخزن أو بسبب التغييرات غير المتوقعة التي تحصل في الإنتاج أو المبيعات ومما سبق يظهر لنا بوضوح أهمية الاحتفاظ بهذا الرصيد لكي يمنع نفاذ المخزون من المواد الأولية ومن ثم يضمن استمرارية الإنتاج وعدم توقفه.

ومن المناسب أيضاً التأكد على أهميـة فـترة الانتظار Procurement Lead Time التي تعني طـول المـدة الضرورية لاستلام المـواد الأولية المطلوبـة مـن المجهزين وتحسب هذه المدة من تاريخ تحضير وإرسال الطلب إلى تـاريخ استلام المواد في مخازن المنشأة الطالبة، ومما يجدر ذكره في هذا الصدد أن مدة الانتظار غالباً ما تكون حرجة نظراً لتأثيرها الفعال على حجم المخزون، وفي ضوء هذا الكلام نجد أن المنطق يشير إلى أن خطر نفاذ المخزون من المواد الأولية سيقل كثيراً إذا كان المجهزون في مناطق قريبة مـن المنشـأة الصناعية الجديدة وبالتالي ستقل الحاجة إلى الاحتفاظ بكميات كبيرة من الخزين.

وطبيعي أنه كلما كان المجهـزون عـلى بعد مـن المنشـأة وكلـما كـانوا مـن الأشخاص الذين لا يعتمد عليهم ولا تتوافر لديهم دائماً كميـات للإرسـال السـريع كلما زادت الحاجة للاحتفاظ بكميـات أكبر مـن المـواد الأولية في مخـازن المنشـأة الصناعية الجديدة للحماية ضد الأخطار المتوقعة.

يتبين من المعلومات السابقة أن هناك صلة قوية بين ضمان استمرارية جريان المواد الأولية من المجهزين إلى مخازن المنشأة وبين حجم الخزين ومن المعروف أن هذا الحجم يتغير بصورة مباشرة مع الإنقطاعات والتوقفات والصعوبات التي يتعرض لها المجهزون بسبب الإضراب ومشاكل النقل وما شابه.

ولا يخفى عن بالنا أيضاً بأن عوامل أخرى تؤثر على حجم خزين الطوارئ المتوقع يقتضي أخذها بنظر الاعتبار وهي العوائق التي تقف في طريق استيراد بعض المواد الأولية وشيوع نظام الحصص في الاستيراد (الكوتا) والتغيير الذي يحصل في قوانين وأنظمة الحكومة وتوافر العملات الأجنبية ... الخ.

ونود أيضاً أن نضيف بأنه في حالة إيجاد مصادر وطنية لتجهيز المواد الأولية عوضاً عن المصادر الأجنبية أو إذا أمكن الاستعانة عن المواد الأولية بمواد أخرى بديلة فهذه الأمور جميعها تساعد مساعدة هامة في الحصول على ما تحتاجه المنشأة الصناعية من المواد الأولية وسيضمن إزالة جميع المعوقات والمشاكل التي تواجه الإنتاج. وأخيراً لابد من الإشارة بأن الاعتماد على مصادر متعددة لتجهيز المواد الأولية وبأسعار معقولة ستؤدي بدون شك إلى خفض مستوى الطوارئ المطلوب .

ويحسب رصيد لطوارئ بالمعادلة التالية :

رصيد الطوارئ = مستوى إعادة الطلب - معدل الاستعمال خلال مدة إعادة الطلب .

مستوى إعادة الطلب = (عدد الوحدات المستخدمة في الإنتاج اليومي) × (عدد الأيام اللازمة حتى يتم استلام الوحدات المطلوبة) .

ويقصد بمستوى إعادة الطلب، المستوى للخزين الموجود فعلاً في المخزن وتحت الطلب والذي عنده يتم تقديم الطلب الجديد للمواد، لذلك توضع كميات

مستوى إعادة الطلب لكل مـادة مـن الـمواد الـذي يجـب عنـد الوصـول إليـه إصدار أمر شراء جديد لتعويض ما استهلك.

الفصل الثاني عشر
نظم معلومات الرقابة على الجودة

بعد دراستك لهذا الفصل تستطيع أن:

1. تعرف المقصود بنظام الرقابة على الجودة (النوعية) .

2. تحدد الشروط الواجب توفرها لتصميم نظام فاعل للسيطرة على النوعية .

3. تعدد وتشرح الطرق والوسائل الفنية المستخدمة في السيطرة الإحصائية على نوعية المنتجات بهدف تحسين نوعية السلع المنتجة.

4. تبين أهمية استخدام أسلوب التغذية الراجعة لمدراء السيطرة على الجودة.

5. تعدد وتشرح مكونات وعناصر نظم معلومات الرقابة على الجودة المحوسبة.

6. تبين فوائد قواعد البيانات لمدراء السيطرة على النوعية في المنشأة.

7. تحدد فوائد الشبكة الداخلية (الانترانيت) .

الرقابة على النوعية (الجودة)

مقدمة :

يعرف مفهوم الرقابة على الجودة بأنها طريقة للفحص والتحليل والإجراءات المطبقة على العمليات الصناعية وذلك لأنه يمكن عن طريق فحص جزء قليل من المنتوج تحليل نوعيته وتحديد الإجراءات اللازمة للعملية وذلك بهدف إنجاز وتحسين المستوى المطلوب من النوعية. إن تحسين نوعية المنتوج يؤدي إلى زيادة منتجاته وإلى خفض تكاليف إنتاجه ومن ثم سينجم عن ذلك زيادة في ربحية الشركة .

يختلف الكتاب وتتباين آراؤهم حول السمات الرئيسية لنظام الرقابة على النوعية الفاعل. إلا أن معظمهم يتفق على ضرورة توافر الشروط التالية لتصميم نظام فاعل للسيطرة على النوعية :

أولاً . استخدام السيطرة الإحصائية.

ثانياً . استخدام التغذية المرجعة .

ثالثاً . استخدام الحاسبة الإلكترونية والتكنولوجية الرقمية .

الشروط الواجب توافرها لتصميم نظام فاعل للسيطرة على الجودة:

أولاً – استخدام الأسلوب الفني للسيطرة الإحصائية على نوعية الإنتاج:

يمكننا تحديد معنى السيطرة الإحصائية في أنها مراقبة نوعية المنتجات عن طريق استخدام الطرق والوسائل الإحصائية، وعلى هذا الأساس يمكننا القول بأن

السيطرة الإحصائية هي تطبيق عملي للأساليب الفنية الإحصائية بشكل يساعد الإدارة في اتخاذ القرارات السليمة وتطبيق الإجراءات الفعالة لغرض تحسين نوعية الإنتاج. وواضح مما تقدم أن أهمية الرقابة الإحصائية تتلخص في تقليل التلف وخفض التكاليف وتحسين نوعية السلع المنتجة وفي الحياة العملية يمكننا تحقيق السيطرة الإحصائية بثلاث طرق .

الأول عن طريق اختيار وفحص عينات من المواد الأولية المستخدمة بالإنتاج وذلك بغية الكشف عن الوحدات الجيدة أو الرديئة واتخاذ الإجراءات العلاجية بشأنها في الوقت المناسب.

والثاني يتلخص بتطبيق السيطرة خلال المراحل الإنتاجية للسلعة وهدف ذلك تقييم نوعية الإنتاج.

والثالث يتلخص بفحص المنتوج قبل تسويقه .

1. طريقة الفحص بالعينة :

من الوسائل الإحصائية المفيدة التي تستخدم في قياس درجة مطابقة المواد الأولية للمواصفات المطلوبة هي طريقة الفحص بالعينة Sampling Inspection method بموجب هذه الطريقة يتم اختيار عينة عشوائية من المواد الأولية المستعملة في الإنتاج وإجراء عملية الفحص بهدف اكتشاف المعيبات وإبعادها قبل دخولها عملية الصنع. إن العوامل التي يمكن قياسها باستخدام هذه الطريقة هي نسبة المواد الأولية المرفوضة بسبب رداءة النوعية أو بسبب عدم مطابقتها للمواصفات الفنية المطلوبة. وهنا يبرز دور العاملين في أقسام السيطرة على النوعية في إعداد تقارير تضم بيانات عن نتائج الفحوصات التي تم التوصل إليها من تحليل العينات لرفعها إلى الإدارة العليا.

2. طريقة الرسوم البيانية :

تستخدم طريقة الرسوم البيانية للبحث الروتيني عن مصدر المشكلة أثناء سير العمليات الإنتاجية. تفيد الرسوم البيانية في اكتشاف العيب في المادة نصف المصنعة في كل مرحلة إنتاجية لمعالجته ولإعادة مطابقة المادة لمواصفات النوعية الموضوعة. وتفيد هذه الطريقة في تزويد إدارة السيطرة على النوعية بالمعلومات المفصلة لكي يساعدها في تسليط الضوء على العوامل التي تلعب دوراً أساسياً في تشعب المشكلة سواء كانت المكائن أو العمال أو المواد الأولية المستعملة لاتخاذ الإجراءات التصحيحية في الوقت المناسب.

3. طريقة فحص المنتجات بالعينات :

تستخدم هذه الطريقة لتشخيص المنتجات المعيبة قبل وصولها إلى المستهلك وذلك عن طريق سحب عينات من المنتج لفحصها ومعرفة مدى مطابقتها للمواصفات الموضوعة. تقتضي ـ هذه الطريقة بضرورة تثبيت المعايير القياسية للنوعية لكل المنتجات لكي يتم بموجبها اكتشاف المعيب منها والتي لا تطابق هذه المواصفات لضمان عدم وصولها إلى المستهلك النهائي. ومن الضروري أن يتوافر لقسم السيطرة على النوعية أفراد مؤهلون لتوفير تقارير دقيقة وفي الوقت المناسب للإدارة تتضمن معلومات عن نتائج الفحوصات وعدد العيوب الموجودة والإجراءات الوقائية المقترحة لمنع حدوث الانحرافات في المستقبل.

ثانياً – استخدام أسلوب التغذية الاسترجاعية (الراجعة) للمعلومات :

التغذيـة الاسـترجاعية للمعلومـات Information Feed back تسـتخدم لتزويد الإدارة بمعلومات بشأن النتائج الفعلية والنتائج المتوقعة لتتمكن من اتخاذ الإجراءات التصحيحية السريعة .

إن نظام السيطرة على النوعية يفقد أهميته وقيمته إن لم يكن هناك نظـام للتغذية الاسترجاعية يوفر لمدراء السيطرة على النوعية بمعلومات سريعة ودقيقة عن كميات الإنتاج المعيب، نسب الإنتاج المرفوض خلال مراحل التصنيع، الأخطـاء الموجودة في الإنتاج وكذلك عن كمية المعيب من المواد الأولية الداخلة في الصنع ليمكنها مـن اتخاذ الإجراءات التصحيحية في الوقت المناسب. كما يـوفر نظام التغذية الاسترجاعية للإدارة بمعلومات سريعة عن آراء المستهلكين .

ثالثاً – استخدام التكنولوجية الرقمية :

ظهـرت مجموعـة كبـيرة مـن نظـم المعلومـات المحوسبة التـي تمتلـك بنيـة معلوماتية رقمية متكاملة ومبنيـة علـى نظـم إلكترونيـة حديثـة وبرمجيات ذكيـة تعتمد في بنائها على تكنولوجيا الذكاء الاصطناعي مـما يضفـي علـى التقارير التـي تخرجها درجة عالية من الدقة والشفافية .

إن تلـك النظـم تتكـون مـن بـرامج وحواسـيب آليـة ذكيـة تستطيع التعامل التلقائي مع البيانات الـواردة إليهـا مـن بقيـة النظـم في الشركة واتخـاذ القرارات المناسبة دون الرجوع إلى العامل البشري. وتمتلك هذه النظم قاعدة بيانات شاملة تحتوي علـى كافة البيانـات والمعلومـات والمواصفات الضرـورية لإنجـاز المسـتوى المطلوب من السيطرة على نوعية المنتجات. ويتم تسجيل كافة البيانات على برامج الحاسب الآلي

لإخراج التقارير التفصيلية عن كافة الاختبارات حيث تصدر وحدة الاختبار تقريراً مطبوعاً أو تقريراً يرسل عبر الإنترنت إلى مدير السيطرة على النوعية أو المدير العام أو أي موظف في الشركة يريد تتبع نتائج الفحص بصفة مستمرة . لاحظ الشكل (12-1) .

وبصورة عامة يمكننا القول بأن نظم المعلومات المحوسبة ستوفر الوقت والجهد وتقلل في نسبة حدوث الأخطاء وتقليص الهدر المادي بالإضافة إلى أنها تقوم بتسهيل وتسريع تبادل المعلومات وانجاز المعاملات .

تهدف نظم معلومات الرقابة على الجودة المحوسبة إلى تعزيز قدرات الشركة في عدة مجالات أهمها تطوير نظام للرقابة على نوعية المنتجات وتوفير بنية تحتية للجودة تدعم صادراتها وتطور أداء مختبراتها ورفع كفاءتها وتطوير إجراءات العمل المتعلقة عن طريق توفير قنوات اتصال إلكترونية ما بين نظام معلومات السيطرة على النوعية والأنظمة الأخرى.

عناصر النظام ومكوناته الأساسية :

المدخلات :

يتخلص دورها بجمع المعلومات الضرورية من مصادر داخلية ومصادر خارجية ثم تحليلها وتنظيمها، حيث يتم جمع معلومات عن المواصفات والمقاييس وعن هيئات تقييم المطابقة كالمختبرات والجهات المانحة لشهادات المطابقة وعن أدوات القياس المستخدمة وكذلك عن القوائم والقوانين التي تنظم عمل المنشأة ويكون لها تأثير على المنشأة .

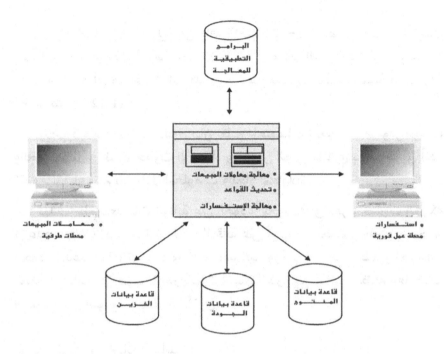

الشكل (12-1) يبين فوائد قواعد البيانات للمستخدمين في المنشأة.

يتضح من الشكل (12-1) ما يلي :

1. قيام الشركة بتطبيق واستخدام ثلاثة قواعد بيانات شاملة هـي نظـام متخصص لإدارة الإنتاج ونظام السيطرة على الخزين ونظام السيطرة على الجودة بالإضافة إلى نظام التحليل الإحصائي لمعالجة المعلومات. وبوجود قواعد البيانات الثلاث المحوسبة بـات بإمكـان المسـتخدمين الراغبين في الحصول على معلومات حديثـة ودقيقـة لتنفيـذ بـرامجهم التطويريـة ولاتخـاذ القرارات الإداريـة الصـائبة بوقـت أسـرع وعـبر إجراءات أسهل . إن الشركة قامت بإعداد هذه القواعد ضمن مراحـل عمل وآليات مدروسة بعناية، إذ روعي عند إعدادها السهولة

والوضوح وشمولية البيانات المخزونة بحيث تلبي جميع احتياجات ومتطلبات مدراء الإنتاج ومدراء السيطرة على الخزين والنوعية والمدراء الآخرين وصناع القرار .

2. تعمل قواعد البيانات على الويب من خلال أي متصفح انترنت. ويمكن للمدراء وموظفي أقسام الإنتاج والجودة حفظ معلوماتهم وملفاتهم ومستنداتهم في القاعدة ثم الوصول إليها من أي مكان يتوفر فيه اتصال بإنترنت وبرامج لتصفح الإنترنت .

3. توفر الشركة معلومات أمنية بهدف حماية المستخدمين من المخاطر الخارجية كالفيروسات والديدان وأحصنة طروادة .

أن التغذية الراجعة للمعلومات ممكنة حسب الضرورة إذ يمكن استرجاع المعلومات المخزنة في قواعد البيانات بطريقة آمنة ومرنة .

العمليات :

وتتضمن جميع الأنشطة التي يقوم بها النظام كالإدخال والتخزين والتحليل والمعالجة والتي تستخدم كمصدر للمعلومات التي ترشد المستخدمين على تخطيط وتنفيذ ومتابعة إجراءات السيطرة على النوعية وقياس كفاءة الأداء وإعداد التقارير والإحصاءات والمخططات بإشكال تفيد هؤلاء المستخدمين للنظام .

المخرجات :

وتشتمل على جميع تقارير الفحص الصادرة من النظام وكذلك الرسومات والمخططات البيانية التي يوفرها النظام إلى المستخدمين.

وكـذلك الاسـتجابة عـن استفسـارات المـدراء المتعلقـة بمـدى تحقيـق الجـودة المطلوبة للإنتاج وتقليل التلف وضمان توفر المواد بالمواصـفات والنوعيـة المطلوبـة ونسبة المواد المستلمة والمرفوضة وعدد مرات نفاذ المخزون .

التغذية الاسترجاعية (الراجعة) :

وهي المعلومات التي يحصل عليها النظام من المستخدمين عن طريـق قنـوات الاتصال الإلكترونية للتأكد من أن جميع أهداف النظام قد أنجزت ولتحديد مـا إذا كان تعديل النظام ضرورياً أم لا .

ويسـتخدم المسـئولين التغذيـة الإسـترجاعية في مراقبـة ومتابعـة مـدى نجـاح النظام في إنجاز أهدافه. وتقدم التغذية الإسترجاعية معلومـات مسـتمرة يمكـن أن يستفيد منهـا المسـئولين في تعـديل النظـام لـكي يسـتجيب لمتطلبـات واحتياجـات المستخدمين. وما نود تأكيده في هذا المقام بأن للتغذية الاسترجاعية أدوراً إيجابيـة متعددة يمكن الإفادة من كل منها في توجيه وتطوير نظم السـيطرة عـلى النوعيـة. فالأنشطة التقويمية لمـدى نجـاح النظـام في تحقيـق أهدافـه تحـدث أثنـاء وعقـب الانتهاء من عمليات التصنيع فالتقويم أثنـاء عمليـات الفحـص عـلى نوعيـة المـواد الأولية والبضاعة نصف المصنعة يقدم للمسئولين معلومات عن جودة الإنتاج أثناء تقدم العمل وعقب الانتهاء مـن عمليـة التصـنيع للسـلعة يقـوم المسـئول باتخـاذ قرارات تتعلق بمدى تحقيق النظام للأهداف الموضوعة له .

ويمكن في ضوء هذه التغذية تعديل النظام أو مراجعة أهدافه .

تطبيقات نظم معلومات السيطرة على النوعية المحوسبة .

ويمكننا تحديد تطبيقات نظم معلومات السيطرة على النوعية المحوسبة . في المجالات التالية :

1. **تساعد المسؤولين عن مختبرات الشركة من تسجيل وتبويب وتحليل وعرض المعلومات المتعلقة بفحص المواد، وتوفر لهم المرونة في ممارسة أعمالهم من أي مكان متصل بالويب. ويمكنهم من خلالها تتبع إجراءات العمل بغرض مطابقتها للمواصفات حيث يمكن البدء في إظهار النتائج بمجرد الضغط على مفتاح خدمة الفحص.**
2. **القدرة على تطوير أداء مختبرات الشركات ورفع كفاءتها بحيث تصبح نتائج الفحوصات وتقارير الفحص وشهادات المطابقة الصادرة عنها مقبولة لدى الدول المصدرة .**
3. **توفر قنوات اتصال إلكترونية ما بين أقسام السيطرة على النوعية وأعضاء اللجان الفنية التي تشارك في إعداد المواصفات القياسية للشركات. يمنح الحاسوب وشبكات الإنترانت المدراء الإمكانية والقدرة على تبادل المعلومات والتواصل مع الموظفين والعملاء بطريقة سهلة وعملية . لاحظ الشكل (2-12) .**
4. **القدرة على الرصد المبكر عن التلف في المواد وذلك عن طريق المعلومات التي تبين عدد الوحدات التالفة ومقارنتها بالمعدل المحدد للتلف الطبيعي. حيث تظهر الشاشة للمستخدم حالة الفحص التي تتم، وتوضح الوحدات التالفة التي تم تحديدها وعدد المواد التي تم فحصها .**

5. يستطيع مدير السيطرة على النوعية الاستعانة بالحاسوب في معرفة الأخطاء التي تحصل في العمليات الإنتاجية. إذ يقوم مدير المصنع بجمع بيانات ومعلومات عن حركة المواد والبضاعة أثناء عمليات التصنيع وذلك لضمان جودة المنتجات وإرسال هذه المعلومات إلى مدير السيطرة على النوعية. ويستطيع المدير الحصول على هذه المعلومات من قواعد بيانات الشركة من أي مكان وفي أي وقت .

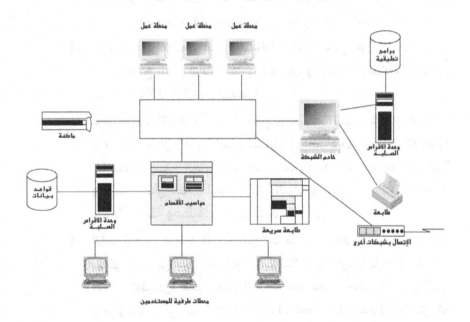

شكل (2-12) يوضح فوائد استخدام الشبكات للمستخدمين في المنشأة .

يتضح من الشكل السابق ما يلي :

1. تعمل الشبكة المحلية على ربط مجموعة الحواسيب الشخصية والمكتبية مع بعض بهدف مشاركة الاتصال بإنترنت. كما تعمل الشبكة على ربط الحواسيب والأجهزة المشاركة للأقسام والمحطات الطرفية مما يسمح للمستخدمين المشاركة في الأجهزة والبرمجيات وموارد البيانات .

2. يتمكن المستخدمون والمدراء بفضل ميزات الشبكة اللاسلكية مع تقنية Entrino من الاتصال ومراجعة البريد الإلكتروني وشبكة الشركة والإنترنت من عدد من نقاط الاتصال اللاسلكية .

3. إن الشبكة المحلية المدعومة بالمعلومات الفنية والبرمجيات المتنوعة ونظم التشغيل القوية والألياف الضوئية بإمكانها أن تتيح للمستخدمين والمدراء وأصحاب الأعمال من تبادل البرامج والبيانات والمعلومات في مبنى واحد أو عدة مبان متجاورة عن طريق اشتراكات ADsL و ISDN .

4. تخدم الشبكة مدراء الأقسام والمصانع بمساعدة بنية تحتية تقنية معقدة تشغل مزودات قواعد البيانات أوراكل لتخزين أرشيف الأقسام التي تسترجعه مزودات التطبيقات وتخزنه بشكل مؤقت .

6. هناك الكثير من البرامج الجيدة التي يمكن أن تستعين بها الشركة في إجراء الفحوصات اللازمة للمواد والمنتجات وتحليل النتائج وإيصالها إلى الإدارة أو المسئولين عن العمليات الإنتاجية بسرعة وذلك بهدف اكتشاف أي نوع من أنواع المنتجات المعيبة أو المواد التالفة .

7. يستطيع مدير السيطرة على النوعية إعطاء أمر البدء في عملية الفحص للحاسوب ليبدأ البرنامج في عملية التحليل الإحصائي والكلفي. وبعد أن ينتهي البرنامج من عملية التحليل سوف يظهر التقرير النهائي للفحص الذي سيمكّن صانعي القرارات في تشخيص مشاكل النوعية وتقييم تكاليفها. تتم عملية التحليل الإحصائي والكلف من خلال عدة مراحل هي .

مراحل عمليات التحليل الإحصائي والكلفي :

المرحلة الأولى : الضغط على مفتاح الفحص للتشغيل والبدء في عملية الفحص لعينات من المواد الأولية المستخدمة بالإنتاج.

المرحلة الثانية : ظهور شاشة الفحص والبدء في التحليل الفوري في الحاسوب.

المرحلة الثالثة: التعرف على نتيجة التحليل وعدد الوحدات المعيبة التي تم العثور عليها وأماكن وجودها بهدف معرفة أسبابها ودراسة طرق معالجتها. حيث يظهر تقرير يوضح عدد الوحدات الرديئة بسبب رداءة النوعية أو بسبب عدم مطابقتها المواصفات الفنية المطلوبة، كما يظهر تقرير آخر يوضح عدد المواد نصف المصنعة المرفوضة في كل مرحلة إنتاجية وتبيان سبب المشكلة سواء كانت المكائن أو العمل أو المواد الأولية وكيفية علاجها .

المرحلة الرابعة : البدء في عملية فحص المنتجات قبل وصولها إلى المستهلك، حيث يتم سحب عينات من المنتج لفحصها عن طريق الضغط على مفتاح الفحص وظهور شاشة الفحص السريعة. ثم تبدأ عملية الفحص حيث يمكن مراقبة العينة واكتشاف المعيب فيها. قد تستغرق الفحص نصف ساعة حسب الاتصال بالشبكة. يستطيع مدير السيطرة على النوعية التعرف على عدد العيوب الموجودة في المنتجات

ومدى مطابقتها للمواصفات الموضوعة ومن ثم اتخاذ الإجراءات الوقائية في الوقت المناسب. يتم التحديث المستمر لقاعدة بيانات قسم السيطرة على النوعية في الشركة. كما يستطع مدير السيطرة على النوعية التعرف على مجموعة خدمات الفحص التي توجد في موقع الشركة مثل خدمة الفحص بالعينة للمواد الأولية، وخدمة الفحص للمواد الأولية أثناء سير العمليات الإنتاجية، وخدمة فحص المنتجات الجاهزة قبل وصولها للمستهلك ولكي يتم تفادي المعيب في المنتجات ومنع حدوث الانحرافات عن المواصفات الموضوعة لابد من إجراء الفحص الدوري للمواد والسلع للكشف عن مدى تطابقها للمواصفات الموضوعة واتخاذ الإجراءات الضرورية أولاً بأول .

المرحلة الخامسة : يستطيع المدير العام مطالعة أحدث التقارير بشأن نتائج الفحص وقراءتها على حواسيب الشركة كما يمكنه التعرف على كميات الإنتاج المعيب ونسب الإنتاج المرفوض خلال مراحل التصنيع بالإضافة إلى معلومات عن آراء المستهلكين وشكواهم واقتراحاتهم بشأن المنتجات المعيبة. كما يمكنه أيضاً التعرف على أهم الإجراءات الوقائية المقترحة التي يمكنه استخدامها لمنع حدوث الأخطاء في المستقبل. وعادة ما تحتوي مواقع الشركات على برامج للسيطرة على النوعية أثناء التصنيع وهو مجاني، وتتيح للمدراء استخدامه للإطلاع على العوامل التي تسبب المشاكل وتؤثر على الجودة بشكل بياني مبسط. ويتيح الموقع لمستخدمة من خلال مفاتيح سهلة الاستخدام التحكم بكل من هذه العوامل ثم الطلب من البرنامج إظهار كميات الإنتاج المعيب خلال مراحل التصنيع. فإذا قام مدير السيطرة على النوعية في البحث الروتيني عن مصدر المشكلة أثناء سير العمليات الإنتاجية، فالمطلوب عندئذٍ تحريك المفاتيح الدالة على كل من العوامل السابقة بالضغط على مفتاح «Start» فيظهر رسم بياني يوضح العيوب في المواد نصف

المصنعة في كـل مرحلـة إنتاجيـة. وعنـد تغييـر المفاتيـح لتمثيـل وضـع آخـر والضغط على الزر مرة أخرى وهنا يمكن معرفة العوامل التي تلعب دوراً أساسياً في خلق المشكلة كالمكائن أو العمال أو المواد الأولية .

كما تحتوى مواقع الشركات أيضاً على قاعدة بيانات ضخمة بها العديد مـن المعلومات التي يمكن للمـدراء والأفـراد الـذين يعملـون في أقسـام السـيطرة عـلى النوعية أن يستفيدوا منها كوسيلة لخفض كلفة الإنتاج ولتحقيق نوعيـة جيـدة للمنتجات.

كما يمكن التعرف عن كميات الإنتاج المعاب مـن المـواد الداخلـة في المصنع وغيرها العديد من المعلومات المتعلقة بهذا الموضوع. كما يقترح بعـض الحلـول المناسبة للتخلص من المشاكل التي تحصـل في العمليـات الإنتاجيـة. لاحـظ الشكـل (3-12) .

تستخدم كثير من الشركات أحـدث مـا توصلـت إليـه التكنولوجيـا العالميـة في مجال نظم مراقبة الجودة. تمتاز أجهزة المراقبة التي تستخدم الحاسـوب في الشركة بمواصفات تقنية عالية. إذ تعمل على أحدث تقنيات ونظم التشفير وضغط الصـور والفيديو مما يضمن صوراً ذات جودة أفضل إلى جانب التوفير في مساحة التخزين.

ويستخدم النظـام أفضـل أنـواع التشـغيل، كـما يتميـز بتـوفيره عـدة طـرق وأساليب للبحث اعتماداً على التـاريخ أو الوقـت أو رقـم البطاقـة ويمكـن التحكـم بجميع الأجهزة في عدة مواقع عن طريق برنامج مركزي

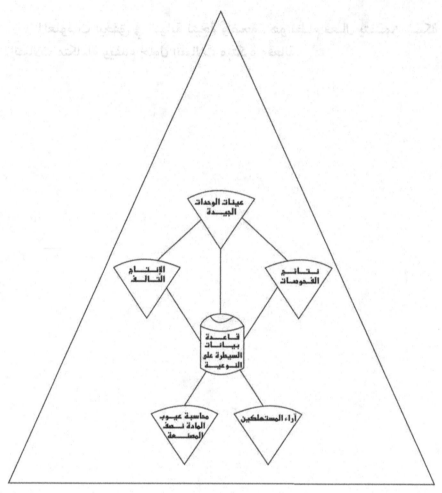

الشكل (3-12)

يبين قاعدة بيانات متكاملة لإدارة وتطوير نظام معلومات السيطرة على الجودة يبدأ عمله بالتخزين والتحليل وصولاً إلى بناء شبكة اتصالات بين النظم المختلفة في الشركة وقد وضع النظام المتكامل ليعمل على تلبية احتياجات المدراء من

المعلومات ليحقق في النهاية نتيجة واضحة ، هو نظام فعـال يتضـمن شبكة اتصالات متكاملة ويقدم حلول اتصالات مبتكرة وفعالة.

الباب الرابع

تطبيقات تكنولوجيا المعلومات في إدارة الأعمال

تطبيقات تكنولوجيا المعلومات في إدارة الأعمال

المقدمة :

يعتبر موضوع تكنولوجية المعلومات في إدارة الأعمال مـن المواضـيع الحيويـة والملحة، ومما يزيد في أهميته متطلبات منشأتنا الصـناعية التي تشـهد في الوقـت الحاضر ثورات علمية ومعرفية متتالية، وتجري فيهـا تغيرات تكنولوجيـة وإداريـة وتقنية متسارعة أدت إلى إبراز أهمية استخدام هذه التطبيقات والحلول المتكاملة للمشاريع المختلفة في عالم الأعمال والتجارة .

وفما يلي نقدم استعراضاً لأهم هذه التطبيقات في عالم التجارة والصـناعة مـع توضيح لفوائدها وتفسيراتها مع الإشارة لمحدداتها .

1. نظام سلسلة التزويد الإداري

.(Supply Chain management)

2. إدارة علاقات العملاء (الزبون)

. (Customer Relationship Management)

3. الذكاء التجاري

. (Business Intelligence)

4. المشتريات الإلكترونية
. (C- Procurement)

5. إدارة المواد البشرية
. (Human Rosources management)

الفصل الثالث عشر
نظام سلسلة التزويد الإداري

بعد دراستك لهذا الفصل تستطيع أن:

1. توضح مفهوم نظام معلومات سلسلة التزويد الإداري .

2. تعرف العناصر الأساسية التي يشتمل عليها نظام معلومات سلسلة التزويد الإداري .

3. تلخص مستلزمات نجاح استخدام نظام معلومات سلسلة التزويد الإداري .

4. تعدد وتشرح فوائد تطبيق نظام معلومات سلسلة التزويد الإداري .

5. تبين الشروط والمتطلبات التي يجب أن تتوفر لنجاح سلسلة التزويد الإداري .

6. تشرح طرق بناء نظام فعال للعملاء في الشركات الرقمية .

7. تستخدم مخطط بياني يصور إجراءات العمل وسير المعلومات والسلع من المصنع إلى الزبون في المنشأة .

8. تصف الفعاليات والأنشطة الإدارية المرتبطة بحركة المنتجات من خطوط الإنتاج إلى المستهلك .

9. تعرف جميع العمليات التي تسهل حركة وتنسيق التجهيز من الشركات المجهزة إلى المستهلكين.

نظام معلومات سلسلة التزويد الإداري

(Supply Chain management System)

مقدمة :

يعتبر نظام سلسلة التزويد الإداري موضوعاً متأخر التطور بالنسبة لكثير من المواضيع الإدارية. وقبل وقت غير بعيد لم يكن النظام معروفاً ولكن رغم تأخره الزمني وفي الفترات الأخيرة من القرن الماضي بدأ النظام يحتل مكاناً رئيسياً مميزاً في كـل جوانـب الحيـاة الاقتصـادية والصناعية وذلك كنتيجـة حتميـة للتغيـرات التكنولوجيـة والتقنيـة التـي حصـلت في منشـأتنا الصناعية والتـي أفرزتهـا ثـورة المواصلات والاتصالات .

بـرزت في أواخـر القـرن العشـرين ظـاهرة التطـور السريـع في جميع الهياكل التنظيمية للمنشآت الصناعية وفي الخدمات التي تقدمها هذه المنشآت إلى زبائنها وعملائها، وتوسعت نتيجـة لـذلك طاقـات مصانعها الإنتاجيـة لـكي تلبـي الطلـب المتزايـد عـلى منتجاتهـا في الأسـواق المحلية والخارجيـة. في ظـل هـذه التحـولات والتطورات التي تشهدها المنشآت الصناعية والتوجه نحو حوسبة نظـم المعلومـات في هذه المنشآت واستخدام الكمبيوتر والإنترنت الذي يسير بخطى متسارعة كـان لابد من ظهور نظام سلسلة التزويد الإداري كفرع جديد من فروع العلوم الإدارية حيث يقوم على فهم جديد أكثر عمقاً لدور الحاسوب والإنترنت في تطور العمليات التجارية والصناعية لمالها من تـأثير عـل الشركات الصناعية وذلك بفضـل الثـورة العلمية التقنية. يمكن تعريف نظام سلسلة التزويد الإداري بأنه فن إدارة

سير المواد والمنتجات من المنشأ إلى المستهلك. ومن هذا يتضح أن النظام يتضمن توفير وتجهيز المواد والبضائع والخدمات في المصنع إلى الزبون كما عرف النظام بأنه اصطلاح يستخدم في الصناعة لوصف مدى واسعاً للفعاليات المرتبط بالحركة الكفوءة للمنتجات من خطوط الإنتاج إلى المستهلك. وفي بعض الحالات تتضمن حركة المواد الأولية من منشأ التجهيز إلى بداية الإنتاج . كما أن هذه الفعاليات تشمل الخزن والنقل وتداول المواد والتغليف والسيطرة على الخزين وتحليل الطلب والتنبؤ بالمبيعات وخدمات المستهلكين. ويعرّف هذا النظام بأنه اصطلاح يعبر عن المعالجة المتكاملة لإدارة العمليات والأنشطة التي يقوم بها الزبون للبحث عن السلع والخدمات ومن ثم شراءها عن طريق استخدام الأسواق الإلكترونية .

إضافة إلى ما تقدم يوصف نظام سلسلة التزويد الإداري بأنه إدارة جميع العمليات التي تسهل حركة وتنسيق التجهيز من الشركات الصناعية للسلع والخدمات إلى المستهلكين وتتضمن خدمات الفحص والصيانة لذلك فإن النظام يعتبر جسراً للتواصل بين المجهزين للمواد والبضائع وبين الزبائن .

عناصر نظام التزويد الإداري :

إن نظام سلسلة التزويد الإداري يمكن تصوره بشكل عام كمجموعة من الفعاليات والأنشطة متصلة بعضها بالبعض الآخر بواسطة شبكة من العمليات والإجراءات المتعلقة بجمع وخزن ونقل المعلومات عن المشتريات والتصنيع والتجهيز والتسويق والمبيعات لسلع وخدمات الشركات الصناعية وعليه فإن درجة تعقيد نظام سلسلة التزويد الإداري تعتمد إلى مدى واسع على علاقات زمنية

مكانية كثيرة بين النقاط الثابتة داخل النظام ودرجة انتظام وبرمجة سير المواد والسلع والخدمات الداخلة والخارجة في النظام. ويمكن تحديد عناصر نظام سلسلة التزويد الإداري كما يلي : لاحظ الشكل (13-1).

1. نشاط التجهيز والتزويد للمواد الداخلة في التصنيع ومشتريات قطع الغيار ويتضمن هذا النشاط اختيار المجهزين على أساس موازنة الكلفة والنوعية وسرعة التجهيز وضمانه والسيطرة على حركة المواد الأولية وتداولها وخزنها وتنسيق الطلب والتجهيز الذي يتضمن تحليل الطلب وسير العمليات وإدارة الخزين وبرمجة عمليات التجهيز.

2. نشاط التصنيع: يتضمن هذا النشاط تصميم نظام لسير المواد في المصانع واختيار طرق سير المواد خلال مراحل التصنيع وتحديد مواقع وسائل التصنيع وتحديد مواقع وسائل ومعدات الإنتاج داخل المصنع والسيطرة على سير المواد بخطوط مصممة مسبقاً وحساب طاقات الإنتاج والسعة المخزنية .

3. نشاط التسويق: يتضمن هذا النشاط إدارة تهيأة المعلومات التسويقية لغرض خلق الطلب وتلبية والتنبؤ بالمبيعات .

4. نشاط المبيعات: ويتضمن هذا النشاط إدارة جميع العمليات التي تسهل حركة وتنسيق الطلب على السلع والتعرف على الكميات المطلوبة من هذه السلع وتحديد برامج لتجهيزها إلى الزبون .

5. نشاط تكنولوجية المعلومات: يهدف إلى دعم فعاليات سلسلة التزويد الإداري الأخرى عن طرق المكننة لتحسين كفاءة النظام وتسهيل

سلسلة التزويد في الصناعة وتتبع عمليات الخزن وتعقب سير العمليات بين العمليات التجارية المختلفة وبين الشركات الصناعية بغية زيادة الإيرادات وخفض التكاليف وزيادة قناعة الزبائن. إن التطبيقات الحديثة لتكنولوجيا المعلومات يساعد في إنجاح ربط المستهلكين مع المنشآت الموردة لبضائع .

متطلبات نجاح تطبيق نظام معلومات سلسلة التزويد الإداري:

إن عصرنا الحالي أصبح عصر- المعلومات في كل جوانبه التجارية والصناعية والمعرفية وأصبح نظام سلسلة التزويد الإداري يعني زيادة التفاعل بين نشاطات المنشأة الصناعية المختلفة كالشراء والتصنيع والتسويق والمبيعات والذي أدى إلى فتح قنوات متعددة للاتصال والتأثير المتبادل للزبائن والذي يتخطى الحدود الجغرافية للمنشأة. إن هذه الحالة تفرض التنسيق لجميع جهود المستهلكين والمجهزين والوسطاء وتجار الجملة والتجزئة والمنتج .

إن نجاح استخدام نظام التزويد الإداري في أية منشأة يتطلب ما يلي :

● توفير بيانات ومعلومات شاملة ودقيقة عن العملاء والزبائن والموردين والباعة والشركاء والمنافسين للمنشأة .

● إنشاء موقع إلكتروني لكل منشأة على شبكة الإنترنت يحتوي على خدمات وحلول ومواصفات فنية عالمية في مجال تكنولوجيا المعلومات تعتمد على استخدام وسائل تكنولوجية معروفة. ويجب أن يتضمن الموقع على دليل للتجارة الإلكترونية ترتبط بشبكة معلومات عالمية تستطيع كل منشأة عن طريقه حفظ ونشر معلومات تتعلق بمنتجاتها

وزبائنها ومبيعاتها ومجهزيها كما يجب أن يرتبط الموقع بشبكة اتصال تسمح للمنشأة في تتبع حركة منتجاتها والحصول على معلومات لمختلف العمليات التي تمر بها بما يضمن اكتشاف الأخطاء وتجنب وخفض المعيقات عبر سلسلة التزويد الإداري.إن هذا الموقع يمنح المنشأة فرصة الاحتكاك والتواصل مع خبرات المنشآت الأخرى .

- أن يصبح الموقع الإلكتروني لكل منشأة وسيلة للاتصال والتسويق الرئيسي بينها وبين زبائنها في خلال المعلومات الشاملة والمتكاملة التي توفرها للمتصفح حول عمليات التجهيز والتوزيع والخزين والتصنيع والنقل والتغليف مما يساعد على توفير الفرص للمنشأة لتبادل التجارب والآراء مع المنشآت الأخرى .

- أن يكون نظام معلومات سلسلة التزويد الإداري في كل منشأة تعمل على تحويل البيانات المخزونة في قاعدة بياناتها إلى معلومات مفيدة ودقيقة لأصحاب القرار تساعدهم في صنع القرارات الصائبة في الوقت المناسب تمكن صانع القرار من وضع واتخاذ القرارات الصائبة.

- ضرورة تنظيم وتدعيم التواصل والتنسيق وتبادل المعرفة والخبرات في مجالات النقل والصناعة بين الشركات المجهزة للسلع والمواد والمنشآت المستوردة عن طريق استخدام الوسائل الحديثة للاتصال كشبكة الإنترنت ومراكز الحاسوب، إن أهمية تعميق التعاون والتنسيق بين كافة الجهات يحقق الأهداف التي يسعى إلى تحقيقها نظام معلومات سلسلة التزويد الإداري . لاحظ الشكل (13-2).

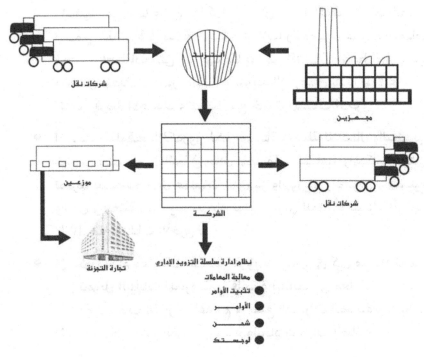

شكل (13-1) يبين البنية التحتية لإدارة سلسلة التزويد الإداري .

1. يستخدم الإنترنت وأجهزة الكمبيوتر لإرسال البيانات بـين الشركة والمجهزين والموزعين وتستخدم الحـوائط الناريـة لحمايـة وتـأمين الشـبكات مـن الاتصـالات المريبـة في مجـال الأعـمال والتجـارة الإلكترونية .

2. يمثل التوقيع الإلكتروني الأداة التي تنظم التعاهـدات الإلكترونيـة وأعمال الدفع الإلكتروني عبر بطاقات الائتمان. لقـد أثرت هـذه التقنية بشكل كبير في تطـوير أسـلوب التبـادل التجـاري وتنشـيط التعاملات التجارية بين الشركة والمجهـزون والتجار وشركـة النقـل وتقليل الفترة الزمنية اللازمة لانتقال السلعة من الشركة المصدرة

إلى العملاء والمستوردين ومن ثم تقليل النفقات المرتبطة بكل مرحلة من مراحل إنجاز العملية .

3. إن نجاح الشركات المصنعة يعتمد على فهم احتياجات السوق ومدى تأثير التقنية الحديثة على أسلوب حياة العملاء وهو ما تسعى إليه الشركات في إعادة بلورة تفاعل العملاء مع وسائل الاتصالات اللاسلكية التي توفر لهم الربط السريع بشبكة الإنترنت وبخدمات الهواتف النقالة مما يوفر للتجار والعملاء المزايا الاقتصادية والتوفير .
4. يتطلب تحقيق استمرار الاتصال بين الشركات المصنعة والشركات المستهلكة وشركات النقل تحسين الاتصالات متعددة الوسائط عبر الأجهزة والآلات والشبكة وتفعيل التواصل فيما بينها .

- استخدام بطاقات الشحن الإلكترونية التي ستقلص من عمليات الشحن والنقل والتوزيع مما سيوفر الوقت والجهد للمنشأة وسيضمن للمستهلك توافر جميع فئات الشحن في أي وقت لدى جميع نقاط البيع التي توزع الشركة من خلالها. لاحظ الشكل (13-3).

- إن نظام سلسلة التزويد الإداري المحوسب يعني بمتابعة وتعقب المخزون من المواد والبضائع بطريقة فعالة ومتوازنة. إن مهام هذا النظام المحوسب هو تتبع حركة الخزين وتطوره لكل المواد والسلع وخاصة الأساسية منها بطريقة علمية مع دراسة أثر العوامل الخارجية والداخلية على حركة المخزون مع تقديم تقارير دورية حول حركة الخزين في المنشأة سواء بسواء وعرضها وتحليلها أمام صناع القرار .

- إن نظام سلسلة التزويد الإداري المحوسب يحتوي على خدمات وحلول ومواصفات فنية عالمية في مجال تكنولوجيا المعلومات تعتمد على استخدام وسائل تكنولوجية بهدف مكننه سير وتدفق التخزين والمعلومات بين العمليات التجارية وبين الشركات .
- إن الحلول التقنية والمعلوماتية لإدارة سلاسل التزويد تعمل بفاعلية على ربط دوائر وأقسام المشتريات والتصنيع والإنتاج والتسويق والتجهيز والمخزون في المنشآت الصناعية بطريقة فاعلة تختصر الوقت والجهد وتوفر مستواً عالياً من الدقة عن طريق تسهيل حركة النقل البري والبحري والجوي بينها .
- إن نظام سلسلة التزويد الإداري يركز على أهمية التعاون بين الشركات المزودة للمواد والشركات المستوردة لها بهدف تبسيط وتسهيل بيئة الأعمال لتنفيذ أهداف هذه الشركات المتمثلة بزيادة إشباع احتياجات الزبون .
- في إطار خطتها الإستراتيجية للتوسع في الأسواق المحلية والعالمية. يتيح نظام سلسلة التزويد الإداري للمنشأة الصناعية تقديم خدمات متميزة تركز على العملاء وتلبي لهم جميع احتياجاتهم. يساعد النظام على حصول منتجات كل شركة على رضى المستهلك من خلال جودة المنتج والسعر المنافس مما سيكون له دور كبير في زيادة مبيعاتها في السوق .
- يمتاز نظام سلسلة التزويد بأنه يساعد على حركة نقل البضائع بين المستهلك والمنتج. وتساعد على إيصال المنتجات بسعر مناسب إلى الأسواق العالمية والدولية مما يمكن الشركات بعد ذلك بتحسين نوعية المنتجات وتطوير أسلوب العمل وتقديم الخدمات .

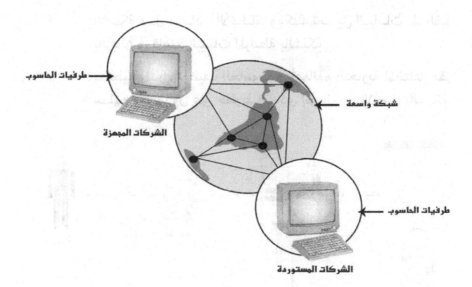

طرفيات الحاسوب

شبكة واسعة

الشركات المجهزة

طرفيات الحاسوب

الشركات المستوردة

شكل (13-2) يوضح أهمية استخدام الوسائل الحديثة للاتصال في نجاح نظام سلسلة التزويد الإداري

لاحظ الشكل (13-2) يبين أهمية استخدام مراكز الحاسوب وشبكة الإنترنت في تنظيم التواصل بين الشركات المستوردة والشركات المجهزة.

تمتلك كثير من الشركات بنية معلوماتية رقمية متكاملة تضم الحاسبات الخادمة التي يستخدمها كل موقع لكي تلبي طلبات المستخدمين للحصول على الملفات ويسمح لهم بالوصول السريع إلى الإنترنت .

— يستطيع المدراء عن بعد استخدام التكنولوجية الرقمية لمعالجة المعاملات المتعلقة بالزبائن. ويستطيع هؤلاء المدراء الاستفادة من شاشة اللمس الملونة التي يمتاز بها الجهاز في مراقبة إحصاءات

الشبكة مثل مصادر الأخطاء، ويمكنه تخزين البيانات المتعلقة بالزبائن في قاعدة البيانات المرتبطة بالشبكة .

–   يستطيع المدراء توظيف الحاسوب في أعمالهم التجارية المختلفة بمقر عملهم ويعتمدون على خطوط الـ «دي إس إل» في الاتصال بالشبكة.

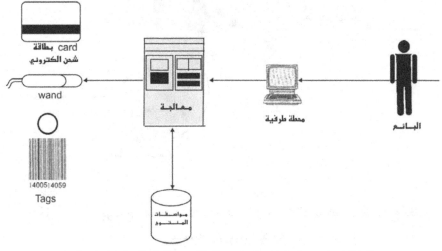

يبين الشكل (13-3) فوائد البرامج الإلكترونية لمعالجة المعلومات .

يتضح من الشكل (13-3) ما يلي :

1. استخدام أدوات معالجة معاملات المبيعات وبرامج إلكترونية لتبادل ومعالجة المعلومات والتركيز على التوازن بيّن تسهيل سلسلة الترويج في التجارة ومتطلبات عمليات الشراء .

2. استخدام أرشفة إلكترونية لجميع الملفات التي تحتوي على الوثائق الهامة في قسم المبيعات .

3. استخدام البريد الإلكتروني لتفعيل المخاطبات الرسمية بين قسم المبيعات والمجهزين في الدول الأخرى بهدف سرعة الإنجاز .

فوائد تطبيق نظام إدارة سلسلة التزويد الإداري المحوسب :

1. **التنبؤ بحجم السوق والطلب .**
2. **تستطيع الشركة عن طريق استخدام شبكات الاتصال والتقنيات الحديثة من تقديم خدمات جديدة مبتكرة لعملائها وكذلك تطوير الخدمات المقدمة للعملاء وتلبية الاحتياجات المتنامية للعملاء.**
3. **تحسين قدرات المنشأة وإمكانياتها في مجالات المشتريات والتصنيع والتسويق والمبيعات وتقديم منتجات وخدمات جديدة. إن عملية الربط الإلكتروني بين المنشآت المختلفة المجهزة والمستوردة للمواد يساعد على تسهيل وتسريع تبادل المعلومات وانجاز معاملات المجهزين وعمليات السيطرة على المخزون وعمليات الشراء والإنتاج بكفاءة. لاحظ الشكل (13-4) .**
4. **يحتوى نظام إدارة سلاسل التزويد المحوسب على خدمات وحلول ومواصفات فنية عالمية في مجال تكنولوجيا المعلومات تعتمد على استخدام وسائل تكنولوجية معروفة لتبادل البيانات Electronic datainter Change) بين المجهزين والمستوردين للمواد مثل الفواتير وطلبيات الشراء وجداول الشحن .**
5. **إن اعتماد التكنولوجيا الرقمية والحلول الشبكية والبرمجيات التطبيقية سيساعد المجهزين والموزعين وشركات النقل على تحسين نوعية البيانات وتطوير سبل ضبطها وإدارتها بما يتلائم واحتياجات الزبون ومثال على هذه البرامج Purchasing Sophisticated (Software) .**

6. إن وجود شبكة للألياف الضوئية في كل شركة وربطها مع شبكات عالمية في أوروبا يلعب دوراً أساسياً في تطوير وتحسين وإدارة سلاسل التزويد .

7. تستطيع المنشآت الصناعية عن طريق استخدام الحلول الإلكترونية الذكية والبرمجيات المتطورة التحكم في تنظيم وإدارة كافة أنواع البيانات التي تم جمعها من خلال نظام إدارة سلسلة التزويد. إن هذا الاستخدام سيساعد الشركات على ما يلي :

• أداء أعمالها بكفاءة أكبر وحرية التحرك وتقديم الخدمات بشكل متميز للعملاء .

• إدارة عمليات البيع والشراء: إن نظام إدارة الطلبيات للعملاء من خلال إمكانية إدخال أوامر الشراء بمرونة كبيرة عبر الإنترنت يوفر الفرصة للمنشأة للقيام بعمليات البيع والشراء بمرونة كبيرة عبر نظام تداول إلكتروني حيث يساعد هذا النظام على توسيع قاعدة العملاء وتنظيم عمليات العرض والطلب .

• يساعد المنشأة على التحقق من صحة الطلبات والأوامر المرسلة إلى المجهزين والموزعين والسيطرة على الخزين والتحقق من صحته بالطرق الإلكترونية . لاحظ الشكل (13-5) .

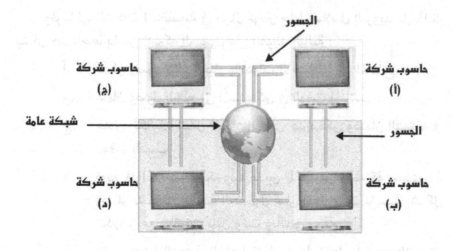

الشكل (13-4) يوضح أهمية الربط الإلكتروني بين المنشآت المختلفة.

يتضح من الشكل أن الشركات تستخدم شبكة الإنترنت وأجهزة الحواسيب المتوفرة لديها لإدارة عمليات الشراء والإنتاج وتسريع تبادل المعلومات وانجاز معاملات المجهزين وعمليات السيطرة على المخزون. يتمكن مدراء أقسام الإنتاج والتسويق والمبيعات والمخزون والمشتريات في الشركات من التواصل مع الموظفين والعملاء بطريقة سهلة وعملية. كما تمكنهم من خلال الويب تتبع إجراءات الشراء والاستيراد ومناقشتها وتعقيب إجراءات الشحن والاستلام بصفة عامة لمعرفة المهام التي تم تنفيذها والمهام التي تأخرت .

يتضح من الشكل أن الشركة تستخدم شبكة الإنترنت وأجهزة الحواسيب المتوفرة لديها لإدارة عمليات التوزيع والتجهيز .

إن الخبرة والمعرفة التي تتمتع بها في مجال إدارة سلاسل التزويد الإداري وتطبيقها إلى جانب أساليبها المعلوماتية النقالة وأجهزتها الطابعة مع الدعم الذي

توفرها لها الشركات المتخصصة في مجال توفير حلول سلاسل التزويد كل ذلك يشكل حلاً ناجحاً يضمن للشركة الحصول على الفوائد التالية :

أ.   ضمان وصول قطع الغيار والأدوات الاحتياطية إلى المصانع .

ب.   ضمان وصول السلع إلى المستهلكين في الوقت المناسب .

ج.   خفض تكاليف النقل للمواد إلى أقل حد ممكن وضمان التسليم في الوقت النسب .

د.   توفير قنوات اتصال إلكترونية ما بين المجهزين والشركة المستوردة وذلك لتسهيل عملية الحصول على المعلومات المهمة بشكل إلكتروني عبر الإنترنت بأقل وقت وبأقصى سرعة .

هـ   إنشاء البنية التحتية الخاصة لتوفير تبادل المعلومات عبر الإنترنت لتمكين التجار ورجال الأعمال والموزعين والمجهزين من تبادل المعلومات إلكترونياً .

و.   حوسبة أقسام الإنتاج والمخزون والمشتريات في الشركة لتبسيط إجراءات العمل منها والذي سيوفر الوقت والجهد ويقلل من نسبة حدوث الأخطاء في المعاملات وتقليص الهدر المادي .

ز.   تمكين مدراء أقسام الإنتاج والتسويق والمبيعات والمخزون والمشتريات في الشركات من تبادل المعلومات والتواصل مع الموظفين والعملاء بطريقة سهلة وعملية . كما تمكنهم من خلال الويب تتبع إجراءات الشراء والاستيراد ومناقشتها وتعقيب إجراءات الشحن والاستلام بصفة عامة لمعرفة المهام التي تم تنفيذها والمهام التي تأخرت .

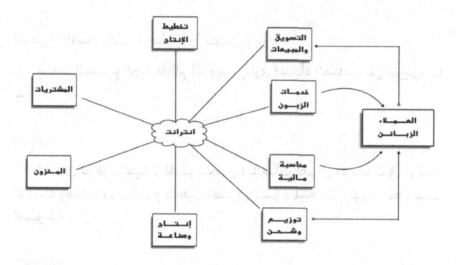

الشكل (5-13)

الشكل (5-13) يوضح كيفية استعمال الإنترانيت لتأمين تناقل المعلومات وتسريع عمليات الاتصال الداخلي ما بين الموظفين والأقسام المختلفة عبر شبكة الحاسوب الداخلية بأقل وقت وبأقل تكلفة .

يقوم الإنترانيت بربط وظائف سلسلة التوريد بعضها مع البعض الآخر، وستكون نقطة اتصال واحدة لكافة التعاملات الإلكترونية فضلاً عن خدمات الاستعلام وتقديم المعلومات وكذلك خدمات التوزيع والشحن على الإنترنيت. يتميز نظام إدارة سلاسل التزويد المحوسب بسوية تامة وأمان لكافة المعلومات التي يتم تقديمها عبر الإنترانيت .

الفرص التنافسية والإستراتيجية لإدارة سلاسل التوريد :

يساعد التصميم الجيد لنظام التزويد الإداري المنشأة الصناعية عن طريق مـا يلي:

الإنجاز :

لضمـان تـوفر الكميـات المطلوبـة مـن المنتجات لغـرض المبيعـات في الوقت المناسب وهذا يتضمن القيام بتحليل الطلب والتنبؤ بالمبيعات وتهيئـة المعلومـات التسويقية .

اللوجتك :

لضمان وصـول المـواد للمصـنع في الوقـت المناسـب وبكفـاءة عاليـة وبأقـل التكاليف وبأسهل وأسرع الطرق الممكنة والسيطرة على سير المنتجات مـن الشركة إلى المستهلك .

الإنتاج :

لضمان أن تعمل جميع الخطوط الإنتاج بكفاءة وذلك عن طريق توفير المواد والأجزاء إلى المصنع في وقت الطلب .

الربحية:

لضمان عدم حصول خسارة في البيع .

المصروفات:

المحافظة على جعل تكاليف شراء الأجزاء والسلع بالمستوى المقبول. مما تقدم يمكننا القول بأن النظام الجيد للتزويد الإداري هو الذي يقوم بالمعالجة المتكاملة لإدارة عمليات التجهيز والتوزيع التي تحوي جميع فعاليات حركة المواد والمنتجات من نقطة المنشأ إلى نقطة الاستهلاك .

التحدي لنجاح نظام سلسلة التوريد (Supply Chain management) :

لقد وضع بعض الكتاب وقادة الفكر والمثقفون في الأونه الأخيرة أسس وسياسات لنجاح أي برنامج، أو نظام لسلسلة التوريد الإداري. إن أهم المتطلبات والشروط التي يجب أن تتوفر لنجاح سلسلة التوريد الإداري ما يلي :

1. يجب على الإدارة العليا الاعتراف بأهمية نظام سلسلة التزويد الإداري لنجاح المنشأة باعتباره أداة يساعدها على زيادة الإنتاج وتحسين الجودة وتقليل الفترة الزمنية اللازمة لانتقال السلعة من المصدر إلى المنشأ وتخفيض النفقات المرتبطة بكل مرحلة من مراحل إنجاز العملية.

2. يجب أن يكون نظام سلسلة التزويد الإداري ابتكاري (Innovative) بشكل يساعد على تحقيق التلاحم (integrate) والتضامن بين العملاء والمجهزين .

3.   يجب أن تتبني الإدارة إستراتيجية نظام التزويد الإداري وذلك عنـدما يتطلب السوق إلى التغيير .

الفصل الرابع عشر
نظام إدارة علاقات الزبائن

بعد دراستك لهذا الفصل تستطيع أن:

1. تحدد مفهوم نظام إدارة علاقات الزبائن .

2. تـبرز أهميـة اسـتخدام الحلـول المعلوماتيـة والتقنيـة لإدارة العلاقـات مـع الزبائن ولتسيير عمليات البيع في المنشأة بأقل التكاليف .

3. تبين مزايا تطبيقات إدارة علاقات الزبائن للمنشأة .

4. تلخص وظائف نظام إدارة علاقات الزبائن .

5. توضح مبررات استخدام قاعدة البيانات المحوسبة من قبل المنشأة .

6. تحدد أهم التحديات التي تواجه الإدارة عند قيامها بمكننة نظم المبيعـات في المنشأة .

7. تشرح بالأمثلة بعض الطرق المهمة لقياس فوائد تطبيق نظام إدارة علاقات الزبائن في المنشأة .

8. تعـدد وتشرـح مزايـا نظـام إدارة علاقـات الزبـائن التـي أطلقتـه وقدمتـه الشركات .

إدارة علاقات الزبائن

(Customer Relationship management)

مقدمة :

إن انتشار الإنترنت في الدول الصناعية المتقدمة أدى إلى التركيز على أهمية دور الحلول التقنية المعلوماتية وعلى استخدام التطبيقات البرمجية في إدارة أعمال المنشآت وتسيير عملياتها اليومية بأقل التكاليف. ومنذ انتشار الإنترنت بداية التسعينات من القرن العشرين بدأت كثير من المنشآت في دول العالم باستخدام الحلول المعلوماتية والتقنية وببناء تطبيقات خاصة بها لإدارة العلاقات مع الزبائن وذلك بهدف تسيير عمليات البيع والدعم الفني اليومية بسهولة وتكاليف قليلة.

تستخدم المنشآت الصناعية لتنفيذ إدارة علاقات زبائنها مجموعة من الحلول التقنية والمعلوماتية والتطبيقات أهمها تطبيق AppExchange الذي توفره شركة Sales force . Com تتلخص أهداف هذا النمط من التطبيقات في النقاط الرئيسية التالية :

- **تقديم العون الكبير لموظفي المبيعات لتسيير عمليات البيع والدعم الفني اليومية. إذ يستطيع هؤلاء الموظفين عن طريق استخدام هذه التطبيقات في إعداد طلبيات الزبائن بشكل فوري ودون حصول أخطاء كبيرة وهذا سيوفر للمستهلك الوقت والجهد .**
- **توفير الفرص المناسبة لموظفي المبيعات في استخدام برامج إرشادية تكفل تهيئة وإعداد جميع العمليات بالشكل الصحيح .**

- استلام فواتير الزبائن من موظفي إدارة المستندات وتوصيلها بسرعة إلى موظفي المبيعات .

- تستخدم تكنولوجيـة المعلومـات والاتصـالات في عمليـات البيـع والتسويق. عرّف مصطلح إدارة علاقات الزبائن بأنه استخدام الإنترنت والشبكة العالمية العريضة لجمع وخزن معلومات عن العملاء فيما يتعلق باحتياجاتهم ورغباتهم وسلوكهم في المنشأة المعنيـة لكي يتم خدمتهم بشـكل أفضل. إن إدارة علاقـات الزبائن تتضمـن أهـداف تجاريـة وبرمجيـات وأجهـزة الحاسوب وخـدمات ودعـم فنـي تفيـد المستهلك والمنتج .

مزايا استخدام تطبيقات إدارة علاقات الزبائن :

لاشك أن تطبيقات إدارة علاقات الزبائن يوفر للمنشأة مجموعـة مـن المزايـا لعل أبرزها ما يلي :

1. يقـدم النظام فوائـد تنافسية للمنشـأة وذلـك عـن طريـق التركيـز والاهتمام بالزبون بشـكل وبطريقة يمكـن أن تشجعه وتدفعـه علـى اختيار هذه المنشأة بدلاً من المنشآت الأخرى وهذا سـوف يزيـد مـن عوائد المنشأة ويحسن أدائها ووضعها التنافسي .

2. التنبـؤ عـن سـلوك الزبـون مسبقاً، وذلـك بهـدف إشـباع احتياجاتـه وتحقيق رغباته وذلك من خـلال تكنولوجيـا الاتصـالات والمعلومـات. إن تبني المنشأة لهذه الإستراتيجية سـيؤدي إلى تطويـر وتنظيـم سـير العمل التجاري ورفع مستوى الأداء التسويقي وزيادة حجم المبيعات بما يعود على المنشأة بالنجاح والتميز .

ومن هنا تبدأ كل منشأة بدور فاعل ومتميز لتحقق رضا الزبون أو المستهلك من خلال جودة المنتج والسعر المنافس مما سيكون له دور كبير في زيادة المبيعات. وتكون مهمة كل منشأة في ظل الظروف الاقتصادية الصعبة التي يعيشها أغلبية المستهلكين تتبع حركة الأسعار وتطورها لكل السلع والخدمات وخاصة الأساسية منها بطريقة علمية مع دراسة أثر العوامل الخارجية والداخلية على حركة الأسواق .

وظائف نظم إدارة علاقات الزبون :

تشتمل نظم إدارة علاقات الزبون على مجموعة من الحلول التقنية والمعلوماتية وعلى قواعد معلومات وبيانات يمكن توظيفها في أي لحظة من أجل الحصول على تقارير الأداء والمتابعة .

وخلاصة القول بصدد وظائف هذه النظم أنها تقوم بما يلي :

1. مكننة عمليات موظفي المبيعات .

2. خدمات دعم الزبون .

3. إدارة حملة التسويق .

يتألف نظام إدارة علاقات الزبون من بنية نظرية هي حصيلة سنوات طويلة من البحوث والدراسات والتجارب والخبرات العملية في دول العالم الصناعية المتقدمة. ويتكون هذا النظام من ثلاث أنماط من الأنشطة والمشروعات والبرامج التي سنعرضها بصورة مفصلة في الفقرات التالية :

أولاً - مكننة عمليات موظفي المبيعات :

من الجدير بالذكر أن نظام إدارة علاقات المستهلك تشتمل بالإضافة إلى البرمجيات المحوسبة والحلول التطبيقية مجموعة من الأهداف التجارية والإستراتيجية وخدمات الدعم الفني على درجة عالية من الكفاءة والفاعلية. إن النظام يجب أن يدعم هذه الأهداف والأنشطة وأن يتم تصميمها وتنظيمها بالصورة التي تجعلها قادرة على تزويد المنشأة بمعلومات عن الزبون وسلوكه ونمط تفكيره وقدراته الشرائية .

ولا نغفل هنا أيضاً دور قاعدة البيانات المحوسبة التي تحفظ بها المنشأة المعلومات والبيانات المجمعة عن كل زبون أو شركة مستهلكة بما يتعلق بقدراتهم الشرائية وميولهم واهتماماتهم ورغباتهم ومستوى الدافعية نحو الشراء.

تعتبر مكننة عمليات مندوبي المبيعات هي المحور للنظام والقوة الفاعلة والمحركة له وذلك بفعل ميزاته التي تنطوي على أهميته في تفعيل دور النظام واستثمار طاقاته بصورة أفضل ووقف الهدر في الوقت والمال ومساعدته على تطوير قدراته لكي يستجيب لاحتياجات الزبون بسرعة .

تبدأ المنشآت في كثير من الأحيان بمكننة عمليات الباعة ومندوبي المبيعات Sales force ومن ثم تقوم بالانتقال إلى مكننة الوظائف الأخرى. ومن أبرز الأنشطة التي يمكن أن تندرج في إطار هذا النمط ما يلي :

1. مكننة نظم المبيعات: يتميز هذا النشاط في قدرته على حوسبة كافة الأعمال والفعاليات التي يقوم بها مندوبو المبيعات. ومن الملاحظ أن المنشأة تستطيع بناء مجموعة من التطبيقات حسب حاجاتها ومتطلباتها لكي تقدمها كمساعدة وعون لموظفي المبيعات والدعم الفني لتسيير عملياتها اليومية بأقل كلفة ممكنة. وفي كثير من الأحيان تستطيع هذه التطبيقات الجديدة من البرمجيات والحلول التقنية إن تتكامل بشكل جيد مع برامج البنية التحتية الموجودة في المنشأة. وقد لا تحتاج المنشأة إلى شراء تجهيزات جديدة أو توظيف المبرمجين بأعداد كبيرة للتعامل مع شفرات البرمجيات لإدارة علاقات الزبائن ولتولي مسؤولية بناء تطبيقات مخصصة على شبكة الإنترنت .
2. خدمات دعم الزبائن: يقوم هذا النمط من النشاط بتعقب الأعمال التي يقوم بها مندوبو المبيعات مثل إعداد طلبات الزبائن وإدارتها والتنبؤ بالمبيعات والتنبؤ بسلوك المستهلك وتحديد الزبائن المحتملين وذلك بهدف دعم ومساعدة الزبائن في تلبية احتياجاتهم الأنية والمستقبلية. تتضمن خدمات دعم الزبون أيضاً القيام بتحصيل طلبات الزبائن على المنتجات للتعرف على الكميات المطلوبة وتحديد برامج لتجهيزها والإسراع بتسليمها .
3. إدارة الحملات التسويقية: من الوظائف المهمة لنظام إدارة علاقات الزبائن هو القيام بحملات تسويقية مكثفة بهدف التعرف على الطلب وتلبيته وذلك عن طريق الوسائل التالية :

- **القيام بمسوحات مستمرة للأسواق للتعرف عليها وتحديد نوعية ومواصفات وخواص المنتجات المطلوبة من قبل الزبائن .**
- **إدارة جميع العمليات التي تسهل حركة وتنسيق التجهيز والطلب في خلق الانتفاع الزمني والمكاني للبضائع المنتجة .**
- **اختيار قنوات التوزيع الملائمة بهدف تحسين خدمة لزبائن والمستهلكين بأقل التكاليف الممكنة. إن عملية الاختيار هذه تستند على دراسة السوق وعناصره وتقييم البدائل على أساس الأهداف الرئيسية لمهمة تخطيط قنوات التوزيع .**

الفرص التنافسية والإستراتيجية لنظام إدارة علاقات لزبون :

يمكن تحديد الأسس والمبادئ التي يقوم عليها نظام إدارة علاقات الزبون بما يلي :

1. **القيام بحملات تسويقية تستند على معرفة واسعة وعميقة لاحتياجات الزبون ورغباته .**
2. **إدارة عمليات التسويق والمبيعات بكفاءة عن طريق تبسيط الإجراءات الروتينية والإدارية بشكل يستفيد منها جميع الزبائن.**
3. **تقديم خدمات جيدة بعد البيع للزبائن وتوفير دعم تنافسي- للمستهلك ينطوي على عنصري الجذب والتشويش للشراء في المنشأة المجهزة .**

4. مراعاة المنشأة لاهتمامات الزبون ورغباته وسلوكه وقدراته وتفضيلاته الشرائية ونمط تفكيره ونوعية السلع المفضلة لدية، وهذا يوفر للمنشأة الوقت والجهد والمال ويؤدي إلى التأثير إيجابياً على القدرة التنافسية لمنتجاتها. وانطلاقاً من هذا المبدأ وفي ضوء الاستراتيجيات التي أشرنا إليها أعلاه تستطيع المنشأة من فهم الاحتياجات ورغبات الزبائن بشكل كامل ومن ثم نستطيع فهم معاملة هؤلاء المستهلكين لبضاعتها بصورة أفضل. إن هذه الإنجازات ستنعكس إيجابياً على مجال تطوير منتجات المنشأة مما يساعد على خلق الطلب على هذه المنتجات وتلبيته فوراً وبأسرع وقت ممكن .

الأهمية الاقتصادية للفعاليات المتضمنة في نظام إدارة علاقات الزبون يعبر عنها في الغالب بفقرات الإيرادات المتوقعة في وضع هذا النظام موضع التطبيق العملي وفيما يلي سنقدم بعض الطرق المهمة لقياس فوائد تطبيق نظام إدارة علاقات الزبائن.

طرق قياس فوائد تطبيق نظام إدارة علاقات الزبائن :

زيادة الإيرادات :

- تطوير فاعلية إدارة أنشطة المبيعات .

- زيادة في عدد العملاء والزبائن .

- تقديم خدمات ومنتجات جديدة .

- تقديم خبرة أفضل للزبون .

- زيادة حجم المبيعات .

- تحسين خدمة الزبائن والمستهلكين .

خفض التكاليف :

- خفض كلفة المبيعات .

- تقليل الوقت المصروف على الإدارة .

- تقليل تكاليف الخدمات المقدمة للخدمات غير الإنتاجية .

- تقليل تكاليف النقل بطرقه المختلفة .

- تقليل مصروفات النقل والتسليم للزبائن .

مثال: دعم تكنولوجيا المعلومات لإدارة علاقات الزبائن. يتضح مـن خـلال الشكل (14-1) ما يلي :

1. أنه نموذج للبنية التحتية لإدارة علاقات المستهلك .

2. إن نظـم المكتـب الأمـامي (front office systems) تعمـل عـلى تجميع كافـة المعلومـات الضروريـة مـن قنـوات البيـع و Primary (inference to customers) وثم ترسل إلى قاعدة البيانات بهـدف خزنها وتصنيفها وتبويبها .

3. أن نظم المكتب الخلفية Back office systems تعمل على تجميع كافة المعلومات الضرورية المتعلقة بالزبائن وأوامر وطلبات العملاء وإرسالها إلى قاعدة البيانات بهدف خزنها وتصنيفها وتبويبها .
4. يقوم نظام إدارة علاقات الزبون بمعالجة وتحليل المعلومات من خلال قواعد البيانات السابقة وحسب احتياجات المدراء بمختلف مستوياتهم ومن ثم إرسالها على شكل تقارير ومخططات ورسومات لصناع القرار في المنشأة .
5. هناك مجموعة من البرمجيات الجاهزة عن إدارة علاقات الزبون التي أهمها Clarify, Oracle, sap and srebel systems والتي تساعد على تبسيط عمليات المبيعات في المنشآت الصناعية. ومن الجدير بالملاحظة أنه في السنوات السابقة قد شاع تطبيق نظام إدارة علاقات الزبائن التي أطلقته وقدمته شركات com . force و suite و salenet والذي تتضمن قدرات قوية لتوليد التقارير الجاهزة الملخصة والمفصّلة أو بشِكل جداول مختلفة الأنواع. وبموجب هذا النظام تستطيع الشركة التي تستخدمه القيام بما يلي :
   1. إدخال طلبيات البضائع المقدمة من الزبائن .
   2. أتمته أعمال فريق المبيعات .
   3. استلام الطلبيات من الزبائن عبر الشبكة الذي يوفر لهم القيام بعمليات الشراء بمرونة كبيرة .
   4. توليد إدارة الحملات التسويقية وتتبع خيوط احتمالات البيع التي نتجت عن تلك الحملات .
   5. توسيع إمكانيات إدارة فريق المبيعات بدون اللجوء إلى البرمجة .

6. القــدرة المتطــورة للتعامــل مــع طــرق التســعير المعقــدة لمختلف الزبائن .

7. تقــدم لمنــدوب المبيعــات مجموعــة أساســية مــن الأدوات لإدارة خيوط احتمالات البيع ولحسابات وجهـات الاتصـال والصفقات بإضافة إلى المواعيد والمهمات .

8. بنــاء وعــرض التقاريــر بواجهــة اســتخدام قياســية والتــي تتضمن عشرات من التقارير المبينة مسبقاً .

9. يوفر النظام لعملاء الشركة إمكانية إدخال أوامر بيع وشراء البضاعة عبر الإنترنت. يقوم النظام بتـدقيق الرصيد المالي للعميــل ومــن ثــم يقــوم بإرســال طلــب البيــع أو الشــراء إلكترونياً عبر الشبكة. لاشك أن هذه النظم التي أطلقتـه الشركات المذكورة أعلاه سيحدث نقله نوعية للمنشأة فيما يتعلق بتوسيع قاعدة العملاء وتخفيف الضغط على مدراء المبيعــات كــما يمكّــن النظــام الشــركة مــن متابعــة تنفيــذ عمليات البيع والشراء .

يلاحظ من الشكل (14-1) ما يلي:

1. تعمــل قاعــدة بيانــات العمــلاء عــلى الويــب مــن خــلال أي متصفـح انترنت. وتسـمح هـذه القاعدة للمستخدمين بتخزين مستنداتهم مجاناً على مزودات الشركة ضمن مساحة مـن الميجـا بايـت. وهكـذا يمكن للعملاء حفظ معلوماتهم وملفاتهم ومستنداتهم في القاعدة ثم الوصول إليها من أي مكان يتوفر فيه اتصال بإنترنت .

2. يتكون نظام إدارة علاقات الزبائن من برنامج متكامل يتضمن مجموعة كاملة من الأدوات المصممة لتولي جميع احتياجات الشركة من ناحية الأعمال والإدارة المالية بدءاً من بناء موقع تجارة إلكترونية حيث يمكن للزبائن إدخال طلبيات البضائع وحتى مهمات تخطيط الموارد مثل إدارة شحن تحقيق الطلبية وتلقي الطلبيات عبر الشبكة ومتابعة إنجازها وملئ الطلبات وتسليم البضاعة . ويتمتع النظام بقدرات قوية لتوليد التقارير الجاهزة على شكل جداول ورسوم ملخصة ومفصلة. يجمع البرنامج ويعرض جميع المعلومات الإحصائية التي توفرها قاعدة بيانات إدارة علاقات الزبون على موقع ويب ويترجمها إلى معلومات إحصائية مرئية معبرة عن الموضوع تعرض على شكل جداول تحليلية وتقارير .

3. ترسل كل المعلومات التي تجمع عن الزبائن وطلبياتهم إلى قاعدة بيانات العميل، وأن الحصول على المعلومات من هذه القاعدة يتطلب استخدام البرامج الإرشادية في النظام التطبيقي لتبادل البيانات مع قاعدة البيانات .

4. يتضمن برامج إدارة علاقات الزبون أربعة نظم رئيسية هي استلام الطلبيات والتصنيع ومركز المعالجة والتنفيذ .

5. إن المعلومـات التـي تتعلـق بهـذه البـرامج الأربعـة تحفـظ فـي مكـان واحد، ويتم إدخالهـا إلى قاعدة البيانـات مـن الجهـة المسـؤولة عـن المعلومات والتي لديها صلاحية بتعديلها .

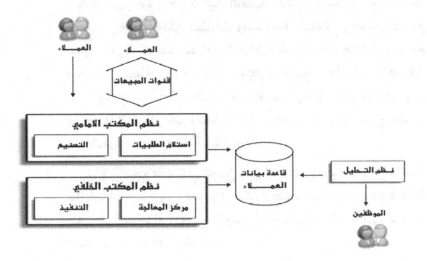

شكل (14-1) يبين نموذج للبنية التحتية لنظام إدارة علاقات الزبائن

الفصل الخامس عشر
نظام الذكاء التجاري

بعد دراستك لهذا الفصل تستطيع أن:

1. تحدد المقصود بنظم الذكاء التجاري .

2. تعدد الفوائد والمزايا التي يوفرها نظام الذكاء التجاري للمدراء في المنشأة .

3. تعرف أنواع المعلومات التي يحتاجها الذكاء التجاري والتي تؤثر في كل جوانبه .

4. تبين المتطلبات الضرورية التي أدت إلى استخدام مستودعات البيانات data warehouse من قبل المدراء وصناع القرارات من قبل المنشأة .

5. توضح مزايا مستودعات البيانات الفرعية data marts للمنشأة .

6. تشرح الخصائص المهمة لنظام الذكاء التجاري الفاعل .

7. تبين أهم محددات ومقومات نجاح نظم الذكاء التجاري .

8. تحدد أهم التحديات التي تواجه تنفيذ أو تطبيق نظام الذكاء التجاري.

9. تشرح تأثير تكنولوجيا المعلومات لدعم نظم الذكاء التجاري الذي تستخدمه المنشآت الصناعية .

10. تبين أهمية أدوات الاستفسارات والتقارير وأغراضها .

الذكاء التجاري

(Business Intelligence)

مقدمة :

إن الحديث عن برامج ونظم الذكاء التجاري يفترض معرفة واضحة بمفهوم ومزايا ومقومات الذكاء التجاري. إذ لا يمكن تقييم هذه النظم دون معرفة المفهوم وكذلك الإلمام بفوائد وأهداف الذكاء التجاري بشكل عام. يقصد بمفهوم الذكاء التجاري المعرفة والخبرة والممارسة الطويلة لدى المدراء في مختلف مستوياتهم الوظيفية والتي تعطيهم القدرة على صنع القرارات التكتيكية والإستراتيجية المهمة في المنشأة . تشتمل المعرفة على معلومات تتعلق بالزبائن والمنافسين والشركاء التجاريين والمنافسة وظروفها والعمليات المختلفة للمنشأة. يعتبر الذكاء التجاري ركناً أساسياً من أركان نجاح وتطوير عملية صنع القرار الإداري ويساهم في تدعيم الثقة عند المدراء.

فوائد الذكاء التجاري :

لاشك أن الذكاء التجاري يوفر للمدراء مجموعة من المزايا لعل أبرزها هو تحسين توقيت توفير المعلومات المستخدمة كمدخلات لصنع لقرار عن طريق مساعدة صانع القرار فهم المسائل التالية :

1. القدرات والإمكانيات المتاحة للمنشأة .
2. المؤشرات والاتجاهات المستقبلية في الأسواق .

3. العوامل البيئية والاجتماعية والاقتصادية والسياسية والتقنية التي تؤثر في ديناميكية المنشأة .

4. الإجراءات المختلفة التي يتخذها المنافسون والنتائج المترتبة عن هذه الإجراءات. وتعرّف نظم الذكاء التجاري بأنها مجموعة من التطبيقات والأدوات لتكنولوجيا المعلومات التي تدعم وتساند وظيفة الذكاء التجاري داخل المنشأة وبالوسائل المتاحة لها وفي بيئتها المحيطة الداخلية والخارجية .

يتضح من الشكل (15-1) بأن المعلومات التي يحتاجها الذكاء التجاري تنقسم إلى قسمين أحدهما يركز على المعلومات الخارجية وتمثل هذه المعلومات المعرفة عن بيئة المنشأة الخارجية والمنافسين للمنشأة والأسواق والتكنولوجيا والمعلومات الأخرى التي يتم الحصول عليها من المصادر الخارجية للمنشأة .

أما القسم الآخر فيركز على المعلومات الداخلية التي تتعلق بالزبائن والمنتجات والمجهزين والتمويل والمشتريات والأبحاث وكذلك كافة البيانات المتوافرة داخل المنشأة. وعلى العموم فإن جميع هذه المعلومات تؤثر في كل جوانب الذكاء التجاري، ويمكن خزنها في قواعد بيانات المنشأة والوصول إليها من أي مكان في داخل المنشأة أو خارجها أو من خلال أي متصفح انترنت. يتم جمع المعلومات من نظم معالجة المعاملات (Transaction Processing Systems) وتخزن في قواعد بيانات مختلفة .

ومن الجدير بالذكر أن المنشأة قد تستخدم مجموعة من قواعد البيانات لتطبيقات مختلفة. فهناك العديد من قواعد البيانات تتعلق بالزبائن والمجهزين

والمستخدمين والمنتجات وغيرها الكثير. إن جميع هـذه القواعد ضروريـة لـدعم عمليات معالجـة المعـاملات اليوميـة للمنشـأة. وكثير مـن الأحيـان تحتـوي هـذه القواعد على فيض من المعلومات التفصيلية. التي قد لا يحتاج المدراء إلى كثير منها لصنع قراراتهم الإدارية. ولمعالجة مشكلة وجود فيض من المعلومات غير الضرورية تلجأ كثير من المنشآت إلى معالجتها عن طريق تلخيصها وخزنها في قواعد بيانات منفصلة تدعى مستودع البيانات (Data ware houses) .

لاحظ الشكل (15-2) .

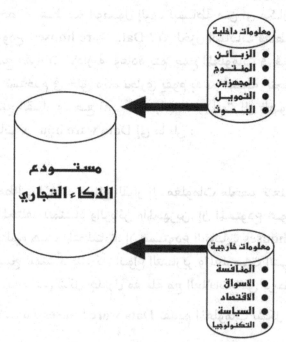

شكل (15-1). يوضح البنية التحتية للذكاء التجاري .

تتمتع هذه البنية بقدرة كاملة على تزويد المدراء وصناع القرار بأكثر الوسائل تطوراً لترشيد القرار الإداري وتطوير عملياته إلكترونياً، وخلق أنظمة ذكاء اصطناعي ودمجها في الخبرات الإدارية والمالية للموظفين في المنشأة، وتقدمها إلى المستخدم لتوفير الوقت والجهد اللازمين لإنجاز الأعمال من جهة، وتقليل نسبة الاعتماد على الاجتهاد الشخصي في توفير المعلومات وبالتالي اتخاذ القرارات الموجهة بأعلى درجات الدقة في استنباط المعلومات وتجميعها واستخراج المعايير .

يسمح مستودع البيانات Data ware houses للمنشأة بتخزين المعلومات والبيانات الملخصّة فقط ثم الوصول إليها ببساطة من أي مكان. إن الهدف الرئيسي للمستودع Data ware houses ليس لخزن البيانات فقط وإنما لجمع المعلومات لصنع القرارات الإدارية. وعادة يتم جمع المعلومات في قواعد البيانات التشغيلية لكي تستخدم في خلق ذكاء تجاري يقوم بدعم أنشطة التحليل التجاري وفعاليات صنع القرار وترجع أهم الأسباب التي أدت إلى ظهور الحاجة إلى مستودع البيانات Data ware houses إلى ما يلي :

1. مطالب المدراء وصناع القرار إلى معلومات ملخصة تتعلق بالأنشطة المختلفة للمنشأة والزبائن والمجهزين. إن المستودع هو الذي يقوم بتلبية هذه المتطلبات. إن مستودع البيانات Data ware houses يتيح للمنشأة بناء كل أنواع التقارير والمعلومات التي تحتاج لها الإدارة على شكل جداول مفصلة مع العلاقات التي تربط بينها .
2. تستطيع Data ware houses تقديم المعلومات بشكل

Multidimensional format متعدد الأبعاد. لاحظ الشكل (15-3). إن هذا النوع من تقديم المعلومات يدعى Hypercube وأنه يحتوي عادة على Layers of rows and columns طبقان من الصفوف والأعمدة. إن استعمال هذا النوع من النموذج يساعد المنشأة على متابعة المبيعات لمنتجات متعددة وفي مناطق متعددة ولفترة زمنية محددة. وتستطيع المنشأة بهذا أن تركز على تنفيذ خطتها التسويقية بأعلى درجات الكفاءة وأقل التكاليف وذلك عن طريق تحديث وتنويع منتجاتها لتلبية احتياجات العملاء .

3. يتيح مستودعات البيانات للمستخدمين البحث عن أي نوع من الملفات الملخصة التي تحتاجها المنشأة والتي تتعلق بمختلف نشاطاتها الإنتاجية والمالية والإدارية والتصديرية .

4. دعم مستودعات البيانات للمعالجة التحليلية الأنية .

5. تخزن مستودعات البيانات المعلومات لدعم عمليات صنع القرار .

6. تجمع مستودعات البيانات المعلومات من قواعد بيانات متعددة الأغراض Multiple data bases ويتم تحديثها بفترات منظمة.

7. مصممة لتولي احتياجات الأقسام المختلفة للمنشأة من ناحية الأعمال والإدارة المالية .

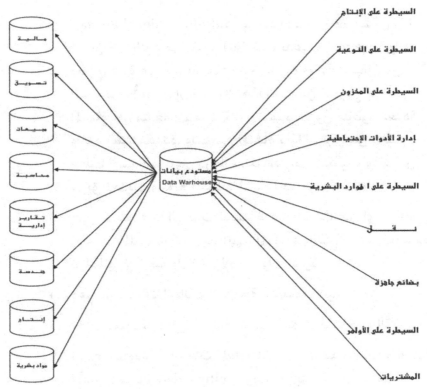

الشكل (15-2) يوضح عملية خزن المعلومات في مستودع البيانات .

يتميز مستودع البيانات بأن بمقدوره تبادل البيانات واستقبالها من قواعد البيانات التشغيلية بأداء وسرعة مميزة. أي أن تبادل البيانات بين مجموعة القواعد ومستودع البيانات يتم بسرعة .

الشكل (15-3)

1. يضم مستودع البيانات المتعددة الأبعاد. Multidimensional data warehouses أربعة قواعد بيانات فرعية التي تقوم كل منها بمهمة من المهام التي تنفذ إلكترونياً ويقوم بالتنسيق فيما بينها، وجمعها كلها في نظام واحد

متكامل سريع الحركة دقيق في المعلومات التي يتداولها وكل جـزء منـه قـادر تمامـاً على التفاعل التام والإحساس المتبادل بما يجرى في الأجزاء الأخرى .

يتكون مستودع البيانات من أربعة قواعد بيانات فرعية :

- قاعدة بيانات المنتوج : تحتوي على معلومات تتعلق بالسلع وجدولة الإنتاج وتخطيط الإنتاج .

- قاعدة بيانات الزبون : تتضمن معلومات عن عملاء الشركة وسلوكهم .

- قاعـدة بيانـات المبيعـات : تتضـمن معلومـات عـن نمـو المنتجـات الجديدة و المنتجات المحتملة وأداء المنافسة .

- قاعدة بيانـات التسـويق : تتضـمن معلومـات عـن أسـعار السـلع والخدمات وقنوات التوزيع المحتملة والتنبؤ باتجاه المبيعات .

3. أن مستودع البيانـات هو عبـارة عـن كيان معلومـاتي متكامـل يمكنه توفير المعلومات لصناعة القرار ويقوم عـلى أربعـة قواعـد بيانات فرعية. يختص الأول بتوفير المعلومات عن الإنتاج والثاني يضـم معلومـات عـن الزبـون والثالـث يضـم معلومـات عـن المنتجات والرابع يضم معلومات عـن التسويق وبالتالي فهـي تحقق مشاركة بين كل قواعـد البيانـات العاملـة والمتعاملـة مـع مستودع البيانات .

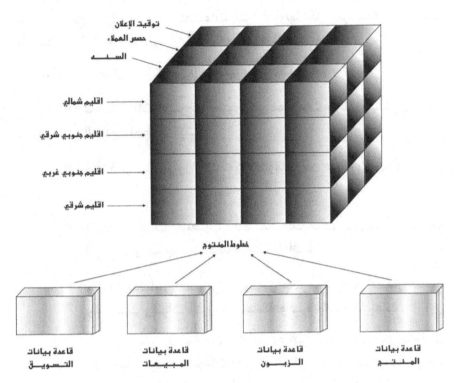

الشكل (3-15) يوضح فوائد استخدام مستودع البيانات للمنشأة

تستخدم كثير من الشركات Data Marts لكي تركز على تحسين خـدماتها بـدلاً من أن تغوص في مستنقع مصاعب استخدام قواعد البيانات التشغيلية التي تتعلق بجميع أقسام المنشأة. ويعّرف مستودع البيانات الفرعي Data marts بأنه عملية تقسيم مسـتودع البيانـات الرئيسيـ data warehouses إلى مجموعـات صغيرة. لاحظ الشكل (4-15) . تخزن فيهـا معلومـات قسـم واحـد مـن الأقسـام المتعـددة للمنشأة في إطار الهيكل التنظيمي القائم بالوسـائل المتاحـة لهـا. يوجـد مجموعـة متكاملة من الحلول المبتكرة والبرمجيات والأدوات التي تحتاج إليها المنشأة بهدف

الحصول على الذكاء التجاري من مستودع البيانات و Data marts. تتضمن هذه الأدوات ما يلي :

A. Olap .

B. Data mining .

C. Automated exception Detection .

D. Automatie Learning .

الفرص الإستراتيجية والتنافسية لبرنامج نظم الذكاء التجاري :

في الصفحات السابقة تطرقنا إلى أهمية استخدام نظم الذكاء التجاري في عملية صنع القرارات وحددنا أهداف استخدامه بتحسين توقيت توفير المعلومات وجودة هذه المعلومات وملائمتها لمتخذي القرار. لقد حدد (هاك Haage) أربعة خصائص مهمة لنظام الذكاء التجاري الفاعل وهي :

1. **قدرة النظام على تزويد المدراء بالمعلومات والمعرفة في الوقت المناسب .**
2. **قدرة النظام على تجهيز صناع القرار بالمعلومات في المكان المناسب .**
3. **قدرة النظام على تلبية صناع القرار في احتياجاته للمعرفة بالشكل المناسب .**
4. **أن يكون النظام مرناً وأن يلبي احتياجات المدراء من المعلومات في الوقت الحالي والمستقبلي .**

وفي ضوء النقاط الأربعة السابقة والآراء المطروحة بالنسبة لفوائد نظام الذكاء التجاري الفاعل فإنه يمكن القول بأن صنع القرارات الإدارية التي تعتمد وتستند

على المعلومات الدقيقة والملائمة والواضحة والمرئية تؤدي إلى تحقيق أهداف ينشدها صانع القرار وهي النجاح في تحقيق أهداف خطة المنشأة الإستراتيجية بمختلف محاورها ومرتكزاتها. ونتيجة لهذا كله يمكننا القول أن صنع القرارات بنوعية عالية في المعلومات يدعم قدرات المنشأة التنافسية في السوق المحلي والأسواق التصديرية.

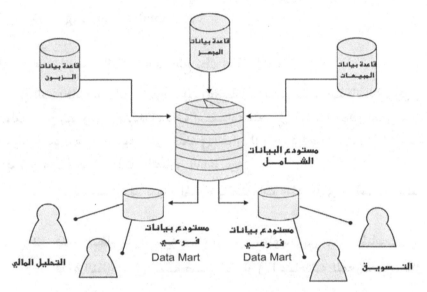

الشكل (15-4) يوضح أهمية مستودعات البيانات الفرعية للمنشأة .

يعتبر إنشاء مستودع البيانات الفرعي حلاً مثالياً لتلبية كافة احتياجات كل قسم من الأقسام الوظيفية في المنشأة ويسمح للمدراء في هذه الأقسام بالوصول السريع للمعلومات المخزونة فيها في الوقت المناسب. كما يمنح مستودع البيانات للمدراء القدرة على الحصول على خدمة متكاملة لعمليات صنع القرارات الإدارية وكذلك استلام معلومات ضرورية من نظام الذكاء التجاري .

محددات ومقومات نجاح نظم الذكاء التجاري :

لقد حصلت حالات مـن الإخفـاق وعـدم الرضى بالنتـائج التـي تحققـت مـن استخدام نظم الذكاء التجاري وذلك لسببين هما :

1. عدم فهم المدراء لقيمة وأهمية نظام الذكاء التجاري كـأداة تنافسية Competitive tool.

2. عـدم استعمال النظم المطبقـة في المنشـآت بصـورة صحيحة وفاعلـة. ويعتقد كثير من الكتاب بأن المعلومات الجيـدة والمعرفـة القيمـة هـي تلك المعلومات التي يتم تجميعها من نظام الـذكاء التجاري وتنسيقها وتنظيمها في إطار منطقي ومن ثم تقديمها إلى المدراء كي يتخذوا القرار الصائب .

هناك بعض المحاذير التي يجب أن نؤخـذ بنظـر الاعتبـار عنـد وضع نظـام الذكاء التجاري موضع التطبيق العملي وما يجب أن يكون عليه هـذا النظام. كـما أن فهم لأهمية النظام واستخدامه بصـورة صحيحة هما الأسـاس في نجـاح تطبيقـه في المنشآت. كما أن النظام حتى يكون فاعلاً وقادراً على تحسين عملية صنع القرار ومتفاعلاً مع متطلباتها. ولتطوير نظام الذكاء التجاري وتحسين قدرتـه عـلى تزويد صناع القرار بالمعلومات الضرورية المطلوبة لابد من إتباع منهجية محـددة تتمثـل في الآتي :

1. التركيز على المعلومات التي يوفرها نظام الذكاء التجاري والتأكد بأنها مفيدة في معالجة القضايا التجارية المهمة .

2. توفر الدقة والملائمة والوضوح في عمليات صنع القرار :

3. الاعتراف بـأن للمـدراء القـدرة عـلى فهـم واستعمال أدوات وبـرامج الذكاء التجاري ووضعها موضوع التطبيق العملي في منشآتهم بصورة فاعلة دون الحاجة إلى خبرة أو تدريب كبير .

4. كما ينبغي على المدراء أن يدركوا بأن كثير من برامج الـذكاء التجاري تتصف بأنها نظم معقدة وقابلة للتغير عندما تتغير الظروف والبيئة الذي يتفاعل معها ويعمل داخل حدودها .

واستناداً على ما سبق يمكننا القول بأن برامج نظام الذكاء التجاري لـه القـدرة على تقديم خدمات جيدة للمنشأة فهو يقدم للمـدراء خدمـة متكاملـة لعمليـات صنع القرار الإداري على الإنترنت مع خدمات قيمة أخرى في متناول يد المدراء على اختلاف مستوياتهم الوظيفية .

دعم تكنولوجيا المعلومات للذكاء التجاري :

تقوم كثير من المنشآت باستخدام تكنولوجيا المعلومات لـدعم نظـم الـذكاء التجاري الذي تستخدمه كما تجعل من الإنترنت بنية آمنة بفاعلية وسرعة عاليـة. إن استخدام الإنترنـت يـوفر للنظـام أداء متميـزاً يقـوم عـلى معـايير الموثوقيـة والاعتمادية .

إن استخدام البرمجيـات الجـاهزة وحلـول تكنولوجيـا المعلومـات وخدمـاتها وتبني التقنيات المتقدمة يعمل على توفير الوقت والجهد لصناع القرار في المنشأة. سيشعر المدراء بسعادة كبيرة لدى استخدامهم تقنية المعلومات والإنترنت بسبب المرونة والقوة التي تقدمها لهم هـذه الأدوات بحيـث لا حاجـة للمـدير أن يكـون خبيراً في إدارة تقنية المعلومات كي يتمكن من استخدامها بشكل صحيح .

أ. تحتاج كل منشأة للذكاء التجاري بالإضافة إلى المعلومات والبيانات ولكي تستطيع المنشأة تحليل وتحديد العلاقات المختلفة بين المعلومات يتوجب عليها جمع وتنظيم المعلومات واستخدام أدوات تكنولوجية المعلومات الصحيحة ومن ثم خلق الذكاء التجاري في هذه المعلومات.

ب. لكي تستطيع المنشأة بناء نظام للذكاء التجاري فإنها تحتاج أدوات تكنولوجيا المعلومات مثل قواعد البيانات ونظم إدارة قواعد البيانات ومستودعات البيانات والتنقيب عن البيانات (Data mining).

ت. إن أدوات تكنولوجيا المعلومات ستساعد المنشأة على انجاز نوعين من المعالجات :

- معالجة المعاملات الآنية Online transaction Processing والمعالجة التحليلية الآنية. وسوف نتطرق إلى هذه المعالجات موضحين علاقتها بالذكاء التجاري كالآتي :

1. معالجة المعاملات الآنية :

تتميز معالجتها بإنجاز المهام التي تقوم بها بدقة وأداء عالٍ. يتم جمع المعلومات وخزنها ثم معالجتها وتحديثها بصورة مستمرة وسرعة كبيرة. وهنا ينبغي الإشارة إلى أهمية دور قواعد البيانات ونظم إدارة قواعد البيانات في مساعدة عمليات معالجات المعاملات الآنية على تخزين ومعالجة حجم هائل من المعلومات التي تشكل القاعدة للذكاء التجاري.

ويمكن توضيح أهمية معالجة المعاملات الآنية في الشكل (15-5). يصور هذا الشكل علاقة المعلومات بصناعة قرارات مستندة على الذكاء التجاري في المنشأة. يتضح في الشكل (15-5) أن القرارات الإستراتيجية تصنعها الجماعات المسؤولة

عن الخطط الإنتاجية والتسويقية في المنشأة. تستطيع هـذه الجماعـات مـثلاً أن تستفسر من قواعد البيانات التشغيلية الأسئلة التالية :

أ.   كم من السلع يفوق أسعارها عـن عشرة آلاف دينـار بيعـت الشهر الماضي .

ب.   كم من المال صرف الشهر الماضي على الدعاية التلفزيونية بالرغم مـن أنـه يمكـن لصـناع القـرار الاستفادة مـن لمعلومـات ونتـائج هـذه الاستفسارات، ولكن هناك حاجة لدمج المعلومـات المتعلقة بـالمنتج مـع معلومـات الدعايـة أو الإعـلان أو المعلومـات المتعلقـة بسـلوك المستهلك ودوافعه حتى تتمكن مـن انجـاز معالجـات تحليليـة آنيـة (Online analytical Processing) .

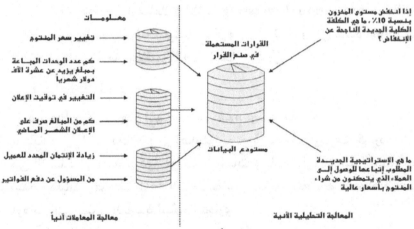

شكل (15-5) يبين فوائد استخدام أدوات البرمجيات في معالجة المعاملات .

مما يلاحظ على الشكل السابق ما يلي :

1. أنه يركز على أدوات البرمجيات التي تستعمل من قبل مستخدمي الحاسوب ومتصفحي الإنترنت للاستفسار عن المعلومات في مستودع البيانات. تدعم أدوات البرمجيات مفهوم المعالجة التحليلية الإلكترونية الآنية Processing Online analytical أي استعمال المعلومات بمهارة لدعم صنع القرارات الإدارية. تعتبر المعالجة التحليلية الإلكترونية للمعلومات أكثر فائدة للشركة في ميدان صنع القرارات المتعلقة بالزبائن، ومع ذلك فإن هذا لا يعني عدم أهمية المعلومات الأخرى التي يتم في ضوئها صنع القرارات الأخرى وخاصة فيما يتعلق بالإنتاج والتسويق والمبيعات والمخزون من أجل تحقيق أفضل مستوى من الكفاءة والتفوق في خدمة العملاء وتلبية احتياجاتهم .

2. أنه يركز على مجموعة من المعايير التي تستعمل من قبل المدراء في معالجة المعلومات آنياً. تنقسم هذه المعلومات المتعلقة بمعالجة المعاملات إلى ثلاث أقسام: القسم الأول يركز على بيانات المنتوج أو السلعة المنتجة والمشكلات التي يجب أن يتم حلها بالنسبة لصياغة الإجراءات اللازمة لتحقيق تلك الأهداف بنجاح. والقسم الثاني: يركز على الحلول المتعلقة بتطبيقات إستراتيجيات الإعلان. والقسم الثالث يركز على الإجراءات اللازمة لتحقيق أهداف الائتمان المحدد للعملاء.

3. إن هذا النظام صمم لأتمتة العمليات المتعلقة بصنع القرارات وجمع كل المعلومات المطلوبة بما في ذلك الملفات والوثائق والرسوميات ووضعها على قاعدة بيانات مركزية .

2. المعالجة التحليلية الآنية :

ومن بين أهم تعريفات هذا النوع من المعالجة ما طرحه هاك (Haag) الـذي ينظر إليها على أنها عبارة عن أدوات مفيدة لمعالجـة المعلومـات مـن أجـل دعـم عملية صنع القرار. ويتطلب صنع القرار الصحيح في هـذه الحالـة الاسـتفادة مـن مستودع البيانات (Data warehouse) الذي يحتـوي عـلى معلومـات تـم جمعهـا مـن قواعـد البيانـات التشـغيلية. ويعتقـد (Haag) أن بنـاء مسـتودع للبيانـات والاستفادة من أدوات التنقيب عـن البيانـات (Data mining) . يسـاعد المنشـأة على خلق ذكاء تجاري .

ومن الجدير بالملاحظة هنا أن مستودع البيانات يـدعم المعالجـة التحليليـة الآنيـة فقـط ولـذلك يمكننا القـول بـأن وجـوده يسـاعد في تفعيـل دور المعالجـة التحليلية في مساعدة الإدارة على صنع القرارات الصائبة .

إن وجود مستودع للبيانـات كـما نلاحـظ في الشـكل (15-5) وسـيلة ضروريـة لإنجاز استفسارات متعددة تتعلق بالمنتج والزبائن والخطط الإنتاجية والتسـويقية الحالية والمستقبلية للمنشأة وذلك لضمان حسن تنفيـذ هـذه الخطط بأفضل السبل وأكثر الطرق كفاءة وبأقل كلفة ممكنة حيث يمكن للمدراء الاستفسـار عـن الأمور التالية :

أ. ما هي الإستراتيجية التسويقية المستقبلية التي ينبغي على المنشـأة أن تطبقها بهدف تلبية احتياجات العملاء من السلع والخدمات .

ب. ما هي إستراتيجية الإعلان الجديدة التي يجب استعمالها لجذب العملاء القادرين على شراء المنتجات بأسعار عالية .

ت. ما هو تأثير خفض مستويات الخزين بـ 10% على التكاليف الكلية للمخزون في مخازن المنشأة .

يستطيع المدراء الحصول عل أجوبة لهذه التساؤلات عن طريق الاستفادة من استخدام تكنولوجيا الذكاء التجاري الذي يقدم نظام دعم فني متكامل من حلول تكنولوجيا المعلومات. ومن الجدير بالملاحظة أيضاً بأن ارتفاع درجة الوعي بضرورة الإعلان للترويج للمنتجات والتعريف بها ووسائل الاتصال التسويقي يعد من أبرز العوامل التي تلعب دوراً مهماً في حركة النمو التجاري في المنشأة .

أدوات الاستفسارات والتقارير (**Query – and Reporting Tools**) :

هناك العديد من الأدوات التي يمكن بواسطتها تسجيل الملاحظات وإعداد التقارير من المعلومات المستخرجة من مستودع البيانات حيث يمكن للمدراء أن يستخدموا هذه الأدوات البرمجية للاستفسار عن المعلومات التي تتم الحاجة إليها لصنع القرارات الصائبة. وعن طريق هذا الأسلوب يتمكن المدراء من الحصول على معلومات ملخصة مفيدة لدعم عملية صنع القرارات الإدارية؟ فيما يلي أهم هذه الأدوات :

1. أدوات التقارير والاستفسارات **Query – and Reporting Tools** .
2. وكلاء الذكاء التجاري **Intelligent agents** .
3. أدوات تحليل متعدد الأبعاد **Multidimensional Analysis Tools**.

الأدوات الإحصائية **Statistical tools :**

ويمكن توضيح ذلك من خلال الشكل (15-6) الذي يبين فوائد هذه الأدوات بصورة مختصرة .

وفيما يلي توضيح لأهمية كل أداة من هذه الأدوات .

1. أدوات التقارير والاستفسارات :

يتلخص دور هذا النوع من الأدوات بمساعدة صناع القرار في الحصول على إجابة سريعة ومفصّلة لأسئلتهم ولاستفساراتهم على شكل تقارير ونماذج منسقة ومنظمة حسب الحاجة. ويقدّم شرحاً ملخصاً لكل استفسار، ويعتمد على قاعدة بيانات تشغيلية موجودة على شبكة الإنترنت للمنشأة كما يتمكن المدير من تنفيذ مهامه والحصول على النماذج والتقارير المطلوبة عبر الأجهزة والشبكات لمساعدته في اتخاذ قرارات ذكية. وتتميز هذه الأدوات بسهولة الاستخدام وسرعة الأداء كما تتميز هذه الأدوات بقدرتها على معالجة المهام الصعبة والشاقة حيث تمكن المدير من إنشاء تقارير ذات مؤشرات ثلاثية الأبعاد تفيد في حل بعض المشاكل المستعصية في المنشأة .

2. وكلاء الذكاء التجاري :

تساعد هذه الأداة المستخدم أو المدير على الحصول على المعلومات المطلوبة لبناء ذكاء تجاري باستخدام المعالجة التحليلية الآنية . ويمكن للمدير الاستفادة من تقنيات المنطق المشوش Fu33y Logic في تحقيق هذا الغرض .

إن برامج وأنظمة الذكاء التجاري لا يمكنها تجنب قدرات هذه التقنية المهمة في مساعدة المدراء لزيادة قدراتهم على تحليل المعطيات المربكة واتخاذ القرارات

الحكيمة. إن هذا النوع من الأدوات يمكّن المدير من دراسة معطيات متعددة واتخاذ القرار السليم رغم تشوش الحال .

وفيما يلي يمكننا تحديد أهم الفوائد لمنطق المعطيات المشوشة .

أ. إن منطق المعطيات المشوشة هي توسعة للمنطق الجبري التقليدي للتعامل مع نظم الذكاء التجاري بصورة واقعية مفيدة لا تكفي فيها قدرات المنطق التقليدي المحدودة . وبينما يتعامل المنطق الجبري التقليدي ويتمثل مع احتمالين صح أو خطأ أو واحد وصفر. نجد أن المنطق المشوش له احتمالات أوسع .

ب. تعتمد بعض المنشآت المنطق المشوش في الأجهزة والبرامج لتحسين قدرات الذكاء التجاري الموجود في برامج كثيرة مثل برامج إدارة الإنتاج والتسويق والمالية والتخزين والنوعية .

ت. تتميز قواعد المنطق والمعطيات المشوشة بسهولة استخدامها دون معادلات صعبة للتحكم بالعلاقة بين مجموعات المخرجات والمدخلات من قبل الموظفين غير الخبراء .

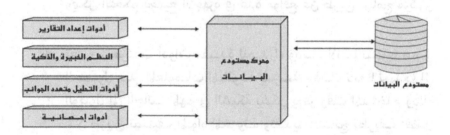

الشكل (6-15) يبين عدد من الأدوات والبرامج التي تشكل في مجموعها أدوات مفيدة للمستخدم تلبي احتياجاته من المعلومات .

1. يمثل مستودع البيانات طريقة نمذجة التطبيقات على شكل مكونات منفصلة ذات واجهات بينية . مُعَرفة جيداً ثم يتم ربطها بطرق تلبي احتياجات الأعمال لدى الشركة . يوفر مستودع البيانات وظائف وخدمات يستطيع المدراء والموظفين في الشركة الاستفادة منها وتوظيفها في الخدمات بطرق صحيحة .

2. يشكل مستودع البيانات بديلاً أفضل للتقنيات القديمة التي تعتمد على قواعد بيانات منفصلة، وتعمل على عدد كبير من التطبيقات كما وأنها مكتوبة بلغات برمجة مختلفة وتستخدم مصادر بيانات مختلفة، وهكذا فإن أفضل طريقة للتعامل مع قواعد بيانات موزعة والمتباينة الخصائص هو استخدام مستودع بيانات يساعد الشركة على ربط التطبيقات المختلفة والمتباينة الخواص .

3. يمتاز محرك نظام مستودع البيانات بمواصفات تقنية عالية، إذ يعمل على أحدث تقنيات ونظم الذكاء التجاري وأدوات التحليل المتعدد الجوانب والأدوات الإحصائية مما يتضمن خدمات ذات جودة عالية إلى جانب التوفير في مساحة التخزين . وتستخدم المحركات أفضل أنواع نظم التشغيل. كما يتميز بتوفيره عدة طرق وأساليب التبديل والبحث ويمكن التحكم بجميع الأجهزة في عدة مواقع عن طريق برنامج مركزي .

4. تعتبر المحركات أدوات مفيدة للمدراء وذلك لأنها تساعدهم في الحصول على المعلومات المطلوبة بسرعة، وذلك لأنها تهدف إلى الوصول إلى الجانب المهم في الشبكة بشكل يوفر وقت المستخدم وذلك عن طريق تصنيف المواد المخزونة وتقديم النتائج بطريقة أفضل وتحسين طريقة التعامل مع أي استفسارات جديدة من المعلومات وتقديم إجابات أكثر

دقة وتحديداً .

5. يتضمن النظام الخبير عـدد مـن الـبرامج والبرمجيـات التـي تشـكل في مجموعها أدوات مفيدة لصناعة القرار وتطوير عملية الذكاء التجاري .

3. الأدوات الإحصائية :

تعتبر هذه الأدوات وسيلة فعالة لمساعدة المدراء في تطبيق النماذج الرياضية لاستخراج المعلومات المطلوبة من مستودع البيانـات. ومثـال علـى ذلـك يسـتطيع المدير تحديد الاتجاهات المستقبلية لخطط المنشأة الإنتاجية عن طريق استخدام تحليل السلاسل الزمنية، كما يستطيع القيام بعملية تحليل الانحدار (Regression Analysis) لتحديد ومعرفة تأثير متغير على المتغيرات الأخرى. توجـد العديد مـن المنشآت الصناعية التي تستخدم الأدوات الإحصائية لتزويد المدراء بالبيانـات التـي تفيد في تحديد الخطط المستقبلية للشركة. علـى سـبيل المثـال يسـتخدم مـدراء التسويق في المنشأة هذه التقنية لمعرفة اتجاهات البيع بهـدف التحديـد الأحسـن لأي من الإستراتيجيات الإعلانية التي يمكن أن تعمل أفضل وبأي وقت مـن السـنة وكيف يمكن إعادة تخصيص موارد الإعلان بالواسطة والمنطقة والوقت .

4. أدوات التحليـل متعـددة الأبعـاد (Multi dimensional Analysis tool) :

وهي من الأدوات المهمة التي تساعد المدير في إنشاء رسـوم متعـددة الأبعـاد ذات جودة عالية تمكنه من رؤية عدة تطبيقـات في الوقت ذاتـه وبسـهولة تامـة، وذلـك عـن طريـق اسـتخدام برمجيـات جـدول بيانـات (Spread – Sheet Software) يمكن عرضها في الشاشـة في آن واحد. وتتيح للمسـتخدم هـذه الأداة أيضاً بناء برمجيات جداول البيانات باستخدام ميزة (Slice – and – dice)

(techniques) الذي تسمح للمستخدم النظر إلى المعلومات بأبعاد متعددة، وبمنظور مختلف وذلك بفضل البرامج الإرشادية الممتازة فيه .

إن هذه الأدوات مصممة بشكل جيد للمستخدمين ويسهل التعامل معها باستخدام برمجيات مخصصة لهذا الغرض الذي يمكن إعدادها بمنتهى السهولة حيث لم يستغرق تشغيله سوى بضع دقائق .

ومن الجدير بالملاحظة بأن هذا النوع من الأدوات يمكّن المدير في بناء وإدارة الروابط بين الحقول في جداول متعددة وأصبح بإمكانه أثناء إنشاء النماذج ومخططات التقارير على الشاشة الوصول إلى حقول مرتبطة بأي عدد من الروابط من جدول معين عوضاً عن الاقتصار على رابطة وحيدة .

مستودعات البيانات الفرعية (Data Marts) :

إن مستودعات البيانات الصغيرة شبيهة إلى حد كبير بمستودعات البيانات التقليدية (Data warehouses) التي تُخزن فيه الملخصات لجميع المعلومات التي تحتاجها المنشأة. ولكن يمكننا أن نلاحظ في الحياة العملية بأن بعض الأفراد قد لا يحتاجوا إلى هذا الكم الهائل من المعلومات المتعلقة بجميع الأقسام الوظيفية في المنشأة، عندئذ يكون من الضروري بناء عدد قليل من المستودعات الصغيرة التي يمكنها أن توفر قاعدة بيانات قوية وسهلة الاستخدام لكل قسم من أقسام المنشأة بصورة منفصلة . إن تقنية المستودعات الفرعية (data marts) توفر وسائل تقنية وإمكانيات قوية لإنجاز هذه المهمة. ويوضح الشكل (15-7) نموذجاً للمستودعات الصغيرة التي تقوم بخزن معلومات الأقسام المختلفة في المنشأة. يتضّح من هذا الشكل بأنه يمكن إنشاء مستودع كامل لقسم التسويق ومستودع آخر لقسم الإنتاج ومستودع ثالث لقسم المبيعات إضافة إلى أقسام الإعلان

والتوزيع والخدمات التي يمكن أن تخصص لها مستودعات بيانات صغيرة أخرى . ومعنى ذلك أن مدير كل قسم يقوم بتهيئة وإدارة برامج منفصلة وتكريس جميع البيانات المتعلقة بقسمة في مستودع مستقل لا علاقة له بمستودعات الأقسام الأخرى .

لذلك يبقي (data marts) مستودع رائع لخزن معلومات أي قسم من أقسام المنشأة وذلك لأنه يوفر لمدرائها الاستفادة المثلى من المعلومات المخزونة فيه ويتيح لهم القيام بالكثير من عمليات البحث والتحديث وتطوير المعلومات . إن (data marts) هو أداة مبتكرة لا تحتاج لأية خبرة عالية في قواعد البيانات حتى يتمكن مدير كل قسم من استخدامه بكفاءة وفعالية كما أنه يعد أداة مرنة جداً تتيح للمدير تنظيم معلوماته التي يحتاجها وتخزينها بشكل منتظم. وبشكل عام يمكن القول أن (data marts)) قادراً على توفير قاعدة بيانات قوية سهلة الاستخدام وللمنشأة التي تريد بناء قاعدة بيانات على ويب بصورة منفصلة فإنه يوفر برامج إرشادية وإمكانيات قوية لإنجاز هذه المهمة لكل قسم من الأقسام الوظيفية للمنشأة، كما يوفر لمدير كل قسم مقدرة على التحكم بسلاسة في دخولهم أو وصولهم إلى المعلومات المطلوبة. وبالمقارنة مع (data warehouses) تبقى سهولة استخدام (data marts) من أبرز مزاياه، إذ ينجح data marts في تقليل الكثير من التعقيدات التي يمكن أن تواجه مدراء الأقسام من مستخدمي (data warehouse) . ومن المعروف أن كثيراً من المدراء في المنشأة لا يرغبون استعمال المستودع (data warehouse) للأسباب الآتية :

- تتطلب إمكانيات برمجية كبيرة ومعقدة لاستخدامه .

- يتضمن معلومات كثيرة ومفصّلة قد لا يحتاج إليها المدير .

- يحتاج المدراء إلى مساعدة الخبراء من قسم تقنية المعلومات لإدارة البيانات المخزونة والمشاركة بها .

يلاحظ من الشكل (15-7) ما يلي :

1. يعد مستودع البيانات الرئيسي- (Data warehouse) نظاماً شاملاً مصمماً لجمع وتنسيق ونشر أحدث المعلومات والإحصاءات في مجالي التجارة والصناعة لكي يشكل مرجعاً لكافة المدراء ذات العلاقة .

2. يوفر إحصائيات دقيقة ومتناسقة لمدراء أقسام التسويق والمحاسبة والإنتاج والمبيعات لغايات صنع القرار ولمعرفة أحدث التفاصيل المتعلقة بحركة الإنتاج والمنتجات والحسابات .

3. يوفر مزايا معلوماتية تسهم في رفع سوية البيانات والمعلومات والحد من الازدواجية في مصادرها وتحقيق الإدارة الأفضل للبيانات مما يعود بفائدة أكبر على واضعي السياسات وصانعي القرار في الاستفادة منها.

4. يحتوي المستودع الفرعي على معلومات متنوعة حول تجارة السلع والإنتاج والتسويق والمالية والمبيعات والإعلان والتوزيع كما يشتمل على تعاريف محددة وواضحة للمصطلحات المستخدمة من قبل الأقسام المختلفة في الشركة مما يسهل على جميع متصفحي الوقع الإلكتروني للنظام فهم البيانات الواردة فيه والتي يتم تحديثها باستمرار.

5. تتوفر عدة خطوط في الشبكة تتيح المجال أمام المدراء والموظفين بالدخول إلى النظام وتحميل البيانات المطلوبة وبشكل تلقائي .

6. يقدم المستودع الفرعي أفضل الخدمات والتسهيلات إلى المستخدمين من خلال تبسيط وتسهيل الإجراءات التي يحتاجونها عند إعداد التقارير والحصول على المعلومات الحديثة والدقيقة والمتكاملة عن الإنتاج والمالية والمبيعات .

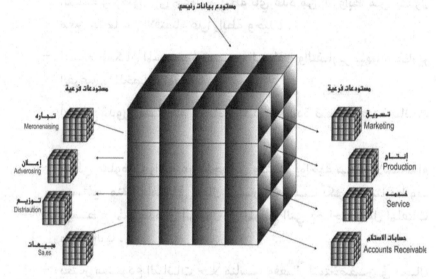

الشكل (15-7) يبين مستودع بيانات الشركة التقليدي والمستودعات الفرعية لخزن معلومات الأقسام الوظيفية .

يتضمن نظام مستودع البيانات عدداً من قواعد البيانات الفرعية التي تشكل بمجموعها أدوات مفيدة للمستخدم تلبي احتياجاته في كافة المجالات .

يلاحظ من الشكل (15-8) أن هناك ثلاث قواعد بيانات، تحتوي على معلومات تتعلق بالمجهزين والزبائن والمبيعات التي تعمل بسلاسة وتنجز الأمور المعنية بشكل جيد جداً وتخزن المستندات ضمن حقول .

- يتم تخزين كل جدول في ملف خاص به .

- توفير ملفاً واحداً يحوي بين طياته على مجموعة كاملة من معلومات قاعدة البيانات مع العلاقات التي تربط بينها .
- بناء وإدارة الروابط بين الحقول في جداول متعددة .
- أصبح بإمكان المستخدم إنشاء النماذج ومخططات التقارير على الشاشة والوصول إلى حقول مرتبطة بأي عدد من الروابط من جدول معين عوضاً عن الاقتصار على رابطة وحيدة .
- أصبح بإمكان المستخدم تصميم النماذج والتقارير فيها التقارير الفرعية والملخصات المعقدة .
- أصبح بمقدور المستخدم إنشاء نوافذ متعددة ضمن قاعدة بيانات وحيدة .
- يعطي معلومات وافية عن المجهزين ويتمتع بواجهة سهلة الاستخدام ويستفيد منه العاملين في مجال المشتريات حيث يكون شيئاً مطلوباً ويستطيع المستخدم في الوصول إلى المواقع التي يحتاجها ونقل الملفات منها وإليها .
- يعتبر مستودع البيانات حلاً مناسباً وفعالاً للمتخصصين في مجال الأعمال وتهدف إلى تلبية المتطلبات المتنوعة في المعلومات المتعلقة بالمجهزين والزبائن والمبيعات بحيث تمنح المستخدمين فرصة الاستفادة من الخصائص والوظائف الفنية المبتكرة التي توفرها ويعد حلاً مناسباً لتسهيل وتسريع تنفيذ العمليات المتعلقة بالتسويق والتحليل المالي .
- قاعدة بيانات التسويق. هي أحد المكونات المركزية الداعمة لمستودع البيانات والتي يملك القدرة على تزويد المستودع بالبيانات التسويقية ويوفر للمستخدمين طريقة بسيطة لبناء واجهة المستخدم وذلك

باستخدام رسوميات شعاعية ورسوم متحركة ولغة تعليم النص الموسعة للتطبيقات .

— قاعدة بيانات المبيعات تتضمن معلومات عن الخدمات التي يمكن أن تستخدم لتلبية حاجة الزبائن وملأ الطلبيات وتسليم البضاعة وابتكار منتجات جديدة، يعتمد على قاعدة بيانات موجودة على شبكة الإنترنت، وتتم التغذية بالمعلومات عبر تقنيات XML .

— البريد الإلكتروني. تستخدم الشركة البريد الإلكتروني لتقديم الخدمات الإلكترونية لزبائنها ويوفر دعمها لمكافحة الفيروسات ومرشحات البريد التطفلي وتعقب الرسائل .

— جدار النار: يستخدم هذا الجدار لتأمين بوابات ومنافذ الشبكة من الاختراق ويلاحظ على البرنامج Data Security الموضح في الشكل بأنه يقوم بتدقيق في أمن الشبكة عن طريق دمج جميع إجراءات التدقيق وتقدمها لمدير الشبكة في مخطط عمل واضح ومترابط. يبدأ هنا البرنامج عمله بإجراء عمليات البحث عن احتمالات قابلية التهديد بالاختراق حيث يفحص عتاد الشبكة والأجهزة المضيفة الأخرى بحثاً عن أية تهديدات محتملة. يعرض البرنامج مخطط بياني يوضح عدد تهديدات الاختراق وصنفه حسب درجة خطورتها على الشركة . كما يقوم البرنامج بتوليد تقارير تهديدات الاختراق المحتملة الذي تظهر فه الأخطار المحددة والقيمة الحرجة للتهديدات وتدابير المعالجة المحتملة.

— مركز الذكاء التجاري . يستخدم في معالجة البيانات وإدارة وتشغيل البرمجيات والتطبيقات ونظم المعلومات العاملة عبر الشبكة وإدارة الخدمات المختلفة التي تقدمها الشبكة لمستخدميها من المدراء على اختلاف مستوياتهم .

ويتم تسجيل كافة البيانات على برامج الحاسب الآلي لإخراج التقارير التفصيلية عن السوق والمبيعات والإنتاج مطبوعة أو ترسل عبر شبكة الإنترنت إلى المدراء في الشركة أو إلى أي مسؤول يريد تتبع النتائج بصورة مستمرة .

إن المركز مبني على نظم إلكترونية حديثة وبرمجيات تعتمد في بنائها على تكنولوجيا الذكاء الاصطناعي مما يضفي على التقارير التي يخرجها درجة عالية في الدقة والشفافية .

يتضح من الشكل (15-8) ما يلي :

1. أنه مشغل متكامل يبين عدد من البرامج والأدوات التي تشكل في مجموعها أدوات مفيدة للمدراء في الشركة تلبي احتياجاتهم من المعلومات الملائمة والدقيقة والواضحة والشاملة والآنية لصنع القرارات الإستراتيجية المهمة .

2. أنه مشغل متكامل يوفر خدمات الإنترنت والثابت والخلوي بين الأقسام والمصانع وعبر مراكز البيع الخاصة والمتواجدة في جميع أنحاء الشركة .

3. يشكل المشغل المتكامل ومحطات المعرفة منظومة متكاملة تقدم خدمات مختلفة في تكنولوجيا المعلومات والاتصالات في جميع مناطق الشركة ونقاط عبور للتواصل مع الأقسام والمصانع ومراكز البيع .

4. يضم المشغل المتكامل على أحدث التكنولوجيات الخاصة ببرمجيات الذكاء التجاري التي تضم مجموعة المعارف والخبرات المتراكمة والمتاحة التي تستخدم في مجال صناعة القرارات الإدارية الخاصة

بالعمليـات والمبيعـات والتسـويق . كـما يضـم برمجيـات الحلـول الإلكترونية الذكية لإدارة بيانات الشركة والتي تسـاعد في التحكم في تنظيم كافة أنواع البيانات كالوثائق والملفات المختلفة والرسومات والجداول والتقارير الإلكترونيـة . وتمكـن هـذه الحلـول الشركة مـن إدارة البيانات التي يتم جمعها من خلال الأنظمة الإلكترونية الأخرى التي تستخدمها هـذه الشركة كنظـام علاقـات الزبـون ونظـام إدارة التسويـق والمبيعـات ونظـام إدارة سلسـلة التوريـد ومواقـع الإنترنـت ونظام إدارة وتتبع سير العمل والمعاملات .

5. إن المشغل المتكامل مبني على أحدث تكنولوجيا رقميـة مـما يجعلـه متميـزاً وفريـداً في نظـام تشـغيله وخدماتـه والمبنيـة عـلى تكنولوجيا متطورة وهذا يعزز قـدرة الشـبكة الإنترنت لخدمـة عـدد كبـير مـن المستخدمين .

6. إن المشغل المتكامل مبني على نظم إلكترونية تعتمـد في بنائها عـلى نظم إلكترونيـة حديثـة وبرمجيـات تعتمـد في بنائها عـلى تكنولوجيا الذكاء الاصطناعي، مما يضفي على التقارير التي يخرجها درجة عالية من الدقة والشفافية. إن المشغل يتكون مـن برنـامج حاسـب آلي ذكي يستطيع التعامل التلقائي مع البيانات الواردة إليـه مـن بقية النظـام واتخاذ القرارات المناسبة دون الرجوع إلى العامل البشري .

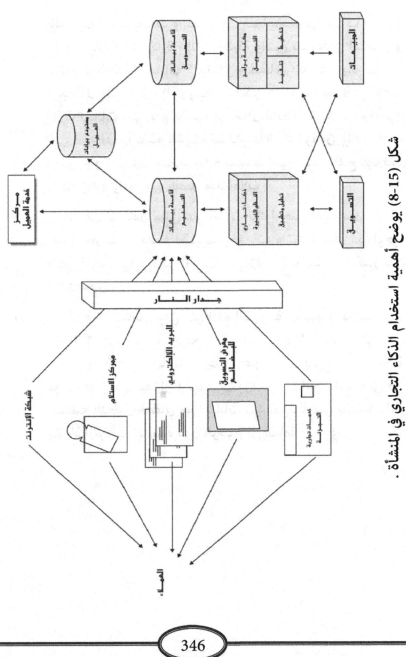

شكل (8-15) يوضح أهمية استخدام الذكاء التجاري في المنشأة .

الفصل السادس عشر
التجارة الإلكترونية

بعد دراستك لهذا الفصل تستطيع أن:

1. تعرف وتوضح المقصود بالتجارة الإلكترونية .

2. تبين أهمية التجارة الإلكترونية وفوائدها للشركات البائعة.

3. تعدد وتشرح فوائد التجارة الإلكترونية للمستهلك .

4. تعدد وتوضح الأنواع المختلفة للتجارة الإلكترونية .

5. توضح المقصود بالتبادل التجاري بين الشركات المختلفة .

6. توضح المقصود بالتبادل التجاري بين الشركات والمستهلكين وتعرف النماذج المستخدمة في هذا النوع من التجارة الإلكترونية .

7. تشرح أهم الأدوات التي تستعمل من قبل الشركات للدفع الإلكتروني .

8. توضح المقصود بالتبادل التجاري بين المستهلكين .

9. تحدد الخطوات الواجب إتباعها من قبل الشركات للتحول إلى التجارة الإلكترونية .

10. تبين مزايا وفوائد محركات البحث للمستخدمين في الشركة .

11. تبين فوائد الحلول المعلوماتية المتكاملة التي توفرها شركة Network Associates لمكافحة البريد الإلكتروني التطفلي .

التجارة الإلكترونية

مقدمة :

بـرزت في القـرن العشـرـين ظـاهـرة التطـور السـرـيع في تكنولوجيا المعلومـات والاتصالات بشكل لم يعد بمقـدور أي شركـة صناعية مهـما كان موقعهـا وحجمهـا وإمكانياتها أن تعزل نفسها عن الشركات الأخرى المتواجدة في دول أخرى .

ففي عالم أضحى صغيراً وحدوده مفتوحة كـما هـي أجـواءه. فإن استقرار أي شركـة وقدرتها عـلى تعزيـز اقتصادياتها، تصبح مرهونـة للتواصل النشـط في بنـاء الشركات المتكافئة مع بقية الشركات مهـما ابتعـدت المسـافات. ومـع نهايـة القـرن العشرين بدأت الشركات في الدخول إلى العصر الرقمي الذي تميز بانتشار استخدام الحاسوب والإنترنت مـع مجموعـة مـن التطـورات الهامـة عـلى مختلـف الأصعـدة العلميـة والتقنيـة والتكنولوجيـة وظهـور مصطلحات مثل التجـارة الإلكترونيـة والحكومة الإلكترونيـة والاقتصاد الرقمـي ومـا إلى ذلك مـن مصطلحات جديـدة أنتجها العصر الرقمي .

لقد حصل تطور متسارع للإنترنت أواسط التسعينات وظهرت مواقع جديدة على الإنترنت لتنفيذ الأعمال التجارية إلكترونياً مما قاد إلى تحولات جذرية في مسائل انتقال السلع والخدمات والبضائع ورؤوس الأموال وفتح الأسواق والمنافسة الحرة وظهرت التجارة الإلكترونية أواخر التسعينيات. لذلك تعتبر التجارة الإلكترونية من أهم الظواهر التي جاءت لتفرض نفسها وتلقي بثقلها على الصناعة في سياق التطور الذي حصل في الإنترنت. وبناء على ما سبق، يمكننا القول أن التجارة الإلكترونية قد نشأت كنتيجة حتمية للتطور التكنولوجي المتسارع واستجابة للتقدم التقني المذهل ورغبة في الإفادة من الإنترنت و ثورة الاتصالات والمعلومات

الرقمية الذي واكب التطورات التاريخية التي مرت بها الشركات والمنشآت الصناعية في العالم. لقد جاء الإنترنت ليشكل حلقة وصل تجارية بين المنشآت الصناعية، ولا يمكننا أن ننكر بأنه استطاع أن يشكل عنصراً هاماً وسبباً قوياً لهذه المنشآت لتطوير وترويج منتجاتها وزيادة الكفاءة وتقليص المسافات بين الشركات المنتجة والمستهلك كما فتح الفرصة للشركات التجارية والصناعية للمشاركة في التجارة الدولية والعالمية. لقد فتحت الثورة التكنولوجية والمعلوماتية المتطورة والمتسارعة أبواب المنشآت والشركات ومؤسسات الأعمال والأفراد لتصبح كلها مشرعة فلا حواجز تمنع ولا أسوار ترفع فقد اخترقت شبكة المعلومات كل شركة ومصنع وأصبحت تتمتع ببنية تحتية متكاملة تمكنها من تطبيق التجارة الإلكترونية على المستوى المحلي والعالمي .

لقد حصل تطور متسارع للإنترنت أواسط التسعينيات وظهرت مواقع جديدة على الإنترنت لتنفيذ الأعمال التجارية إلكترونياً مما قاد إلى تحولات جذرية في مسائل انتقال السلع والخدمات والبضائع ورؤوس الأموال وفتح الأسواق والمنافسة الحرة، وظهرت التجارة الإلكترونية أواخر التسعينيات، وباختصار يمكن القول بأن الاهتمام بالتجارة الإلكترونية قد زاد كثيراً بالعقود الماضية وذلك بعد التوسع الذي حصل في المنشآت والشركات الصناعية والتجارية من جهة والثورة العلمية التقنية التي تطورت لتشمل مناحي الحياة المختلفة من جهة أخرى.

إن التجارة الإلكترونية هي ظاهرة اقتصادية وتكنولوجية تجد مصادرها في قوى وعوامل اقتصادية وتقنية ومعلوماتية، فهي تسّهل اندماج الأسواق بسوق واحد عالمية من خلال ما تحفظه من تنافسية وزيادة الرفاة للمستهلك مما توفر له من أسعار أقل وبدائل أوسع.

وعموماً يمكننا القول أن ما يميز التجارة الإلكترونية ويدفعها للتقدم للأمام في المستقبل هو أن الأسواق العالمية لم تعد ترتبط فقط بزيادة الإنتاج وتحسين الجودة وإنما بتقليل الفترة الزمنية لانتقال السلعة من المصدر إلى المستورد وتخفيض النفقات المرتبطة بكل مرحلة من مراحل إنجاز العملية .

اتجاهات مختلفة لتعريف التجارة الإلكترونية :

اختلف العلماء والكتاب في نظرتهم إلى مفهوم التجارة الإلكترونية مما أدى إلى ظهور عدة تعريفات لهذا المفهوم في فترة زمنية قصيرة بدأت في نهاية القرن العشرين. وترجع أهم الأسباب التي أدت إلى ظهور مثل هذا التفاوت في التعريفات إلى تنوع الخلفيات والمعرفية والخبرات لأصحاب هذه التعريفات أولاً، والتطورات في تكنولوجيا المعلومات والاتصالات ثانياً ومطالب الشركات والمنشآت الصناعية والإنتاجية المتغيرة والمتجددة ثالثاً، ورغم تعدد تعريفات التجارة الإلكترونية وتنوعها فإننا نتعرض لأهمها كالآتي :

يعرفها (ALTER) بأنها عبارة عن عمليات تبادل المعلومات التي تتعلق بالمبيعات والتسويق والإنتاج بواسطة استخدام الإنترنت ووسائل تكنولوجيا الاتصالات الأخرى.

إن التجارة الإلكترونية توفر المزايا التالية :

1. تزويد الزبون بالمعلومات الآنية والمفيدة عن المنتجات وأماكن تواجدها .

2. تزويد مختلف المستويات الإدارية بالمعلومات المتعلقة باحتياجات الزبون .

3. تزويد مختلف المستويات الإدارية بالمعلومات المختلفة بإجراءات الشراء وبالأنظمة وسياسات الشراء .
4. تزويد المدراء بالمعلومات المتعلقة بمصادر التجهيز والأسعار والنوعية والتكاليف .
5. تزويد المدراء بمعلومات مفيدة وحديثة عن المخزون من الموارد السلع والخدمات .

ويوضح الشكل (16-1) أهم هذه المزايا .

وعرفها لودن (Loudon) بأنها عملية بيع وشراء البضائع والخدمات إلكترونياً. تشمل هذه الخدمات على أنشطة لتمكين المستخدم من تنفيذ الإجراءات والمعاملات التجارية عن طريق استخدام الإنترنت والشبكات ووسائط التكنولوجية الرقمية. كما أنها تتضمن أنشطة لدعم معاملات السوق مثل الدعاية والتسويق وإجراءات الدفع والتسليم .

وباستبدال الإجراءات اليدوية والورقية ببدائل إلكترونية وباستعمال المعلومات بطريقة جديدة وديناميكية فإن التجارة الإلكترونية سوف تضاعف accelerate الطلبات والتسليم ومدفوعات البضائع والخدمات بينما تنخفض تكاليف الخزين والتشغيل للشركة الإلكترونية. كما أن تكنولوجيا الإنترنت تستعمل بازدياد لتسهيل إدارة الشركة وإعداد سياسات المستخدمين وتقييم الميزانيات وتخطيط الإنتاج وجدولة الصناعة وتصليح المشروع وتنقيح تصميم المستندات.

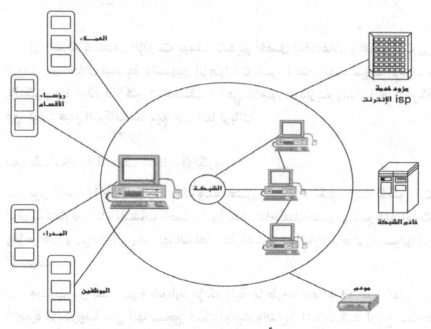

الشكل (16-1) يوضح أهم المزايا التي توفرها التجارة الإلكترونية .

يتضمن هذا الشكل عدداً من البرامج والمعدات التي تشكل في مجموعها أدوات مفيدة للمدراء والزبائن تلبي احتياجاتهم في مجال معالجة المعلومات المتعلقة بالمنتجات والتسويق والمشتريات ومصادر التجهيز والأسعار .

شكل (16-2) يوضح كيفية استخدام الإنترنت والتكنولوجيا الرقمية من قبل الشركة في التجارة الإلكترونية. إن المعلومات تتدفق بين الأجزاء المختلفة من الشركة وبين الشركة وعملاها والمجهزين والمساهمين . إن الشركة تستعمل الإنترنت والشبكات لإدارة عملياتها الداخلية وعلاقاتها مع العملاء والمجهزين بهدف إنهاء معاملاتها بوقت أسرع وعبر إجراءات أسهل متمتعة بمزايا سرعة النظام الإلكتروني بالإضافة إلى الاستفادة من مزايا انخفاض الكلفة.

إن الشركة تستعمل الإنترنت بهدف تقديم أفضل الخدمات والتسهيلات إلى الزبائن من خلال تبسيط وتسهيل الإجراءات التي يحتاجونها. غيرت الإنترنت والتكنولوجيا الرقمية الكثير في مختلف مناحي الأمور الإدارية والمالية في الشركة وفي كيفية قيام الشركات بتقديم خدماتها لزبائنها .

اتجاهات مختلفة لتعريف التجارة الإلكترونية :

يرى Halsull بأن التجارة الإلكترونية تعني استخدام تكنولوجية المعلومات الرقمية لتطوير أداء المنشآت الصناعية وزيادة إنتاجيتها ولتسهيل سير المعاملات والإجراءات والمراحل التي تمر بها السلعة منذ تصنيعها وإنتاجها حتى وصولها إلى المستهلك .

ويقترب من هذا الفهم التجارة الإلكترونية ما طرحه O'Brien حيث نظر إلى التجارة الإلكترونية على أنها تسخير التكنولوجية والثورة المعلوماتية لرفع كفاءة الموارد البشرية في المنشأة وتكامل وانسجام الجهود بين الأقسام المختلفة للوصول إلى تجارة أفضل ولتحسين الاتصال مع المستهلكين ولتحسين الأداء والوضع التنافسي للمنشأة .

وقد أكد Elliott على أن التجارة الإلكترونية تشير إلى استعمال الإنترنت والشبكة العالمية العريضة وتكنولوجية الاتصالات الأخرى لغرض التسويق والمبيعات وخدمة المنتوج. واقترح Elliott ستة أمور مهمة للتجارة الإلكترونية وهي :

1.   إخبار الزبائن والمستهلكين عن وجود المنتجات.

2.   تزويد معلومات مهمة عن المنتجات .

3. تحديد احتياجات الزبائن .

4. إنجاز معاملات وإجراءات الشراء .

5. تسليم المنتجات إلكترونياً .

6. إنجاز خدمات الزبائن إلكترونياً .

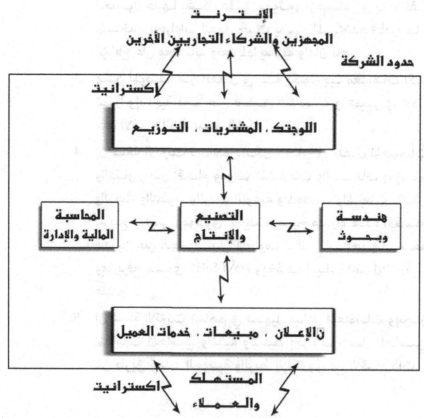

شكل (16-2) يبين أهمية استخدام التكنولوجيا الرقمية لتسهيل انتقال المعلومات في المنشأة .

يتضح من هذا الشكل ما يلي :

1. تبنـي أحـدث التقنيـات ومواكبـة أحـدث التطـورات في مجـال خـدمات الاتصـالات وتسـخير التكنولوجيـا لتسـهيل انتقـال المعلومات بين الأقسام الوظيفية والمصانع في الشركة .

2. إن الهدف من استعمال شبكة الإنترنت هـو تـوفير وقت وجهد الموظـف في الحصـول عـلى المعلومـات والخـدمات وتسـهيل الحصـول عليهـا بشـكل دقيـق وموثـوق ومسـتمر وزيـادة ثقـة المستخدم بإجراءات العمل حيـث يصبح المسـتخدم قادراً عـلى الإطلاع على معلوماته وتعديلها بسوية وأمان تام .

3. يمكّن الموظف مـن العمل في بيئـة تكنولوجيـا معلومـات أكـثر تطوراً وإنتاجية فضلاً عـن تحقيق التنافسية والتمييـز في الأداء لدى الأقسام الوظيفية في الشركة .

4. إن شبكة الإنترنت تساهم بشكل إيجابي في انتقـال المعلومـات والتقـارير بـين أقسـام ودوائـر المشـتريات والحسـابات والإنتـاج والبحث والتطوير والرقابة النوعية والمختبرات والمبيعات بشـكل سـريـع ودقيـق وموثـوق. بحيـث يصبح مـدراء هـذه الأقسـام قادرين على الحصـول عـلى المعلومـات التي يحتاجونها بسرعة وبما يرفع مستوى كفاءة الأداء ويخفف أعبـاء الأعمال الورقيـة عليهم .

5. إن شبكة الإنترنت تساهم في تسـهيل تبـادل المعلومـات وإنجاز المعاملات المحاسبية والمالية وتبسيط إجراءات العمل المحاسبي عن طريق عملية الحوسبة والربط الإلكتروني مع الأقسام ذات

العلاقـة مـما سـيوفر الوقـت والجهـد ويقلـل في نسـبة حـدوث الأخطاء. يتطلب الأمر هنا تنفيذ التواصـل بـين الآلات والأجهـزة بعضها البعض لتمكين مدراء الأقسـام عـلى اسـتقبال المعلومـات لحظياً وآنياً .

وفي ضوء النقاط السـابقة والآراء المطروحـة، فإنـه يمكن القـول بـأن مصطلح التجارة الإلكترونية قد بـرز مـع تزايـد دور القطـاع الصناعي في التجـارة وتسـارع استخدام الحاسوب والإنترنت .

ويمكننا تعريف التجارة الإلكترونية بأنها عبارة عن دمج تكنولوجيا المعلومـات والحاسـوب والإنترنـت التـي ينبثق عـن انـدماجها محتـوى يـوفر ويخـزن ويقدم خدمات رقمية على شبكات متكاملة وعلى قواعد مشتركة وبرامج حاسوبية وأجهزة حاسوبية مناسبة. يتضح من تعريفات التجارة الإلكترونية السابقة وفي ضوء النقاط والآراء المطروحة فإن التجارة الإلكترونية يمكن اعتبارهـا مـن المفاهيم الشائعة والمهمة في وقتنا الحاضر ولهـا أهميـة في حيـاة الشـعوب والمجتمعـات. والتعريـف بالتجارة الإلكترونية يثير صعوبات كثيرة وذلك لأن هذه التجارة متطورة مـع الـزمن وتختلف من مجتمع إلى آخر كما تختلف في المجتمع الواحد من زمن لآخر .

التجارة الإلكترونية أهميتها وفوائدها :

تتضح أهمية التجارة الإلكترونية في تحقيقها للفوائد الآتية :

أولاً - فوائد التجارة الإلكترونية للشركات (البائعة) .

ثانياً - فوائد التجارة الإلكترونية للمستهلك (المشتري) .

ولكي نعطي الموضوع حقه في الشرح والتوضيح فسوف يتم الحـديث أولاً عـن فوائـد التجـارة الإلكترونيـة للشـركات ثـم نتعـرض للحـديث عـن فوائـد التجـارة الإلكترونية للمستهلك ويمكن توضيح ذلك على النحو التالي :

أولاً – فوائد التجارة الإلكترونية للشركات (البائعة) :

1. تعتبر التجارة الإلكترونيـة أداة مهمـة ومفيـدة للـترويج عـن السلع والخـدمات عـن طريـق مواقـع الشـركات الإلكترونيـة المصمّمة لهذا الغرض . لاحظ الشكل (3-16) .

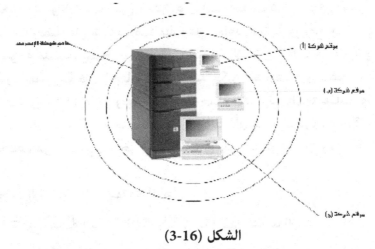

الشكل (3-16)

الشكل (3-16) يوضح أهمية الاتصال بالشبكة اللاسـلكية واسـتخدام أحـدث مزايا التشبيك ومحطات الوسـائط الطرفيـة لغـرض التسـويق والمبيعـات وتسـهيل الإجراءات .

تمنح هذه الشبكة اللاسلكية للمدراء والتنفيذيين العاملين في مختلف أقسام الشركة القدرة على تصفح الإنترنت وإرسال واستقبال البريد الإلكتروني بأداء وسرعة مميزة. إن الخبرة والمعرفة التي تتمتع بها الشركات في مجال التجارة الإلكترونية وتطبيقها إلى جانب أساليبها المعلوماتية وأجهزتها الحاسوبية المتوفرة لديها لإدارة عمليات البيع والتوزيع والتجهيز مع الدعم الذي توفرها لها الإدارة العليا كل ذلك يشكل حلاً ناجحاً يضمن للشركة تحقيق التواصل مع العملاء بطريقة سهلة وسريعة.

2. توفر للشركات تكاليف التسويق والدعاية والإعلان وتوفير الوقت والمكان المطلوبين للمعاملات التجارية السليمة والضرورية لدعم تطوير وتحسين نوعية وكفاءة الإحصائيات التجارية المقدمة إلى المستهلك .

3. تمكّن الشركات من تبادل المعلومات والتواصل مع الموظفين والعملاء بطريقة سهلة وعملية مما يساعد على زيادة التبادل التجاري بين الشركات باستخدام أفضل الموارد المالية والبشرية المتاحة .

4. يستخدم الإنترنت لتطوير وترويج منتجات الشركات فضلاً عن التعاملات المالية، ومعالجة عمليات البيع إلكترونياً مما يرفع من كفاءة وفاعلية أداء الشركات .

5. تقوم الشركات بجمع المعلومات التجارية وتوثيقها في الحاسوب بشكل رقمي وذلك عن طريق حفظ وتنسيق ونشر أحدث المعلومات في مجال التجارة والاستثمار بتنظيم شامل موحد على شبكة الإنترنت في ضوء الحاجة المتزايدة لتوفير

إحصائيات دقيقة وتنافسية لغايات صنع القرارات. يوفر هذا النظام الرقمي مزايا معلوماتية لكافة الشركات التي ترغب في الحصول على معلومات تجارية. إن قاعدة البيانات الإحصائية الشاملة والدقيقة الموثقة بشكل رقمي في الحاسوب تشكل مرجعاً لكافة الجهات ذات العلاقة .

6. إن نظام التجارة الإلكترونية يحتوي على معلومات متنوعة حول تجارة السلع والخدمات وواقع الاستثمار والنشاط الاقتصادي مما يسهل على جميع متصفحي الموقع الإلكتروني للنظام فهم البيانات الواردة فيه والاستفادة منها لاتخاذ القرارات المناسبة. إن توفير مثل هذه المعلومات يعزّز الجهود المبذولة لتطوير الاقتصاد والتعامل مع المعطيات التجارية على قاعدة من الشفافية وإتاحة المجال أمام المهتمين لمعرفة أحدث التفاصيل المتعلقة بحركة التجارة والاستثمار .

7. عقد الصفقات التجارية إلكترونياً وتعزيز فرص التبادل التجاري وزيادة حجم التجارة بين الشركات .

8. مواكبة التطورات في الأسواق العالمية في مجال حفظ ونقل وتبادل المعلومات التجارية إلكترونياً عبر شبكة المعلومات العالمية وخاصة فيما يتعلق بحركة السوق وإمكانية التنبؤ لمتغيرات السوق والاستجابة لها .

9. المساهمة في دمج الشركات بشكل أكبر في النظام التجاري متعدد الأطراف .

10. إن التجارة الإلكترونية تمهد الطريق أمام الشركات لبناء تجارة قوية تفتح المجال أمام تدفق السلع والخدمات والاستثمارات المشتركة. إنها تمهد الطريق للشركات لعقد شراكات مع شركائها الحاليين مما له الأثر الأكبر في تحفيز المنافسة وتوفير خدمات جديدة، وانخفاض الأسعار وتوفير فرص عمل مباشرة وغير مباشرة .

11. تعزيز مكانة الشركة من حيث تنويع الخدمات المقدمة للزبائن ومواكبة متطلبات ومستجدات السوق .

12. توسيع قاعدة عملاء الشركة ونشاطات الشركة بشكل ملحوظ في الأسواق العالمية .

13. تصميم قواعد بيانات شاملة موحدة ومشتركة بين الشركات وتبادل المعلومات الفنية بين الشركات وذلك لتعزيز القدرات التنافسية لنقاط التجارة وتطوير أعمالها .

14. تساهم التجارة الإلكترونية في تعزيز تنافسية الشركات وتمكينها من اختراق الأسواق غير التقليدية وبالتالي تعزيز مساهمة هذه الشركات في عملية التنمية الاقتصادية المستدامة.

15. تساعد التجارة الإلكترونية في تحسين الاتصالات بين الشركات مما يساعد على تحسين الأداء وتحفيز الوضع التنافسي- لها وتنشيط التجارة وإعطاء دفعة قوية لزيادة حجم التعاون التجاري بينهما .

16. تتيح التجارة الإلكترونية للشركات إمكانية تفعيل عملية الاتصال والتواصل بينهما عبر شبكة الحاسوب الداخلية بأقل وقت وبأقل كلفة .

17. تساعد التجارة الإلكترونية الشركات على تعزيز تنافسيتها على المستوى العالمي وبشكل ينسجم مع المتطلبات الحديثة لدخول مختلف الأسواق ومجاراة المتغيرات الاقتصادية العالمية والنفاذ إلى الأسواق الخارجية. تحسين المزايا التنافسية للصناعة وتأهيلها بصورة أفضل لدخول الأسواق العالمية .

18. تطوير الآليات الإنتاجية والتسويقية لعديد من الصناعات لتمثل مكانة متقدمة في التجارة الدولية من خلال بناء منظومات اقتصادية خاصة بها وبنية تحتية مناسبة .

19. ترسيخ العلاقة بين الشركات المختلفة في العالم ويفتح أمامهم فرصة لتبادل الأفكار حول تطوير أساليب الإنتاج .

يتضح مما سبق أن الشركات الصناعية قد بدأت في تبني نظم التجارة الإلكترونية الموجهة لتحسين الأداء وتحفيز الوضع التنافسي- لها لكي تتمكن من الحصول على مكانة متقدمة في التجارة الدولية. إن الشركات بدأت تعمل على تطوير خدماتها وبرامجها لتصبح شركات إلكترونية تقدم خدماتها وبرامجها لتصبح شركات إلكترونية تقدم خدماتها الإنتاجية والفنية والإدارية بواسطة الحاسوب والإنترنت .

ثانياً – فوائد التجارة الإلكترونية للمستهلك (المشتري) :

1. حرية انسياب المعلومات بشكل فوري للمستهلك مما يؤدي إلى سرعة وسهولة التسوق وإجراء عملية الشراء في وقت قصير .

2. تقليص المسافات بين الشركة والمستهلك. يقوم المستهلك بعملية الشراء إلكترونياً عبر الإنترنت دون الحاجة إلى الوسطاء مما يوفر للمستهلك أسعاراً أقل وبدائل أوسع .

3. فتح خطوط من خلال الشبكة العنكبوتية لإتاحة المجال أمام المستهلكين بالدخول إلى النظام وتحميل البيانات المطلوبة وبشكل تلقائي .

4. توفير سلع وخدمات تلبي حاجات وتوقعات المستهلك من حيث السعر والجودة والكمية .

5. تفعيل خدمة التداول الإلكترونية لعملاء الشركة مما سيوفر الوقت والجهد للمستهلك حيث أنها ستقلص من عمليات الشحن والنقل والتوزيع .

6. توفير خدمات الاتصال المتنوعة والمتطورة للمستهلكين . إ تمكن المستهلكين من الحصول على الخدمات إلكترونياً عبر الإنترنت والبريد الإلكتروني .

7. تقديم كل ما هو جديد لخدمة الزبائن والمستهلكين . تهدف التجارة الإلكترونية إلى بناء علاقات إستراتيجية متميزة بين الشركات والمستهلكين وذلك بهدف تقديم منتجات وخدمات عصرية تلبي تطلعات واحتياجات كافة المستهلكين .

8. **وضع الأساس المتين لتقديم خدمات مميزة للمستهلكين وذلك لأن التجارة الإلكترونية تتيح المجال للاستفادة من الإمكانات والمميزات التي توفرها تكنولوجيا المعلومات .**
9. **تساعد أنظمة التجارة الإلكترونية في تسريع إتمام الصفقات التجارية وتسويق المنتجات عبر شبكة الإنترنت مما يسّهل توافر خدمة التسويق للزبائن في جميع الأوقات .**
10. **تتم طلبات الشراء والدفع من قبل المشتري بطريقة إلكترونية مما يساعد على سهولة وسرعة التسوق وإتمام الصفقات التجارية في وقت قصير .**
11. **إن التجارة الإلكترونية تساعد على خفض نفقات التوزيع والتخزين والاتصالات عبر شبكة الإنترنت مما يؤدي إلى توفير كبير في نفقات عمليات الشراء .**
12. **يتم حفظ المعلومات المتعلقة بالأسعار بشكل رقمي مباشرة في الحاسوب من قبل الشركات البائعة مما يساعد المستهلكين على إجراء المقارنات واختيار السلع التي تناسب رغبات وحاجات المستهلك من حيث السعر والجودة . لاحظ الشكل (4-16) .**

الأنواع المختلفة للتجارة الإلكترونية.

يمكن تصنيف التجارة الإلكترونية إلى أربعة أصناف كالآتي :

أولاً - الشركة إلى الشركة

(B2B) Business to Business (B – B)

ثانياً – الشركة إلى المستهلك

(B2C) Business to Consumer (B - C)

ثالثاً – المستهلك إلى الشركة

(C2B) Consumer to Business (C – B)

رابعاً – المستهلك إلى المستهلك

(C2C) Consumer to Consumer

الشكل (16-5) يضم هذه الأنواع الأربعة .

المقدمة :

ساهم الانفتاح وسهولة الاتصال والتواصل بين الشركات المختلفة وبين الشركات والمستهلكين في سرعة انتشار الإنترنت والتكنولوجية الرقمية إلى بروز أنواع مختلفة من التجارة الإلكترونية تستخدم نماذج أعمال تجارية متباينة . ولعل الأمر اللافت للنظر في هذه المسألة هو أنه يمكن لشركة معينة استخدام أكثر من نموذج في أعمالها التجارية الإلكترونية .

فعلى سبيل المثال أن الشركة التي تقدم خدماتها إلى الزبائن تعتبر شركة من نوع الشركة إلى المستهلك بينما إذا قامت نفس الشركة بعمليات الوساطة بين الأشخاص لتسهيل العمليات التجارية فإنها تعتبر شركة من نوع المستهلك إلى المستهلك .

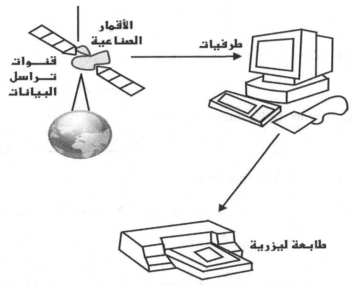

الشكل (16-4) يبين أهمية حفظ المعلومات المتعلقة بالأسعار في الحاسوب .

إن تـوفـيـر إمكانيـة الـربـط الإلكـتـرونـي عـن طـريـق الإنترنـت يسـاهـم في تمكـين حاسوب المركز الرئيسي في الشركة من حفظ البيانات المهمة التي يحتاجهـا الزبـائـن والمستهلكين بشكل رقمي مما يساعدهم على إجراء المقارنات واختيار السـلـع الـتـي تناسب رغباتهم من حيث السعر والجودة .

إن حاسوب مركز الشركة الرئيسي يضم مجموعـة مـن الـبـرامـج والـنمـاذج الـتـي يقوم كل منها بمهمة من المهام التي تقدم خدمات مميزة للمستهلكين مـما يسـاعـد على سهولة وسرعة التسوق وإتمام الصفقات التجارية في وقت قصير .

كما يضم الحاسوب أحدث البرمجيات للحلول الإلكترونية الذكية لإدارة بيانات الشركة والتي تساعد في التحكم في تنظيم كافة أنواع المعلومات التجاريـة كالوثائـق والملفات المختلفة والرسومات والجداول والتقارير الإلكترونية .

الشكل (16-5) يبين الأنواع الأربعة للتجارة الإلكترونية .

ونظراً لأهمية هذه الأصناف الأربعة للتجارة الإلكترونية فلا بد مـن توضـيحها بدرجة من التفصيل للتعرف إلى ماهية كل صنف وطبيعته ودوره وارتباطه وكيفية استخدامه في الشركات. وفيما يـلي توضـيح لكـل نـوع مـن النـماذج المسـتخدمة في الشركات في الفصول التالية مبتدئين بنموذج من الشركة إلى الشركة .

أولاً – الشركة إلى الشركة (B – B):

لاحظ الشكل (16-6).

يشار إلى هذا النوع من التجارة الإلكترونية اختصاراً بالمصطلح (B-B) ويعني التبادل التجاري بين الشركات المختلفة عـن طريـق اسـتخدام الحاسـوب والإنترنـت والوسائل المتطورة الأخرى. إن عمليات التبادل التجاري بين الشركات إلكترونياً

من خلال شبكات الحاسوب والإنترنت تلعب دوراً مهماً في تعزيز أداء البيع والشراء وتبادل المعلومات والمعاملات بين الشركات المختلفة، وعليه يمكننا القول بأن استخدام الشبكات المتطورة ينعكس إيجابياً على أداء الشركات . حيث تعمل هذه الشبكات على تحسين كفاءة استخدام الشركات لمواردها وتدعيم التنافس في الأسواق وتطوير منتجاتها وخلق فرص عمل جديدة .

إن هدف التبادل التجاري بين الشركات هو لتعزيز النمو والاستقرار الاقتصادي ومواجهة التحديات المشتركة مثل تذبذب الأسعار وانعدام الاستقرار الإقليمي .

إن الحكومات في الدول المتقدمة تعمل دائماً على بناء شبكات معلومات واسعة تمتد إلى أكثر من شركة باستخدام التقنية الرقمية والإنترنت والحواسيب المتنقلة لضمان نجاح الأعمال وتوفير البيئة المناسبة لها. إن التطور في التكنولوجية الرقمية لها تأثير مباشر على تنمية الحركة التجارية .

الشكل (6-16) يوضح أهمية العمليات التجارية التي تتم بين المنتجين والبائعين عبر شبكة الإنترنت .

يتضح من الشكل ما يلي :

1. إن التجارة الإلكترونية تستخدم منظومة متكاملة من الأجهزة والبرمجيات والشبكات والحواسيب لتسهيل عملية تبادل المعلومات بين الشركات المصنعة والشركات المستهلكة وتتيح لهم التعرف على السلع من ناحية المواصفات والأسعار والأنواع.

2. تتيح التجارة الإلكترونية للعملاء القيام بعملية الشراء وتحديد السلعة المطلوبة ووسيلة تسديد قيمتها من خلال الإنترنت وباستخدام البريد الإلكتروني. إن الإنترنت والمواقع الإلكترونية هي جزء أساسي من خدمات الاتصال التسويقية التي تقدمها وتطورها الشركات لعملائها المحليين منهم والدوليين مما تعمل على توفير الوقت والجهد وتخفيض التكاليف .

3. إن المواقع الإلكترونية للشركات أصبحت وسيلة الاتصال والتسويق الرئيسية بين هذه الشركات وعملائها من خلال المعلومات الشاملة والمتكاملة التي توفرها للمتصفح حول بضائعها ومنتجاتها وبأسلوب تسويقي وترويجي جيد .

4. يتم تبادل المعلومات والوثائق والخرائط والمخططات بين الشركات عن طريق الإنترنت وعبر الشبكة المحلية اللاسلكية. تشكل شبكة الإنترنت هذه حلقة للتواصل ما بين الشركات المصنعة والشركات المستهلكة لتبادل الخبرات والتجارب في مجال تطبيق التجارة الإلكترونية .

5. يتيح التسويق عن طريق الإنترنت للشركات المعنية من التحاكي وتراسل البيانات فيما بينها وتسهل وصول السلع والخدمات للعملاء والمستهلكين .

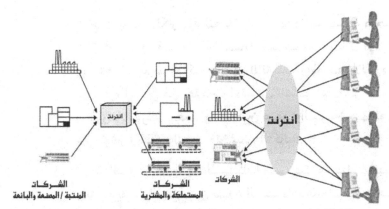

الشكل (16-6) يبين العمليات التجارية التي تتم بين الشركات

إن الإنترنـت يـؤدي إلى تحريـك نشـاطات الاتصـالات وزيـادة نسـبة التجـارة الدولية بشكل مباشر وتحريك نشاطات أخرى مرتبطة بقطاع الصناعة .

وهناك نماذج متعددة من التجارة الإلكترونية منها :

أ. نموذج التوزيع الإلكتروني :

تقوم كثير من الشركات بإطلاق مواقعها الإلكترونية على شبكة الإنترنت والـذي يحتوي على خدمات وحلول ومواصفات فنية يرتبط كـل موقع بشـبكة معلومـات عالمية يمكّن الشركات مـن حفـظ ونشر ـ المعلومـات التي تتعلـق بمنتجاتها وعقد صفقات تجارية إلكترونياً مع الأسواق الأخرى في أي وقت وفي أي مكـان في العـالم. تقوم كثير من الشركات باستخدام الترميـز الإلكترونـي لمنتجاتها الـذي يعتمـد عـلى استخدام تكنولوجيا الترددات الراديوية ويرتبط بشبكة اتصـال تسـمح للشركات في تتبع حركة المنتج والحصول عـلى معلومـات لمختلـف العمليات التي يمـر بهـا بمـا يتضمن اكتشاف الأخطاء وتجنب وخفض المعيقات عبر سلسلة التزويد.

ب. نموذج سوق البائع المشتري :

في الواقع لقد أخذ الاهتمام يتزايد عند الكثير من الشركات التجارية والصناعية بمسألة استخدام نموذج سوق البائع المشتري في أعمالها التجارية الإلكترونية. لقد ساهم الانفتاح التجاري وسهولة الاتصال والتواصل بين الشركات المختلفة وعلى اختلاف أحجامها وأشكالها وسرعة انتشار الحاسوب والإنترنت إلى بروز نوع من الوعي والإدراك على المستوى التجاري في ظل التطور الذي حصل في مجال الاتصالات وتقنية المعلومات بقضايا البيع والشراء باستخدام إجراءات الواسطة . ووفق هذا النموذج تكون الشركة عبارة عن شركة وسيطة تقوم بعرض سلع وبضائع وخدمات شركات تجارية أو صناعية إلكترونياً باستخدام شبكات الإنترنت . كما تستطيع الشركات والمؤسسات الخاصة والحكومية معتمدة على تكنولوجية الاتصالات والمعلومات الدخول إلى هذا النوع من الأسواق لشراء البضائع والسلع والخدمات التي يحتاجها .

وعلى سبيل المثال تقوم إحدى الشركات التجارية بتقديم المنتجات التي تعمل على تصنيعها شركة مايكرو سوفت ذات العلاقة بشبكة الإنترنت إلى شركة أخرى في قطع الحاسوب . إن الإقبال على هذا النوع من الوساطة جاء تلبية لمتطلبات سوق جديد يشهد نمواً ملموساً وهو الإقبال المتزايد على شراء المنتجات ذات العلاقة بشبكة الإنترنت .

ثانياً - الشركة إلى المستهلك (B-C) :

يرمز إلى هذا النوع من التجارة الإلكترونية بمصطلح (B-C) والذي يعني التبادل التجاري بين الشركات والمستهلكين عبر شبكة الإنترنت بأقل وقت وبأقل كلفة. إن عقد الصفقات التجارية إلكترونياً تفيد في دعم التواصل مع المنتجين

والموزعين والزبائن . إن الحلول التفاعلية مثل المواقع الإلكترونية هـي جـزء أساسي من خدمات الاتصال التسويقي التي تقدمها الشركات لعملائها المحليين والدوليين . وفي إطار إستراتيجية الشركات التي تسعى إلى تعزيز أهمية محاكاة العصر وتوفير الخدمات المتفوقة للمستهلك، تقوم هذه الشركات بتطبيق سياسة فعالة خاصة بالشراء الإلكتروني من أجل تطوير خدماتها المقدمة لقاعدة كبيرة مـن الزبائن بالاستناد إلى بنية قوية وديناميكية لتكنولوجيا المعلومات .

ومن الأكثر النماذج المستخدمة في هذه النوع من التجارة الإلكترونية مما يـلي :

أ. نموذج البوابات أو المداخل :

تطلق كثير من الشركات بوابات أو مـداخل إلكترونية تقدم محتوى تجاري للمستهلكين مقابل اشتراك شهري خاص يتيح للزبون النفاذ إلى محتوى آمن بتكلفة ثابتة . يعتبر هذا النموذج من النوافذ المهمة التي تقود لتطوير التبـادل التجاري بين الشركات والمستهلكين، وعادة مـا تقدم هـذه البوابات أسعار تشجيعية لأول مجموعة من المشتركين . إن هذه البوابات عادة ما تبنى على حـزم ربـط انترانيـت تقدم خلالها للمشتركين خدمات متعددة بتكلفة ثابتة، وتمكّن الزبائن مـن الاتصـال والتفاعل بأمن تام ومحتوى متطور . وتعتبر البوابات الإلكترونية التي تطلقهـا الشركات بوابات رسمية لها ولجميع أقسامها ودوائرها على شبكة الإنترنت فهي المـدخل الشـامل للحصـول عـلى المعلومـات والخدمـات التـي توفرهـا الشـركات للمستهلكين، حيث يتمكن المستهلك مـن الحصول عـلى الخدمات والمعلومـات إلكترونياً عبر الإنترنت والبريد الإلكتروني على مدار الساعة .

وعـلى سـبيل المثـال تـوفر البوابـة الإلكترونيـة (WOW) خدمـة كبيرة مـن الخدمات والتطبيقات المعلوماتية التي تقدم المعلومات المفيدة للمشتركين. وتعتبر

(WOW) التـي تعتمـد عـلى تقنيـة (WAP) , (GPRS) البوابـة الإلكترونيـة للحصول على ما يريده المشترك من معلومات وإمكانية تصفح البريد الإلكتروني . وتتميز هذه الخدمة بسهولة الدخول إليها .

ب. نموذج تجميع المعلومات وتزويدها للمستهلكين :

تسعى العديد مـن الشركات بتقديم خـدمات بشكل متميـز للمستهلكين والزبائن وذلك من خلال إعادة هندسة عملياتها والتحديث المتواصل للخدمات التي تقدمها مما سيعمل على انسيابية المعلومات وتسريـع المراحـل التي تمـر بها البضائع من تصنيعها حتى وصولها للمستهلك . ومن هـذه الخدمات معلومات تتضمن الأسعار والرسوم. الإعلانات والترويج لشركات أخرى .

ومن الإجراءات المهمة التي تتخذها الشركات لتوفير كافة المعلومات التي يحتاجها الزبائن بسرعة وبكفاءة هي وضع قواعد بيانات للمعلومات التي تكون مهمتها جمع وتبـادل المعلومـات عـن السلـع التي يحتاجها المستهلك . إن تبني قواعد بيانات محوسبة باستخدام مهارات تكنولوجيا المعلومـات يـؤدي إلى تنظيـم سير العمل ورفع مستوى الأداء وزيادة حجم المبيعـات بمـا يعـود عـلى الشركات بالنجاح والتميز .

إن قاعدة البيانات من شأنها أن تسهم في تفعيـل آفاق الاتصـال بيـن الشركة والمستهلكين وذلك بالحصول على المعلومـات المطلوبـة بأسـهل الطـرق ومـما يـوفر الوقت والجهد والمال .

إن قاعدة البيانات توضح نتائج الاستطلاعات التي تقوم بها الشركة للاستفادة من التغذية الراجعة عـن مـدى رضا المستهلكين والخروج بأهم التوصيات ممـا يساعد

أصحاب القرار في الشركة بالعمل على تصويب الأوضاع والتركيز على أفضل الخدمات المقدمة إلى المستهلك .

إن مهمة قاعدة البيانات تكمن في إفادة الشركة من المعلومات والبيانات والدراسات التي توفرها القاعدة والعمل على تحديثها وتطويرها بحيث يستفيد منها جميع المدراء ورؤساء الأقسام في الشركة والباحثين الذين يقومون بدراسات حول المستهلك لأنها توفر أو تعطي معلومات وافية عن الشركة والخدمات والسلع التي تنتجها .

ستكون قاعدة البيانات بمثابة نظام مركزي موحد يسّهل على المواطنين الحصول على المعلومة الصحيحة بأسرع وقت ويوفر مرجعية واحدة للمستهلكين.

ج. نموذج البيع بالتجزئة :

إن نسبة غير صغيرة من الأنشطة المتعددة التي تقوم بها الشركات تتعلق بالبيع إلى المستهلك مباشرة عن طريق الإنترنت ودون الحاجة إلى شركة وسيطة. وتقوم الشركة عادة بتوضيح الحسابات وتعقب الشيكات وخدمة العملاء إلكترونياً وتتم عملية الدفع باستخدام الشيكات الإلكترونية أو بطاقات الائتمان أو عند التسليم .

إن الشركة تعمل دائماً على معرفة اتجاهات السوق المستقبلية وتشخيص الظروف الاستثنائية التي قد يتعرض لها السوق في نقص لبعض السلع وارتفاع الأسعار. إن الاختلالات التي يشهدها السوق في كثير من الأحيان تتطلب تفعيل التعاون والتنسيق بين الشركة والمستهلك حتى تستطيع الشركة توفير السلع بأسعار معقولة لا تثقل كاهل الزبون . لاحظ الشكل (16-7) .

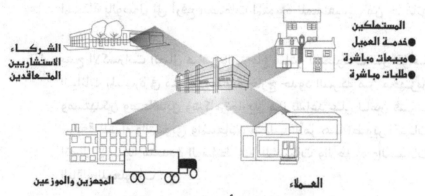

الشكل (16-7) يوضح أهمية استخدام الاكسترانت في انتقال المعلومات بين المجهزين والعملاء والمستهلكين والشركاء التجاريين .

يتضح من هذا الشكل ما يلي :

1. بفضل الويب وميزات الاكسترانت ومع تقنية أجهزة الوصول اللاسلكية سيتمكن المجهزين من الاتصال بالعملاء والمستهلكين والمتعاقدين من عدد كبير من نقاط الاتصال اللاسلكية .

2. إن الاكسترانت يخدم متخذي القرارات من المجهزين والمستهلكين والشركاء التجاريين في الوصول إلى المعلومات اللازمة وبأسرع وقت وتوفير الخدمات الأفضل والأكثر تطوراً وعصرية لهم مما يسهل أعمالهم.

3. بفضل الويب وميزات الاكسترانت تستطيع الشركات إدخال بعض الخدمات الإلكترونية وربطها على مواقعها على الإنترنت مثل خدمة الاستفسار عن الأرصدة في المستودعات وخدمة الاستفسار عن الذمم المالية الخاصة بالمديرين الذين يتعاملون مع الشركات وخدمة البيع الآلي

وذلك في منطلق تبسيط الإجراءات وبما يتوافق مـع رؤيـة الشركات المتمثلة بالوصول إلى أرفع الخدمات المتميزة للمستفيدين من خدماتها .

4. يتيح الاكسترانت اتصال مباشر واسترجاع مباشر للمعلومات بيـن قواعـد البيانات المنتشرة في مناطق مختلفة خارج حدود الشركة مـن مجهزيـن ومستهلكين ومتعاقدين وشركاء تجاريين مما يساعد عـلى تـأمين قنـوات سريعة للشراء والتسويق والمبيعات. يتطلب الأمر هنا تطوير تقنيـات اتصال لاسلكية متعددة الوسائط عبر الشبكات والأجهـزة والخـدمات الناقلة للمعلومات .

إن كثـير مـن الشركـات تقـوم بتقـديم مجموعـة مـن الخـدمات الإلكترونيـة المتطورة لعملائها لتفعيل التواصل بينها وبين عملائها مـن جهة وبين العملاء والشركات الوسيطة من جهة أخرى، كـما تقـوم بخلـق شبكات معلوماتيـة كفـوءة وفعالة وسريعة لتدفق المعلومات عن المستهلكين والأسواق الخارجية .

إن بطاقات التعريف اللاسلكية (RFID) التي تسـتخدمها كثير مـن الشركات تمثل قلب صناعة الشحن والتفريغ ونقل البضائع والسلع وتجارة البيـع بالتجزئـة. وحتى تزاد فاعلية وكفاءة هذه البطاقات يتم إيصالها بالإنترنت لنقل البيانات عـن شحنات البضائع أولاً بأول من المصدر إلى جهة الوصول وتتبع حالتها في البر والبحر والجو ورصد عددها والفاقد منها ومواجهة أي طوارئ .

يتضح مما سبق أن جميع الشركات الصناعية والشركات التجارية تسـعى دائـماً إلى تفعيل سبل التواصل مع عملائها الحاليين والمستهدفين مـن خـلال الاسـتعانة بالحاسوب والإنترنت والخدمات الإلكترونية المتطورة. فعملية التواصل هي عمليـة تبادلية تساعد على تطوير منحى أعمال هذه الشركات ومواكبة احتياجات

وتطلعات العملاء والزبائن والقيام بدور بناء في تحقيق أفضل أداء بأقل التكاليف. إن الهدف الرئيسي من قيام الشركات بتطبيق نموذج البيع بالتجزئة هو رفع مستوى الخدمة المقدمة للزبائن والعملاء وكذلك زيادة قدراتها التنافسية لتحقيق أهدافها الإستراتيجية في مجال تسويق منتجاتها محلياً وعالمياً .

1. تقدم شركة (Net Suite) لزبائنها نظاماً مصمم لتولي جميع احتياجات الشركة من ناحية الأعمال والإدارة المالية بدءاً من بناء موقع تجارة إلكترونية، حيث يمكن للزبائن إدخال طلبيات بضائع وإدارة شحن تحقيق الطلبيات بالاعتماد على الانترنت. يسمح نظام (Net Suite) للزبائن ببناء موقع تجارة إلكترونية بناءً على كاتالوج المنتجات الموجودة لديهم وتتلقى الطلبيات عبر الشبكة ويتابع بعد ذلك تقدم تحقيق الطلبية. يوفر النظام أدوات كثيرة لإدارة وتتبع التفاعل مع الزبائن . فهو يمكّن الشركة من توليد الحملات التسويقية وتتبع خيوط احتمالات البيع التي نتجت عن تلك الحملات. توجد مزايا أخرى للنظام منها القدرة على تتبع دور جهات الاتصال المختلفة في الشركة وقدرات متطورة للتعامل مع بنى التسعير المعقدة لمختلف الزبائن . ويقدم النظام لمندوب المبيعات مجموعة أساسية من الأدوات لإدارة خيوط احتمالات البيع والحسابات وجهات الاتصال والصفقات، بالإضافة إلى المواعيد والمهمات يوفر النظام طريقة بديلة للبقاء على تماس مع البيانات عندما لا يكون الزبون في ويب من خلال واجهة ويندوز ماسنجر ويمكن للزبون بهذا أن يسجل الدخول ويجلب المعلومات عبر هاتف نقال قادر على الاتصال بالتراسل المباشر .

2. طرحت شركة جيت ووركس نظاماً معلوماتياً متكاملاً لإدارة ولاء العملاء (Cutomer Loyalty Managenuent) يحمل اسم رواج يقدم النظام منظومة تتجاوز مجرد تسجيل تعاملات العملاء وإلى التعامل المباشر مع الجمهور وتحديد هوية العميل والقدرة على تمييز العميل ذي القدرة الشرائية العالية من غيره وبالتالي مكافأته. يساعد النظام الإدارة العليا للمنشأة في الحفاظ على ولاء العملاء والحصول على ميزة تنافسية عالية جداً وهي تكرار عملية الشراء وتشجيع الآخرين للشراء . ويتميز نظام رواج بقدرته على التعرف على العميل باسمه وكامل بياناته والتعرف على نمط مشتريات العميل خلال فترة زمنية معينة والتعرف على معدلات تكرار الشراء ومقارنة مشتريات العميل قبل وبعد الترويج وتحقيق التواصل مع العملاء عبر بطاقات الولاء والبريد الإلكتروني والعنوان البريدي والموقع الإلكتروني. وتساعد كل هذه المزايا المدير العام في تحقيق أهداف شركته المتمثلة بالاحتفاظ بالزبون وولائه وتكرار لشراء ونمو العائد بزيادة المبيعات وزيادة صافي الربح والحصول على حصة أكبر من السوق .

3. تقوم بعض الشركات باستخدام نظام تداول إلكتروني لإدارة عمليات بيع وشراء المنتجات والخدمات عبر الإنترنت وعلى مدار الساعة مما ساعد في إحداث نقلة نوعية في أداء الشركات وازدياد حجم التبادل التجاري .

يوفر نظام إدارة الأوامر لعملاء الشركات إمكانية إدخال أوامر بيع وشراء المنتجات عبر الإنترنت . يقوم النظام بتدقيق الرصيد المالي للعميل ومن ثم يقوم بإرسال طلب البيع أو الشراء إلكترونياً مما يوفر الفرصة للشركات القيام بعمليات

البيع والشراء في أكثر من سوق وبفاعلية أكبر مما يساعد على توسيع قاعدة العملاء.

كما يمكّن النظام للمستهلكين من متابعة تنفيذ عمليات الشراء حيث يقوم النظام بإرسال رسالة إلى هاتف العميل النقال لإعلامه بوضع الشراء إن كان قد تم أم لا.

وبإيجاز يمكننا القول بأن هذا النظام يمتاز بأنه على درجة عالية من الكفاءة والفاعلية . كما يمتاز بشموليته وديناميكيته وتنوع فوائده وروابطه الإلكترونية .

وسائل الدفع الإلكتروني :

يمكننا تعريف الدفع الإلكتروني بأنها عملية تحويل أموال هي في الأساس ثمن السلعة أو خدمة بطريقة رقمية أي باستخدام أجهزة كمبيوتر، وإرسال البيانات عبر خط تلفوني أو شبكة ما أو أي طريقة لإرسال البيانات .

إن أهم الأدوات التي تستعمل من قبل الشركات للدفع الإلكتروني هي البطاقة الإلكترونية وبطاقة الاعتماد و المحفظة الإلكترونية والبطاقات المدفوعة مسبقاً والشبكات الإلكترونية والفوترة الإلكترونية . توفر هذه الأدوات الثقة والطمأنينة أثناء التعاملات التجارية عبر شبكة الويب .

تقوم بعض الشركات نشر شبكة (أوريكس) في جميع المحلات التجارية على اختلاف أنواعها لتوفير خدمات الدفع الإلكتروني الآمن والسريع والمريح للزبائن . كما تقوم الشركات بتوفير خدمات قبول بطاقات الدفع الائتمانية لبطاقات الماستر كارد وماسترو و JCB عن طريق شبكة أوريكس المنتشرة في سائر الشركات . إن توفير خدمات بطاقات الائتمان للتجارة بسهولة ويسر وتقديم أحدث خدمات بطاقات الائتمان يؤدي إلى تنمية حجم التعامل بالبطاقات الائتمانية .

الحماية وأمن المعلومات :

رغم ما تحقق من تقدم ملحوظ في مجال التجارة الإلكترونية في مختلف دول العالم إلا أن ثمة تحديات تعترض التعاملات التجارية التي تتم بين المستهلك والبائع وهو ما دفع شركات عاملة في مجال تكنولوجيا المعلومات إلى تطوير النظم الخاصة بالحماية في المواقع التجارية على شبكة الإنترنت لتوفير الثقة للمستهلك .

ومن أشهر نماذج هذا النوع من الحماية ما أعلنت عنه شركة (CA) عن إطلاق نظامها الجديد للوقاية من التطفل الشبكي والمعروف اختصاراً – CA) (HIPS وهو عبارة عن نظام جديد يدمج بين برامج حوائط الحماية المتقدمة، وتعقب عمليات التطفل أو إمكانيات الوقاية من تلك العمليات وذلك لحماية أصول تقنية المعلومات في الشركات من مختلف التهديدات الشبكية الحالية .

ومن خلال توفير الحماية، التي تتم بشكل مركزي للتهديدات المحتملة للحاسبات الآلية والخوادم. يمكّن نظام (CA – HIPS) مؤسسات تقنية المعلومات من تنفيذ أفضل ممارسات السياسات الأمنية بسرعة وكفاءة عالية لجميع نقاط المستخدم النهائي بالمؤسسات . إن أهم فوائد هذا النظام ما يلي :

أ. مراقبة كل من حركة الدخول والخروج .

ب. تسهيل عملية إحلال وإدارة الوقاية من التطفل على أنظمة الويندوز في الشركات .

ت. يوفر النظام الحماية الوقائية المعتمدة على المضيف لمواجهة أي هجمات قد تنتج عن قيام المتسللين بإطلاق هجمات شبكية لأنظمة أو تطبيقات لا تتوفر لها الحماية اللازمة بعد عن طريق الكشف عن أي خلل في سلوك النظام .

وتعتبر الحوائط النارية (Fire Walls) مـن أهـم الأدوات الأمنيـة المستخدمة في تأمين الشبكات ومنـع الاتصالات الخارجيـة المريبـة في الإنترنت في الوصول إلى داخـل الشبكة إضـافة إلى قيامهـا بفكـرة الاتصـالات الخارجيـة لبعض الخـدمات المتوفرة على الشبكة الدولية .

يحتـاج كـل حاسـوب متصل بالشبكة العالميـة إلى حمايـة ضـد الفيروسـات والبرامج التطفلية وحماية الحاسوب من محاولات الاختراق والسيطرة عن بعد .

1. طرحت شركـة (Network Associates) أحـدث تقنيـات أنظمـة مكافحة البريد الإلكتروني التطفلي (Anti Spam) المتكاملة وآليات وبرامج الحاسوب التي تعمل كمرشح لمنع تسلل الرسائل الإلكترونية غير المرغوب بها إلى الحواسيب. تمتاز حلول الشركة لمكافحة البريد الإلكـتروني التطفلي بفعاليتهـا الكبـيرة في رصـد ومنـع الرسـائل الإلكترونيـة غير المرغـوب بهـا مـن خـلال تبني حزمة متنوعـة مـن التقنيات المبتكرة وتتيح هذه التقنيات المتطورة لزبائنها توفير أحدث حلول حماية البريد التطفلي التي تمتاز بالموثوقية والتـي تحـرص عـلى توفيرها لكافة المستخدمين .

2. طرحـت شركتـي ماكـافي ونورتسـون نظامـاً يـوفر حلـول أمنيـة كاملـة الحماية ضد الاختراق والفيروسات وبرمجيـات التجسـس والبرمجيـات الدعائية وغيرها من التهديدات الخبيثة . ومن هـذه الحلـول طقـم (Escan Internet security suite) الذي يستخدم لفحـص محتوى متصفحات ويب البريد الإلكتروني والبريد التطفلي .

3. أطلقـت شركـة Network Associates الأمريكيـة أحـدث تقنيـات أنظمة مكافحة البريد الإلكتروني التطفلي (Anti Spam) المتكاملة وآليـات وبـرامج الحاسـوب التـي تعمـل كمرشـح تسلسـل الرسـائل الإلكترونية غير المرغوب بها إلى الحواسيب ويتوقع أن تحدث هـذه التقنية الجديدة تغييراً جذرياً في ديناميكيـات إيقـاف رسـائل البريد الإلكتروني التطفلي .

تمتاز هذه التقنية بفعاليتها الكبيرة في رصد ومنع الرسائل الإلكترونيـة غـير المرغوب بها من خلال تنبي حزمة متنوعة من التقنيات المبتكرة . كما تتيح هـذه التقنية للزبائن توفير أحدث حلول حماية البريد التطفلي التي تمتاز بالموثوقية .

ثالثاً – المستهلك إلى الشركة (C-B) :

يرمز لهذا النوع مـن التجارة الإلكترونيـة اختصاراً بالمصطلح (C-B) ويعنـي التبادل التجاري بين المستهلك والشركة. مع الانفجار المعلوماتي الـذي حـدث خـلال السنوات الماضية ومـع ظهـور الإنترنت وإطلاق شبكة الويـب وتطور المعـاملات المالية ازدهر نوع التجارة الإلكترونيـة الذي يركز على التبادل التجاري بين المستهلك والشركة نظراً لسهولة تداول السلع وسهولة دفـع تكلفتهـا وسـداد سـعرها . ومع تطور المواقع الإلكترونية وخدمة الدفع الإلكترونـي يلقـي هـذا النـوع مـن التبـادل التجاري دفعة قوية للأمـام وذلـك لسـهولة إرسـال السـلعة إلى المسـتهلك بالسـعر المحدد من قبله مسبقاً .

إن كثيراً من الشركات تقوم بتحديث وتطوير مواقعها الإلكترونيـة لكي تصبـح وسيلة الاتصال والتسويق الرئيسية بينها وبين زبائنها من خلال المعلومات الشاملة والمتكاملة التي توفرها للمتصفح من الزبائن حتـى يتمكنـوا مـن إعطـاء الشركات معلومات عن احتياجاتهم من السلع بهدف تلبيتها بأسرع وقت ممكن .

ومن الأمثلة على هذا النوع من الشركات شرك (Priceline Com) التي تتيح لزبائنها من شتى أنحاء العالم إمكانية الـدخول إلى موقعهـا الإلكـتروني والاستفادة من السلع والأسعار المناسبة التي توفرها بسهولة . إن هذه العملية تـأتي في سياق الجهود المتواصلة التي تبذلها الشركة لتحديث وتطوير موقعهـا الإلكتروني بهـدف تلبية احتياجات زبائنها ومواكبة التقدم التكنولـوجي العـالمي . إن الموقع يعتبر النافذة التي يمكّن الزبون أن يطل من خلالها على السلع والخدمات التي يمكن أن توفرها الشركة، إلى جانب المعلومات الأخرى المتعلقة بأسعار العمـلات والعـروض التشجيعية وأفضل الاتجاهات والملاحظات والتفصيلات والاحتياجات التـي يطلبهـا الزبائن .

تتيح كثير من الشركات لزبائنها شراء البضـائع عـبر مواقعهـا، حيـث يستطيع المستهلك شراء منتجات الشركة عبر الإنترنت عـن طريـق اسـتعمال بطاقـات ماليـة مثل Master card و American Express Visa .

لاحظ الشكل (16-9) .

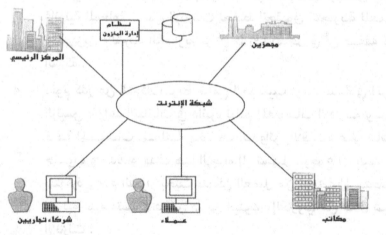

شكل (16-9) يبين فوائد شبكة الإنترنت في تحقيق التواصل بين الشركة والمستهلك .

يلاحظ من الشكل السابق ما يلي :

1. تغطي شبكة الإنترنت كافة أقسام الشركة ومكاتبها ومصانعها وعملائها وشركائها التجاريين، إذ أن إستراتيجية الشبكة تركز على إتاحة خدمات الاتصال والتواصل لجميع المدراء والموظفين والعملاء والمجهزين لاسيما في ظل ازدياد الاعتماد على هذه الخدمات في الوقت الحالي .

2. إن التواصل المباشر بين الشركة والمجهزين هو فرصة للتفاعل مع استفسارات وملاحظات المسؤولين عن إجراءات الشراء مما يسهل التعاملات التجارية التي تتم بينهم عبر الشبكة ويوفر الثقة للمجهز .

3. استخدام أدوات الدفع الإلكتروني في المحاسبة كالبطاقة الإلكترونية وبطاقة الاعتماد والمحفظة الإلكترونية والبطاقات المدفوع مسبقاً والشبكات الإلكترونية والفوترة الإلكترونية والتي توفر أداة ثقة وطمأنينة أثناء التعاملات التجارية عبر شبكة الإنترنت ويعطي حجية قانونية للمعاملات على الإنترنت لحفظ الحقوق التجارية للعملاء والمجهزين والشركاء التجاريين ولأي طرف يدخل في أي صفقة مع الشركة .

4. تقوم كثير من الشركات بربط برامج الحواسيب المستخدمة في المركز الرئيسي بقواعد البيانات في دائرة نظم المعلومات الإدارية وحصر ـ كافة المعلومات المتعلقة بمختلف الدوائر والأقسام على شاشة حاسوب واحدة. ويهدف هذا الإجراء إلى تسهيل الرجوع إلى البيانات المتوفرة وعدم التكرار بحيث يتمكن العميل من معرفة المستحقات المترتبة عليه وتسديدها عن طريق البنوك وإلكترونياً من خلال شبكة الإنترنت .

تعمل مواقع التسوق على الإنترنت من خلال برنامج حاسوبي يسمى عربة التسوق، فعند اختيار البضاعة من قبل المستهلك يقوم هذا البرنامج بتخزين معلومات عن المنتج وعندما تنتهي من التسوق يستطيع المستهلك دفع ثمن البضائع مرة واحدة .

تسعى كثير من الشركات دوماً إلى توسيع شبكتها التوزيعية من خلال التعاون مع أفضل الشركاء الإقليمين الذين يتمتعون بخبرة عميقة في الأسواق المحلية تتيح لهم هذه الخبرة تقديم سلع متميزة تركز على العملاء وتلبي لهم جميع احتياجاتهم .

إن المنظومة التكنولوجية الجديدة وسرعة انتقال المعلومات والمتغيرات الاقتصادية أدت بمرور الوقت إلى تغيير نظرة الزبائن نحو متطلباتهم واحتياجاتهم الاقتصادية . إن هناك سلع متميزة جديدة باتت تفرض نفسها في الأسواق المحلية ومثال ذلك الهواتف الخلوية .

وبموجب التجارة الإلكترونية من هذا النوع يستطيع فرد أو مجوعة من الأفراد إعطاء الشركات معلومات عن طبيعة السلعة أو صفاتها أو كميتها ومقدار الثمن الإجمالي وكيفية تسديده .

حقوق المستهلكين :

1- للمستهلك خلال فترة معينة من شرائه أية سلعة يختارها من الشركة الحق في استبدالها أو إعادتها واسترداد قيمتها إذا شاب السلعة عيب أو نوع الخدمة أو المكان المتفق عليها لتقديمها شريطة إبراز ما يثبت شراءها من نفس الشركة وعلى أن لا يكون العيب ناتجاً عن سوء استعمال المستهلك للسلعة .

المطلع على واقع العلاقات المستخدمة حالياً لتعزيز الترابط بين كل من المستهلك والشركة نجدها علاقات جيدة بسبب انتظام عملها بتنفيذ تام للخطط المعدة لغرض تلبية احتياجات المستهلك .

بإمكان المستهلك أن يتصل بالشبكة العالمية العنكبوتية ويحصل على ما يريده من السلع ويطلبها متى أراده ومن أي مكان يرغب وبأي وقت لتسهيل انسياب السلع بين المستهلك والشركة .

2- تتخذ كثير من الشركات عدة تدابير من شأنها التأثير في الأسعار وضبطها وتحدث توازناً في الأسواق ويكون لها الأثر على أسعار البيع للمستهلكين . إن أهم التدبير التي يمكن أن تتخذها الشركات هو تسعير بعض المنتجات بأقل من الهامش الربحي المحدّد وزيادة المبيعات المعروضة من المنتجات التي يرفع سعرها بالأسواق المحلية ورصد الأسعار التي يطرأ عليها ارتفاع وتوفير البيانات الدقيقة عن حال الأسواق ومستويات الأسعار وتحريكها صعوداً وهبوطاً .

3- تسعى كثير من الشركات الاحتفاظ بمخزون إستراتيجي كبير من السلع المتميزة لفترة طويلة لكي تستمر على تلبية احتياجات عملائها المفضلين بسعر ثابت يكون أقل من أسعار السلع المناظرة لها بالسوق المحلي .

4- تستخدم كثير من الشركات كافة وسائل الإعلام المسموعة والمرئية تبين فيها الأسعار لمنتجاتها مقارنة مع أسعار مثيلاتها في السوق المحلي بهدف زيادة وعي زبائنها المفضلين بأسعار المنتجات التي يقوم بشرائها من هذه الشركات ولمساعدتهم على اتخاذ قرار الشراء السليم المبني على المعلومات الدقيقة .

رابعاً – المستهلك إلى المستهلك (C-C) :

يرمز إلى هذا النوع من التجارة الإلكترونية اختصاراً بالرمز (C-C) ويعني التبادل التجاري بين المستهلكين. يمثل التبادل التجاري بين الأفراد قناة مهمة متنامية بسرعة كبيرة للاتصال عبر الإنترنت. فهناك الآلاف من الأفراد الذي يتبادلون المعلومات التي تتعلق بالبضائع التي يرغبون بيعها عن طريق عرضها على الإنترنت، فمن عدة نواح تمثل الإنترنت أكبر شبكة تستخدم لتمنح الأفراد أحدث البيانات عن أسعار السلع والخدمات بين البائع والمشتري وتسّهل التنسيق بينهما. على سبيل المثال يستخدم نموذج المزاد العلني (Auction) تقنية الند للند لتبادل البيانات بين الأفراد بخصوص التفاوض على أسعار السلع والخدمات بين البائع والمشتري .

في تجربة رائدة لتوظيف تطبيقات وتقنيات التبادل التجاري بين الأفراد بصورة اقتصادية تم إنشاء موقع المزادات في شركة (eBay) يتم بمقتضاه عرض منتجات وخدمات الزبائن في المزادات العلنية عبر الإنترنت والبريد الإلكتروني والمراسلة الفورية وبرامج الدردشة الفورية . إن شركة (eBay) تمكّن البائع والمشتري من الاتصال وتبادل المعلومات عبر الانترنت تتصرف فيها الحاسبات الشخصية كأجهزة خادمة وكأجهزة طرفية معاً. كما يعرض الموقع عدداً كبيراً من المعلومات والنصائح المترتبة بشكل بسيط تمنح المتجول على صفحاته من الأفراد عن عمليات البيع والشراء الكثير من المهارات التي قد تصل بهم إلى حد الاحتراف في هذا الإطار .

ويضيف الموقع حلقات نقاش مباشرة بين البائع والمشتري وأصحاب الخبرات في مجال المزادات بالإضافة إلى عدد كبير أيضاً من تعليقات الخبراء والمتخصصين،

ومن ثم إمكانية الحصول على المعلومات الدقيقة من خلال المشاركة عبر الموقع ويتضمن الموقع بعض المراجعات والأسعار للأنواع المختلف التي تساعد المهتمين بالمزادات في التعرف على كل ما هو جديد في المزادات وهو ما يمكن أن يفيد الفرد في مدى جودة بعض الأنواع ومنها ما يمكن تقديم النصيحة للفرد بما يمكن أن يقتنوه من المزاد .

الخطوات الواجب إتباعها من قبل الشركات للتحول للتجارة الإلكترونية :

يستدعى التحول للتجارة الإلكترونية اتخاذ العديد من الخطوات أو الإجراءات العملية وتحديد الوسائل الواجب إتباعها لتطبيق هذه الإجراءات وتتمثل خطوات التحول للتجارة الإلكترونية في الآتي .

1. استخدام الإنترنت .
2. إنشاء موقع التجارة الإلكترونية للشركة .
3. استخدام البريد الإلكتروني .

وفيما يلي توضيح لكل موضوع من هذه الموضوعات المهمة :

أولاً – استخدام الإنترنت :

يسلط هذا الجزء الضوء على آلية نقل وتبادل المعلومات بين الشركات عبر شبكات الحاسوب بوجه عام والإنترنت بوجه خاص كما يتطرق الجزء الثاني عن أهم البروتوكولات التي تشكل حلقة وصل بين هذه الشبكات وذلك من حيث الخدمات التي يقدمها كل بروتوكول ودوره في تناقل المعلومات بالإضافة الإمكانات والخصائص التي تميز كل منها عن الآخر .

الإنترنت :

لقد أفرزت المدنية الحديثة ثورة هائلة في مجال التكنولوجيا والتقنيات المتطورة في المجالات التجارية والاقتصادية وكان الإنترنت من ثمار هذا الإنتاج التقني والعلمي المذهل الذي اجتاح العالم بأسره بسرعة كبيرة، لقد غزا الشركات وأصبح من أهم عناصر حياتها اليومية وذلك لأن دوره فعال ومؤثر ومهم في تحريك النشاط التجاري بين الشركات المختلفة من خلال أنظمة توجيه (Routers) تعمل طبقاً لقواعد اتصال تعرف ببروتوكول التحكم بالاتصال وبروتوكول الإنترنت (TCP/IP). وعل أساس هذه البروتوكولات يتمتع كل طرف من أطراف الإنترنت بعنوان وتنقل المعلومات بينها على شكل رزم (PACKETS) ثم تتحكم أنظمة التوجيه (Routers) باختيار الطريق المناسب لها .

وفيما يلي توضيح لكل نظام من هذه الأنظمة : لاحظ الشكل (16-10) .

1. أنظمة التوجيه (Routers): يستخدم جهاز الموجه (الروتر) للربط بين الشبكات وهو جهاز أو برنامج يقوم بتحديد مسار رحلة المعلومات منذ انتقالها من الحاسب المرسل حتى وصولها إلى الحاسب المستقبل، ووظيفته الرئيسية تحديد مسار اتجاه البيانات التي تنقل بمن هذه الشبكات . ويقوم جهاز (Wireless ADSL Routers) ببث الموجات اللاسلكية وتنظيم عملية تبادل الملفات والبيانات بين الحاسبات التي تكّون الشبكة. تمتاز هذه الأجهزة بما يلي :

أ. أن الوحدات أكثر كفاءة يمكنها تغطية مساحة أكبر، حيث تستطيع هذه الأجهزة من أن تغطي الحاسبات في حدود (100) متر من مكان وحدة (Router) .

ب. تمتاز أجهزة (Router) في سرعتها العالية على نقل الملفات وتبادلها بين حاسبات الشبكة، ويمكن قياس هذه السرعة بعدد الميجابايت التي يمكنها التعامل معها في الثانية الواحدة.

ج. تمتاز أجهزة (Router) بوجود خاصية جدار النارFire wall لمقاومة عمليات القرصنة وبوجود خاصية (MAC Address) التي لا تسمح بالدخول على الشبكة لغير الحاسبات المرخص لها بذلك .

2. Switch المحول :

وهو جهاز يستخدم مع شبكات الحاسبات يكون مسؤول عن تحديد مسار المعلومات خلال انتقالها من جهة إلى جهة أخرى .

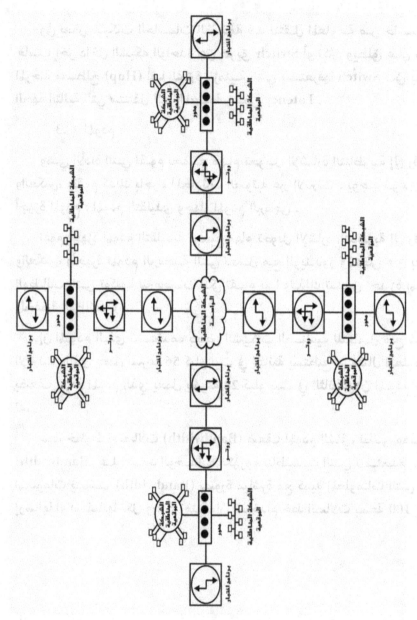

الشكل (16-10) يوضح الارتباط بين الشبكات الداخلية والشبكات الواسعة وبين الأجهزة المستخدمة في ربط هذه الشبكات

وفي بعض شبكات الحاسبات الضخمة قد تنتقل المعلومة مـن حاسب إلى حاسب آخر داخل الشبكة الواحدة عن طريق Switch أو أكثر. ويطلق عـلـى هـذه المرحلة مصطلح (Hop) أمـا الفترة الزمنيـة التـي يستغرقها Switch لـكي يحـدّد الجهة التالية التي ستنتقل إليها المعلومة تسمى Latency .

3. المودم :

وهـي الأداة التي تقـوم بجميع مهـام تحويـل الإشارة التناظريـة إلى رقميـة والعكس، وتقوم كذلك بإجراء المحادثات الصوتية عبر الإنترنت . يوجد نـوعين مـن أجهزة المودم : المودم التقليدي وجهاز المودم البرمجي .

تقوم أجهزة المودم التقليدية بجميع مهام تحويل الإشارة التناظرية إلى رقميـة والعكس، وأجهزة المودم البرمجية التي تعمل مـع الويندوز وتتخلى عـن بعـض الوظـائف التي توكلها للبرمجيـات لـكي تقـوم بهـا ولـذلك تسمى أجهـزة المـودم المخفضة الوظائف .

إن المـودم الـذي تستخدمه بعـض الشـركات الصناعية للتعامـل مـع شبكة الإنترنت والذي يعمل بسرعة 56 كيلو بيت في الثانية يستطيع استقبال المعلومـات بضعف سرعة المودم الذي يعمل بسرعة 28 كيلو بيت في الثانيـة لأن المـودم الأول له.

سعة خطوط الاتصالات (Bandwidth) ضعف المودم الثاني، يطلق مصطلح (Bandwidth) عـلـى عـدد الوحـدات الكهرومغناطيسيـة التـي تستخدم لنقـل المعلومات يتناسب (Bandwidth) بصورة مباشرة مع كمية المعلومـات التـي يتم إرسالها أو استقبالها لكل وحدة زمنية. إن استخدام خط اتصالات بسعة 100

ميجابايت يمكنه أن يرسل معلومات في الدقيقة الواحدة تساوي ضعف المعلومات التي يمكن إرسالها من خط بسعة 50 ميجابايت في الدقيقة الواحدة .

يحدد سعة خط الاتصالات (Bandwidth) كفاءة مواقع الإنترنت . إن خطوط الاتصالات ذات السعة الصغيرة تكون قادرة على خدمة عدد قليل من المستخدمين بينما تستطيع خطوط الاتصالات ذات السعة الكبيرة على خدمة عدد كبير من الزائرين ولكي تكون تكلفتها أكبر .

البروتوكولات :

ولكي يستفيد المستخدم بصورة كاملة من خصائص شبكة الإنترنت فيجب أن يكون حاسبه مرتبطاً ارتباطاً وثيقاً وفورياً بالشبكة عن طريق بروتوكول يعرف باسم (SLIP) المختصر ـ عن (Serial Link Internet Protocol) أو عن طريق بروتوكول يعرف باسم (PPP) المختصر (Point to Point Protocol)

الجهاز الخادم للموقع الشبكي Web Server :

إن خدمة Web هي أداة تسمح للمستخدم البحث خلال كميات ضخمة من المعلومات بطريقة سريعة ودقيقة للوصول إلى معلومات معينة وهي الطريقة الأكثر مرونة، حيث تعتمد على ما يسمى بالنصوص البعيدة أو Hypertext وهي عبارة عن وصلات تساعد على الوصول إلى معلومات موجودة في منطقة بعيدة .

بروتوكول الإنترنت :

يعرف باسم (TCP-IP) المختصر عن بروتوكول التحكم بالتراسل(Transmission Control Protocol). يتيح هذا البروتوكول اتصال الحاسبات من مختلف الأحجام والأنواع بعضها البعض دون مشاكل .

ثانياً – إنشاء موقع التجارة الإلكترونية للشركة :

مع انتشار مواقع الإنترنت خلال السنوات الماضية، بدأت الكثير من الشركات التجارية والصناعية تحاول اقتحام عالم إنشاء المواقع الخاصة بها على الشبكة العالمية، تلجأ هذه الشركات إلى المختصين والمطورين الأذكياء لتصميم مواقع جديدة على الإنترنت لتنفيذ الأعمال التجارية. تمتاز بالفاعلية وسرعة الاستجابة السريعة. وهذا يعني أنه ستكون أمام الشركات فرصة جيدة للحصول على مواقع مجهزة للتعامل مع البيانات التجارية تعمل بدون أية مشكلات وتعتمد على استخدام الحاسوب والإنترنت .

وعلى الرغم من إمكانية التطوير الكامل من نقطة الصفر للمواقع الإنترنتية المختصة للأفراد والهواة التي قد لا تستغرق وقتاً طويلاً، إلا أن تصميم وإنشاء مواقع للشركات الكبيرة لن يكون سهلاً حيث تشكل تحدياً كبيراً للمطورين ومصممي المواقع والمستشارين الإداريين والماليين .

إن تطوير مواقع الشركات التجارية والصناعية تتطلب إجراءات وأعمال معقدة واستعمال مهارات عالية، فإن أي ممارسة مخطوءة لعمليات التخطيط والتنظيم لمحتويات المواقع يقوم بها القائمون على هذه العمليات سوف تنعكس سلباً على كفاءة المواقع المصممة، إن القائم على عملية التخطيط للموقع وإعداد

المحتويات وتصميم الغرافيك ليس بإمكانه امتلاك مهارات كافية لتلك العملية من غير أن يستند إلى الأسس النظرية الخاصة بهذا الحقل، ذلك إن القدرة على فهم العمليات بأكملها والتخطيط السليم لبناء الموقع التجاري المطلوب والربط بين المراحل الأساسية لإنجاز عملية وضع محتويات الموقع على الشبكة، كل ذلك يتطلب معرفة نظرية جيدة من القائم على عملية إنشاء المواقع التجارية .

وهذه المعرفة لا تأتي بها إلا من خلال الإطلاع على آخر ما توصلت إليه نتائج الأبحاث والدراسات المنشورة في المجلات العلمية المحكمة في حقل التجارة والصناعة وكذلك من خلال الرجوع إلى الكتب المتخصصة والدخول إلى شبكة الإنترنت .

وفضلاً عن ذلك ينبغي أن يسهم في عملية إنشاء مواقع الإنترنت التجارية . فريق يتكون من أعضاء ذوي تخصصات مختلفة، بمعنى أن إنشاء مثل هذه المواقع التجارية هو جهد فريق متعدّد التخصصات وليس جهد فرد واحد لتأتي عملية البناء الشاملة لجميع المجالات التي تتصل بالتجارة الإلكترونية .

ولتطوير وإنشاء موقع تجاري على الإنترنت لابد من إتباع منهجية محددة تتمثل في الآتي :

أولاً – تخطيط الموقع :

وتتمثل في :

1. تحديد نوع الأشخاص المتصفحون للموقع وذلك لأن القرارات المتعلقة بالتصميم وإعداد المحتويات تعتمد على ذلك، مثلاً هل

الموقع لتجار التجزئة أم لتجار الجملة، هـل يشـاهد المتصفحون للموقع من المركز الرئيسي للشركة أو المصنع أو المنزل .

2. تعيين مدير للموقع يكون مؤهلاً للقيام بمهمة متابعـة النصوص والغرافيك والبرامج المطلوبة، ولخلق المحتويـات ووضعها علـى الشبكة، وأن يكون الشخص على دراية كاملة بالشركة ومنتجاتهـا وخدماتها .

ثانياً – تصميم الغرافيك وإعداد المحتويات :

يشكل الغرافيك أو الإخراج والرسوم التوضيحية والبيانية العمود الفقـري لأي موقع على الشبكة، وبسلامة عناصر الغرافيك ومكوناته تتمكن الشركة مـن تحقيق أفضل النتائج المطلوبة لنجاح الموقع. ومن الجدير بالـذكر أن كثيراً مـا يحـدث أن يكون المصممين الذين تم الاستعانة بهم للقيـام بعمليـة التصميم الغرافيـك غير مدربين التدريب الكافي في مجال الإخراج والرسوم المختلفة التي تتم الحاجة إليهـا مما يشوه القرارات التي يتخذها المصممين بخصـوص عمليـة تنظيم محتويـات الموقع. وعلى سبيل المثال لا يميز كثير من المصممين وخاصة هؤلاء الذين تـدربوا في وسائط إعلام أخرى بين المتطلبات المميزة للإنترنت عن تلك الخاصة بوسائل الإعلام المطبوعة . إذ كثيراً ما تكون الفواصل بين تلك الحالات غير واضحة المعالم، وخاصـة أن عمليات التصميم ليس حالة معروفة الحـدود وإنما هـي حـالات كثيرة التنـوع واسعة التغاير وعدم التجانس حتى للدرجة التي لا يسـهل تمييزها مـن غيرهـا إلا بجهد شاق لتصميم محترف .

يتضح مما سبق أن مصمم الغرافيك المحترف الـذي يفهـم المطالـب المميـزة للإنترنت وخاصة فيما يتعلق بالقيود التقنية والفرص الخاصة بصفحات الإنترنت والذي يعرف متطلبات حجم الملفات وقيود الألـوان ودرجات وضوح الصـور هـو المصمّم الـذي سـوف يمتلـك الثقـة والجـرأة الكـافيتين لإطـلاق توصيات تسـاعد مساعدة كبيرة لنجاح الموقع التجاري المطلوب إنشاءه على الشبكة العنكبوتية .

ثالثاً – البرمجة والمساعدة التقنية :

يعتقد معظم خبراء الاتصالات بأن القـائم عـلى عمليـة تحويـل المعلومـات التجارية إلى نصوص وملفات والتي يمكن الإطلاع عليها عبر الإنترنت ينبغي أن يقوم بما يلي:

أ. تحويـل النص إلى (HTML) : إن البرامج الإلكترونية الخاصة بتحويـل النصوص المكتوبـة إلى (HTML) يمكـن أن تقـدم للمبرمج مساعدة عظيمة كما أن برنامج Microsoft Word يمكنه تحويـل الوثائق إلى ملفات (HTML) .

ب. تحويل الغرافيك إلى (GI) أو (JBG) .

ج. الاستفادة من خدمات المبرمجين للقيام بعمليات التحويل على شـبكة الإنترنت ولذلك لانجاز عمليات رسم الأشكال وخرائط الصور .

د. الاستعانة بشركات استضافة مواقع إنترنت لتحديد مكان لاستضافة موقع تجاري خاص للشركة المعنية .

رابعاً – التأمين على الموقع الخاص بالشركة :

إن مستوى التأمين ضد هجوم القراصنة على الموقع التي تنشأه الشركة لانجاز أعمالها المختلفة على الإنترنت يعتبر من العوامل المهمة في نجاحه . لقد تطورت وسائل هجوم القراصنة على مواقع الشركات الصناعية المختلفة وأصبح لديهم الوسائل التقنية التي يجعل من السهل على هؤلاء القراصنة اكتشاف المواقع التي توجد بها ثغرات أمنية تمكنهم من الهجوم عليها .

وعادة ما تقوم الشركات بالإجراءات التالية لكي يزيد من مستوى التأمين على المواقع التي تديرها :

أ.	القيام بمراجعة ملف (LOG) الذي تسجل به كل العمليات التي يتم إجراؤها على الحاسبات الخادمة التي تستضيف مواقعها. إن عملية المراجعة هذه تساعد الشركات على ملاحظة أي محاولة للدخول على الحاسبات الخادمة بطريقة غير مشروعة أو لاكتشاف أي محاولات للاختراق .

ب.	يقتضي على مخططي البرامج المسئولين عن تطوير صفحات المواقع للشركات أن يتأكدوا من أن المجلدات التي توجد داخل الحاسبات الخادمة التي تستضيف المواقع والتي لها خاصية المشاركة مؤمنة بشكل جيد عن طريق كلمة سر Password وأن المستخدمين الذين يتعاملون مع هذا المجلد محدد لهم مستوى الصلاحية بطريقة صحيحة.

خامساً – الصيانة :

يحتاج الموقع التجاري للشركة مثل مواقع الإنترنت الأخرى إلى صيانة دورية ومستمرة قد تتطلب تكاليف ملموسة . إن المواقع التجارية تستلزم إحداث تغيرات مستمرة فيها من خلال القائمين عليها عن طريق التقييم والمتابعة والتدقيق وذلك بهدف تحديث المواد الموجودة وتجديد الإحصائيات أو إضافة محتويات جديدة للموقع .

وبناء على ما سبق يمكن تحديد أهم آليات الصيانة التي يجب على مدير الموقع أن يأخذ بها للوصول للهدف المرجو على النحو الآتي :

أ.   الاتفاق مع المصممين للموقع للقيام بأعمال الصيانة المستمرة والمنتظمة بموجب اتفاق أو عقد يبرم بين الشركة والقائمين بأعمال الصيانة. إن ضعف الإعداد النظري والعملي للقائمين على عملية صيانة موقع الإنترنت للشركة يقود مما لا شك فيه إلى إطلاق أحكام تشخيصية مخطوءة ومشوشة مما يؤدي إلى هدر للوقت والمال والجهود .

ب.   أن تكون عملية الصيانة متواصلة ومستمرة تحاكي القضايا الفرعية الأخرى المتعلقة بالموقع التجاري فهناك رسائل إلكترونية يقتضي-الإجابة عليها وروابط يتطلب العمل على تدقيقها باستمرار .

إن مواقع الإنترنت التجارية وما يتضمنه من قضايا كغيره من المواقع الأخرى أخذاً بالتطور وما هو مثبت اليوم قد يتم تحديثه أو توسيعه في المستقبل ومما يسهم في هذا التطور هو ما يتم التوصل إليه من حقائق ومعلومات يتم الحصول عليها من الدراسات التقنية والأبحاث وتجارب المختصين والمصممين .

ج. ولمساعدة زبائنها من الشركات التجارية فإن الشركات المصممة يمكن أن توفر اتفاقية لعمليات الصيانة تكون جزءاً من العقد تعمد بموجبها تكليف موظف لمتابعة أمور الصيانة وإرساله من طرفها إلى موقع الشركة التجارية لتقديم المساعدة اللازمة .

ومن الجدير بالذكر أن الشركات الصناعية تقوم عادة بتحديث وتطوير مواقعها الإلكترونية. إن الموقع الإلكتروني هو وسيلة الاتصال والتسويق الرئيسية بين الشركة وزبائنها من خلال المعلومات الشاملة والمتكاملة التي يوفرها للمتصفح ومن المزايا المتقدمة التي تقدمها بعض المواقع هي نظام إدارة المعرفة للمتصفح الذي يساهم في حفظ جميع المعلومات المتعلقة بالمستفيدين من برامجهم وبالتالي يسهم في أخذ قرارات قيمة وإنشاء التقارير المعقدة. وعادة ما تكون المواقع الإلكترونية للشركات مترجمة إلى عدة لغات لكي تتيح للزبون من شتى أنحاء العالم إمكانية الدخول إلى المواقع والاستفادة من الخدمات التي يوفرها بسهولة. إن هذه العملية تأتي في سياق الجهود المتواصلة التي تبذلها الشركات لتحديث مواقعها بهدف الوصول وتلبية احتياجات زبائنها ومواكبة التقدم التكنولوجي العالمي لتحقيق طموحاتها المستقبلية كما يتزايد عدد مواقع الإنترنت الخاصة بالشركات الصناعية والتجارية تزداد الطرق التي تتوصل إليها هذه الشركات للاستفادة من الإنترنت. والواقع أن العديد من هذه الشركات تستفاد من استعمال الإنترنت في الوقت الحاضر في المجالات التالية :

أ. استخدام الإنترنت في دعم مجموعة من الحلول المتكاملة والأنشطة المالية والإنتاجية المختلفة .

ب. استخدام الإنترنت للأغراض الترويجية أي الترويج للسلع والخدمات التي تقدمها هذه الشركات عبر الإنترنت .

ج. القيام بعمليات البيع والشراء عبر الإنترنت .

د. تعقب أداء موقعها على الإنترنت .

هـ تقديم وسائل الاتصال أكثر شمولاً للزبائن والمستخدمين الـذين يزورون مواقعها .

ثالثاً – استخدام البريد الإلكتروني Electronic Mail :

لاحظ الشكل (12-16) .

تعتبر خدمة البريد الإلكتروني من أشـهر وأهـم الخـدمات عـلى الإنترنت التـي جاءت لتفرض نفسها وتلقي بثقلها عـلى القطاعين التجاري والصناعي في سـياق التطور والتقدم التكنولوجي الـذي أخـذ بالانتشار ولاقـى رواجـاً كبيراً في منشـآت الأعمال في التسعينيات من القرن الماضي لتنفيذ الأعمال التجارية والصناعية .

ولقد أخذت خدمة البريد الإلكتروني كـأداة ووسيلة سريعـة لتبـادل الرسـائل الإلكترونية بين مستخدمي الإنترنت منذ بداية ظهورها عـلى أرض الواقع تسـتحوذ على اهتمام الشركات التجارية والصناعية والهيئات والمؤسسات الحكومية وغـير الحكومية لمـا كـان لهـا مـن تـأثير كبير عـلى مختلف جوانب الحيـاة الاقتصادية والصناعية. وبخاصة أنها جعلـت الشركات والمنشآت التجاريـة والصناعية تواجه تحديات وتغـيرات هيكلية متسـارعة في البنـي التحتيـة اللازمة للحـاق بسلسلة التغييرات التي تحدثها ثورة الاتصالات وتكنولوجيا المعلومـات في العمل التجـاري والصناعي وذلك بهدف الارتقاء بالمستوى التقني هذه الشركات .

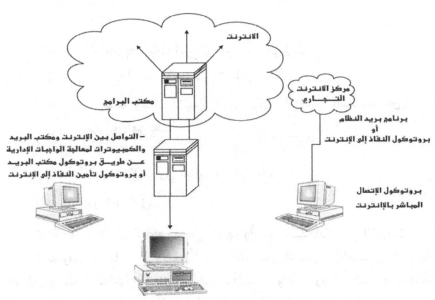

الشكل (16-12) يوضّح التواصل بين المدراء على اختلاف مستوياتهم في المنشأة باستخدام مطالب البريد الإلكتروني .

وقد ترافق البريد الإلكتروني مع مجموعة من التطورات الهامة على مختلف الأصعدة العلمية والتقنية والتكنولوجية وخاصة ما يتعلق منها بتكنولوجيا وسائل الاتصال والمعلومات والتي قادت إلى تحولات جذرية في مجمل الخدمات التي تقدمها الشركات الصناعية وفي مسائل انتقال البضائع ورؤوس الأموال وفي قضايا التبادل التجاري والمنافسة ما بين مختلف الشركات الصناعية على الساحة الدولية .

إن خدمة البريد الإلكتروني قد جاءت كنتيجة لسلسلة من التطورات التاريخية التي مر بها استخدام الآلات التكنولوجية الحديثة والحاسوب، وبالتالي فهي ليست نتاج السنوات التي ازدهر فيها استخدام الحاسوب وانتشر، وإنما يعود أصله إلى بداية نمو شبكات الإنترنت أواخر القرن العشرين مروراً بمراحل مختلفة من التطورات التقنية والمعلوماتية التي تطور فيها مفهوم الإنترنت وصولاً إلى انتشار

استخدام البريد الإلكتروني في كافة مجالات الحياة المختلفة .

ويعتقد كثير من الكتاب والباحثين في مجال تقنية المعلومات والاتصالات أن خدمة البريد الإلكتروني التي يمكن إرجاع عمق جذورها التاريخية إلى نهايات القرن الماضي وبدايات القرن الواحد والعشرين قد شاع استعمالها بسبب تطور التجارة الإلكترونية من جانب إلى التقدم التكنولوجي وثورة المعلومات والانتشار الواسع لاستخدام الإنترنت من جانب آخر .

على أن ثمة فوائد متعددة يمكن الحصول عليها من خدمة البريد الإلكتروني -E Mail هي :

الفائدة الأولى :

السماح للمستخدمين بإرسال واستبدال الرسائل التي تحتوي على صور ونصوص وملفات صوتية وفديوية وذلك عن طريق استخدام شبكة الإنترنت أو عبر نظم الاتصالات الإلكترونية الخاصة داخل الشركات أو المؤسسات .

الفائدة الثانية :

توفير اتصال سريع ومجاني بين الأفراد والمؤسسات والشركات في جميع أنحاء العالم بهدف عقد الصفقات التجارية إلكترونياً وإدارة ومتابعة تنفيذ عمليات البيع والشراء عبر الإنترنت .

الفائدة الثالثة :

تتيح خدمة البريد الإلكتروني الفوري (Push Email) استعراض وإرسال البريد الإلكتروني المكتبي والملفات المرفقة من خلال الهاتف الخلوي دون الحاجة لوجود الشخص في المكتب أو حتى عند التجوال الدولي. إذ تعمل الخدمة على ربط البريد الإلكتروني بالجهاز الخلوي مباشرة من خلال تفعيل خدمة (GPRS/EDGE) وتتميز بتوفير أعلى السرعات لمرور المعلومات والبيانات بالإضافة لمرونتها التي تسمح للمستخدم من خلال هاتفه الخلوي أن يتحكم في بريده تحكماً كاملاً وإلى جانب ذلك فإنها تتميز بفعاليتها بإيصال البريد الإلكتروني كاملاً. بكافة ملحقاته إلى الجهاز الخلوي .

الفائدة الرابعة :

تتيح للشركات الصناعية الاستفسار عن بياناتها من خلال قاعدة البيانات الشاملة والمحوسبة والحصول على الإجابات عن مختلف العمليات التي يمر بها المنتج بما يضمن اكتشاف الأخطاء وتجنب وخفض المعيقات عبر سلسلة التزويد الإداري .

كيف يعمل البريد الإلكتروني (E-mail) :

لا يمثل البريد الإلكتروني مجرد نظام بل هو مجموعة كاملة من الأدوات والبروتوكولات مصمم لتولي جميع احتياجات الشركات الصناعية من ناحية الأعمال والإدارة الصناعية والمالية بدءاً من بناء موقع تجارة إلكترونية حيث يمكن للمستخدمين من موظفين وزبائن من تبادل الرسائل والملفات وإجراء المكالمات

الهاتفية وحتى مهمات أخرى مثل التدقيق الإملائي وفحص الرسائل من الفيروسات وفرز البريد التطفلي .

تضم شبكة البريد الإلكتروني أنواعاً متعددة في البروتوكولات المتباينة في الوظيفة والخصائص التي يمكن تصنيفها كالآتي :

1. بروتوكول (SMTP) : يطلق هذا المصطلح على Simple Mail Transfer Protocol وهي وظيفة مهمة تتيح للإنترنت في إرسال الرسائل الإلكترونية إلى الخوادم .

2. بروتوكول (POP) : يطلق هذا المصطلح اختصاراً على كلمة Post Office Protocol وهي الوظيفة التي تستخدم من قبل المشترك للحصول على الرسائل والملفات التي تتضمن على سبيل المثال الصور والصوت والفيديو من الخوادم .

3. تستطيع الشركات الصناعية من إرسال واستخدام الرسائل الإلكترونية عن طريق استخدام إحدى الشركات التي تقدم خدمة البريد الإلكتروني مثل هوتميل hotmail.Com أو yahoo.Com وجوجل جي ميل Google Gmail. تشكل هذه المواقع الثلاث إحدى النوافذ المهمة للشركات الصناعية للوصول إلى المعلومات وإجراء الاتصالات مع دول العالم المختلفة بالإضافة إلى انجاز المعاملات والصفقات التجارية عبر شبكة الحاسوب من خلال هذه المواقع .

ومن الجدير بالملاحظة بأن الموقع هو مجموعة من الصفحات المخزنة إلكترونياً في إحدى الحواسيب المرتبطة بالإنترنت . وتستطيع أي شركة صناعية النفاذ إلى موقعها من خلال توصيلات الإنترنت التي تربطها مع هذه الحواسيب .

تستطيع الشركة الوصول إلى موقعها مـن خـلال عنوانها المميـز والـذي يـدعى المحدّد المنتظم للمصدر (Uniform Resource Locator) تبـدأ عنـاوين المحـدّد المنتظم لمواقع الإنترنت بالأحرف (http) التي هي اختصار لبروتوكول نقل الوثائق المتشعبة (Hypertext Transfer Protocol) .

والشركات الصناعية التي تعتمد اعتماداً كبيراً لانجـاز أعمالهـا التجاريـة عـلى الرسائل الإلكترونية لابد أن يكون عندها حرص شديد على تأمين عنـاوين لمواقعهـا على شبكة الإنترنت . في الماضي كـان الهـم الأكبر لمـدراء هـذه الشركات يكمـن في تثبيت وتهيئة وإدارة مواقع منفصلة لها وهـذا كـان يتطلب جهـداً ووقتـاً كبـيرين للبحث عن عناوين مواقع الإنترنت وذلك بسبب الكم الهائـل في إعـداد المواقـع المتوفرة في العالم . أما الآن ومع التطور التقنـي الحاصل بـدأت مواقـع متخصصـة بالبحث عـن عنـاوين مواقـع الإنترنت بـالظهور والتـي سـميت بمحركات البحـث (Search Engine) .

لقد بدأت هذه النقلة النوعية المتمثلة في استخدام محركات البحـث لتسـهيل مهمة البحث عن عناوين المواقع المطلوبة بـالرواج والانتشار عـلى نطـاق واسـع . ومما لاشك فيه أن ظهـور مواقـع متخصصـة بالبحـث جعل عمليـات الوصـول إلى المعلومات الموجودة على الإنترنت والاستفادة من خدماتها أكثر سهولة وأقل جهـداً ووقتـاً وتكلفة، ونظراً لأهمية هذا الموضوع سـنتطرق إلى شرح ثلاثة مـن محركات البحـث المهمـة والمشـهورة وهي محـرك يـاهو (yahoo) ومحـرك هـوت ميـل (Hotmail) وغوغل (Google) أو جوجل .

موقع Yahoo :

يعد موقع ياهو من أقدم وأنجح وأشهر المواقع المختصة بتقديم خـدمات البريد الإلكتروني حتى الآن، لـذلك فهو يتمتـع بقاعدة كبيرة مـن المستخدمين في العالم .

يتمتع محرك البحث Yahoo بعدد من المزايا التي تشكل في مجموعهـا تقنيـة مميزة ومفيدة للمستخدم تلبي احتياجاته مـن خـدمات البريد الإلكتروني المجاني وفي كافة المجالات. وتغطي هذه الخدمات العديـد مـن المسائل فمنهـا مـا يتعلـق بأسلوب التعامل مع الشؤون الأمنية ومسح الفيروسات وترشيح البريد الـتطفلي ومنهـا مـا يتعلـق بسـعات التخـزين عـلى الشبكة والقـدرة عـلى الـتدفق الإملائي للكلمات .

ويمكن تلخيص مزايا وفوائد موقع ياهو كما يلي :

1. تمكّن المستخدم من الحصول على سعة تخزين قدرها (جيجابايت)، تصل سعة الملف المرفق إلى (20ميجابايت) .

2. توفير القدرة على حماية البريد من الناحية الأمنية، حيث تـوفر مزايا أمنية قوية وقدرات هائلة قليلة التعقيد، وعلى سبيل المثال يستطيع الموقع توفير مرشحات للبريد الـتطفلي وماسحات ومنظفـات ملائمـة للفيروسات وسهلة الإعداد ولها خيارات ضبط كثيرة .

3. توفر القدرة على التدقيق الإملائي للكلمات بسرعة عالية .

موقع هوت ميل HOT Mail :

مع الانفجار المعلوماتي الذي حدث خلال السنوات الماضية حصلت كثير مـن التقنيـات في الخـدمات التـي يقـدمها موقـع HOT Mail ولعـل أهـم هـذه التحسينات هي السعة الكبيرة التي يتميز بها صندوق البريد التي تصل إلى 205 ميجابايت .

يقدم موقع هوت ميل للمستخدم مجموعة متكاملة من المزايا الملائمة نذكر منها ما يلي :

1. خدمة الأمان، حيث يستطيع محرك البحث هوت ميل من مكافحة برامج التجسس باستخدام برنامج يتم تركيبة على حاسوب المستخدم. ومن الجدير بالملاحظة أن مرشح البريد التطفلي غير قابل للتخصيص .

2. واجهة الاستخدام . تمتاز هذه الواجهة بالشكل الجميل والتصميم المتعدد الأنواع الذي يناسب الأذواق المختلفة للمستخدمين. كما يوفر هوت ميل HOT Mail دفتر عناوين وتقويم ومدقق إملائي ذات مظاهر جميلة وإعلانات براقة الألوان .

3. نطاق اتصال جيد. يتيح هذا الموقع للمستخدم الوصول إلى بريد هوت ميل عبر الهاتف النقال. تشكل هذه الخدمة الأرضية الملائمة للحصول على مزايا وخدمات استخدام الهواتف النقالة المنتشرة في مختلف أرجاء العالم. تتيح هذه التقنية للمستخدم التسجيل مجاناً لأجل خدمة هوت ميل موبايل والتي تمكّن من الوصول إلى البريد عبر هاتفه النقال من أي مكان في العالم .

4. يتيح للمستخدم الحصول على طقم كامل لإدارة الصور والوصول إلى موسوعة Encrate Premium على الشبكة .

لا ريب أن موقع هوت ميل كما ذكرنا سابقاً يتميز بالسهولة والبساطة وبواجهة استخدام جميلة، إلا أن هذه المزايا أتت على حساب أشياء أخرى منها على سبيل المثال أن مرشح البريد التطفلي غير قابل للتخصيص كما هي الحال مع ياهو ولا يعمل مباشرة كما يحدث مع غوغل Google.

موقع غوغل جي ميل Google :

يعتبر محرك البحث غوغل (جوجل) من أشهر مواقع الويب وثاني أكثر المواقع تصفحاً بعد ياهو وفي الوقت الحالي وذلك لأنه نجح خلال فترة قصيرة بعد إطلاقه العام 2004 في الاستحواذ على النسبة الكبيرة من سوق خدمات البريد الإلكتروني المجاني . ويمكن القول بأنه وبسبب الفوائد المتعددة التي يقدمها محرك البحث غوغل لأصحاب الأعمال والشركات الصغيرة والمتوسطة وربما الكبيرة فإن استخدامه جنباً إلى جنب مع محركات البحث الأخرى على نفس الأجهزة من الأشياء الرائعة، وكانت تعد منذ سنوات قليلة ضرباً من المستحيل، أو على الأكثر أمنيه صعبة المنال للعديد من مستخدمي المواقع في العالم .

وباستخدام محرك البحث غوغل أو جوجل Google التي كانت مثار اهتمام أوساط تكنولوجيا التقنيات الجديدة في عالم البريد الإلكتروني المجاني في السنوات الثلاث الأخيرة وأصبحت تحتل مركزاً بارزاً من حيث اهتمام الشركات التجارية والصناعية بها وشيوع استخدامها، أصبح يمكن للشركات الآن الاستفادة من كل ثمار تكنولوجيا البريد الإلكتروني المجاني بكل تنويعاتها وتفريعاتها. ويمكن تلخيص الفوائد المتعددة التي تحصل عليها الشركات والمستخدمين من استخدام محرك البحث غوغل Google بما يلي :

1. الحصول على مساحة تخزين هائلة جداً وهي جيجابايت واحد وإمكانية إضافة ملف مرفق للرسالة بسعة 15 ميجابايت. ويسعى جوجل إلى توسيع سعة تخزين البريد الإلكتروني المعتمد على ويب الخاص به إلى حد 2جيجابايت . إن هذا الإجراء من غوغل سيحدث ثورة في البريد الإلكتروني المعتمد على ويب ذلك لأنه سيعمل على زيادة حركة مرور الوسائط الرقمية التي تنتجها الكاميرات الرقمية وكاميرات الفيديو .

ومن الجدير بالملاحظة أنه على الرغم من أن كل من هوت ميل وبريد ياهو زاد من السعات التي يوفرها، فإن أي منهما لا يقدم أكثر من جيجابايت واحد حتى الآن.

2. إمكانية عرض الرسائل بأسلوب سهل المتابعة وإمكانية بحث متقدمة للرسائل الموضوعة في مجلد واحد مما يسهل الوصول إليها عند الحاجة.

3. تسهيل الوصول المجاني عبر بروتوكول (POP) Post Office Protocol الذي يمكن أن يستفاد منه المستخدم في الحصول على الرسائل الإلكترونية من الخادم ثم تخزينها في الحاسوب أو حذفها حسب الحاجة.

4. يمتاز جوجل بأنه خدمة البريد عبر ويب الأكثر توسعاً. وعلى سبيل المثال فقد تم تطوير تطبيقات كثيرة ومفيدة للمستخدمين كتطبيقات التنبيه عند وصول الرسائل الجديدة والإكمال التلقائي أثناء كتابة العناوين وسهولة فرز وضم محادثات الرسائل الإلكترونية.

5. يوفر مرشحات جيدة للبريد التطفلي الذي يتمتع بخيارات واضحة.

6. إمكانية الاستفادة من ترجمة الآلة الإحصائية. يتمكن المستخدم والمتصفح لموقع غوغل من ترجمة الوثائق بشكل فوري إلى اللغات الرئيسية في العالم وفي كل الأوقات. بمقدور المتصفح من ترجمة الوثائق العربية والصينية والروسية والألمانية من وإلى الإنجليزية.

بصفة عامة يمكننا القول بأن خدمة البريد الإلكتروني جوجل يتسم بأنه بريد قوي ويتمتع بقاعدة كبيرة من المستخدمين وأنه الأكثر شهرة وفاعلية وشعبية في مجال البريد المجاني في العالم.

الباب الخامس

حالات عملية عن تطبيقات نظم المعلومات

حالات دراسية عملية تطبيقية

يضع هذا الباب بين يدي القارئ بأسلوب عملي تطبيقي منظم مجموعة مـن الحالات الدراسية الواقعية لتجارب عدد من الشركات الصناعية في مجال المشتريات والتكاليف والإنتاج والخزين والسيطرة على الجودة، من أجل تسـليط الضـوء عـلى نظم معلوماتها الإدارية والإنتاجيـة ودورات العمـل بـداخلها ودوراتهـا المستندية ورصد التحديات التي تواجهها .

يمتاز هذا الباب بأنه يركز على الأمور المهمة التالية :

1. عرض ومناقشة حالات واقعية مـن الشركات المختلفـة مثل الزيـوت النباتية والألبان والكهربائية والأسـمنت والنسيج والبطاريات، يـتم من خلالها التطرق لقضايا حيوية تمشياً مع التطور العلمـي المتسارع واستجابة للتقدم التقني المذهل في مجال الحاسوب والإنترنت.

2. تزويد القارئ بالمهارات التي تساعده على تطبيـق المفـاهيم النظريـة أداء وتجربـة وواقعـاً، الأمـر يـنعكس في نهايـة الأمـر إيجابيـاً عـلى الشركات وتمكينها من الاستفادة من الحالات لحل مشكلاتها وتطـوير منتجاتها وخدماتها .

3. توفر الحالات الدراسية الإستراتيجيات والحلـول العمليـة التـي تعتنـي بدراسة كل نظام من الأنظمة التي تستخدمها هـذه الشركات وذلك بمعرفة نوعيـة الخدمات التي تقـدمها إلى المـدراء ورؤسـاء الأقسـام وتحديد البرامج والمشاريع والحلول الإلكترونية المطبقة .

4. تعريف القارئ بكيفية إعداد المخططات البيانية التي تصور الدورات المستندية والعمليات المتسلسلة للإجراءات المحاسبية والمخزنية

والإنتاجية والمشتريات والسيطرة على النوعية مما يساعده على معرفة طرق سير المعلومات في هذه النظم المختلفة .

5. وجود العديد من الأشكال التخطيطية والمخططات البيانية لسير العمليات التي تقوم بتصوير ووصف إجراءات وخطوات العمليات المختلفة في الشركة، لكي تساعد القارئ على الفهم والتدقيق للأنشطة التي تنجزها نظم المعلومات المختلفة من بدايتها حتى نهايتها لدراستها وفحصها بهدف تحسينها وتطويرها .

وفيما يلي دراسة مفصلة لكل شركة من هذه الشركات نعرضها في الفصول التالية السابع عشر والثامن عشر والتاسع عشر والعشرين والحادي والعشرين والثاني والعشرين والثالث والعشرين والرابع والعشرين والخامس والعشرين والسادس والعشرين والسابع والعشرين والثامن والعشرين، مبتدئين بالشركة الوطنية لاستخراج الزيوت النباتية كالآتي :

الفصل السابع عشر
الشركة الوطنية لاستخراج الزيوت النباتية

بعد دراستك لهذا الفصل تستطيع أن:

1. توضح مهام الهيكل التنظيمي للشركة .

2. تبين أسباب ضعف نظام معلومات المشتريات الحالي .

3. تذكر عيوب نظام الخزين المعمول به حالياً في الشركة .

4. تبرز متى ينبغي استخدام برنامج تخطيط موارد الشركة .

5. تشرح فوائد استخدام نظام الحوسبة لإجراءات العمل في قسم الإنتاج .

6. تلخص أسباب قلة فاعلية نظم المعلومات في الشركة .

7. تبين فوائد استخدام الأشكال التخطيطية والرسومات البيانية في تصوير الدورات المستندية والعمليات المتسلسلة للإجراءات المخزنية والمحاسبية والإنتاج .

الشركة الوطنية لاستخراج الزيوت النباتية

أهداف الشركة :

(1)   إنتاج الدهون والصوابين ومساحيق الغسيل .

(2)   تسويق المنتجات في الأسواق المحلية .

(3)   الارتقاء بمستوى صناعة استخراج الزيوت النباتية وزيادة الإنتاج سعياً لتوسيع أنشطتها خارج السوق المحلية .

نبذة تاريخية عن الشركة :

تأسست الشركة عام (1974) أثر اندماج ثلاث شركات هي شركة الرافدين للمساحيق وشركة منتجات حبوب القطن وشركة الطباعة وذلك من أجل تقوية الوضع التجاري ولتوحيد الخطوط الإنتاجية والمشاركة في تسويق منتجاتها .

بدأت الشركة بالإنتاج بطاقة إنتاجية سنوية كالآتي :

دهن جامد	105 طن سنوياً
صابون تواليت	12طن سنوياً
صابون غسيل	15 طن سنوياً
مسحوق غسيل	24 طن سنوياً

من خلال نظرة فاحصة إلى الإنتاج السنوي تبين أن إنتاج الدهون هو الأعلى بالمقارنة مع المنتجات الأخرى. إن إنتاج الشركة يغطي 70% من حاجة السوق المحلي وقد عكفت على توسيع مصانعها المختلفة لمجاراة الطلب القوي على منتجاتها من الدهون والصوابين من الداخل والخارج .

حققت الشركة مبيعات نهاية 2003 بلغت (25) مليون دينار وبارتفاع عن الأعوام السابقة واستمرت بالتحسن إلى أن وصلت نهاية 2004 إلى (55) مليون دينار وذلك مدعوماً بحجم المبيعات للأسواق الخارجية التي استقطبتها الشركة من خلال عقود وصفقات من دول الجوار .

الهيكل التنظيمي :

يحكم الشركة لجنة استشارية متكونة من المدير العام ومدراء أقسام المالية والتجارية والسيطرة على النوعية. إن مسؤولية المدير العام هي اختيار رؤساء الأقسام وصنع القرارات التشغيلية الفنية .

إن مسؤولية رئيس القسم المالي هو إدارة شؤون المالية للشركة ويقوم بإعداد التقارير على السياسة المحاسبية والميزانيات والتكاليف والربحية والتنبؤات وتقديمها للمدير العام .

إن مسؤولية رئيس القسم الفني هو الإشراف والتنسيق لشعب الصيانة والإنتاج والتخطيط والسيطرة على الإنتاج. تكون مسؤولية رئيس شعبة التخطيط والسيطرة على الإنتاج هو السيطرة على الأوامر الصناعية وسجلات الإنتاج و الصيانة .

- إن مسؤولية رئيس القسم التجاري هي إعداد التقارير المتعلقة بالتخطيط التجاري ونمو السوق وخطط الشراء وفعاليات التسويق والمبيعات .

- إن مسؤولية رئيس قسم السيطرة على النوعية هي الإشراف على فعاليات السيطرة على النوعية وإعداد أوامر الفحوصات من قبل المختبرات .

- إن مسؤولية قسم التنظيم والإنتاجية هي فحص وتقييم السياسات الإدارية والتنظيم الإداري والهيكل التنظيمي للشركة. يقوم القسم بإعداد تقارير دورية تتضمن توصيات عن الإجراءات والطرق لنظم المعلومات في الشركة .

وصف النظم الحالية لمعلومات :

لقد كانت الشركة في بداية تأسيسها متكاملة وفي غاية التطور ولكن أكثر ما كان يعاني منه المدير العام ورؤساء الأقسام في انجاز أعمالهم وأداء مهامهم على أكمل وجه هو أن نظم المعلومات أصبحت قديمة وبحاجة إلى تطوير وتجديد لتواكب التطورات. إن البطيء الذي يعاني منه النظام هو نتيجة استمرار التعامل بالتداول اليدوي الذي يسبب أخطاء وتكديس الأضابير والمعاملات لدى الأقسام في الشركة.

إن قلة فاعلية المعلومات في الشركة يعود للأسباب الآتية :

(1) عجز نظام المعلومات الحالي في تلبية احتياجات صانع القرار لدى مدراء الأقسام المختلفة وكذلك المدير العام من البيانات المطلوبة في الوقت والمكان المناسبين وذلك لاستخدامها في التخطيط والرقابة .

(2) بطء نظام التقارير في إعداد ورفع التقارير المهمة للإدارة بمختلف مستوياتهم في الوقت الملائم للاستفادة منها في اكتشاف الانحرافات وتصحيحها. يعاني نظام التقارير من مشكلة إعداد تقارير عن انحراف أسعار الشراء وعن حركة المخزون وعن أصناف المواد المستوردة والتي توضح الحد الأدنى والأعلى لكل صنف وعن التذبذبات التي تطرأ على الأسعار وعن كمية المواد المطلوبة ومدى إمكانية الحصول عليها في الوقت المناسب .

(3) لم يستطيع النظام الحالي للتقارير بإعداد تقارير شهرية تفيد المدراء في معرفة اتجاهات السوق المستقبلية وتشخيص الظروف الاستثنائية التي قد يتعرض لها السوق من نقص لبعض السلع وذلك بهدف السيطرة عليها مسبقاً .

(4) يعاني نظام المشتريات الحالي من الضعف في تزويد الإدارة بمعلومات تفيدها في السيطرة على حركة المواد الأولية وتداولها وخزنها وتنسيق الطلب والتجهيز وتحليل الطلب والتنبؤ بالمبيعات .

(5) عجز نظام السيطرة على الخزين في تزويد الإدارة بمعلومات إحصائية ضرورية في تعقيب إجراءات الشراء أو في تحديد كميات المخزون الموجودة في المخازن أو في تحديد المواد المطلوبة بالنوعية والكمية وقد

ترتب عن ذلك حصول تكدس في المخزون أو شـحه في المخـازن مـما يؤدي إلى تعطيل حركة الإنتاج في مصـانع الشركة أو تجميـد مبـالغ طائلة في مخزون راكد يتطلب تكاليف مخزنية عالية .

الخطط المستقبلية :

أ. طورت الشركة برنامجاً لتخطيط موارد الشركة لغايات مكننـة الشركة إلكترونياً كي يوفر للشركة الوقت في استقبال أوامـر البيـع والشراء. إن هذا النوع من البرمجيات قد ساعد الشركة على ربـط كـل النشـاطات التي تقوم بـه كالتخطيط والتصنيع والمبيعـات والمالية بعضها مـع بعض بحيث أصبحت أكثر تنسيقاً ومشاركة بالمعلومات، كما سـاعدت البرمجيات على مكننة عمليات رئيسـة متعددة مثل مـلء طلبيـات الشراء وجدولة أعمال الشحن وهذا بدوره قللَّ من عمليات الارتباط المعقدة بين مراكز الحاسبة في المناطق المختلفة من الشركة. يستطيع موظفوا المبيعات بإدخال طلبيات وأوامـر الشراء للزبائن التـي يـتم استلامها في المصنع وتبدأ عملية الإنتاج، إن هـذه المعلومـات تشكل مرجعاً لكافة الجهات ذات العلاقة. فمثلاً تبدأ المعلومـات بالانسـياب أوتوماتكياً إلى قسم المخازن لكي يستفيد منها مـدير القسم لفحـص الخزين من الأجزاء والأدوات الاحتياطية ولكي يقوم بتعويض عن كـل ما استهلك من قبل المصنع ولجدولة تواريخ الشحن. تستطيع فـروع الشركة الواقعة في أماكن مختلفة من أن تستفيد من بيانات المبيعـات والمخزون والإنتاج التي تم توفيرها من البرنامج بشكل سريع ودقيـق. إن برنامج تخطيط موارد الشركة قد وفر للشركة قاعدة بيانات

إحصائية شاملة ودقيقة شكلت مرجعاً لكافة أقسام المشتريات والمبيعات والإنتاج والمخازن وأتاح المجال أمام رؤساء هذه الأقسام لمعرفة أحدث التفاصيل المتعلقة بطلبيات الشراء وعمليات الإنتاج والخزين. لقد ساهم هذا البرنامج في مساعدة مدراء الأقسام في التخطيط والتنبؤ والرقابة على موارد الشركة المختلفة .

ب. تسعى الشركة إلى استخدام شبكة رقمية متطورة لضمان نقل المعلومات بين المركز والمصانع بسرعة وجودة عالية وكلفة قليلة ولكي توفر الحلول الشاملة لعملاء الشركة . إن استخدام الشبكة الرقمية سيتيح للشركة تقديم خدمات جديدة ومبتكرة لعملائها وتعزيز قدراتها على المنافسة. سيتم تشغيل الشبكة التي ستنجز بمساهمة شركة سيسكو لربط مصانع الشركة مع المركز الرئيسي ـ بحيث تسهل تبادل المعلومات المتعلقة بطلبيات الشراء والمواد البطيئة الحركة وحركة البضاعة من المصانع إلى المخازن مما يوفر جهداً كبيراً على الموظفين والمدراء في تبادل المعلومات الضرورية بسرعة كبيرة باستخدام تقنية الألياف الضوئية في نقل الملفات .

ت. تسعى الشركة إلى تحويل ملفاتها وسجلاتها الورقية في أقسام المالية والسيطرة على الإنتاج والسيطرة على الخزين والسيطرة على النوعية إلى سجلات إلكترونية مما يتيح لرؤساء هذه الأقسام والموظفين على مشاهدة المعلومات المطلوبة على شاشات عرض بمجرد الضغط على أحد الأزرار .

ث. طبقت الشركة نظاماً جديداً لحوسبة إجراءات العمل في قسم الإنتاج وتطوير الخدمات الفنية المقدمة لعمليات الصنع في إطار سلسلة إصلاحات على نظام معلومات الإنتاج. وتطبيق هذا النظام مكّن مدراء الأقسام والإدارة العليا من اكتشاف الضعف واتخاذ الإجراءات التصحيحية في الوقت الملائم .

إجراءات الشراء :

لاحظ الشكل التخطيطي (17-1) .

1. يقوم القسم التجاري بتحديد كمية الشراء من المواد الأولية المراد شراؤها اعتمادا على حاجة الشركة وحسب تخصيصات الخطة الإنتاجية.

2. يقوم قسم السيطرة على الإنتاج بتحديد مواصفات المواد الأولية والمواد المساعدة المرغوب استيرادها من الخارج .

3. إن الموافقة على تخويل الشراء تتم من قبل المدير العام . ينظم تخويل الشراء بعدة نسخ من قبل القسم التجاري وتوزع على أقسام المالية والفنية والسيطرة على النوعية .

4. يتم استلام عروض المجهزين بواسطة المدير العام ويتم اختيار مصدر الشراء المناسب والعرض الأفضل بعد دراسة الشروط المقدمة من قبل المجهزين كأفضل نوعية وأوطأ سعراً وأفضل شروط الشحن والتسليم والدفع. ويتم الاتصال بالمجهزين عن طريق التلفون والبرقيات والكتب الرسمية .

5. يقوم القسم التجاري بإعداد أمر الشراء بعد اختيار العرض الأفضل وتوزيع نسخ منه على أقسام المالية والفنية والتخطيط والسيطرة على الإنتاج والسيطرة على النوعية ونسخة إلى المدير العام.

6. يقوم القسم الفني، بإجراءات المتابعة بهدف تقليص الوقت الكلي وتستنفذ إجراءات الشراء اعتماداً على البيانات المتوفرة في السجلات المهيئة لهذا الغرض .

7. يقوم قسم الإخراج في الشركة بإجراءات إخراج المواد من الجمارك بعد استلام أشعار وصول البضاعة .

8. يقوم قسم التخطيط والسيطرة على الإنتاج بإجراءات استلام المواد والتأكد من النوعية والكمية وسلامة البضاعة من العيوب أو الأضرار بعد مطابقتها مع أمر الشراء .

9. يقوم قسم السيطرة على النوعية بفحص المواد الأولية الواردة لغرض التأكد من مطابقتها للمواصفات والكمية المتفق عليها مع المجهزين.

10. يقوم مدير القسم التجاري بإعداد تقرير الرقابة على كفاءة الشراء الذي يحتوي على بيانات الأداء لعمليات الشراء للسنوات الحالية والسنوات السابقة ، ترفع هذه التقارير شهرياً إلى المدير العام وإلى اللجنة الاستشارية.

11. يقوم قسم السيطرة على النوعية بإعداد تقارير شهرية وفصلية عن مواصفات المواد والمقادير المقررة والجودة والتلف وتطورات النوع. ترفع هذه التقارير إلى المدير العام ومدير قسم التخطيط والسيطرة على الإنتاج.

12. يقوم القسم التجاري بإعداد تقارير فصلية وسنوية عن حركة المخزون بالكمية والقيمة عن الأصناف المستوردة والمواد المحلية، توضح الحد الأعلى والحد الأدنى لكل صنف، ترسل نسخ من التقارير إلى المدير العام ورئيس قسم التخطيط والسيطرة على الإنتاج.

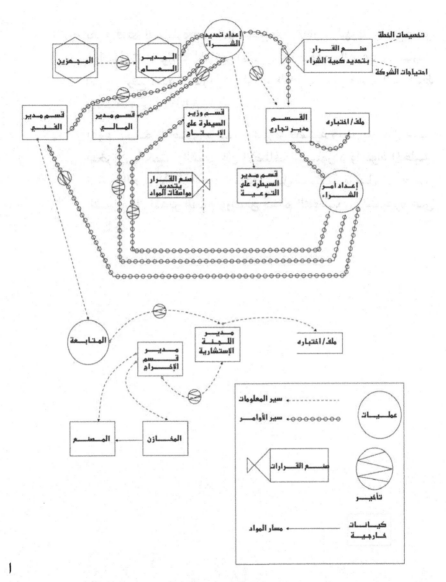

ا

لشكل (1-17) يوضح إجراءات الشراء في الشركة

الفصل الثامن عشر
شركة المحيط لمنتجات الألبان

بعد دراستك لهذا الفصل تستطيع أن:

1. تلخص أهـم الوظـائف والمهـام والمسـؤوليات التـي يتحملهـا المـدراء ورؤساء الأقسام الإدارية والإنتاجية في الشركة .

2. تحدد المشاكل التي تواجه المسؤولين في الأقسام الوظيفيـة والإنتاجيـة عن طريق تشخيص مواطن الضعف ونقاط الاختناق التي تعاني منهـا نظم معلومات الإنتاج ونظم معلومات السـيطرة عـلى النوعيـة وثم التسويق والتكاليف .

3. تبين فوائد النظم الرقمية وشبكات الألياف الضوئية التي استخدمتها الشركة في تطوير نظم معلوماتها الحالية .

4. تعرف كيفية إعداد المخططات البيانية التي تصور الدورات المستندية والعمليات المتسلسلة للإجراءات المخزنية والمحاسبية والمشتريات في الشركة .

شركة المحيط لمنتجات الألبان .

نبذة تاريخية :

تأسست الشركة عام 1997 . يوجد مقرها في العاصمة ولها خمسة عشر مكتباً منتشرة في مختلف المحافظات، وتولت هذه الشركة خلال مسيرة عملها إنتاج الحليب ومشتقاته من اللبن والزبدة والقشطة والجبنة. ومنذ تأسيسها سجلت الشركة تاريخاً من التطور المستمر، وفي السنوات الأولى من إنشائها تخصصت الشركة في إنتاج الحليب المبستر وبعد ثلاث سنوات من إنشائها تمكنت من إنتاج الحليب المطعم والزبدة والجبنة واللبن .

تبنت الشركة برنامج لتطوير الإنتاج، وتم صرف مبالغ باهظة لشراء المكائن والمعدات الحديثة لتحسين القدرة الإنتاجية لمصانع الشركة، ولكن بالرغم من ذلك بقي الطلب على منتجات الشركة أعلى من العرض وذلك بسبب محدودية الطاقة الإنتاجية وعدم كفاية مراكز تجميع الحليب. إن الشركة لها تجربة طويلة في مجال تصنيع الحليب والألبان باستخدام التكنولوجيا الحديثة والاستفادة من التقنيات المتقدمة .

الهيكل التنظيمي :

يـرأس الشركة المـدير العـام الـذي يـنظم عمـل شركتـه ويتحمل جميع المسؤوليات والعمليات التجارية ويصنع القرارات الفنية والتشغيلية. وتتكون الشركة مـن مجموعـة مـن الأقسام الوظيفية كالمالية والحاسوب والفنية والخزين و المشـتريات والسـيطرة علـى الخـزين والسيطرة على النوعية والتنظيم والإنتاجية. إن الوظيفـة الأساسـية للقسـم المالـي هـو إعـداد الكشوفات المالية وتقارير السيطرة على التكاليف وأن مسؤولية قسم الحاسوب هو معالجـة المدفوعات واستخدام التكنولوجيا في تطبيقات المحاسبة والإنتاج وإعـداد التقارير إلى المـدير العام .

وإن مسؤولية قسم التخزين هو الاحتفاظ بمستويات ملائمة للمخزون والاحتفاظ بالسجلات والوثائق الملائمة، ويكون قسم المشتريات مسؤولاً عن اتخاذ الإجراءات اللازمة لاستيراد قطع الغيار والمواد المطلوبة وقسم المبيعات مسؤولاً عن تسويق البضاعة ودراسة ظروف السوق، ومسؤولية قسم السيطرة على النوعية هو فحص نوعية المواد

الأولية والأدوات الاحتياطية المستلمة من قبل الشركة وفحص نوعية البضاعة الجاهزة في مختبرات الشركة .

وأن مسؤولية قسم التنظيم والإنتاجية هو تطوير الخطط لتحسين كفاءة سير العمل والمعاملات وأرشفة بيانات أو معلومات الشركة وإعطاء النصح لمدراء الأقسام. كما أن من واجبات القسم أيضاً تطوير وتحديث نظم المعلومات في الشركة. وخلال هذه المسيرة من النمو والتطوّر غالباً ما كانت هذه الشركة تواجه تحدى رئيسي هو ضعف نظم المعلومات المعمول بها حالياً. ووجدت الشركة الحل في الاستفادة من تكنولوجيا المعلومات والاتصالات التي تعتمد على الحاسوب والانترنت .

الخطط المستقبلية :

1. بدأت هذه الشركة الاستعانة بتكنولوجيا المعلومات لتطوير نظم معلوماتها بهدف تقديم خدمات عالية الجودة. ففي قسم السيطرة على النوعية اعتمدت الإدارة مجموعة من أحدث حلول الحوسبة اللاسلكية في مجال توفير المعلومات لمختبرات السيطرة على نوعية الحليب ومشتقاته حيث يستطيع مدراء المختبرات استخدام حلول الشبكة اللاسلكية لخدمة موظفي المختبرات. يستفيد المدراء والموظفين في المختبرات من نظام رقمي مبتكر من شركة (سيكو سيستمر) للحصول إلكترونياً على حزمة متنوعة من الخدمات تشمل طلب الفحوصات المختبرية. ويساهم النظام الذي قامت شركة (سيسكو سيستمر) بتركيبه في تسهيل عملية التواصل الشبكي اللاسلكي بين مدراء أقسام المختبرات ومدراء الأقسام الإنتاجية في الشركة مثل أقسام المشتريات والمخزون والإنتاج والتكاليف إضافة إلى الوصول الفوري للمعلومات الخاصة بالإنتاج ونتائج الفحوصات المختبرية باستخدام أجهزة كمبيوتر عالية الجودة.

2. وفي قسم التسويق استخدمت الإدارة نظام جديد لمعالجة طلبيات الشراء للزبائن ولدعم أنشطة المبيعات والتسويق وذلك عن طريق الاستفادة من خدمة وسرعة الانترنت (Web – based information technology) وستطور الشركة خدمة وسرعة الانترنت من أجل ضمان حسن كفاءة استخدام الشبكة . إن وجود شبكة واسعة التردد وسرعة عالية يلعب دوراً أساسياً في تطوير وتحسين

أنشطة المبيعات والتسويق. وتتيح الشركة عدة مزايا في مجال التسويق والمبيعات كإجراء حوار متعدد الأطراف عبر الفيديو (صوت وصورة) وبرامج تلفزيون تفاعلية وفيديو تحت الطلب وتطوير وتنفيذ تطبيقات للتسويق عبر الانترنت .

3. بدأت الشركة بدراسة إجراءات العمل والمعلومات المتعلقة بنظام تخطيط الإنتاج السائد في الشركة ثم تحليل تلك المعلومات بهدف إنشاء نظام محوسب جديد. يبني النظام الحالي لتخطيط الإنتاج خطط الإنتاج اليومية على أساس المبيعات اليومية السابقة وإن عدد ونوع الإنتاج المباع يحدد كمية الوحدات المنتجة ووقت إنتاجها. وبسبب هذه المشكلة قامت الشركة بتسجيل وضبط حركة البضاعة وأرصدة الخزين لمعرفة كميتها كما استخدمت الشركة نظام التنبؤ بالطلب الذي يعطي درجة عالية من الدقة عن احتياجات الزبون. ويتيح هذا النظام المحوسب عدة مزايا للشركة في مجال المبيعات كإمكانية تحديثه يومياً حسب الحاجة والاستفادة منه في تحديد الطلبيات لشهر أو عدة شهور قادمة معتمدة على أرقام المبيعات السابقة .

4. لعل أهم مشكلة تواجه المسؤولين في قسم التكاليف هي الأدوات والأساليب اليدوية القديمة في نقل المعلومات من مصانع الشركة المختلفة إلى المركز الرئيسي. إن الاتصالات بين المركز الرئيس والمصانع تعاني من الضعف وتتم بأساليب وطرق تقليدية حيث تنتقل المعلومات من المصانع إلى قسم التكاليف شفوياً أو عن طريق التلفون مما يسبب في تأخير القسم في إعداد ورفع التقارير إلى الإدارة في وقتها المحدد. ولعلاج مشكلة الاتصالات التقليدية وضمن خطة الإدارة في تحديث الشركة ورفدها بأحدث وأدق ما توصلت إليه تكنولوجيا المعلومات والاتصالات قامت بربط المصانع المختلفة والمركز الرئيسي بشبكة الألياف الضوئية لكي توفر سرعة اتصال عالية بينها، لقد اتخذت الشركة خطوات رئيسية في مجال التطوير والإصلاح، لقد تم بناء وتطوير شبكة اتصالات حديثة من الألياف الضوئية المتميزة بسرعة عالية وتم من خلالها ربط جميع المصانع مع المركز الرئيسي في الشركة كما تم ربط هذه الشبكة مع الانترنت من خلال بوابة موحدة، وتتيح الشبكة مزايا من أهمها :

1. عدم تأخر وصول المعلومات المطلوبة من الأقسام الفنية إلى قسم التكاليف مما يساعدها على إعداد ورفع التقارير المهمة إلى الإدارة بمختلف مستوياتهم في وقتها المحدد .

2. تسريع رفع التقارير بصفة دورية إلى الإدارة مما يمكنها من تحقيق الرقابة على عناصر التكاليف الداخلة في مجال اختصاصها .

3. نقل المعلومات بين المصانع ومركز الشركة بكفاءة وبشكل أمـن وبسرعات وجودة عالية وكلفة قليلة .

4. توفير الحلول الشاملة لموظفي الشركة . إن الـربط الإلكتروني مـا بين الإدارة الرئيسية للشركة ومصانعها المختلفة من خلال شبكة رقميـة متطورة تعمـل على دمج وربط نظام المعلومات المختلفة مما يمكّن للمـوظفين المتواجدين في مصـانعها والمركـز الرئيسي- مـن الوصـول إلى معلومـات التي يحتاجونهـا بسرعة ودقة .

إجراءات الشراء في شركة المحيط لمنتجات الألبان :

ويمكن توضيح هذه الإجراءات بالشكل (18-1) .

1. يتم تحديـد كمية الشـراء مـن الأدوات الاحتياطيـة وقطع الغيـار المرغوب استيرادها من الخارج من قبل قسم المشتريات اعتماداً عـلى الخبرة الشخصية وحسب تخصيصات الخطة الإنتاجية ويقوم القسم الفني في الشركة بتحديـد مواصفات هذه المواد والأدوات .

2. يقوم قسم المشتريات بإعداد استمارة تخويل الشراء وتقديمـه إلى المـدير العـام للموافقة عليه . تنظمّ هذه الاستمارة بعدة نسخ توزع على الأقسام المختلفـة بهدف الإطلاع والدراسة ومن ثم تحفظ في قسم المشتريات للرجوع لهـا وقت الحاجة. تستلم الأقسـام التالية نسخ مـن هـذه الاستمارة المالية، المخازن، والسيطرة على النوعية .

3. يستلم قسم المشتريات عروض المجهزين للمواد وقطع الغيـار ويتم اختيار مصدر الشراء المناسب والعرض الأفضـل بعـد دراسـة الشـروط المقدمة من

قبل المجهزين .

4. يقوم قسم المخازن بإعداد أمر الشراء بعد اختيار العرض الأفضل حيث يعتبر هذا بمثابة عقد رسمي لقبول الشركة بشراء قطع الغيار أو الأدوات الاحتياطية التي سبق أن عرضها المجهز بالسعر والمواصفات الفنية وشروط الدفع والشحن. تستلم الأقسام التالية نسخ أوامر الشراء المالية، المشتريات، والسيطرة على النوعية .

5. يقوم القسم الفني بتطبيق إجراءات المتابعة بهدف تقليص الوقت الكلي لتنفيذ إجراءات الشراء وفي سبيل تقليل التأخيرات والتعجيل في وصول المواد المطلوبة والإسراع في الشحن .

6. بعد استلام الأدوات الاحتياطية من قبل المخازن يقوم قسم الإخراج بإجراءات إخراج الأدوات الاحتياطية وقطع الغيار من الجمارك .

7. تتم إجراءات الاستلام والتأكد من النوعية والكمية وسلامة قطع الغيار أو الأدوات الاحتياطية من العيوب أو الأضرار من لجنة الاستلام التي تشكلها الشركة لهذا الغرض .

8. تقوم لجنة الفحص التي تشكل من موظفين عن أقسام المشتريات والسيطرة على النوعية والفنية بفحص الأدوات وقطع الغيار الواردة.

9. يقوم قسم المشتريات بإعداد تقرير شهري يتضمن معلومات عن المجهزين واختيارهم على أساس موازنة الكلفة والنوعية أو سرعة التجهيز وضمان الخصم والتسهيلات الأخرى. ترسل هذه التقارير إلى المدير العام ومدير قسم المخازن ومدير القسم الفني .

10. يقوم قسم المخازن بإعداد التقارير الشهرية التي تتضمن معلومات عن حركة المواد الأولية وتداولها وخزنها . ترسل نسخ إلى المدير العام والقسم الفني وقسم المشتريات .

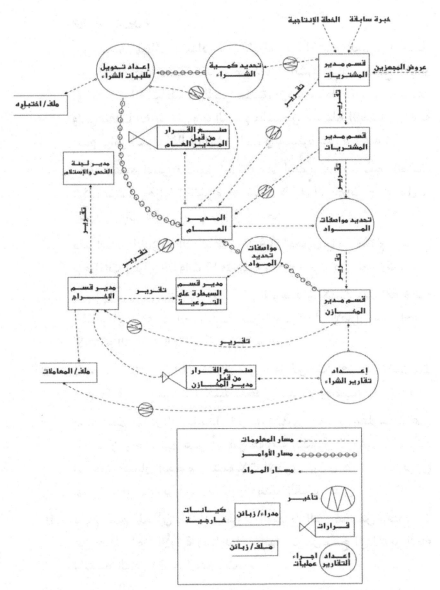

شكل (18-1) يبين إجراءات الشراء في شركة المحيط لمنتجات الألبان .

الفصل التاسع عشر
شركة السلطان للصناعات الغذائية

بعد دراستك لهذا الفصل تستطيع أن:

1. تحدد أهم المشاكل التي تواجه الشركة وأسبابها وكيفية التصدي لها .

2. تلخـص التطـورات والتغيرات التـي شـهدتها الشركـة في كافـة نظـم معلوماتها .

3. توضح ما هي الحلول والتطبيقات البرمجية التي استخدمتها الشركة لمعالجة الضعف والعجز في نظم معلوماتها الإدارية .

4. تبين مهام قسم التنظيم والإنتاجية التي أنشئته الشركة بهدف دراسـة المعوقـات والمشـاكل التـي تواجههـا النظـم المختلفـة ووضـع الحلـول المناسبة لها .

5. تصف التحول الرقمي داخل الشركة من حيث غرضه وفوائده .

6. تعرف كيفية إعداد المخططات البيانيـة لتصوير الـدورات المستندية والعمليـات المتسلسـلة للإجـراءات المخزنيـة والمحاسـبية والمشـتريات والسيطرة على النوعية والإنتاج .

شركة السلطان للصناعات الغذائية

نبذة تاريخية :

تأسست شركة السلطان للصناعات الغذائية كشركة مساهمة خصوصية عـام 1988. وفي كانون الثاني عـام 1992 تم تحويل الشركة إلى شركة مساهمة عـامـة برأسمال قدره 15 مليون دينار. تمت زيادته عـدة مـرات ليصل إلى مـا هـو عليه حالياً عند 25 مليون دينار . ويأتي قرار زيادة رأس مال الشركة لمواجهة الالتزامـات المتزايـدة عـلى الشركـة والوفـاء بالتزاماتها وشراء المـواد الإسـتراتجية. تـوفر شركـة مجموعة واسعة من المنتجات التي تشمل اللحـوم المبردة والمجمدة والمعجنات والمقبلات النباتيـة إلا أن الشركة أصبحت شركة تجارية متكاملة تقدم جميع الأنشطة الرئيسية المتعلقة بإنتاج وتصنيع وتغليف الأغذية عالية الجودة .

بلغت مبيعات الشركة من منتجاتها ثلاث ملايين دينار في نهاية عـام 1994 مقارنة مع مبيعات مليون ونصف دينـار في عـام 1993 ويعـزى هـذا الارتفاع إلى نجاح الشركة في زيادة الاستثمار في مجالات تطوير المنتجات ورفع مستويات الجودة وتطبيق أحدث التقنيات في حقل الإنتاج والتغليف والتصنيع .

استطاعت الشركة في السنوات الأولى من تأسيسها في تكثيـف جهودهـا لتأمين أسواقها الإستراتجية بالكميات والنوعيـات المطلوبـة في اللحـوم والـدجاج والسـمك والمعجنـات وخصوصاً الأسـواق المحليـة ممـا أدى في بعـض الحـالات إلى انخفاض الكميات المصدرة إلى الأسواق الإقليمية المجاورة .

وفي السنوات التي تلت عام 1995 تمكنت من دخول أسواق الخليج والولايات المتحدة الأمريكية، كما تسعى الشركة ضمن خطتها المستقبلية إلى دخول

أسواق أوروبـا الغربيـة والمملكـة المتحـدة وتتوقـع الشركة تحقيـق مبيعـات جديدة مع عدد من هذه الأسواق بعد أن تلقت ردوداً إيجابية منها .

لقد بلغت منتجات الشركة منذ عام 2001 على ما يزيد على مئة منتج تجاري بالإضافة إلى مئة صنف من المنتجات التي يتم تزويدها للمطاعم والتي تتنوع بين اللحوم والدجاج والسمك والمعجنات والمقبلات النباتية .

إن ما ساعد الشركة في تحقيق أهدافها وتعزيز قدرتها على خدمـة زبائنها هو ما تتمتع به مـن تقنيـات إنتاج وتعقيم عاليـة الجـودة ومطابقة لمعايـير أنظمـة الجودة العالمية. حيث تمتلك منتجات الشركة مزايا تنافسية متعـددة وخاصة في جانب الجـودة التـي أعطاهـا دفعـة قويـة لزيـادة نفاذهـا إلى الأسـواق العالميـة والحفاظ على فرصتها التسويقية في الداخل. لقد تمكنت منتجات الشركة من دخول السوق الأمريكي الذي يعد من أهم الأسواق الاستهلاكية في العالم .

إن الصناعات الغذائية في الشركة تواكب التطور العالمي فقد عملـت علـى تطوير كوادرها الفنية العاملة فيها. لقد تميز مسـتوى العمالة بشكل كبـير حيث بلغت نسبة الخريجين الجامعين ما يزيد على 45% بالمئة مـن مجمل العـاملين في هذه الشركة الـذي يزيـد علـى ألـف موظـف وعامـل مـوزعين علـى دوائـر الشركة والمصانع المختلفة .

لقد تم التركيز على ضبط جودة المنتج من اللحوم والمعجنـات والمقبلات مـن خلال توفير وسائل الدعم العلمي والتقني لضمان التطبيق الدقيق لأنظمة الجودة العالمية في مجال الصناعات الغذائية مما أنعكس على نمو الصادرات نمواً مضطرداً .

يحتوي مصنع الشركة على أفضل الآليات والمعدات المتطورة التي تسـتخدم في التغليف والتحكم بمواصفات وجـودة المعجنـات الأكـثر اسـتخداماً في المنـازل وفي المعايير الصحية المصممة خصيصاً لتعزيـز وضـمان السـلامة الغذائيـة مـما أنعكس إيجابياً على عملية الإنتاج وفاعليتها.

لقد أظهرت الشركة في عام 2001 مرة أخرى قوة تأثيرها على السوق المحلي وإمكاناتها المستقبلية للاستحواذ على الأسواق العالمية. حيث عززت مكاسب التجارة والمرتبطة بحجم مبيعاتها المتزايد نتيجة للتحديث في مصانعها ومستويات الثقة المرتفعة لدى زبائنها .

على الرغم مما شهده العام 2002 من تحديات إلا أنه كان مليئاً بالانجازات فقد تمكنت الشركة في شهر شباط من هذا العام من زيادة الاستثمار في مجالات تطوير خطوط الإنتاج المتوفرة .

قد تم توسيع خطوط إنتاج اللحوم المبردة، وزيادة إنتاجية خطوط المعجنات والأغذية المجمدة .

كما أنشأت الشركة مبنى صناعياً لاستيعاب خطوط إنتاج جديدة لزيادة الطاقة الإنتاجية للشركة لتلبية متطلبات الأسواق المحلية والخارجية وأصبح المبنى الصناعي من أكثر التجمعات الصناعية كفاءة باحتوائها على سبعة مصانع في مكان واحد .

التطورات التي شهدتها الشركة :

شهدت الشركة خلال السنوات الماضية من بداية عام 2002 تغيرات وتطورات كثيرة في كافة نظم المعلومات المعمول بها حالياً من أهمها :

1. إنشاء شبكات اتصال حديثة تقوم بتوفير قنوات الاتصالات المباشرة ذات التقنية العالية بين مركز الشركة ومصانعها. ربطت المركز الرئيسي للشركة بكافة مصانعها المنتشرة في مناطق مختلفة بخدمات الاتصال الرقمية عالية السرعة، وربطت المركز الرئيسي للشركة

بشبكة كوابل الألياف الضوئية بسرعة تصل إلى 155 ميجاببت لكل ثانية . إن هذه الخدمة من شأنها توفير قنوات الاتصالات المباشرة ذات التقنية العالية بين مصانع الشركة لتسهيل عمليات الاتصال المختلفة ونقل وتبادل البيانات والتي تعمل بالتالي على زيادة كفاءة العمل وخدمة المستهلك بصورة أفضل .

تحديث معظم أجهزة الكمبيوتر والطابعات في أقسام الشركة المختلفة وزيادة سعتها وسرعتها وذلك لمواجهة حجم العمل المتزايد وهذه تأتي ضمن جهود الإدارة لمساعدة هذه الأقسام على تطوير أدائها ومهاراتها الإدارية والإنتاجية لتحقيق ربحية أفضل .

2. التحول التدريجي إلى استخدام الأنظمة الإلكترونية في إطار الجهود التي تبذلها الشركة لتبسيط إجراءات العمل وتطوير مستوى الخدمات المقدمة للزبائن .

3. توفير قاعدة بيانات متكاملة لكافة الموظفين ولصانع القرار ووضع الآليات التي تضمن تبادل المعلومات بين مركز الشركة ومصانعها وربطها إلكترونياً .

4. إتباع نظم مشتريات حديثة بهدف الحصول على أنسب الأسعار وتخفيض تكاليف التخزين من خلال برامج وتقنيات عصرية للاستغلال الأمثل لمساحة التخزين وتحديد كميات المواد الأولية وفقا لخطط مبيعات الشركة .

وبالرغم من أن مبيعات الشركة كانت قد شهدت ارتفاعاً ملحوظاً خلال السبع سنوات الأولى بعد تأسيسها، إلا أن السوق المحلي قد تأثر بركود، كما تراجعت الأرباح بنسبة كبيرة بسبب ارتفاع تكاليف الإنتاج وخاصة تلك المتعلقة بقطاع الأغذية المجمدة. إن القفزات الكبيرة في مستويات الأسعار بفترات زمنية قصيرة أدى بشلل في حجم مبيعات الشركة كما أن ضعف سير الإجراءات المعقدة للمشتريات أدت إلى تكبيد الشركة خسائر جسيمة نتيجة الروتين والتأخيرات في سير المعاملات المتعلقة باستيراد المواد والتي ليس لها أية مبررات بالإضافة إلى ما ينتج عنه من دفع بدلات أرضيات للجمارك وتعطيل خطوط الإنتاج وبالتالي تأخر الشركة عن تسليم المواد المستوردة بالوقت المحدد مما يترتب عليها دفع الغرامات الباهظة .

المشاكل التي تواجه الشركة :

تعاني بعض المنتجات وخاصة المعجنات حالة من عدم الاستقرار في الكم والسعر في الأسواق المحلية بسبب ارتفاع تكاليف إنتاجها، وشهدت بعض أنواع المعجنات في السنتين الماضيتين ارتفاعاً في أسعارها عزته الشركة إلى تذبذب في تكاليف الإنتاج وقلة المنتجات المطروحة في الأسواق، مما أدى لارتفاع أسعار بعض المنتجات التي يكثر الطلب عليها أمام محدودية العرض .

ولا زالت أسعار اللحوم المجمدة والمبردة أمام المستهلك تحافظ على مستويات عالية نسبياً مقارنة مع الأعوام الماضية وإن أصبحت تتمتع بحالة استقرار معقولة خلال السنة الحالية. ووفقاً للشركة فإن تقلبات أسعار المواد الأولية كانت عاملاً رئيسياً في ارتفاع أسعار هذه المنتجات نظراً لمحدودية كميات الإنتاج .

إن الصناعات الغذائية تعاني الكثير نتيجة تأثرها سلباً بما يجرى في الشركة من تحديات ملحوظة التي أهمها زيادة كلف الإنتاج .

إن ارتفاع كلف الإنتاج كان نتيجة ضعف نظم المعلومات للتكاليف والمشتريات والتي تؤثر على مقدرة المنتجات الغذائية للشركة على منافسة المنتجات الأجنبية المستوردة، ويحد ذلك من فرص تنافسية المنتجات الوطنية في الداخل والخارج.

إن استمرار سياسة الدولة بإغراق السوق بالمنتجات الغذائية من اللحوم المبردة والمجمدة والمعجنات وارتفاع كلف الإنتاج لمنتوجات الشركة يهدد الشركة ومصانعها الموجودة بالغلق .

إن صناعة الأغذية في الشركة تواجه خسائر كبيرة ومهددة بالانهيار نتيجة لمنافسة غير عادلة مع المستوردات الأجنبية والتي تحظى بميزة تنافسية من حيث الأسعار وانخفاض كلف إنتاجها .

الخطط المستقبلية :

تولى الشركة اهتماماً خاصاً بخطط عملها المستقبلية للارتقاء بمستواها الإنتاجي ووضع إستراتيجيات طويلة الأمد .

قسم التنظيم والإنتاجية :

لقد قامت الشركة بإنشاء قسم جديد يدعى قسم التنظيم والإنتاجية لكي يقوم بدراسة المعوقات والمشاكل التي تواجه الشركة ووضع الحلول والآليات المناسبة لتجاوز تلك العقبات .

إن القسم الجديد الذي تقرر إنشائه يضم محللي أنظمة ومهندسي في تقنية المعلومات والاتصالات لتعظيم الاستفادة من خبراتهم .

إن أهم واجبات هذا القسم هي :

أ. جمع البيانات التفصيلية من آلية عمل نظم المعلومات المعمول بها حالياً في الشركة بهدف تحليل هذه النظم وفحصها .

ب. دراسة السجلات والملفات المستخدمة في الشركة وذلك بهدف معرفة مراحل سير المعلومات وتحديد سير الإجراءات الروتينية عن طريق وصف وتحديد الخطوات اللازمة لانجاز المعاملات وهذا سيكون عاملاً مؤثراً في تقليص مراحل ووقت إنجاز الإجراءات الروتينية للمعاملات المختلفة .

ج. بناء نماذج لسير المعاملات في نظام المعلومات اليدوي المعمول به حالياً في الشركة مهمته وصف إجراءات وخطوات العمليات المختلفة كنظام المشتريات والإنتاج والخزين والنوعية والمالية .إن تصوير إجراءات العمل باستعمال مخططات سير العمليات سيقلص الإجراءات غير الضرورية والاستعاضة عنها بما هو أبسط من ناحيتي الوقت والجهد . وهذا سيكون عاملاً مؤثراً في تقليص مراحل ووقت إنجاز الإجراءات الروتينية للمعاملات المختلفة .إن معالجة الروتين وتقليص مراحل إنجاز الإجراءات المتكررة للمعاملات يساعدان على تحسين الأداء ويقلصان الوقت والجهد لإنجاز الأعمال .

د. وضع الخطة الجديدة للتحويل إلى شركة رقمية إلكترونية عن طريق شراء الأجهزة والمعدات والبرمجيات .

1. ميكنــة وتطــوير نظــام المشــتريات الحــالي وتحويــل ملفاتــه ومستنداته من يدوية إلى قواعد بيانات رقمية .

2. ميكنــة وتطــوير نظــام التكــاليف الحــالي وتحويــل ملفاتــه ومســتنداته اليدويــة الحاليــة إلى قواعــد بيانــات رقميــة محوسبة .

هـ سيقوم قسم التنظيم والإنتاجية في المرحلة الأولى من عمله بتقييم الوضـع الحالي لواقـع نظم المعلومـات الإداريـة في الشركة بهدف الوصول إلى أهم المشكلات التي تعاني منها النظم وذلك بالاستعانة بأصحاب الخبرة من مـوظفي الشركة وكذلك بالتشـاور مـع المـدير العام ورؤساء الأقسام ومدراء المصانع .

سوف ينفـذ القسـم مسـحاً ميدانياً لمركز الشركة والأقسـام التابعـة وكذلك للمصانع وستعقد اجتماعات ميدانية وورش عمل مـع المـدراء والمـوظفين المعنيين لتقييم الوضع الحالي بهدف الوصول إلى أهم المشكلات التي تعاني منها الشركة .

وسيقدم القسم توصياته إلى المدير العام بشأن الإسـتراتيجية التي يقتضي أن تتبعها الشركة لكي تتحـول إلى النظـم الإلكترونيـة الرقميـة. وسـيعمل القسـم على تحديد الخيارات الإسـتراتيجية للتطوير وتحديد الأسلوب الأمثل لإتمام عمليـة التطور سواء عن طريق ميكنة وتطوير فعاليات معينة في الشركة والتي مـن شـأنها أن تطور خدمات المعلومات فيها أو ميكنة وتطوير الشركة كلياً لتحويل المستندات والملفات اليدوية لجميع الأقسام إلى قواعد بيانات محوسبة أو عن طريق الاتفـاق مع الشركة المجهزة للبرمجيات لإنجاز عمليات تطوير نظم معلومات الشركة .

التحول الرقمي داخل الشركة :

1. إنشاء نظام إلكتروني رقمي لنظام معلومات محاسبة التكاليف:

أطلقت الشركة نظاماً لعرض رسوم بيانية على شبكة الإنترنت لتسهيل الحصول على معلومات تحدد كلفة الإنتاج للأغذية التي تقوم بتصنيعها وإنتاجها وتكشف عن الانحرافات في عناصر التكلفة وأسبابها، إن إدخال هذا النظام يأتي في إطار سعى الشركة إلى تحسين نوعية المعلومات المقدمة إلى صناع القرار وتوفير قاعدة معلومات متكاملة عن النظام المحاسبي التكاليفي .

إن عرض رسوم بيانية على شبكة الإنترنت يهدف أيضاً إلى مساعدة رؤساء الأقسام في الشركة على تحقيق الرقابة على عناصر التكاليف الداخلة في مجال اختصاصها .

كما يشمل النظام على أدوات بحث متقدم لمحاسبي الكلفة من ذوي الاختصاص تساعدهم في الأعمال التحليلية والاستنساخ وإيجاد النتائج من الحقائق والأرقام المتوفرة وذلك لخدمة الإدارة في اتخاذ القرارات المتعلقة بالتخطيط والرقابة.

بإطلاق النظام الجديد لحوسبة محاسبة التكاليف بات بإمكان الموظفين إعداد التقارير التكاليفية والإدارية بوقت أسرع وعبر إجراءات أسهل. يتضمن النظام المحوسب الجديد تدريب الموظفين وتوفير التجهيزات الإلكترونية والاهتمام بالجودة والنوعية في العمل، تبين قبل تنفيذ هذا البرنامج أن عدد الأيام اللازمة لإعداد التقارير الإدارية والتكاليفية تتراوح بين (15) إلى (25) يوماً بينما يحتاج إعدادها من خلال تطبيق النظام المحوسب الجديد إلى يوم أو يومين وبحد أعلى يصل إلى ثلاث أيام إن كان هنالك حاجة للحصول على موافقات المدير العام. ومن خلال النظام الجديد يستطيع محاسب التكاليف إعداد التقارير التي تبين كلفة

الإنتاج لمنتجات الشركة لتكشف عن الانحرافات في عناصر الكلفة وأسبابها بسرعة وسهولة متمتعين بمزايا سرعة وسهولة النظام الإلكتروني بالإضافة إلى الاستفادة من مزايا دقة وسلامة المعلومات المعروضة في التقارير .

يستطيع مدير حسابات التكاليف الاستفادة من النظام الجديد في تقديم التقارير حسب متطلبات المدير العام ومتابعة إنجازها بسرعة كبيرة وذلك بالتعاون من مدراء الأقسام الأخرى كما يتمكن مدير حسابات التكاليف من إعداد التحليل التكاليفي بصورة واضحة ومنظمة .

2. مشروع تطوير الخدمات الإلكترونية في نظام المعلومات للإنتاج ونظام الرقابة النوعية :

سيعمل قسم التنظيم والإنتاجية مع أقسام الإنتاج والرقابة النوعية على تنفيذ المشروع والمتضمن توفير الخدمات التي تقدمها نظم المعلومات الإنتاجية والرقابة النوعية، لمعالجة المشاكل التشغيلية وقضايا التخطيط والتجهيز والتوزيع في الشركة. إن الهدف من المشروع هو توفير وقت وجهد المدراء وصناع القرار في الشركة في الحصول على المعلومات التي تتعلق بعمليات الصنع والجودة وتسهيل الحصول عليها بشكل دقيق وموثوق ومستمر وزيادة ثقة هؤلاء المدراء بالمعلومات الرقمية التي يحصلون عليها من الحاسوب، حيث أصبح المدير قادراً على الإطلاع على المعلومات التي يحتاجها لصنع القرارات المهمة وتعديلها بسرية وأمان تام .

كما يهدف المشروع إلى رفع مستوى كفاءة الأداء للموظفين في أقسام الإنتاج والرقابة على النوعية ويخفف أعباء الأعمال الورقية عليهم ويبسط إجراءات العمل . إن تسهيل سير الإجراءات المتبعة في هذه الأقسام من قبل الموظفين والمهندسين واختصاصي مختبرات الفحص ستوفر الوقت والجهد المبذولين في إنجاز العمل المطلوب.

ستوفر هذه النظم المحوسبة مجموعة من الفوائد التجارية والإدارية للمـدراء وتتلخص بإصدار تقارير متنوعـة تبـين الوضـع الإنتـاجي والنـوعي للمنتجـات عـن طريق الحاسوب والبريد الإلكتروني.

ويسعى المشروع إلى تحقيق أتمتة كاملة لعملية فحص المنتجـات في المختبرات وذلك عن طريق التبـادل الإلكـتروني للمعـاملات المتعلقـة بـإجراءات الفحـص بـين المختبرات والمصانع من أجل إبداء الرأي والملاحظات .

كما سيوفر المشروع خدمة إظهار تنبيهات النظـام في حالات الـرفض لعينـات من المواد المشكوك بأمرها التي لا تطابق المواصفات القياسية واستقبال للشكاوي والملاحظات في مختبرات الفحص كما وتوفر لمدير الرقابة النوعية إمكانيـة متابعـة إجراءات ونتائج الفحص إلكترونياً والإطلاع على الملاحظات والاقتراحات الواردة من الجهات ذات العلاقة بعد نشره على موقع الشركة الإلكتروني على شبكة الإنترنت . لقد كانت الإجراءات المتبعة في الشركة لفحص المنتجات توصف قبل إنشاء النظـام المحوسب بأنها إجراءات بيروقراطية .

إن النظام المحوسب الجديد قد عمل على تبسيط هـذه الإجراءات الروتينيـة واختصارها وتحسينها وتسهيلها .

الخطط المستقبلية :

تسعى الشركة إلى إنقاذ منتجاتها من الخسائر التي تلاحقها ومنـذ العـام 2002 جراء رفع أسعارها وإغراق السوق المحلي بالمنتجات المستوردة .

إن الشركة أمامها الآن فرصة ذهبية لتطوير قدراتها الإنتاجية والتنافسية وتقليل التكاليف وإيجاد سياسات تسويقية منتجة فهي تسعى إلى أن تتمكن من الانتقال من مرحلة الخسائر إلى مرحلة تحقيق الأرباح بالرغم من التحديات الجسيمة التي تواجهها الصناعة الغذائية في الشركة على المستوى المحلي والعالمي من حيث الارتفاع الكبير بالأسعار بسبب ارتفاع التكاليف التشغيلية .

1. تطوير نظم المعلومات الحالية عن طريق :

أ. التحول التدريجي إلى إنشاء البنية التحتية الخاصة لتوفير تبادل المعلومات عبر الإنترنت لتمكين جميع الموظفين من تبادل المعلومات المالية والإنتاجية والتسويقية إلكترونياً .

لقد عملت الشركة على استخدام منظومة متكاملة من الأجهزة والبرمجيات لحوسبة أعمال النظام المحاسبي المالي والنظام المحاسبي التكاليفي ونظام الرقابة على المشتريات وما يتعلق بها من قوانين وقرارات لجان وإجراءات مختلفة . وبإطلاق هذه النظم سيصبح متاحاً على شبكة الإنترنت للموظفين في الشركة من الوصول إلى المعلومات التي يحتاجونها لاتخاذ القرارات المهمة بسهولة وسرعة .

إن النظام الجديد يتيح للشركة وضع خطط مستقبلية أكثر وضوحاً من حيث تحديد كلفة الإنتاج وضمان السيطرة على إجراءات الشراء .

إجراءات السيطرة على النوعية :

لاحظ الشكل (19-1) .

1. اختيار المجهزين من قبل مدير المشتريات يتم وفق أسس منها السعر الأقل والالتزام بالمواصفة أي يتم على أساس موازنة الكلفة والنوعية وسرعة التجهيز . يتم إعداد تقرير بثلاث نسخ توزع على المدير العام ومدير الإنتاج والمدير المالي.

2. تحديد نوعية ومواصفات وخواص المواد المجهزة من قبل مدير الرقابة على النوعية . يتم إعداد تقرير بثلاث نسخ توزع على المدير العام ومدير السيطرة على النوعية ومدير الإنتاج .

3. تهيأة المستلزمات المالية للمواد المستوردة من قبل محاسب الكلفة. يتم إعداد تقرير بأربعة نسخ توزع على المدير العام ومدير محاسب التكاليف ومدير المشتريات ومدير التسويق .

4. يقوم مدير قسم المشتريات ببرمجة عمليات الاستيراد وينظم استمارة بنسختين توزع إلى المدير العام ومدير المشتريات .

5. يقوم قسم السيطرة على النوعية بجمع عينات من أي مادة يشك فيها لدى المصانع وإرسالها للفحص لدى مختبرات الشركة. في حال عدم نجاح العينة يتم سحبها من الأسواق واتخاذ الإجراءات المناسبة بهذا الموضوع .

6. يقوم قسم السيطرة على النوعية بإعداد وإصدار تقارير متنوعة منها ما يبين حجم العمل والإنجاز وأخرى للمدير العام يبين فيه نتائج الفحص للمنتجات التي خضعت للفحص .

7. يرفع المدير العام تقريراً مفصلاً إلى مدير المشتريات يتضمن كافة ملاحظاته واقتراحاته بنتائج الاختبار ونتائج الفحص للشركة تمهيداً لمناقشته مع رؤساء الأقسام المعنية واتخاذ الإجراءات اللازمة بأسرع وقت ممكن. وذلك بهدف تمكين الشركة من القيام بواجباتها المتعلقة لحماية صحة وسلامة الزبائن والمستهلكين وسعياً لتطوير منتجات الشركة بشكل يتوافق مع متطلبات السلامة للمنتجات وتحديد المسؤوليات في مجال ضمان سلامتها .

8. يقوم المسؤول عن مختبرات الفحص بإعداد تقارير بأربعة نسخ توزع إلى المدير العام ومدير الرقابة على النوعية ومدير المشتريات ومدير التسويق . يتضمن التقرير معلومات عن البضاعة المرفوضة وأسباب رفضها وتحديد المسؤوليات .

9. يقوم مدير قسم المخازن بإعداد تقرير بخمسة نسخ توزع إلى المدير العام ومدير السيطرة على المخزون ومدير المشتريات ومدير المبيعات ومدير الرقابة على النوعية . يتضمن التقرير معلومات عن حركة المواد وتداولها وخزنها والتغليف الوقائي .

10. يقوم مدير السيطرة على الخزين بإعداد تقرير بست نسخ توزع إلى المدير العام ومدير المشتريات ومدير التسويق ومدير قسم التكاليف

ومدير الرقابة على النوعية ومدير المخازن . ويتضمن التقرير معلومات عن جميع فعاليات حركة المواد الأولية والمواد تحت الصنع وخزين المنتجات النهائية من نقطة المنشأ إلى نقطة الاستهلاك أو الاستعمال .

11. يقوم قسم السيطرة على النوعية بمراقبة سلامة المعجنات واللحوم بجميع أشكالها سواء كانت مواد خاماً أو مصنعة أو معلبة وذلك عن طريق تحديد نقاط التلف والمعيبات ضمن سلسلة التعامل مع هذه المنتجات وإيجاد الطرق المناسبة للتحكم والسيطرة عليها . يقوم موظفي مختبرات الفحص بوضع ضوابط وإجراءات وقائية لمنع حدوث أي مشاكل تؤثر على سلامة المعجنات والمقبلات النباتية واللحوم والدجاج والسمك أثناء عملية تصنيعها وتغليفها وتقديمها للمستهلك .

12. يقوم قسم السيطرة على النوعية بإعداد تقرير بأربعة نسخ توزع إلى المدير العام ومدير السيطرة على الإنتاج ومدير المشتريات ومدير المصانع .

يتضمن التقرير معلومات عن التلف والمرفوضات من المنتجات وأسباب الرفض وتوصيات مدير القسم بهذا الشأن . كما يتضمن هذا التقرير شرح مفصل عن إجراءات الفحص على المنتجات المصنعة في الشركة وعلى المواد المستوردة .

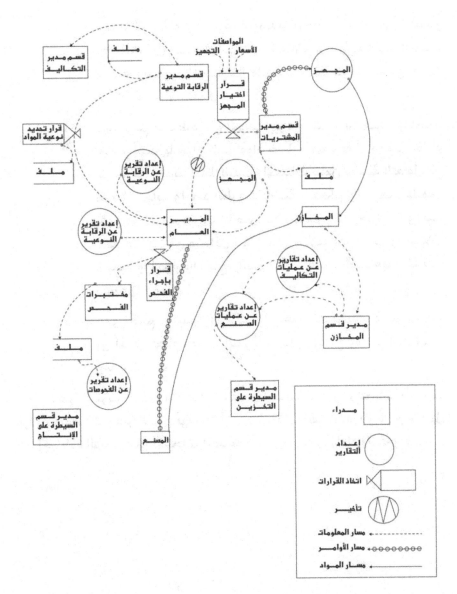

شكل (19-1) يوضح إجراءات السيطرة على نوعية المواد في شركة السلطان للصناعات الغذائية .

الفصل العشرين
شركة البحر الأبيض للصناعات الكهربائية

بعد دراستك لهذا الفصل تستطيع أن:

1. تبين العيوب التي تعاني منها نظم المعلومات الحالية في الشركة .

2. توضح كيف استطاعت الشركة معالجة الإختلالات الهيكلية التـي تواجه نظم المعلومات الحالية .

3. تصف أهم الأعمال التي قامت بانجازها الشركات العالمية الرائدة في الحلول الإلكترونية الذكية لهذه الشركة .

4. تلقي نظرة فاحصة معمقة للهيكل التنظيمي للشركة .

5. تعـرف كيفيـة إعـداد المخططـات البيانيـة التـي تصـور الـدورات المستندية والعمليات المتسلسلة لإجراءات الشـراء المعمـول بهـا حالياً في الشركة .

شركة البحر الأبيض للصناعات الكهربائية

نبذة تاريخية :

تأسست شركة الصناعات الكهربائية في عام 1995 كشركة صناعية لإنتاج معدات كهربائية منزلية متعددة الاستعمالات مثل المراوح والماطورات ومضخات المياه والمولدات الصغيرة وكافة أنواع اللمبات والنيونات والفروسنات للإنارة المتميزة والفريدة في تصاميمها ومتانتها بما يلبي حاجات المستهلك المحلي على المدى القريب والبعيد .

إن المؤشرات الرئيسية لأداء الشركة عام 1998 أظهرت وجود ارتفاع في حجم المبيعات عن عام 1995 بنسبة زيادة مقدارها 25% وقد بلغت مبيعات الشركة في عام 1999 ما مقداره (12) مليون دولاراً أمريكي في حين بلغت للعام الذي سبقه (5) مليون دولار بزيادة مقدارها (7) مليون دينار عن عام 1998 و 3 مليون دينار عن عام 1997 .

وشكلت مبيعات قسم المراوح السقفية والأرضية في عام 1999 ما نسبة 15% من إجمالي المبيعات حيث وصلت مبيعات قسم المراوح في عام 1999 مبلغاً وقدره (2) مليون دولار مقابل (4) مليون دولار في عام 1998 ومبيعات قسم الماطورات والمولدات بلغت في عام 1999 (3) مليون دولار في حين بلغت عام 1998 (2) مليون دينار، إن مبيعات الشركة في عام 1999 هي أعلى المبيعات منذ تأسيس الشركة عام 1995 .

ولطالما أثبتت المعدات الكهربائية المنزلية متعددة الاستعمالات قدرتها وتفوقها في قطاع الصناعات الكهربائية خلال فترة امتدت لأكثر من 4 سنوات، واحتلت

مكانة مميزة في عقول الزبائن، وقد نجحت الشركة في توفير مجموعة متكاملة من المراوح واللمبات الكهربائية التي تلبي الاحتياجات للمستهلكين والمستخدمين. لقد تعاملت الشركة في عام 1999 بإيجابية في كافة القضايا والموضوعات التي تهم الزبائن من خدماتها وخاصة المستهلكين من ذوي الدخل المحدود والمتوسط وفي مقدمتها توفير المراوح والمولدات والماطورات ومضخات المياه بالأسعار المعقولة والمناسبة والجودة العالية .

إن ظاهرة الازدهار والنمو في الشركة بقي في أوجهه في السنوات الأولى من التأسيس وحتى عام 2000 وهو الأمر الذي انعكس على صورة نمو المبيعات لجميع أنواع المعدات الكهربائية التي تنتجها الشركة وذلك لأن هناك إقبالاً متزايداً من المستهلكين على هذه المنتجات وهذا يعود على النوعية الجيدة والأسعار المناسبة.

انخفضت مبيعات الشركة في أواخر عام 2000 في جميع أنواع المعدات الكهربائية مسجلة تراجعاً كبيراً في حجم المبيعات بالمقارنة مع الأعوام السابقة وهناك العديد من الاختلالات الهيكلية التي ساهمت في مواجهة الهبوط هذه ومن أهمها الارتفاع الكبير والمتسارع الذي حصل في أسعار جميع منتجات الشركة والذي أثار جدلاً بين المدراء حول ضرورة إيجاد حلول سريعة للسيطرة على هذا الارتفاع الطارئ حيث تتحمل نظم المعلومات الحالية مسؤولية أساسية في انخفاض مبيعات الشركة بسبب ضعف وتراجع دورها وفاعليتها في حل المشاكل التي تواجه صناع القرار .

النظم الحالية :

استناداً إلى الشركة فإن نظم المعلومات الحالية تواجه عـدة اخـتلالات هيكليـة أهمها ما يلي :

1. تقوم نظم المعلومات الحالية في الشركة على أساس تقليـدي وقد صممّت وتم بناؤها بطريقة يدوية تقليدية لا تتماش مـع أغـراض خدمة صانع القرار وخططه .

2. إن ضـعف نظـام التكـاليف المعمـول بـه حاليـاً في الشركة وعـدم القدرة على التنبؤ المستقبلي لحجم الطلب عـلى منتجـات الشركة وصعوبة تشخيص الظروف الاستثنائية التي قد تتعرض لها السوق المحلي بنقص المعـروض لـبعض السـلع التي تنتجهـا الشركة أدت هـذه العوامـل جميعهـا إلى حصـول مثـل هـذا الارتفـاع المفـاجئ والكبير في أسعار منتجات الشركة .

3. ويعاب على الطرق الحالية لـنظم المعلومـات الإداريـة في الشركة بأن جميـع عملياتها في إدخـال وإخـراج ومعالجـة للبيانـات تـتم بشـكل يـدوي وأن المعلومـات التـي يزودهـا مـدراء الأقسـام في الشركة ومصانعها غير مناسبة وغير دقيقة وذلك ليس في مقدورها أن تعطـي صـورة واضحة وصـحيحة عـن المعلومـات التكاليفيـة والإنتاجية والإداريـة التـي تحتاجهـا الإدارة في الشركة لـكي تحـدد أسعار منتجاتها بصورة صحيحة .

كما وسعت الشركة على أن معالجة هذه الاختلالات يرتبط بما يلي :

أ. حوسبة إجراءات العمل في جميع أقسام الشركة وذلك عن طريق تركيب وتشغيل كافة الحواسيب والشاشات الطرفية لكافة الأقسام وكذلك بناء شبكات الربط بين مركز المؤسسة والمصانع.

ب. استخدام الألياف الضوئية لربط الشبكة بالمركز الرئيسي ـ يهدف المشروع إلى تطوير البنية التحتية الأساسية لشبكة المعلومات والاتصالات في أقسام المشتريات والمخازن أولاً ومن ثم استكمال البنية الأساسية لتطال جميع الأقسام الأخرى ومختبرات السيطرة على النوعية والمصانع بحيث يتاح من أي قسم أو مختبر أو مصنع الدخول إلى الانترنت على أن تغير الأجهزة والمعدات الحالية الشبكة إلى الأجهزة الحديثة والمتوافقة مع السرعة الجديدة .

ت. استخدام الملفات الإلكترونية في مكاتب المدير العام ورؤساء الأقسام في المركز والمصنع والمختبرات بهدف المحافظة على الوثائق والملفات الهامة في الشركة وضمان سرعة الانجاز بحيث يتمكن رؤساء الأقسام للمشتريات والإنتاج والمالية والسيطرة على النوعية والمخازن مشاهدة سجلاتهم على شاشة عرض بمجرد الضغط على أحد الأزرار ويتمكن الموظفون في هذه الأقسام الاطلاع على المعلومات المطلوبة من على شبكة الإنترنت من أقسامهم .

ث. تم الاتفاق مع شركة (هامسينخ بيرد العالمية) الرائدة في الحلول الإلكترونية الذكية لبناء تطبيق خاص بشركة البحر الأبيض لإدارة العلاقات مع الزبائن (CRM) بهدف تسيير عمليات البيع والدعم الفني اليومية وتقديم العون لموظفي المبيعات .

ولم تحتاج الشركة إلى شراء تجهيزات جديدة أو توظيف عدد كبير من التقنيين بل اكتفت بتوظيف مبرمجين للتعامل مع الشيفرة البرمجية باستخدام تطبيقات مطورة ومنصة جديدة على شبكة الإنترنت . وهكذا تستطيع الشركة أن تبني أداة لإدارة علاقات الزبائن يستطيع المستخدمون الوصول إليها بواسطة متصفحات ويب وتتيح لمندوبي مبيعاتها إعداد طلبات الزبائن بشكل فوري ودون ارتكاب الأخطاء كما تستطيع الشركة الآن عن طريق استخدام تطبيق آخر تم تطويره بشكل متخصص الحصول على فواتير الزبائن من تطبيق إدارة المستندات وتوصيلها بسرعة إلى موظفي المبيعات .

الهيكل التنظيمي :

من خلال نظرة فاحصة معمقة إلى الهيكل التنظيمي للشركة نجد أن الشركة يرأسها مدير عام يكون مسؤولاً عن السياسات العامة والانجاز . يضع المدير العام السياسات والإجراءات ويخصص الموارد إلى الأقسام المختلفة ويقوم بصنع قرارات الإنتاج والقرارات التشغيلية قصيرة الأجل .

للشركة خمسة أقسام هي :

1. القسم المالي : إن مسؤولية هذا القسم هو إعداد الكشوف المالية والميزانيات التقديرية والتكاليف القياسية وتهيئة المستلزمات المالية لشراء لمواد الأولية للمصانع .
2. القسم الفني : يقوم القسم بوضع خطط الإنتاج وبمعالجة فعاليات حركة المواد الأولية والمواد تحت الصنع وخزين المنتجات النهائية من نقطة المنشأ إلى نقطة الاستعمال. يرفع تقارير دورية إلى رئيس القسم والمدير العام .

3. **القسم التجاري :** يقوم القسم بتنفيذ سياسات المبيعات والإعلان والترويج والاحتفاظ بسجلات عن المجهزين والأسعار وقوائم الأدوات الاحتياطية والسيطرة على عمليات وخزن المواد الأولية وتجهزها داخلياً للمصانع ويرفع تقارير إلى المدير العام .

4. **قسم السيطرة على النوعية :** إن من الواجبات الأساسية للقسم هو التأكد من أن منتجات الشركة تطابق المقاييس المحددة ورفض كل المنتجات التي لا تطابق هذه المعايير. إن الفحوصات الحقيقية تنجز في مختبرات مصانع الشركة وترفع تقارير عليها للمدير العام.

5. **قسم التنظيم والإنتاجية :** يقوم القسم بتقديم النصح والمشورة إلى المدراء بهدف تطوير وتحسين إجراءات العمل وتقليص الروتين وحل المشاكل التي تواجه الموظفين في الأقسام المختلفة في الشركة. ترفع تقارير دورية إلى المدير العام .

يرسل القسم تقارير شهرية إلى المدير العام تتضمن معلومات واقتراحات لتطوير نظم المعلومات في الشركة وكذلك طرق لدراسة ولحل المشاكل التي تواجه المصانع ويمكن لموظفي القسم الاطلاع على الوثائق والملفات والسجلات وإعداد التقارير إلى الإدارة مرفقة مع اقتراحات وتوصيات عن إمكانية حوسبة إجراءات العمل واستخدام الملفات والسجلات الإلكترونية في الأقسام المختلفة في الشركة .

يستلم مدراء المصانع تقارير من مختلف الشعب الفنية والإنتاجية ويقوموا بدراستها وإرسال نسخ منها إلى مدير القسم الفني ورئيس شعبة التخطيط والسيطرة على الإنتاج ويقوم القسم الفني بإعداد تقارير عن كمية الإنتاج والظروف الفنية والتقنية عن الإنتاج واستغلال المكائن، كما يقوم موظفوا شعبة التخطيط والسيطرة على الإنتاج بفحص هذه التقارير من ناحية صحة المعلومات

ودقتها وترسل من هذه التقارير إلى المدير العام واللجان الاستشارية لدراستها والنظر فيها واتخاذ الإجراءات المناسبة بشأنها .

يقوم مدير كل مصنع بدراسة التقارير المستلمة من الأقسام الفنية والإنتاجية وتشخيص المشاكل الفنية المشتركة بين المصانع المتداخلة والمتشابهة واقتراح الحلول وتبادل المعلومات عن الإجراءات اللازم اتخاذها لمواجهة هذه المشكلات أو التخفيف منها .

إجراءات الشراء المعمول بها حالياً في شركة الصناعات الكهربائية : **لاحظ الشكل (1-20) .**

1. **يقوم القسم الفني بتحديد كمية الشراء للمواد المطلوب شراؤها عن طريق إعداد استمارة خاصة تحدد فيها الكميات المطلوبة حسب حاجة الشركة من المواد أو قطع الغيار وحسب تخطيط سنوي مسبق.**
2. **يقوم القسم التجاري بتحديد مواصفات المواد الأولية والأدوات الاحتياطية وقطع الغيار المراد شراؤها . كما يقوم القسم التجاري أيضاً بإعداد استمارة تخويل الشراء بعدة نسخ توزع على أقسام المالية والفنية.**
3. **يتم استلام العروض المقدمة من قبل لجنة خاصة تقوم بدراستها من كافة الجوانب الفنية والمالية والتدقيق على كافة المتطلبات والكفالات المقدمة بغية التنسيب للمدير التجاري بالعرض الفائز ليعاد إلى اتخاذ القرار المناسب من قبله لاختيار مصدر الشراء المناسب والعرض الأفضل وبإعداد أمر الشراء بعدة نسخ ترسل إلى أقسام المالية والفنية والسيطرة على النوعية .**

4. يتم فحص المواد المستلمة من قبل قسم السيطرة على النوعية لغرض التأكد من مطابقتها للمواصفات العالمية وللكمية المتفق عليها مع المجهزين ولسلامة البضاعة من العيوب أو الأضرار .

إجراءات السيطرة على الخزين : انظر الشكل (20-2) .

1. يقوم مدير المخازن بتدوين وتنسيق كافة المعلومات الضرورية عن المواد وإجراءات شرائها بهدف السيطرة والمتابعة .

2. يقوم مدير المخازن بالتنسيق مع مدير المشتريات في تحقيق أفضل توازن بين المواد المخزونة ومعدل استهلاكها لتأمين عدم نفاذها عند الحاجة إليها .

3. يشرف كاتب المخازن على جميع أعمال المخازن ويراقب تطبيق وتنفيذ أحكام الأنظمة والتعليمات الخاصة بالحفظ والتصنيف والاستلام والإضافة والصرف .

4. يحفظ كاتب المخازن جميع البيانات عن مواصفات المواد المطلوبة بعد توحيدها وتنسيقها وتنظيمها .

5. يفحص مدير المخازن جميع المواد المجهزة والتأكد من سلامتها ومطابقتها للمواصفات المطلوبة وأوامر الشراء .

6. يشرف مدير المخازن على صرف المواد من المخازن إلى باقي الأقسام في المنشأة حسب طلباتها .

7. يضع رئيس ملاحظي المخازن نظام لرقابة المخازن والمواد المخزونة لاكتشاف أي تلف أو عجز أو اختلاس قبل حدوثه .

8. يشرف رئيس ملاحظي المخازن على السجلات الخاصة بالمخازن ومراقبتها لضمان صحة القيود المسجلة فيها وسلامة الطريقة التي تمسك لها .

9. يتابع مدير المخازن أرصدة المخازن ويقوم بالاتصال المستمر بمأموري المخازن للإطلاع على أرصدة المواد التي وصلت الحد الأدنى لاتخاذ ما يلزم بشأنها .

10. يراقب مدير المخازن موجودات المخازن واتخاذ ما يلزم بشأن المواد الراكدة والتي لا فائدة من بقائها في المخازن .

11. يتصل مدير المخازن بمدير المشتريات والتنسيق بالعمل مع قسم المشتريات لغرض توفير احتياجات المنشأة من المواد والاحتفاظ بالمستويات المناسبة لخزين كل صنف منها .

12. ينسق مدير المخازن مع مدير المشتريات لتحقيق أفضل توازن بين المواد المخزونة ومعدل استهلاكها لتأمين عدم نفاذها عند الحاجة إليها .

13. يعد مدير المخازن تقرير يتضمن معلومات عن عمليات الفحص والاستلام والجرد والخزن والنقل والاستخدام . يرسل نسخة منه إلى المدير العام والنسخة الثانية إلى مدير المشتريات والنسخة الثالثة إلى مدير الإنتاج، يبين التقرير النسبة المئوية لعدد الوحدات المستلمة والمرفوضة من قبل أقسام الفحص والإنتاج .

14. يعد رئيس ملاحظي المخازن التقارير الفنية الدورية حـول تحديـد المخزون الأمثل وتنظـيم وتخطيط شـحنات المـواد أو وقـوع خـزن زائد أو ناقص ورفعه للمـدير العام وإلى مـدير المشـتريات ومـدير المخازن للإطلاع واتخاذ ما يلزم .

15. يعد مـدير المخازن تقـارير شـهرية عـن حركـة المخـزون بالكميـة والقيمة عـن أصـناف المـواد المسـتوردة والتي توضـح الحـد الأدنى والحـد الأعـلى لكـل صـنف . ترسـل نسخة للمـدير العـام ومـدير المشتريات .

16. يعد مدير المخازن تقرير فصلياً بأربعة نسخ يتضمن معلومات عن كفاءة وانجازات قسم المخازن خلال الفترة وعن الوفورات المتحققة بتطبيق الأساليب الفنية لتحليل القيمة أو الناجمة عن المفاوضـات مع المجهزين . ترسل النسخة الأولى إلى المدير العام ونسخة الثانية إلى مدير السيطرة عـلى الخـزين والنسـخة الثالثـة إلى مـدير قسـم الإنتاج والنسخة الرابعة إلى مدير المشتريات .

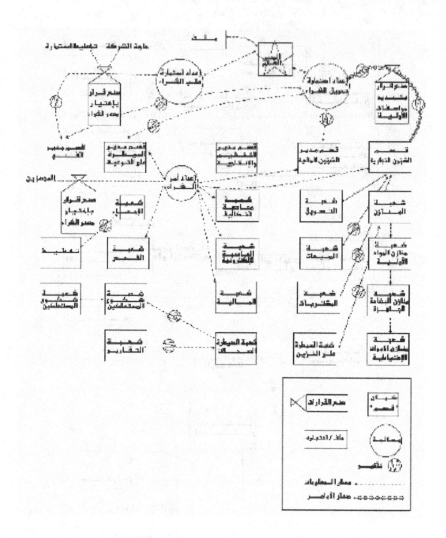

شكل (20-1) يوضح إجراءات الشراء في شركة الصناعات الكهربائية .

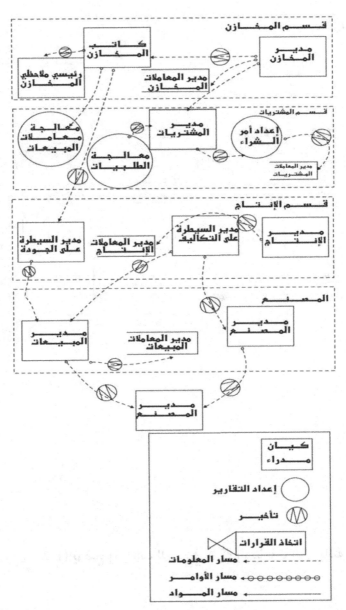

شكل (2-20) يوضح إجراءات السيطرة على الخزين في شركة الصناعات الكهربائية

الفصل الحادي والعشرين
شركة البحر الأحمر لصناعة قطع غيار السيارات

بعد دراستك لهذا الفصل تستطيع أن:

1. تـبرز أهـم التحـديات التـي تقـف أمـام اسـتقطاب المزيـد مـن الاستثمارات لتطوير نظم معلومات الشركة مـن خـلال السـنوات الأولى من تأسيسها .

2. تبين أهمية تطبيق توصيات قسم التنظيم والإنتاجية لتطوير نظـم المعلومات الحالية للشركة بما يكفل بالنهوض بمستوى أداء هـذه الأنظمة .

3. تشرح تأثير استخدام الميكنـة لمعالجـة معـاملات المبيعـات وتنفيـذ عمليات الشراء في الشركة .

4. توضـح أهميـة ميكنـة الوثـائق ومعـاملات الشـركة في تبسـيط الإجراءات وتسهيل التواصل بين الأقسام وتقليل معوقات الـدورة المستندية اليدوية .

5. تبين أهمية الإستراتيجية الجديدة في الإنتاج والتسويق التي تبنتها الشركة .

6. تعـرف كيفيـة إعداد المخططـات البيانيـة التـي تصـور الـدورات المستندية والعمليات المتسلسلة لأجراءات الشراء والمبيعات الحالية والمقترحة في الشركة .

شركة البحر الأحمر لصناعة قطع غيار السيارات

نبذة تاريخية :

تأسست الشركة في السوق الأمريكي سنة 1995 لإنتاج وتصنيع قطع غيار السيارات وملحقاتها . تمتلك الشركة مجموعة من المصانع في جنوب كاليفورنيا ومكتبها في لوس أنجلس وقد تم تطوير وتوفير الخدمات الأساسية للمركز من مكاتب للإدارة والخدمات اللوجيستية المهمة، وتعمل إدارة الشركة منذ تأسيسها على خطة تسويق ذكية لجذب الزبائن إليها بإتباع إستراتيجية متطورة وحملة ترويجية واسعة .

حققت الشركة نمواً ملحوظاً في مبيعاتها في السنوات الأولى من إنشائها والتي بلغت في نهاية 1997 مستوى (15) مليون دولار لترتفع عام 1998 إلى (20) مليون دينار .

التطورات التي شهدتها الشركة :

تمكنت الشركة من الدخول إلى أسواق تصديرية جديدة من خلال عقود وصفقات متعددة ووكلاء رئيسين. إذ أن الشركة استطاعت إدخال منتجتها من قطع الغيار إلى أسواق أمريكا اللاتينية لأول مرة في سنة 1999 .

تراجع إنتاج الشركة من قطع الغيار خلال الشهور الأولى من سنة 2002 . وقد رجحّ مدراء الشركة أن يكون سبب الانخفاض في حجم الإنتاج خلال الفترة المنصرفة من عام 2002 عائداً إلى الأسباب الآتية :

1. إن التقارير التي تتعلق بتحليل المبيعات اليومية التي يستند عليها مدراء صنع القرارات المهمة تحتوي على بيانات غير دقيقة.

2. إن التقارير التي يرفعها مدير المخازن ورئيس قسم الحسابات إلى المدير العام والتي تتعلق بمواصفات قطع الغيار وأصنافها وأسعارها وحجم الطلب الحالي والمستقبلي وكذلك المعلومات الخاصة بالزبائن المتعامل معهم لا تتخذ عليها خطوات إيجابية علاجية وذلك لأنها لا تصل إلى المدير العام في الوقت المناسب .

3. إن التقارير التي يرفعها قسم المبيعات إلى الإدارة العليا والتي تتعلق بتحليل المبيعات اليومية مصممة بشكل غير ملائم مما جعل المدير العام يهمل تلك التقارير لأنها لم تعبر عن مطالبة أو احتياجاته .

لقد شكل المدير العام لجنة فنية من مدراء المخازن ومحلّلين النظم لدراسة موضوع انخفاض الإنتاج كما تم مناقشة بعض القضايا الخاصة باستخدام المكننة في الشركة والتي تهدف في مجملها إلى زيادة الإنتاج والحفاظ على جودته . لقد قامت اللجنة الفنية بتنظيم مقابلات مع جميع رؤساء الأقسام في الشركة وخاصة مدراء المشتريات والإنتاج والسيطرة على النوعية والمبيعات .

استخلصت اللجنة من خلال نتائج المقابلات ما يلي :

المشاكل التي تواجه الشركة :

1. إن قسم المبيعات في الشركة ضعيف ودوره غير محسوس خاصة في إعداد التقارير المهمة التي يحتاجها المدير العام وذلك لأسباب عديدة منها التهميش وعدم الفاعلية والنوعية غير الكافية بأهمية دور نظام التقارير في صنع القرارات المهمة .

2. إن الكـادر الفنـي في قسـم المخـازن يعـاني مـن جملـة مشـاكل ومعوقات أهمها ضعف المؤهلات والخبرات وعدم ملائمتها لطبيعة العمل . تكون المعلومات التي يستلمها مدراء المخازن في معظم الأحيـان تخمينيـة أو تقريبيـة غـير دقيقـة مـما يفقـدها الهـدف الأساسي لاستعمالها وهو التعرف على الانحرافات وتحديدها بدقة مما يجعل مدراء المخازن يصنعوا قراراتهم استناداً عـلى معلومـات غير كافية وغير دقيقة وعلاوة على ذلك يصرف مدراء المخازن وقتاً غير كافي على التسويق والتخطيط .

قسم التنظيم والإنتاجية :

لقد قررت الشركة تأسيس قسم التنظيم والإنتاجية وذلك للقيام بمهام تطـوير نظام المعلومات الحالي عن طريق تطوير الهيكل التنظيمي للشركة والنهوض بمستوى أداء وكفاءة الأقسام المختلفة بما يكفل زيادة الإنتاجية .

لقد قام قسم التنظيم والإنتاجية بما يلي :

أ. استعمال الحاسوب لمعالجة معاملات المبيعات لتحليل انجاز المبيعات ولمعالجة مدفوعات الموظفين وللتطبيقات المحاسبية .

ب. استخدام المحطات الطرفية في كل نقاط البيع بالمخازن بهدف تقليل الوقت المطلوب لتغذية المبيعات والمشتريات ولتحسين الخدمات المقدمة للزبون ولزيادة قنوات البيع المختلفة .

ت. تطبيق نظام آلي لميكنة الوثائق ومعاملات الشركة وخاصة أقسام المبيعات والمشتريات والمخازن لتبسيط الإجراءات وتقليل الوقت اللازم لإجرائها وتسهيل التواصل بين هذه الأقسام من خلال

الاتصـال الإلكـتروني . ويهـدف النظـام الجديـد مـن الـتخلص مـن معلومـات الـدورة المسـتندية اليدويـة التقليديـة وتـوفير الوقت المستغرق في تداول المعاملات يـدوياً بالإضافة إلى تيسـير عمليات تتبع سير الوثائق مـع سهولة اسـترجاعها مـن خـلال نظـم الحفـظ الآلية.

كما أن وجـود مثل هـذا النظـام يرفـع مسـتويات الكفـاءة العمليـة ويبسـط الإجـراءات في مختلـف أنشـطة الشـركة ويـوفر بيئـة معلوماتيـة تسـاند وتساعد المسؤولين ومتخذي القرار في أقسام المبيعات والمشتريات والمخازن في انجاز المهام الخاصة بأقسامهم من خلال آلية عمل حديثة ومتطـورة. وقد حرصت الشركة أن توفر في النظام الجديد القدرة عـلى اسـتخدامه مـن خـلال شـبكة الإنترنت وحتى يمكن لمدراء الأقسـام انجـاز المهام الخاصة بهم في أي وقت ومن أي مكان من خـلال مجموعة من الإجراءات التي تكفل دقة عمل النظام. ويحل النظام الجديد محـل المراسـلات التقليديـة الورقيـة ممـا يترتـب عـن ذلـك مـن معالجـة آليـة وسـريعة لمعاملات المبيعات مع معلومات حديثة عن انجاز قسم المبيعات تصل للمـدراء في الوقت المناسب .

التحول الرقمي داخل الشركة :

لقد قامت الشركة بتبني إستراتيجية جديـدة في الإنتاج وتسـويق منتجاتها في الولايات المتحدة وخارجها ولقد قامت بما يلي :

1. زيادة الـدعم الذي تقدمـه لـموظفي قسـم المبيعـات مـع تكثيـف التوعيـة بأهميـة اسـتخدام الإنترنـت في انجـاز معـاملات التجـارة الإلكترونية .

2. تطـوير البـرامج والخطـط الإنتاجيـة وتحويـل الشـركة إلى شركـة إلكترونية تقدم خدمتها المختلفة بواسطة الحاسوب والإنترنت . إن

هذا النظام يوفر الوقت والجهد عـلى المـدراء والمهندسـين بالمقارنـة مع النظام التقليدي السابق .

3. ربط برامج الحاسوب المستخدمة في قسم الإنتاج بقواعـد البيانـات المتوفرة في قسـم السيطرة عـلى الخـزين وحصرـ كافـة المعلومـات المتعلقة بالإنتاج والمخازن على شاشة حاسوب واحدة. يهـدف هـذا الإجـراء إلى تسـهيل الرجـوع إلى البيانـات المتـوفرة وعـدم التكـرار بحيث يتمكن المـدراء مـن معرفـة ومتابعـة الأرصـدة الموجـودة في المخزون وحركـة البضـاعة الكترونيـاً مـن خـلال شـبكة الانترنـت . وتهدف الشركة من هذه الإستراتيجية هو تحسـين أسـاليب التنسـيق بين قسـم الإنتاج وقسـم السـيطرة عـلى الخـزين عـن طريـق تـوفير قاعدة معلومات مشتركة بينهما مما يؤدي إلى اتخاذ قرارات إداريـة دقيقة وسريعة.

إجراءات النظام الحالي للمبيعات :

لاحظ الشكل (21-1) والشكل (21-4)

1. إعداد طلب الشراء من قبل كاتب المبيعات وترسل نسـخه منـه إلى الزبون ونسخة أخرى إلى قسم خدمات المعلومات .

2. تسجيل المعلومات الموجودة في استمارة الطلب في شريـط ممغـنط باستخدام(key- to- tape data entry devices) .

3. إلى قسم المبيعات لتحديث ملفات المبيعات وإعـداد تقـارير ترفـع للإدارة عن تحليل المبيعات .

4. تبويب وفرز وتجميع معاملات المبيعات .

5. تحديث ملفات المبيعات الرئيسة .

6. إنشاء ملف رئيسي جديد للمبيعات في الشريط الممغنط .

7. إنشاء ملف عن تحليل المبيعات يبين بيانات عن انجاز المبيعات السابقة وعن بيانات المبيعات الجديدة .

8. ترسل الملفات الرئيسية وملف تحليل المبيعات إلى مركز الحاسبة وذلك بهدف استخراج تقارير إدارية عن حجم المبيعات للمنتجات المختلفة .

إجراءات النظام المقترح للمبيعات :

لاحظ الشكل (21-2) والشكل (21-3) .

1. يسجل كاتب المبيعات بيانات عن الإنتاج والزبون وذلك عن طريق استعمال محطات طرفية وشاشات فديويه لعرض البيانات المسجلة.

2. تربط المحطات الطرفية بشبكات الاتصال السلكية لحاسوب قسم المخازن، ويستعمل برنامج معالجة معاملات المبيعات .

3. تطبع المحطات الطرفية وصولات المبيعات التي تبين معلومات الإنتاج والزبون .

4. تنقل المحطات الطرفية بيانات معاملات المبيعات إلى الحاسوب في قسم المخازن .

5. تحديث بيانات المبيعات آنياً في قاعدة البيانات والتي تخزن في أقراص ممغنطة .

6. يقوم قسم الحاسبات بتحليل المبيعات استناداً على تقارير تبين انجاز المبيعات التي تم تحديثها في قاعدة البيانات للشركة .

7. يستلم مدراء الأقسام في الشركة إجابات آنية عن انجاز المبيعات عن طريق استعمال شاشات عرض .

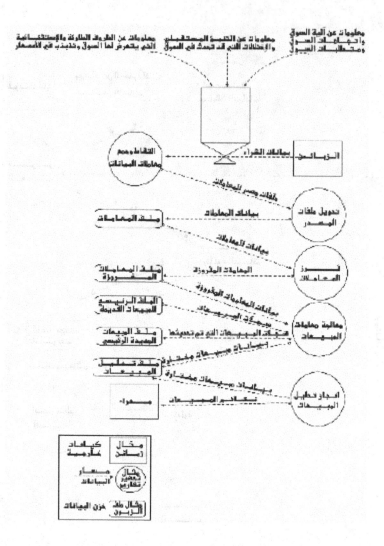

شكل (21-1) يوضح تحليل الطريقة الحالية لشركة البحر الأحمر .

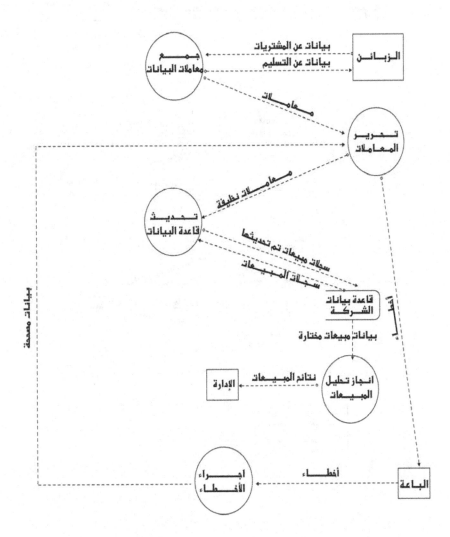

شكل (21-2) يوضح النظام المقترح لشركة البحر الأحمر .

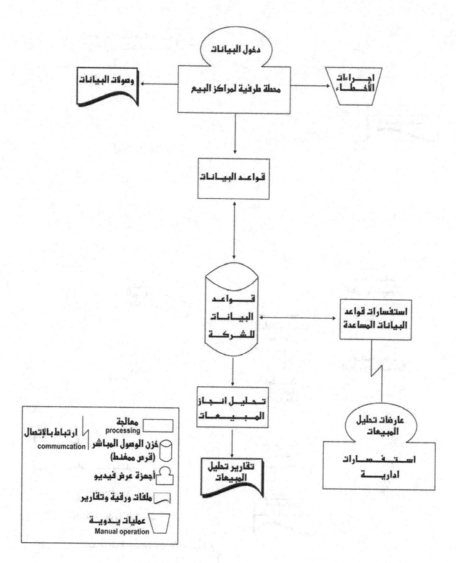

شكل (21-3) يوضح نظام المعلومات المقترح .

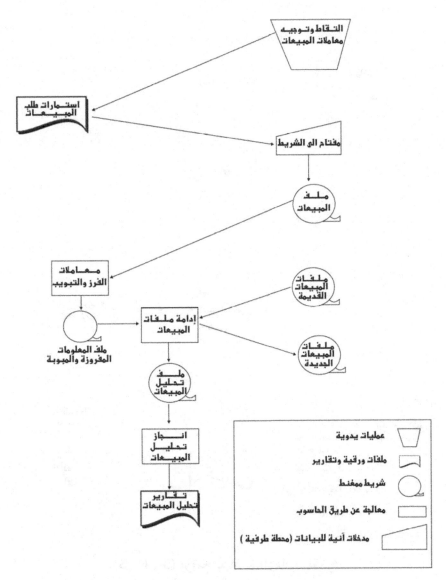

شكل (21-4) يبين نظام المعلومات الحالي

الفصل الثاني والعشرين
شركة النهرين لصناعة البطاريات السائلة

بعد دراستك لهذا الفصل تستطيع أن:

1. تعرف التحديات التي تواجه المدير العام للشركة وهو بصدد زيـادة إنتاج البطاريات السائلة خلال سنة 2003 .

2. تحدد نوع الاستراتيجيات التي اتبعتها هذه الشركة في تقليل المشاكل التي تواجه صناعة البطاريات السائلة .

3. تعرف أبرز المشاريع التي تسعى الشركة لتنفيذها لحوسبة إجراءات العمل لنظم المشتريات والتكاليف والإنتاج .

4. تعرف أهم البرمجيات المحوسبة وحلول إدارة الأعمال التي طبقتها الشركة على البيانات المالية .

5. تعرف أهم المعوقات والمشاكل التي تواجه الشركة والتي تؤثر على مقدرة منتجاتها على منافسة المنتجات الأجنبية .

6. تحدد نقاط الضعف في نظام التكاليف المعمول به حالياً في الشركة.

7. تعرف كيفية إعداد المخططات البيانية التي تصور إجراءات العمل لنظام التكاليف في الشركة .

شركة النهرين لصناعة البطاريات السائلة

نبذة تاريخية :

تأسست الشركة في عام 1992 برأس مال قدره 5 مليون دينار كشركة مساهمة عامة محدودة بهدف صناعة وتسويق البطاريات السائلة بجميع أصنافها وأشكالها، ويتمثل النشاط الرئيسي للشركة في انتاج بطاريات للمقاسات المختلفة لجميع أنواع المركبات والسيارات والشاحنات .

وتمتلك الشركة كادراً مؤهلاً من الموظفين يفوق عددهم على 350 موظف يعملون في مصانع الشركة ومقرها الرئيسي .

وتتطلع الشركة إلى الاستثمار في تقديم المنتجات المتميزة لعملائها وتطويرها وتعزيز مكانتها وحصتها في السوق . بلغت مبيعات الشركة من منتجاتها 750 ألف دينار في نهاية عام 1995 مقارنة مع مبيعات 500 ألف دينار في عام 1994 . ويعزى هذا الارتفاع في المبيعات إلى نجاح الشركة في زيادة حصتها في السوق المحلية وتمكينها من الدخول إلى السوق العالمية . لقد حققت الشركة أرباح ملموسة في عام 1995 وذلك بسبب زيادة مبيعاتها ونجاحها في دخول الأسواق الخارجية للدول المجاورة لتوزيع منتجات الشركة ويلاحظ أن تحسناً متواضعاً قد طرأ على حجم المبيعات وخاصة خلال السنتين 1994 و 1995 .

التطورات التي شهدتها الشركة :

وقد شهدت الشركة تطوراً ملحوظاً في السنوات 1996 و 1997 من خلال الجهود التي بذلت في تحسين البني التحتية وتنفيذ وتوسيع المصانع المتعددة للشركة لتلبية احتياجات السوق المحلية والخارجية . إن مسيرة الشركة وعلى مدى تجاوز

خمـس سـنوات نحـو الوصـول إلى أداء إنتـاجي واسـتراتيجي فعـال أدت إلى تحقيق سلسلة من الأهداف التنمويـة الهامـة وخـدمات اسـتثمارية متكاملـة عـبر آليات مدروسة بعناية كانت نتاج عمل إداري منظم هدفه الارتقاء بأداء الشركة .

وخلال فـترة قصيرة استطاعت الشركة أن تكسب سمعة عالميـة مـن خـلال صادراتها من البطاريات السائلة التي امتازت بالجودة العالمية. لقد انتهت الشركة في سنة 2001 من إنشاء مصنع ثاني في نفس موقع الشركة وزودته بأحدث خطوط الإنتاج لرفع الطاقة الإنتاجية وتنويعها وعلى الصعيد الخارجي ثم الانتهاء مـن التوسع في المصنع الرئيسي للشركة من حيث الإنشاءات لتصل إلى ضعف المساحة السابقة وذلك في خطوة لاستيعاب الزيادة في الطاقة الإنتاجية المخطط لهـا تلبيـة للطلب المتوقع من الأسواق المجاورة . وقد أعلنت الشركة بأنه سيتم بنهايـة عـام 2007 أو بداية عام 2008 استقطاب شريـك اسـتراتيجي لتطويـر مصانعها الحاليـة وإنشاء مصنع إضافي لتوسيع خطوط إنتاجها لتلبية احتياجـات ومتطلبـات السـوق المحلية. إن الشركة لديها تطلعات طموحـة لتحقيـق المزيـد مـن الإنجازات أهمهـا التزويد بالتكنولوجيا اللازمة لتحديث مصانعها الحالية .

الخطط المستقبلية :

تسعى شركة النهرين إلى تطبيق مجموعة مـن الإسـتراتيجيات المهمـة للتوسـع والتطوير المستقبلية ومن أجل تطبيق هذه الإستراتيجية تسعى الشركة إلى ما يلي :

1. تقوم الشركة بدراسة إمكانية ربط مصانع الشركة المختلفة بخدمات الاتصال الرقمية عالية السرعة وربط المركز الرئيسي للشركة بشبكة كوابل الألياف الضوئية بسرعة تصل إلى 155 ميجا بت لكل ثانيـة . وتهدف الشركة من ذلك إلى توفير قنوات الاتصالات المباشرة ذات

التقنية العالية بين مصانع الشركة لتسهيل عمليات الاتصال المختلفة ونقل تبادل البيانات والتي تعمل بالتالي على زيادة كفاءة العمل .

2. انتهت الشركة في إعداد دراسة متكاملة حول استخدام التجارة الإلكترونية. فقد حددت الخطوات الواجب إتباعها لوضعها موضع التطبيق العملي بدءاً باستخدام البريد الإلكتروني والاشتراك في الإنترنت وإنشاء صفحة معلومات وموقع معلومات الشركة على الإنترنت وإنشاء موقع التجارة الإلكترونية للشركة . إن الشركة تتمتع ببنية تحتية متكاملة تساعدها في تطبيق التجارة الإلكترونية وأن درجة الوعي لدى الموظفين لأهمية التطبيق عالية كما إن درجة عملية الدفع الإلكتروني وعملية الشراء من خلال الإنترنت كبيرة لدى المستخدمين وزبائن الشركة وسيجرى العمل بشكل مكثف لنشر الشبكة الإلكترونية في جميع نقاط البيع العائدة للشركة لتوفير خدمات الدفع الإلكتروني الآمن والسريع والمريح للزبائن .

3. أعلنت الشركة عن نيتها إنشاء كيبل للألياف الضوئية (Fiber Optics) يمتد من المركز الرئيسي- للشركة إلى المصانع المختلفة بحيث يتم تنفيذه بعدة مراحل. وتهدف الشركة من هذا المشروع توفير خدمات الاتصالات الصوتية وخدمات البيانات والانترنت ذات جودة عالية وكلفة منخفضة .

4. استكمال حوسبة النظام المالي الخاص بالشركة وإدخال بعض الخدمات الإلكترونية وربطها على موقع الشركة على الإنترنت .

ومن هذه الخدمات خدمة الاستفسار عن الذمم المالية الخاصة بالموردين الذين يتعاملون مع الشركة وخدمة البيع الآلي وذلك من منطلق تبسيط الإجراءات وبما يتوافق مع رؤية الشركة المتمثلة بالوصول إلى أرفع الخدمات المتميزة للمستفيدين من خدماتها. تراجع إنتاج شركة النهرين لصناعة البطاريات السائلة خلال سنة 2003 لتراجع الطلب على البطاريات للأسباب الآتية :

أ. أن العديد من العوامل ساهمت في تراجع إقبال الزبائن والمواطنين على شراء البطاريات السائلة بنفس المستوى السابق وفي مقدمتها ارتفاع الأسعار كنتيجة لسياسة الإدارة في رفع تكاليف الإنتاج حيث بلغت الأسعار مستويات تفوق القدرات الاقتصادية لشريحة واسعة من الزبائن . إن حجم الإنتاج والمبيعات للبطاريات السائلة تأثر كثيراً بارتفاع تكاليف الإنتاج .

ب. إن من أبرز المشكلات التي تواجه صناعة البطاريات السائلة في الشركة ارتفاع كلف الإنتاج مقارنة بدول مجاورة . تعاني الشركة من المنافسة الشديدة وخاصة من البطاريات المستوردة من اليابان وكوريا الجنوبية حيث الكميات متوفرة والأسعار رخيصة وقد تأثرت الشركة ومصانعها بأثر المنافسة الضارة التي أدت إلى البيع بخسارة في كثير من الأحيان .

إن إجراءات الإدارة لإنقاذ الشركة من الانهيار تتمثل بالآتي :

أ. زيادة الإنتاجية والـتحكم بخفـض نسبة الفاقـد مـن الإنتـاج وزيادة الرقابة النوعية على المنتجات وإتباع أسـاليب حديثة في الإنتـاج والتسـويق . ولغايـات تعزيـز مكانـة الشركـة في السوق المحلي وتطوير قدراتها التنافسية ستقوم الشركة عـلى تخفيض كلفة الإنتاج لتتمكن مـن الصمود والمحافظـة عـلى مركز جيد لمنتجاتها وتحقيق أرباح معقولة .

ب. تحـديث خطـوط الإنتـاج القائمـة والعاملـة منـذ عـام 1992 وتطوير أعمال الصيانة الرئيسية . وتعكف الشركة حاليـاً عـلى إنشاء مصنع جديد في نفس موقع الشركة والـذي سـيزود بأحـدث خطـوط الإنتـاج لرفـع الطاقـة الإنتاجيـة وتنويعهـا بنسبة 25% عما كانت عليها سابقاً.

ج. تقوم الشركة الآن بامتلاك أراضي جديدة بمساحة (100دونم) إضـافية في نفس المنطقـة لاستيعاب مشـاريعها المسـتقبلية والتـي تشـمل مصـانع جديـدة ومكاتـب لـلإدارة وذلـك لاسـتيعاب الزيـادة في الطاقـة الإنتاجيـة المخطط لهـا تلبيـة لحجم المبيعات المتوقعة خلال السنوات القادمة .

التحول الرقمي داخل الشركة :

سعت الشركة إلى تطوير نظم المعلومات المعمول بها حالياً عن طريق ما يلي:

1. ولعل من أبرز المشاريع التي تسعى لتنفيذها هو تطبيق نظام جديد لحوسبة إجراءات العمل في إطار القيام بسلسلة إصلاحات على نظام التكاليف المعمول به حالياً في الشركة. وبتطبيق هذا النظام سيتمكن الموظفون في قسم التكاليف من تقديم المعلومات السريعة والدقيقة عن كل نواحي نشاط المنشأة والسيطرة على التلف والتبذير في القوى الإنتاجية وتسعير المنتجات بصورة صحيحة وسيقوم هذا النظام المحوسب بتسريع إنجاز معاملات الشركة وتقليل الأخطاء وتخفيض الجهد والكلفة في تنفيذ طلبيات العملاء وتلبية احتياجات السوق .

2. وتسعى الشركة بإتباع نظام مشتريات محوسب يهدف للحصول على أنسب الأسعار وتخفيض تكاليف التخزين من خلال برامج وتقنيات حديثة للاستغلال الأمثل لمساحة التخزين، وتحديد كميات المواد الأولية وفقاً لخطط مبيعات الشركة .

3. إن الشركة بصدد القيام بعملية أرشفة الوثائق والملفات لقسم التكاليف وخاصة تلك التي تحتوي على المعلومات الهامة في القسم خاصة في ظل التطور الذي يشهده العالم في مجال تكنولوجيا المعلومات. إن الهدف الرئيس للأرشفة الإلكترونية هي المحافظة على الوثائق والملفات والتقارير وضمان سرعة الإنجاز . كما تقوم الشركة بتطوير نظام حاسوبي يساعد في توفير العنصر ـ الفني للوثائق والملفات.

4. إن الشركة تقوم حالياً ببناء قاعدة بيانات محوسبة لجميـع الأقسـام لكي توفر معلومـات حديثـة ودقيقـة ومتكاملـة عـن مصـانع الشركة وأقسامها الإنتاجية . إن قاعدة البيانات المحوسبة سيستفاد منهـا في تطوير نظام التكاليف المعمول به حالياً وتفعيل قدراتـه عـلى تطوير قواعد البيانات للأقسام المختلفة المتمثلة في زيادة القدرة عـلى تقديم المعلومات إلى صانعي القرار بسرعة .

5. لقد قامت الشركة بإنشاء نظام للمحاسبة وهو نـوع مـن البرمجيـات التي تتضـمن تطبيقـات مثل السيطرة عـلى التكاليف، تخطيـط متطلبات المواد وجدولة الإنتاج والمشتريات . لقد ساعد تطبيق هـذه البرمجيـات المحوسبة عـلى الرقابة وتنسـيق المبيعـات والمخـزون والبيانات المالية والتكاليفية . أصبح بإمكان موظفي قسـم محاسبة التكاليف استخدام النظام المحوسب لتزويد الإدارة بمعلومات دقيقـة عن تكـاليف الإنتاج وأصبح بإمكـانهم تحقيـق سـيطرة كاملة عـلى الوظائف المالية والإنتاجية وخدمات الزبائن.

التحديات التي تواجه الشركة :

أهم المعوقات والمشاكل والتحديات التي تواجه الشركة والتي تؤثر على مقدرة منتجاتها المحلية على منافسة المنتجات الأجنبية وفي مقدمتها ما يلي :

أ. ارتفاع كلف الإنتاج نتيجة ارتفاع الرسـوم الجمركيـة المفروضة عـلى بعض المواد الأولية المستوردة الداخلة في الإنتاج .

ب. إن استمرار سياسـة إغراق السـوق بالبطاريات السـائلة المسـتوردة وارتفاع كلف إنتاج البطاريات السائلة المنتجة في الشركة يهدد الشركة

ويغلق المصانع الموجودة والتي تبلغ ستة مصانع . والشكوى الرئيسية هي أن صناعة البطاريات السائلة مهددة بالانهيار نتيجة لمنافسة غير عادلة مع المستوردات الأجنبية والتي تحظى بميزة تنافسية من حيث الأسعار وانخفاض كلف إنتاجها .

ت. إن جانباً كبيراً من المصاعب التي تلاقيها صناعة البطاريات يرجع في الدرجة الأولى إلى تجاهل أهمية المشتريات وعدم الاهتمام بتطبيق تكنولوجيا المعلومات والاتصالات في إدارة المشتريات وكان من نتيجة ذلك أن اضمحلت وظيفة الشراء وأصبحت عاجزة عن مسايرة نمو باقي الفعاليات الإنتاجية .

ث. المطلوب العمل على تخفيض كلف الإنتاج وتوفير احتياجات السوق المحلية من المنتجات وخفض الأسعار لتعزيز قدرة الشركة على المنافسة والتصدير .

ج. هناك حاجة في الوقت الحاضر للاستفادة من التكاليف لأغراض الرقابة الإدارية . إذ أن تكاليف الإنتاج التاريخية التي تستخرجها الشركة مع ما تتضمنه من انحرافات غير دقيقة تصبح مؤشراً أو دليلاً غير ملائم للتسعير على عناصر التكاليف .

وصف نظام التكاليف الحالي :

• إن النظام الحالي طرق بسيطة وتقليدية وفي بداية تكوينها العلمي، لم تستطع مسايرة التطور العلمي والتكنولوجي وتتبع بصورة رئيسية الأسلوب التاريخي في احتساب التكاليف وتقوم بأعمال روتينية بسيطة من قيد وترحيل وتبويب وتصوير حسابات وقوائم مالية ختامية في

فترات مالية متباينة وترتبط وتندمج حساباتها التكاليفية مع الحسابات المالية وتستخدم مجموعة واحدة من السجلات والمستندات والقوائم. كما وأن العاملين فيها من محاسبين وكتبة عاشوا أمداً طويلاً ضمن إطار هذه الطرق التقليدية الحالية وارتبطت آراؤهم ومفاهيمهم المحاسبية إلى حد بعيد بهذه الطرق .

- لا يوجد في الشركة نظام متكامل للتقارير وتحليل الانحرافات فيها .

- يقوم قسم التكاليف في الشركة باحتساب التكاليف والاستفادة منها لأغراض التسعير ، والرقابة الإدارية، وتقدير التكاليف، والرقابة على الإنتاج والسيطرة على التالف .

- يقوم قسم التكاليف بمقارنة التكاليف مع تكاليف الفترات السابقة وعرضها في تقارير وتقديمها للإدارة بفترات منتظمة .

- تأخر الأقسام المختلفة في إعطاء قسم التكاليف التقارير والبيانات المطلوبة في الوقت المطلوب وبالجدية المطلوبة.

- عدم وجود الوقت الكافي المخصص لأغراض التكاليف وذلك بسبب ازدواج الأعمال التي يقوم بها القسم مع الأعمال التي تقوم بها أقسام أخرى .

- عدم فهم المسؤولين لأهمية التكاليف وعدم وجود الوعي التكاليفي لدى المديرين .

- عدم تطبيق الأساليب الفنية للإدارة الحديثة لتحليل التعادل وتحليل النسب وقواعد البيانات المحوسبة، والحلول الإلكترونية المتكاملة، وشبكة الإنترنت وأرشفة الملفات إلكترونياً .

- عدم مناسبة التقارير المعدة من قبل قسم التكاليف وذلك لافتقارها إلى الدقة والسرعة في الإعداد، مصممة بشكل غير ملائم، عدم مناسبة مضمون التقارير لاحتياجات المستويات الإدارية .

- إن تصميم سجلات التكاليف التي تستخدمها الشركة لم يخدم الأغراض الأساسية لنظام التكاليف المتمثل في تحديد كلفة الإنتاج والرقابة الإدارية واكتشاف الانحرافات في عناصر الكلفة .

- عدم اهتمام المحاسبين بالأعمال التحليلية والاستنتاج وإيجاد الحقائق والأرقام المتوافرة .

- تأخر وصول المعلومات المطلوبة إلى قسم التكاليف، وتكون هذه المعلومات تخمينية غير دقيقة مما يفقدها الهدف الأساسي لاستعمالها وهو التعرف على الانحرافات المهمة .

- عدم اهتمام مدراء الأقسام بالمعلومات الواردة إلى قسم التكاليف وعدم مناقشتها لهذه المعلومات بهدف التعرف على تفاصيل المشاكل والانحرافات الحاصلة ومحاولة الاختيار من بين البدائل المتوافرة لمعالجة هذه المشاكل.

- إن المشكلة الكامنة التي ينعكس تأثيرها على تحديد أسعار المنتوج في الشركة هو أن احتساب التكاليف لم يتم على أساس علمي أو بناء على دراسة شاملة ورقابة دقيقة على عناصر التكاليف .

- التأخر في إبراز النتائج الفعلية للتكاليف من حيث التوقيت الزمني . لا يستطيع النظام الحالي في توفير البيانات المتعلقة بتحديد التكاليف الفعلية لكل مرحلة من المراحل الإنتاجية ولكل مركز من مراكز الخدمات الاجتماعية في الوقت الملائم .

- المشقة والتكرار للجهود المبذولة في تجميع البيانات وتحليلها من قبل موظفي قسم التكاليف وذلك بسبب الازدواج والتكرار بالبيانات الواردة إلى قسم التكاليف .

- إن بقاء مفهوم حسابات التكاليف في الشركة على أنها مجرد عملية روتينية يجعلها آلة جامدة بيد المحاسب تعيق تقدم الشركة وتمنع تطورها ذلك لأن الأرقام الجامدة بحد ذاتها لا تعني شيئاً إذا لم تعالجها أياد خبيرة تستطيع أن تجعلها تنطق بالحقائق التي تكمن وراءها وهذه اليد هي يد محاسب الكلفة الذي لا يقف عند مجرد عرض الأرقام المجردة بل يحاول تحليلها وتفسيرها وإظهار الانحرافات واكتشاف أسبابها . يقتضي- تطوير الحسابات التقليدية المعروفة لكي تصبح أداة هامة لخدمة المدراء في اتخاذ القرارات المتعلقة بالتخطيط والرقابة .

- إن حاجة الشركة في الوقت الحاضر هي الاستفادة من التكاليف لأغراض الرقابة الإدارية إذ أن تكاليف الإنتاج التاريخية التي تستخرجها هذه الشركة مع ما تتضمنه من انحرافات غير دقيقة تصبح مؤشراً أو دليلاً غير ملائم للتسعير والرقابة على عناصر التكاليف .

إجراءات العمل لنظام التكاليف في الشركة :

(انظر الشكل 22-1) .

1. يقوم قسم التكاليف بإعداد تقارير تسعير المنتجات وترسل إلى مجلس إدارة الشركة والنسخة الثانية ترسل إلى المدير العام للإطلاع واتخاذ ما يلزم .

2. يستلم قسم التكاليف تقارير التوقـف عـن الإنتـاج مـن قسـم السيطرة على الإنتاج ترسل النسخة الأولى إلى قسم المخازن، وترسل النسخة الثانية إلى القسم الفني .

3. يقدم رئيس العمال تقريراً يبين كميـة الإنتـاج وعـدد سـاعات عطـل المكائن ترسل النسخة الأولى إلى مدير القسم الفني، ترسل النسخة الثانية إلى مدير قسم السيطرة على الإنتاج وترسل النسخة الثالثة إلى قسم المصانع للإطلاع واتخاذ ما يلزم .

4. يقوم قسم التكاليف بإعداد تقارير فصلية عـن فعاليـات الـورش التابعـة للمصانع تبين هـذه التقارير حجم التكاليف مـن المـواد وحجم الوقت الضائع وحجم الإنتاج وحركة المواد والعمل .

5. يتم تسجيل المعلومـات المتعلقـة بالتخطيط والرقابـة علـى الإنتـاج وتقييم الأداء والرقابة على تكاليف الإنتاج مـن قبـل مـوظفي قسـم السيطرة على الإنتاج في تقرير مفصل ترسل النسخة الأولى إلى مدير القسم الفني، وترسل النسخة الثانيـة إلى قسـم التكـاليف للإطلاع واتخـاذ مـا يلـزم. تحفـظ النسخة الأصلية في قسم السيطرة علـى الإنتاج .

6. يقوم قسم المشتريات بإعداد تقرير عن كمية وقيمة المشتريات مـن مواد مخزنية ومواد مباشرة للإنتاج، ترسل النسخة الأولى إلى قسـم التكاليف والنسخة الثانية إلى قسم المخازن والنسخة الثالثة إلى القسم الفني للإطلاع واتخـاذ مـا يلـزم. تحفـظ النسـخة الأصـلية في قسم المشتريات .

7. يقوم قسم السيطرة على الخزين بإعداد تقريـر عـن حركـة المخازن يبين فيـه حركـة المـواد المخزنيـة. ترسل النسخة الأولى إلى قسـم التكاليف

والنسخة الثانية إلى قسم السيطرة على الإنتاج للإطلاع واتخاذ ما يلزم. تحفظ النسخة الأصلية في قسم السيطرة على الخزين.

8. يقوم قسم السيطرة على الإنتاج بإعداد تقرير عن الوحدات التالفة ونتائج المقارنة بالمعدل المحدد للتلف الطبيعي. ترسل النسخة الأولى إلى قسم التكاليف وترسل النسخة الثانية إلى قسم السيطرة على النوعية وترسل النسخة الثالثة إلى قسم المخازن . تحفظ النسخة الأصلية في قسم السيطرة على الإنتاج .

9. يقوم قسم المخازن بإعداد تقرير عن استخدام المواد الأولية في المصانع. يرسل النسخة الأولى من التقرير إلى قسم التكاليف . وترسل النسخة الثانية إلى قسم السيطرة على الإنتاج. وتحفظ النسخة الأصلية في قسم المخازن .

10. يقوم قسم السيطرة على الإنتاج بإعداد تقرير مفصل عن التلف في المواد الأولية والمنتجات ويرسله إلى المدير العام للوقوف على نسب وأقيام التلف يومياً مما يتيح له الإطلاع ومراقبة انخفاض وارتفاع أقيام ونسب التلف بصورة مستمرة. ترسل نسخة من التقرير إلى مكتب مدير السيطرة على النوعية وتبقى النسخة الأصلية لدى قسم السيطرة على الإنتاج .

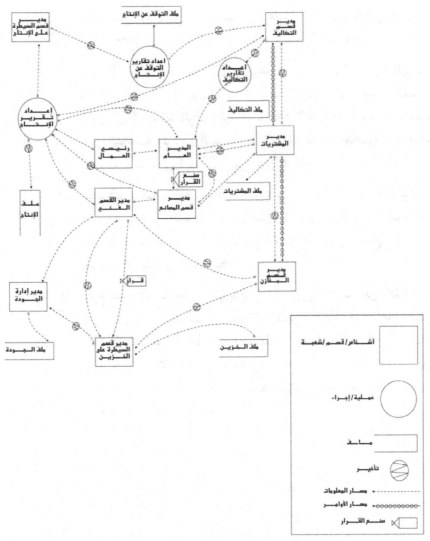

شكل (22-1) يبين إجراءات السيطرة على التكاليف في شركة النهرين لصناعة البطاريات السائلة .

خطوات وإجراءات الشراء في شركة النهرين لصناعة البطاريات السائلة

انظر الشكل (22-2) .

1. يقوم رئيس شعبة المخازن بإعداد طلب شراء بأربعة نسخ، ترسل النسخة الأولى إلى قسم الإنتاج، والنسخة الثانية إلى قسم المشتريات والنسخة الثالثة إلى الجهة الطالبة وتحفظ النسخة الأخيرة في قسم التسويق .

2. تقوم الدائرة الفنية بتحديد كمية ومواصفات الشراء ومتابعة إجراءات الشراء .

3. يقوم قسم المشتريات باستلام البضاعة بعد فحصها بعد إتمام إجراءات الشحن والتأمين .

4. يقوم قسم المشتريات باختيار مصادر الشراء وعمل المناقصات وتحديد الإجراءات المناسبة للشراء .

5. تقوم شعبة الاستلام بفحص المواد المشتراة من ناحية الكمية والعدد والتأكد من مطابقتها للمواصفات المثبتة في صورة أمر الشراء التي تحتفظ بها هذه الشعبة .

6. تقوم شعبة الاستلام بإخطار المخازن عن موعد وصول المواد المستلمة لكي تتخذ الإجراءات اللازمة لتهيئة المكان اللازم لحفظها .

7. يرفع ويعد قسم المشتريات تقارير ترفع إلى المدير العام توضّح فيه كمية المواد الواجب شراؤها وتكلفة الوحدة من كل نوع من أنواع المواد الأولية .

8. يقوم قسم المشتريات بإعداد تقارير ترفع إلى المدير العام تتضمن معلومات عن المشاكل والمعوقات التي تكتنف قسم المشتريات ومقترحات حلها .

9. يقوم قسم المشتريات بإعداد تقارير ترفع للإدارة العليا تتضمن بيانات عن توقعات القسم بخصوص كمية المواد المطلوبة ومدى إمكانية الحصول عليها في الوقت المناسب وبالنوعيات المناسبة والأسعار المناسبة وذلك بهدف السيطرة على تكاليف شراؤها مسبقاً.

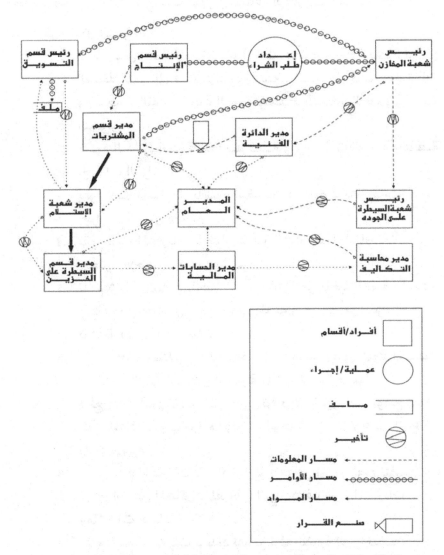

الشكل (22-2) يبين إجراءات الشراء لشركة النهرين لصناعة البطاريات السائلة

الفصل الثالث والعشرين
الشركة الأهلية لصناعة الألبسة الجاهزة

بعد دراستك لهذا الفصل تستطيع أن:

1. تحدد طبيعة المشكلة التي تعاني منها الشركة والتي دفعتها إلى تطوير نظم المعلومات الإدارية الحالية لكي تساعد الوحدات التنظيمية في التخطيط والرقابة ولكي تمكن مدراءها من اتخاذ القرارات الهامة في العمل .

2. توضح مبررات حوسبة كافة الأمور التشغيلية والإدارية والمالية .

3. توضح مبررات قيام الشركة بإنشاء وتفعيل نظام معلوماتي شامل ومحوسب للسيطرة على تخزين المواد الأولية .

4. تبين مبررات قيام الشركة باستخدام نظام برمجي من أنظمة زيروكس.

5. تعرف قيام الشركة بتأسيس قسم التنظيم والإنتاجية .

6. توضح من خلال المخططات البيانية لسير العمليات كيف يمكن أن تساهم هذه المخططات في تقليص الإجراءات غير الضرورية وتقليل مراحل ووقت إنجاز المعاملات المخزنية والمحاسبية والإنتاجية في الشركة وذلك بهدف السيطرة على التلف الحاصل في كل مادة تدخل عمليات الإنتاج .

الشركة الأهلية لصناعة الألبسة الجاهزة

نبذة تاريخية :

تأست الشركة في آب من عام 1995 برأس مال قدره 12 مليون دولار . تهدف الشركة إلى صناعة الألبسة الجاهزة وتسويقها في السوق المحلي وكذلك الارتقاء بمستوى هذه الصناعة سعياً لتنويع أنشطتها خارج السوق المحلي .

لقد بدأت الشركة بالإنتاج فور تأسيسها في عام 1995 وبعد تأمين الصدارة في السوق المحلي بدأت الشركة في توسيع مبيعاتها التصديرية حيث شهد عام 1998م بداية نمو الصادرات بشكل مطرد معلناً الدخول في عهد جديد من النمو وتنوع الأسواق.

ترجع حجم المبيعات في الشركة في سنة 2001م إلى أكثر من 50% مقارنة مع فترات الانتعاش في السنوات السابقة مع توقعات باستمرار حالة من الركود ستظل تسيطر على صناعة الألبسة الجاهزة في الشركة في الفترات القادمة .

أصبحت الشركة بعد سنة 2001 م تعاني حالة ركود وتراجع كبير في المبيعات ويظهر ذلك من نقص السيولة الحاصل لدى الشركة والأعداد المتزايدة من الشيكات المرتجعة والمشاكل والديون التي وصلت بالإدارة العليا بالتفكير لإغلاق الشركة .

إن الهم الوحيد للإدارة بات محصوراً في تصريف الألبسة المتراكمة في مخازن الشركة .

إن هذا التراكم في المخازن سبّب زيادة في تكاليف الخزن وزيادة في الرصيد المقيّد في الخزين .

التحديات التي تواجه الشركة :

والشكوى الرئيسة على نظم المعلومات المعمول بها حالياً في الشركة بأنها بسيطة وتقليدية وفي بداية تكوينها العلمي ولم تستطع مسايرة التطور العلمي والتكنولوجي. إن نظم المعلومات الحلية تعاني مما يلي :

أ. الضعف والاختناق في جميع أقسام الشركة الإنتاجية والخارجية .

ب. صعوبة معرفة حركة المواد والرصيد المخزني من ناحية الكمية وقيمتها.

ت. صعوبة معرفة حركة البضاعة وأرصدة الخزين وضبط كميتها والقيمة .

ث. صعوبة السيطرة على الخزين والقرارات المتعلقة بتوفير المنتجات .

وليس من شك أن جانباً كبيراً من المصاعب التي تلاقيها الشركة يرجع في الدرجة الأولى إلى حصول كمية كبيرة من تلف المواد الأولية الداخلة في الإنتاج . إن المواد الأولية الداخلة في الإنتاج تحقق نسبة عالية جداً في كلفة الإنتاج تتراوح بين 70-75 % . إن زيادة كمية التلف في المواد الأولية أدت إلى رفع تكاليف إنتاج الألبسة الجيدة وهذا بدوره جعل أسعار الألبسة في الشركة تتجه نحو الارتفاع. إن ارتفاع أسعار الألبسة الجاهزة هي التي سببت تراجع حجم المبيعات وهذه هي المشكلة الحقيقة التي أدت إلى خلق الأزمة الاقتصادية التي تعاني منها الشركة في الوقت الحاضر .

يواجه المدراء صعوبة في الحصول على المعلومات الخاصة بالتلف في المواد في شعبة التحضيرات والفصال وهذا يمنع من اتخاذ القرارات الفاعلة في الوقت المناسب . وفضلاً عن ذلك يتعذر على رؤساء الأقسام والشعب الإنتاجية ومدراء الإنتاج في الشركة الإطلاع المستمر على حالة التلف الحاصل في شعبة التحضيرات والفصال .

الخطط المستقبلية :

لذلك قررت الشركة وضع وتطوير نظم المعلومات الإدارية الحالية لكي تساعد الوحدات التنظيمية في التخطيط والرقابة .

وكخطوة أولى لتشخيص مواطن الضعف ونقاط الاختناق في جميع أقسام الشركة الإنتاجية والخدمية وبهدف وضع الحلول المناسبة عن طريق إيصال المعلومات إلى الإدارة العليا لاتخاذ القرار المناسب، فقد عملت الشركة على ما يلي :

1. الانتقال من النظم الإدارية اليدوية إلى النظم الإدارية المحوسبة. لقد عملت الشركة على حوسبة كافة الأمور التشغيلية والإدارية والمالية .

2. إنشاء وتفعيل نظام معلوماتي شامل ومحوسب للسيطرة على تخزين المواد الأولية . استطاعت الشركة خلال السنوات القليلة الماضية من تطوير نظامها الرقابي وبناؤه على الأسس العلمية الحديثة والعالمية . حيث تستخدم حالياً نظام محوسب لتحديد وقياس والسيطرة على مواقع التلف في المواد الأولية مما يوفر أدوات فاعلة وملائمة أكبر للعملية الرقابية من أسلوب الرقابة اليدوي التقليدي والتي اعتمدت على الفحص الروتيني والتأكد من المعلومات التي تقوم مصانع الألبسة بتزويدها. ولعل سبب نجاح هذا النظام المحوسب يعود إلى سهولة استخدام وتحديث برمجياته، إضافة إلى مواصفاته الجيدة وسعته التخزنية . يساعد النظام الفنيين والمشرفين من رؤساء الأقسام والشعب الإنتاجية ومدراء الإنتاج للتواصل مع أجهزة الإنترنت من أي نقطة كانت في الشركة لتقديم الدعم الفني اللازم لعمال المصنع وحل مشكلاتهم دون الحاجة لمغادرة أماكنهم .

إن النظام الذي استخدمته الشركة حقق لها ما يلي :

أ. تقليص مراحل ووقت إنجاز الإجراءات الروتينية المتعلقة بإعداد وتقديم تقارير السيطرة على التلف في المواد المرسلة إلى مدراء الإنتاج .

ب. تقليل الوقت اللازم لإعداد التقارير التي تبين مواطن الضعف ونقاط الاختناق في جميع أقسام الشركة الإنتاجية وإيصالها للمدراء لاتخاذ القرار في الوقت المناسب .

ت. تعزيز قدرة الشركة على المنافسة .

ث. استثمار البنية التحتية واستخدامها من جديد بطريقة مبتكرة وتخفيض تكاليف عمليات التشغيل .

3. يجرى حالياً تنفيذ مشروع تطوير البنية الأساسية لشبكة المعلومات والاتصالات بهدف رفع كفاءة الشبكة المعمول بها في الوقت الحاضر وذلك عن طريق الربط بالسنترال التابع للشركة عن طريق الألياف الضوئية . سيتم تغيير الأجهزة والمعدات الحالية بالشبكة إلى الأجهزة الحديثة . كما يهدف المشروع إلى استكمال البنية الأساسية بالشبكة لتطال جميع المصانع التابعة للشركة .

4. تباشر الشركة قريباً تنفيذ تحسينات الأداء في أقسام المالية والتسويق بهدف تقليص الوقت والجهد لانجاز الأعمال عن طريق استخدام نظام برمجي من أنظمة زيروكس مصمم خصيصاً لدعم الشركة في إعداد القوائم المالية وتحديد نقاط القوة والضعف للعمليات المالية فيها وإيجاد الخطط لتطوير وبرمجة عمليات البيع والتجهيز في إطار خطتها الإستراتيجية للتوسع في السوق وتلبية جميع احتياجات العملاء .

قسم التنظيم والإنتاجية :

تأسيس قسم التنظيم والإنتاجية لكي يعمل على إعداد دراسة أولية عن الفعاليات الأساسية في الشركة للتعرف على الأساليب المتبعة فيها، لقد قام قسم التنظيم والانتاجية بما يلي :

أ. دراسة أسلوب المعاملات وإجراءات العمل لفعالية السيطرة على التلف في المواد لغرض تحديد مجالات التحسين فيها .

ب. تتبع أوامر العمل الصادرة ابتداء من دخولها إلى شعبة التحضيرات وحتى تسليمها إلى شعبة الخياطة وتسجيل جميع الإجراءات المتخذة بشأنها .

ت. تثبيت الاستنتاجات من خلال تحليل المعلومات المستحصلة وعلى ضوء أساليب التحليل عن طريق مخطط سير العمليات والمعلومات.

بعد أن يتم تجميع المعلومات الأولية واستخراج النتائج من خلال المسح الميداني في شعبة التحضيرات والفصال يتم إعداد تقرير مفصل من قبل قسم التنظيم والإنتاجية يشمل جميع المعلومات والبدائل المقترحة للعمل بموجبها ويتم طرح التقرير على رؤساء الأقسام والشعب الإنتاجية ومدراء الإنتاج ومن خلال ذلك يتم التوصل إلى صيغة نهائية للعمل بموجبها على خفض نسب التلف في المواد بعد مناقشة جميع الاقتراحات المطروحة.

هدف النظام المقترح :

1. إنتاج المعلومات الخاصة بالتلف في المواد في شعبة الإنتاجية والفصال لغرض إيصالها إلى المستويات الإدارية المعنية لاستخدامها في عمليات التخطيط والرقابة .

2. الإطلاع المستمر للمسؤولين على حالة التلف الحاصل في شعبة التحضيرات والفصال المقدرة نسبته وقيمته مع مقارنة يومية وشهرية تبين مقدار السيطرة على التلف ومدى التطور الذي تم التوصل إليه في هذا المجال .

إجراءات العمل لنظام السيطرة على الإنتاج :

(انظر الشكل (23-1) .

1. يملأ كاتب حسابات التحضيرات استمارة تسجيل التلـف الحاصـل في كل مادة تدخل عمليات الإنتاج .

2. ترسل الاستمارة إلى محاسب طبقات النشر للتوقيع عليها .

3. ترسل إلى عامل الوزن المختص الذي يقوم بوزن فضـلات التخطيـط ووزن الحاشية .

4. ترسل الاستمارة إلى رئيس شعبة التحضيرات للتوقيع عليها وتـوزع نسخة منها على مدير الإنتاج ومدير الحسابات .

5. ترسل إلى حسابات التحضيرات للتوقع عليها

6. يملأ الموظف المختص استمارة احتسـاب نسبة وقيمـة تلـف المـواد اليومية .

7. ترسل إلى مدير شعبة التحضيرات .

8. ترسل إلى مـدير الإنتـاج ومدير المعمـل الفنـي ومدير حسـابات التكاليف ومدير حسابات التحضيرات للإطلاع واتخاذ الإجراءات.

9. يملأ مسؤول مخزن الفضلات استمارة السيطرة على فضلات الأطوال وترسل وإلى رئيس شعبة التحضير وإلى مدير الإنتاج .

10. ترس إلى مدير المعمل الفني للإطلاع واتخاذ الإجراءات .

11. ترسل إلى قسم حسابات التحضيرات .

12. يملأ الموظف المختص في حسابات التحضيرات خلاصة نظام السيطرة على التلف اليومي .

13. ترسل الخلاصة إلى مدير الإنتاج للتوقيع .

14. ترسل إلى مدير المعمل الفني للتوقيع .

15. ترسل إلى مكتب المدير العام للإطلاع واتخاذ الإجراءات

16. ترسل إلى مكتب مدير المعمل الفني لإطلاع واتخاذ الإجراءات .

17. ترسل إلى حسابات التحضيرات .

18. يملأ الموظف المختص في حسابات التحضيرات خلاصة بنظام السيطرة على التلف اليومي .

19. ترسل إلى مدير الإنتاج للتوقيع .

20. ترسل إلى مدير المعمل الفني للتوقيع .

21. ترسل إلى مكتب المدير العام للإطلاع واتخاذ الإجراءات .

22. ترسل إلى مكتب المدير المعمل الفني للإطلاع واتخاذ الإجراءات .

23. ترسل إلى حسابات التحضيرات .

24. يقوم قسم التنظيم والإنتاجية في الشركة بإعداد تقارير شهرية تتضمن معلومات عن التلف الحاصل في كل مادة تدخل عمليات الإنتاج ويتم إرسالها إلى المدير العام . ترسل نسخ من التقارير إلى مدير الإنتاج ومدير حسابات التكاليف ومدير المعمل الفني .

25. يقوم قسم التنظيم والإنتاجية بإعداد تقارير أسبوعية تتضمن طرق السيطرة على التلف في المواد . ترسل نسخ من هذه التقارير إلى المدير العام ومدير الإنتاج ومدير حسابات التكاليف ومدير المعمل الفني.

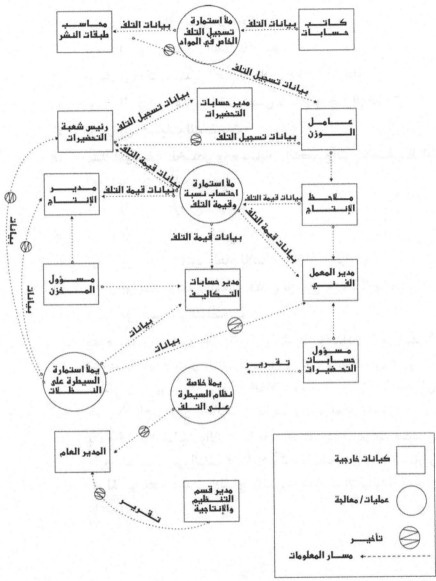

الشكل (23-1) يوضح إجراءات السيطرة على الإنتاج في صناعة الألبسة الجاهزة.

الفصل الرابع والعشرين
شركة الشرق العربي للنسيج الصوفي

بعد دراستك لهذا الفصل تستطيع أن:

1. تحدد طبيعة المشاكل التي تعاني منها نظم المعلومات في الشركة وطبيعة الدور الذي قامت به إدارة الشركة لحل هذه المشاكل .

2. تعرف الخطوات المدروسة التي قامت بها الإدارة لتطوير نظم التكاليف ونظم السيطرة على المخزون المعمول به حالياً في الشركة .

3. تبين المنافع التي حققتها الشركة من وراء استخدام برمجيات التطبيقات التجارية الخاصة والجاهزة والحلول المتعددة الوسائط .

4. تبين المنافع التي حققتها الشركة من وراء استخدام تكنولوجيا Wimax.

5. توضح الفوائد التي حصلت عليها الشركة من تطوير نظام المشتريات عن طريق استخدام الحاسوب وشبكات الإنترنت .

6. تبين الفوائد التي حصلت عليها الشركة من وراء استخدام قاعدة بيانات محوسبة شاملة لجميع الأقسام الوظيفية .

7. تحدد أهمية استخدام المخططات البيانية لسير العمليات في تصوير إجراءات العمل المتعلقة بمشتريات الشركة .

شركة الشرق العربي للنسيج الصوفي

نبذة تاريخية :

تأسست شركة الشرق العربي للنسيج الصوفي في عـام 1992 م بهـدف إنتـاج الأقمشة الصوفية والبطانيات والفانيلات والجواريب .

منذ بدء الشركة إنتاجها عام 1992 م قامت بتزويد احتياجات السوق المحلية في المنتجات الصوفية المتميزة بالنوعية الجيدة والسعر المناسب .

أما الأسواق الأجنبية فترى الشركة بأن فرص التواجد فيها كبيرة، وكانت الشركة قد أعلنت في العام (1995) وضمن برنامجها السـنوي عـلى زيـادة في الاسـتثمار في مجال البنية التحتية للطاقة الإنتاجية وذلك بهـدف زيـادة إنتاجهـا لتلبيـة الطلـب الخارجي على منتجات الشركة .

ويعزو مدراء الشركة هذا الأداء الجيد في حجم المبيعـات إلى النوعيـة الجيـدة والسعر المعقول .

لقد بدأت الشركة بتصدير منتجاتها عام (1996) بعد تأمين موقع الصـدارة في السوق المحلي .

الخطط المستقبلية :

لقد شهد عام (1997) بداية نمو الصادرات بشـكل مطـرد في الـدخول في عهـد جديد من النمو وتنوع الأسواق. وقد رافق ارتفاع المبيعات هذا سعياً حثيثاً لزيادة الربحية وخفض كلف الإنتاج ولقد حققت الشركة خطوات إيجابية كبيرة وقفزات نوعية عام (2000) سواء كان ذلك من ناحية جودة وكمية الإنتاج أو التنوع في

إنتاج أحدث الأنواع والأصناف في مجال صناعة النسيج الصوفي مـما حـق نمـواً عالياً في حجم المبيعات ومضاعفة الأرباح بالمقارنة مع إنتاج الأعوام السابقة .

لقد كان عام (2000) عاماً مميزاً عـلى كافـة الأصـعدة حققـت خلالـه الشركة نتائج قياسية بالمقارنة مع نتائج الأعوام السابقة .

توفر الشركة للمستهلك تشكيلة واسعة مـن المنتجـات الصوفية والتـي تخدم كافة شرائح السوق من خلال النوعية الجيدة والسعر الملائم .

وتعمل الشركة باستمرار على عرض منتجات تضيفها إلى سلسـلة منتجاتهـا مـن خلال دراسة التغيرات في أذواق المستهلكين .

هذا وقد شرعت الشركة في تنفيذ استراتيجية لزيادة الربح مـن خـلال تخفيض تكاليف الشحن والحد من احتياجات الاستيراد عن طريق الاستفادة مـن الأصـواف المحلية وتحسين نوعيتها والتوقف من استيرادها من الخارج، وهذا من شأنه خفض تكـاليف الإنتاج والشـحن وتعزيـز الربحيـة وقـد تسـبب ارتفاع الأسعار في عـام (2002) لجميع منتجات الشركة في تقليص الطلب عليهـا بشـكل كبير مـما أدى إلى الضرر الكبير بمصلحة الشركة وقد دعت الشركة قسـم التنظيـم والإنتاجيـة لدراسـة هذا الموضوع المهم .

استناداً إل رئيس القسم فإن ارتفاع الأسعار الذي بـات السـوق المحـلي يشـكو منه بشكل كبير يعود إلى :

1. إن تكلفة الإنتاج للبطانيات في تصاعد مستمر .

2. إن تكلفة البطانية ذات الحجـم الكبير أصـبحت 3 دولاراً فيما تبلغ حالياً بالأسواق المحلية 25 دولاراً .

3. إن أسعار الخيوط الصوفية ارتفعت عالياً بنسبة 20% مؤخراً وتدل المؤشرات على المزيد من الارتفاع لاحقاً، حيث تستورد الشركة من هذه الخيوط كميات كبيرة وبسبب زيادة الطلب عليها مقابل محدودية العرض ارتفعت أسعارها .

ونظراً لما تعانيه الشركة من مشاكل في الربحية والتي تتمثل في انخفاض حجم المبيعات الذي كان له دور في خلق خسارة محققة .

فقد سعت الشركة لحل هذه المشكلة من خلال ما يلي :

1. تشكيل لجنة استشارية لوضع خطة عمل محددة بإطار زمني لدعم برنامج التطوير والتحديث والمساعدة لحل المشكلات التي تواجهها الشركة . فقامت اللجنة بإعداد استراتيجيات واضحة تستند إلى الواقع العملي لصناعة النسيج الصوفي والتحديات التي تواجهها . إن حل المعيقات والمشكلات يجب أن يستند إلى رؤى ومقترحات علمية وفق برنامج زمني حتى يتحمل كل قسم في الشركة مسؤوليته، إن الشركة اتخذت خطوات رئيسية في مجال التحديث في السنوات الأخيرة وخصوصاً في مجال حوسبة نظم المعلومات الحالية بنجاح ملحوظ على الرغم من ضغوط نقص السيولة المتوفرة وقلة الكوادر المتخصصة . إن الشركة اتخذت ضمن خطواتها المهمة استخدام أفضل التقنيات التكنولوجية الحديثة للتسهيل على المستهلكين والحد من ارتفاع الأسعار وقد عانت الشركة من ارتفاع أسعار الفانيلات خلال عام 2002 بنسبة تراوحت 40% مقارنة بالعام 2000، كما ارتفعت أسعار الجواريب خلال العام 2002 م بنسبة بلغت 50% تقريباً بسبب

ارتفاع القيمة الجمركية المفروضة على المستوردين والبالغة 20% واستناداً إلى الشركة فإن أسعار الأقمشة الصوفية استعادت بعض التوازن بداية العام 2002م إلا أنها لم تعد لمستواها الطبيعية حيث يبلغ سعر المتر الواحد من القماش الصوفي 6-7 دولار . وذكرت الشركة أن ارتفاع الأسعار على منتجاتها لا يصب بمصلحتها على الإطلاق حيث تتعرض الشركة لخسائر كبيرة جراء قلة الطلب وتراجع القوة الشرائية للمستهلكين الذين باتوا يضعون أولويات صارمة للإنفاق في ظل ارتفاع الأسعار الذي طال جميع منتجات الشركة .

2. لقد سعت الشركة بتبني سياسات مناسبة تحكم صناعة النسيج الصوفي وعدم إتباع سياسات عشوائية من شأنها إرباك الشركة وبالتالي زيادة الضغوطات الاقتصادية على المستهلكين بالإضافة لأهمية التوفيق بين الأقسام الوظيفية والشعب الإنتاجية في المركز الرئيسي للشركة وفي مصانعها المختلفة، والتنسيق بينها في صنع القرارات الصحيحة .

التحول الرقمي :

1. لقد سعت الشركة بالقيام بخطوات مدروسة نجحت في تطوير نظم التكاليف المعمول به حالياً حيث قامت بحوسبة إجراءات العمل وحوسبة ملفات أقسام المالية والتكاليفية بما يضمن توفير الوقت والجهد سواء لمدراء الأقسام أو للموظفين وكذلك يضمن توفير خدمات متطورة بجودة عالية وسرعة فائقة ومعلومات آنية في متناول المدراء العامين .

2. سعت الشركة إلى تطوير السيطرة على المخزون من المـواد الأوليـة عـن طريق حوسبة نظام السيطرة على الخـزين وذلك بتطوير النظام اليدوي الحالي بربطه بشبكة متطورة حديثة وتوفير خدمات انترنت وخدمات سريعة لمستخدمي الإنترنت من الموظفين. كما سيكون بوسع مستخدمي الخدمـة مـن الموظفين الاستفادة مـن الحلول المتعددة الوسـائط والتطبيقـات التجاريـة والبرمجيـات العامـة وبرمجيـات التطبيقات الخاصة الجاهزة مثل السيطرة على الخزين والسيطرة على الإنتـاج والمحاسـبة الماليـة والإداريـة والتسـويق. وتتـيح تكنولوجيـا (Wimax) المستخدمة مـن قبـل الشركة لموظفي الشركة ومدراء الأقسام ورؤساء الأقسام الفنية في المصانع من تصفح شبكة الإنترنت. وتعول الشركة كثيراً على برنامج (Wimax) بوصفة بوابة لتطوير الأداء الرقابي ورفع كفاءة الموارد البشرية وتطوير آليات العمل الرقابي .

3. استطاعت الشركة خـلال السـنوات القليلة الماضية مـن تطوير نظام المشتريات عن طريق استخدام الحاسوب وشبكات الإنترنت والـذي عن طريق ذلك تتمكن إدارة قسم المشتريات من التنبؤ بحجم السوق والطلب والإيـرادات المتوقعـة كمـا استطاعت الشركة خـلال هـذه السـنوات أيضـاً مـن تطـوير نظـام السـيطرة علـى خـزين الأدوات الاحتياطية وبناءه على الأسس العلميـة الحديثـة والعالميـة ممـا يـوفر فعالية وملائمة أكبر للعمليـة الرقابيـة مـن أسـاليب الرقابـة التقليدية السابقة والتي اعتمدت على الفحص الروتينـي اليـدوي للتأكـد مـن المعلومات التي تقوم الشركات الأجنبية بتزويدها .

4. تقوم الشركة حالياً ببناء قاعدة بيانات محوسبة شاملة لجميع الأقسام الوظيفية كالمالية والإنتاج والمشتريات والمبيعات والمخازن والتخطيط والسيطرة على النوعية تشتمل على معلومات حديثة ودقيقة ومتكاملة عن المجهزين والمصدرين والمستهلكين وجميع الأفراد والجهات ذات العلاقة التي تتعامل معهم الشركة بهدف تقديم المعلومات والبيانات المطلوبة بالدقة والسرعة المطلوبة . تشكل هذه القاعدة مرجعاً لكافة الموظفين والجهات ذات العلاقة . تمتاز قاعدة البيانات المحوسبة بأنها تقوم بمساعدة موظفي قسم التنظيم والإنتاجية في الشركة بدءاً من تصميم النماذج وجمع البيانات مروراً بإعداد البرنامج الإلكتروني الخاص بها وانتهاء بإدخال البيانات وتحليلها وإصدار التقارير . وتعد الماسحات الضوئية من المستلزمات المهمة التي وفرتها الشركة لتطوير الأوراق والمستندات وتخزينها ضمن قاعدة البيانات المحوسبة .

5. بدأت الشركة بتوفير خدمة إعداد التقارير إلكترونياً ضمن خطة متكاملة أطلقتها الشركة لتعزيز الاعتماد على خدمات الحاسوب والإنترنت اختصاراً للجهد والوقت على محاسبي التكاليف . حيث سيكون بإمكان محاسبي التكاليف استلام المعلومات من الأقسام الأخرى إلكترونياً من جهاز الحاسب الآلي حيث ستمنحهم هذه الخدمة سهولة ومرونة في استلام المعلومات مباشرة من هذا الجهاز . إن الخدمات الإلكترونية التي بدأت الشركة بإتاحتها لموظفي قسم التكاليف هي وليدة إستراتيجية وخطة وضعتها الشركة لتنظيم الاستفادة من الحاسوب والإنترنت والإسهام في تعزيز الاعتماد على الطرق الإلكترونية لتلبية احتياجات الإجراءات المتعلقة بإعداد التقارير الإدارية .

6. أعلنت الشركة عن الانتهاء من مشروع للسيطرة على التكاليف المعتمد على الحلول البرمجية والمبني على تقنيات مايكرو سوفت لصناعة حلول الإدارة المالية . يهدف هذا المشروع إلى تحسين التدفق المعلوماتي والتعاون بين أقسام المشتريات والإنتاج والمخزون وقسم محاسبة التكاليف فضلاً عن تحويل عملية احتساب التكاليف وإعداد التقارير المالية والتكاليفية من عملية يدوية إلى نظام إلكتروني أوتوماتيكي يعمل عند الطلب .

إن هذه الحلول البرمجية ستمكن الشركة من تعزيز قدرات موظفيها في أقسام التكاليف والمشتريات والإنتاج وتواصلهم بشكل أفضل لتساعدهم على تقديم المزيد من القيمة والفائدة في أعمالهم وإطلاق طاقاتهم الكامنة .

إن النظام الجديد سيمنح الموظفين في هذه الأقسام قوة واعتمادية ومعيارية أعلى أثناء تحسين عملية التعاون واتخاذ القرارات وستسهل لهم عملية تسجيل وترحيل وتبويب فقرات التكاليف أثناء احتساب التكاليف لأغراض التسعير والرقابة الإدارية .

إن هذا النظام سيؤدي إلى تعظيم العوائد التي تحققها الشركة من عملياتها الإلكترونية الرقمية وإلى تخفيض التكاليف الإنتاجية إلى أدنى حد ممكن وضمان إعداد التقارير التكاليفية بأعلى جودة وبدون تأخير .

الهيكل التنظيمي :

يرأس الشركة مدير عام يكون مسؤولاً عن متابعة انجاز الخطة السنوية للشركة وعن صنع القرارات التي تتعلق بالمسائل الفنية والسياسة التجارية .

تقسم الشركة إلى سبعة أقسام هي :

1. القسم المالي : يقوم بإعداد التقرير السنوي عـن الوضـع المـالي والتجاري للشركة. يكون القسم مسؤولاً عن التـدفقات الماليـة وعـن جمـع وتنظيم بيانـات ورواتب الموظفين والعـمال . يرفع تقارير شهرية إلى المدير العام .

2. تختص مراقبة المخازن بمسك السجلات اللازمة لإتمـام الرقابـة عـلى المخازن واستخراج البيانات الإحصائية اللازمة لحساب المخزون. ويقوم القسم بتحديد الحدود المقررة لتخزين المواد ومتابعة أرصدة المخزون وإعداد المخزون وإعداد التقارير الدوريـة عـن الأصناف الراكدة والتالفة .

3. يقوم قسم المشتريات بإعداد أوامر الشراء بعـد اختيـار العـرض الأفضل، وكذلك يقوم بالإشراف والرقابة على تنفيذ إجراءات الشراء . يرفع تقارير دورية إلى المدير العام .

4. قسم التخطيط : يقوم بتنظيم وإعداد خطط العمل وتطوير المعايير التي تساعد في انجاز خطة الإنتاج وحساب طاقات الإنتـاج والسعـة الإنتاجية . ترفع تقارير دورية إلى المدير العام .

5. قسم التنظيم والإنتاجية : إن أهم واجبات هـذا القسم هـو إعـادة النظر بالهيكـل تنظيمـي للشركة وتقيـيم كفـاءة نظم المعلومـات الحالية وإعداد تقارير دورية للمدير العـام بهـذا الخصـوص بهـدف النهوض بمستوى أداء وكفاءة الأقسام المختلفة في الشركة .

6. **قسم السيطرة على النوعية** : إن المسؤولية الرئيسية للقسم هو الإشراف على الفحوصات التي تقوم بها المختبرات على نوعية المواد الأولية والبضائع الجاهزة والبضائع نصف المصنوعة وتقوم المختبرات بإعداد تقارير شهرية ورفعها إلى مدير القسم وإلى الإدارة العليا .

7. يقوم قسم مراقبة المخازن بإعداد تقارير شهرية عن المخزون بالكمية والقيمة وعن أصناف المواد المستوردة والتي توضح الحد الأدنى والحد الأعلى لكل صنف . ترسل هذه التقارير إلى المدير العام وإلى شعبة السيطرة على الخزين وإلى شعبة السيطرة على الإنتاج .

8. **قسم المبيعات** : إن مسؤولية القسم هو معالجة القضايا التي تتعلق ببيع البضاعة وشحنها وكذلك المسائل المتعلقة بطلبيات المستهلك وظروف السوق . يقوم بإعداد تقارير شهرية عن حجم المبيعات وعن المشاكل والمعوقات التي تواجه القسم ومقترحات حلها وترفع التقارير إلى المدير العام ومدير القسم . يقوم رؤساء الأقسام بإعداد تقارير شهرية وفصلية وسنوية عن التقدم الذي يحصل في انجاز خطط الشركة ، وترفع هذه التقارير إلى المدير العام واللجنة الاستشارية .

إجراءات الشراء في شركة الشرق العربي للنسيج الصوفي :

(انظر الشكل 24-1)

1. تبدأ هذه الإجراءات في قسم المشتريات عند وصول تخويل الشراء من قسم مراقبة المخازن، حيث يقوم القسم بتحديد كمية الشراء اعتماداً على الخبرة الشخصية وحسب حاجة الشركة من المواد .

2. يقوم قسم المبيعات بالتعاون مع قسم السيطرة على النوعية بتحديد مواصفات المواد الأولية والمساعدة .

3. يقوم قسم المشتريات بإعداد طلب تخويل الشراء بعدة نسخ ترسل إلى أقسام مراقبة المخازن والتخطيط والسيطرة على النوعية بهدف الإطلاع والدراسة وتحفظ نسخة في قسم المشتريات للرجوع إليها وقت الحاجة.

4. يتم استلام عروض المجهزين بواسطة مدير المشتريات الذي يقوم بدوره باختيار مصدر الشراء المناسب والعرض الأفضل بعد دراسة الشروط المقدمة من قبل المجهزين كالسعر الأوطأ والنوعية الأفضل وشروط الدفع والشحن الأخفض .

5. يقوم قسم مراقبة المخازن بمتابعة تنفيذ إجراءات الشراء اعتماداً على البيانات المتوفرة في السجلات المهيئة لهذا الغرض .

6. يقوم الموظفون في قسم المشتريات بإجراءات الإخراج الضرورية للبضاعة من الجمارك والتأكد من النوعية والكمية وسلامة المواد المستوردة من العيوب والأضرار .

7. تقوم لجنة الفحص التي تشكل من موظفين عن أقسام المشتريات والسيطرة على النوعية ومراقبة المخزون بفحص المواد المستلمة لغرض التأكد من تطابقها للمواصفات والكمية المتفق عليها مع المجهزين .

8. يقوم قسم المشتريات بإعداد تقارير شهرية عن انحراف أسعار الشراء التي تبين القيمة المحلية للمشتريات خلال الشهر وكذلك القيمة التقديرية لها . ترسل هذه التقارير إلى المدير العام ورئيس قسم المشتريات وإلى شعب التكاليف والمحاسبة الإدارية والمحاسبة الإلكترونية .

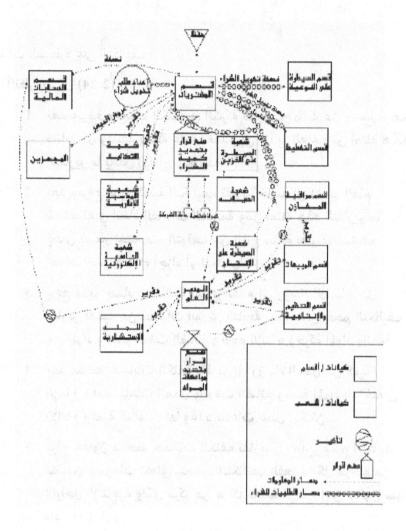

الشكل (24-1) يوضح إجراءات الشراء في شركة الشرق العربي للنسيج الصوفي .

إجراءات السيطرة على التكاليف :

(انظر الشكل (2-24) .

1. **يعد ويرفع محاسب الكلفة في الشركة تقارير إجمالية عن جميع أوجه نشاط كل وظيفة بصفة عامة . تقدم إلى المدير العام ومن أمثلة هذه التقارير ما يخص الإنتاج وتكاليفه .**
2. **يعد ويرفع مدير شعبة التكاليف تقارير خاصة إلى المدير العام لمساعدته في اتخاذ القرارات السليمة ومن أمثلة هذه التقارير ما يخص تسعير المنتجات، التوقف عن إنتاج سلعة معينة، تصنيف أصناف جديدة شراء أجزاء أو تصنيفها .**
3. **يرفع مدير حسابات الكلفة تقارير تقدم إلى رؤساء الأقسام مثل تقارير فصلية عن فعاليات الورش التابعة لهم، وتبين حجم التكاليف من المواد وحجم الوقت الضائع وحجم الإنتاج وحركة المواد والعمل .**
4. **يعد ملاحظ حسابات الكلفة تقارير إلى رؤساء العمل عن كمية الإنتاج وعدد ساعات العمل والوقت الضائع وكمية المواد الداخلة في الإنتاج وكمية التالف منها وعدد ساعات عطل المكائن .**
5. **يرفع معاون ملاحظ حسابات الكلفة تقارير إلى مدير قسم التكاليف تتضمن معلومات تتعلق بتحديد التكاليف الفعلية لكل مرحلة من المراحل الإنتاجية ولكل مركز من مراكز تكلفة الإنتاج التي تتكون منها هذه المراحل .**

6. يرفع محاسب التكاليف إلى المدير العام التقارير التالية :

أ. تقارير عن كلفة الإنتاج وانحرافات التكاليف .

ب. تقارير عن المركز المالي للشركة .

7. يرفع محاسب التكاليف إلى مدير القسم الفني التقارير التالية :

أ. تقارير عن مراقبة أوامر العمل .

ب. تقارير عن استغلال المكائن .

ج. تقارير عن مصاريف الصيانة .

د. تقارير عن السيطرة على المخزون .

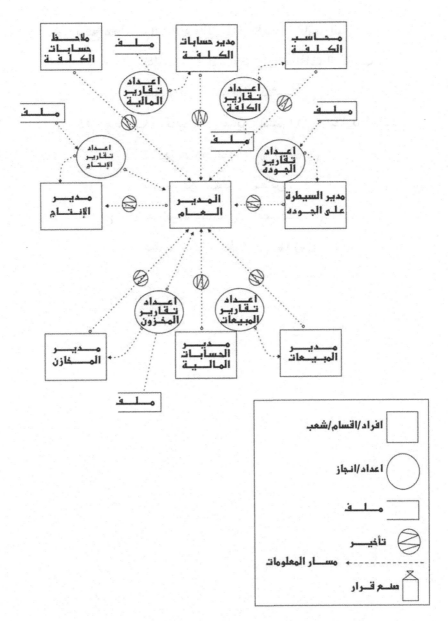

الشكل (24-2) يوضح إجراءات السيطرة على التكاليف .

الفصل الخامس والعشرين
الشركة العربية لصناعة الجلود

بعد دراستك لهذا الفصل تستطيع أن:

1. تعرف أهم معوقات تطوير نظام المشتريات المعمول بـه حالياً في الشركة .

2. تعرف البنية المعلوماتية المتقدمة التي تبنتها الشركة لتطوير نظام مشترياتها الحالي وطبيعة الدعم الذي تقدمه تقنية المعلومات لها .

3. تعرف فوائد أتمتة نظام المشتريات الحالي في الشركة .

4. تحديد المنافع التي حققتها الشركة من وراء استخدام مجموعة متكاملة من حلول إدارة الأعمال التي تساهم في تنظيم وأتمتة الأعمال الخاصة بالمشتريات والإدارة المالية .

5. تعرف فوائد الهيكل التنظيمي للشركة وأهميته في تحديد واجبات وصلاحيات ومسؤوليات الأقسام الوظيفية والإنتاجية في الشركة .

6. تبين من خلال المخططات البيانية لسير العمليات كيف يمكن أن تساهم في تصوير إجراءات الشراء في الشركة وتوضيح الدورات المستندية المحاسبية والإنتاجية .

الشركة العربية لصناعة الجلود

نبذة تاريخية :

تأسست الشركة العربية لصناعة الجلود عام 1970م بهدف إنتاج الأحذية الجلدية والبلاستيكية ذات الجودة العالية للرجال والنساء والأطفال وفي بداية إنشاءها قامت الشركة بإنتاج كمية محدودة من الأحذية الجلدية .

وبعد ثمان سنوات في 1978م وسعت الشركة طاقة إنتاج مصانعها لكي تلبي الطلب المتزايد على منتجاتها من الأحذية الجلدية والبلاستيكية في السوق المحلي .

بدأ الإنتاج في فترة التأسيس عام 1970 بـ 500 عامل ومستخدم موزعين على ثلاثة مصانع . هذا وقد ارتفع العدد إلى 750 عامل ومستخدم في سنة 1978م . لم تواجه الشركة في السنوات الأولى من تأسيسها صعوبة في تلبية احتياجات السوق المحلي وذلك بسبب النوعية الجيدة للأحذية وأسعار المبيعات المعقولة .

لقد استطاعت الشركة من تطوير قدرات كوادرها لتنافس بمنتجاتها الشركات العالمية في مجال صناعة الأحذية الجلدية والبلاستيكية . وفي سنة 1995م شهدت صناعة الأحذية قفزة نوعية في مجال الأحذية الجلدية والبلاستيكية لتغطية حاجة السوق المحلي وتصدير الفائض منها للأسواق العربية .

إن التطوير الأكثر أهمية الذي حصل في سوق التصدير للأحذية في فترة 1995م و 2000 م هو استبدال السلع الرخيصة من الأحذية الجلدية والبلاستيكية بأحذية من جلود مرتفعة السعر . لقد تحققت هذه التغيرات بسبب التحسين الميكانيكي الذي طرأ على خطوط الإنتاج لصنع الأحذية الجلدية والذي ساعد على رفع كمية الإنتاج بالمقارنة مع الفترات السابقة .

الخطط المستقبلية :

كانت الشركة جادة في التخلص من خطوط الإنتاج ومكائن صنع الأحذية القديمة ضمن خطتها للأعوام الخمسة بعد عام 2000 من خلال بناء مصانع متكاملة وبمواصفات عالية مجهزة بمختبرات للسيطرة على النوعية ومختبرات الحاسوب . وأشارت الشركة في هذا السياق إلى أن لديها خطط توسع في مصانعها وذلك لتلبية حاجة السوق المحلية المتزايدة ، وأكدت الشركة العربية أن عدم الاهتمام بمفاهيم إرضاء المستهلكين ومفاهيم إرضاء العميل وتكامل العملية الخدمية وغيرها من المفاهيم التسويقية الحديثة كانت سبباً في ضعف الإقبال على شراء الأحذية الجلدية ذات الجودة العالية في عام 2001 م وبعده، كما أشارت الشركة إلى أن من أبرز المعوقات أمام انخفاض حجم الطلب على منتجاتها هي ضعف نظام المشتريات المعمول به حالياً في الشركة نظراً لعدم وضوح مفهوم المشتريات وعدم الاهتمام بالعنصر البشري في مجال المشتريات وعدم توفر قنوات الاتصال المستمر بين قسم المشتريات والمدير العام لتزويدهم بالمعلومات اللازمة والضرورية وعدم تخصيص الأموال الكافية التي توجه لحوسبة إجراءات الشراء بهدف تقلص الروتين ومعالجته وتقليل مراحل ووقت الانجاز والإجراءات الروتينية لمعاملات الشراء. واستناداً إلى الشركة فإن هناك حاجة ماسة لتوعية موظفي قسم المشتريات حول أهمية وجود نظام تقارير محوسب لغرض الرقابة على كفاءة الشراء في الشركة حتى يتسنى لنظام المشتريات الحالي أن ينمو ويتطور بشكل أفضل. إن نظام المشتريات المعمول به حالياً في الشركة لم يصل بعد إلى المستوى المطلوب من حيث التطور المطلوب ويعزى ذلك بصفة أساسية إلى ما يلي :

1. ضعف أنظمة الرقابة المستخدمة على فعاليات وأساليب الشراء .

2. فقــدان التنســيق لجميــع المعلومــات وتحليلهـا بــين مــدراء الأقســام والفنيين مما يعرقل سهولة انسياب المعلومات بينهم .

3. عجز نظم المعلومات الحالية عن تقديم المعلومات المطلوبة إلى المدير العام المتعلقة بالتغيرات التي تطرأ علـى المخزون للاسترشاد بهـا في صنع القرارات المهمة مما سبب تراكم المخزون مـن المـواد في المخـازن وزيادة التكاليف .

4. لم تصمم نظم رقابة على المشتريات أساساً لخدمة إدارة المشتريات ولم تعتمد هذه النظم على البيانات الصحيحة والدقيقـة لـذلك أصبحت غير مناسبة وغير مفهومة لدى المدراء .

5. لا تقـدم نظـم المعلومـات الحاليـة معلومـات كافيـة وصـحيحة عـن المجهزين و الأسعار حتى يمكن عن طريقها اختصـار إجراءات الشراء والاستفادة منها في تحديد الأسعار واختيار أفضلها وتحديـد سياسـة الشراء واختيار الوقت المناسب لشراء الكميات المطلوبة للشركة .

تطويع التكنولوجيا لتطوير نظم المعلومات الحالية وتحسين خدماتها :

1. إن الشركة ومنذ تأسيسها سعت للوقوف على احتياجات الزبائن من جميع فئـات المجتمع مـن حيـث تـوفير أحدث التقنيـات العالميـة وبأسعار تتناسب مع الأوضاع الاقتصادية للزبائن في كافة الشرائح .

إن الشركة تدرس بصورة معمقة وباستمرار أوضاع السوق المرتبطة بالأوضاع الاقتصادية ومستوى معيشة الزبائن والتحولات المصاحبة للنمط الاستهلاكي لديهم وبناء على هذه الدراسات تقوم الشركة بتطوير نظم المعلومات للمشتريات لتلائم مع هذه التغيرات .

فضلاً عن ذلك إنه ونتيجة تطور الأعمال في الشركة ظهرت الحاجة لأتمتة النظم الحالية وتحديثها وتطوير طرق وإجراءات العمل فيها وإعادة تأهيل وتدريب الموظفين محلياً وخارجياً .

وقد تبنت الشركة بنية معلوماتية متقدمة لتطوير النظم الحالية واستخدمت مجموعة من تقنيات الدعم الأساسية مثل الوظائف اللاسلكية وشبكات التخزين وبروتوكول الإنترنت .

2. تقوم الشركة حالياً بحوسبة نظام مشترياتها الحالي وذلك لتحقيق الأهداف التالية :

أ. توفير المعلومات المتعلقة بالشراء إلى المدير العام بتوقيت سليم ومناسب وبالسرعة المطلوبة .

ب. وضع دورة مستندية كاملة لعمليات الشراء من بدايتها حتى نهايتها تستطيع أن تربط أقسام المشتريات والمخازن والتكاليف وذلك بهدف مراجعة أرصدة المخازن قبل الشراء لتلافي انخفاض أو ارتفاع نسبة المخزون .

ت. تحسين وسائل جمع وتسجيل وتخزين وترتيب المعلومات لكي تستطيع أن تضع تحت تصرف مدراء المشتريات في الوقت المناسب نوع وكمية المعلومات الواجب دراستها عند اتخاذ

قرار معين أو التخطيط لأعمال معينة أو تقييم نتائج الأعمال المتعلقة بالشراء.

ث. تبسيط إجراءات الشراء الحالية وتقليص الدورة المستخدمة لها وتنظيم خطوات العمل وذلك بتقليل التكرار والازدواجية وضياع الوقت والتأخير .

3.   إن الشركة بصدد إجراءات تغييرات هيكلية في نظام العمليات حيث ستركز بشكل أكبر على منتجاتها ذات العلاقة بشبكة الإنترنت .

إن هذه الإستراتيجية جاءت لتعمل جاهدة على التغلب على نقاط الضعف والمعوقات التي تواجه الشركة وكان للإدارة بمختلف مستوياتها دور فعال ومؤثر في صياغتها .

لقد بدأت الشركة بميكنة الأقسام الوظيفية ووضعت أولوية للمحاسبة والإنتاج والمشتريات طبقاً لظروف كل قسم . إن ميكنة الإدارة تتم بالتعاون مع مركز معلومات الشركة وشراكة من برنامج الأمم المتحدة الإنمائي وتتم الميكنة بالتنسيق مع الشركات الأجنبية المعنية بهذه الخدمات ومن المقرر أن يتم انجاز المرحلة الأولى خلال عام على أن يتم تعميم الميكنة على باقي الأقسام للشركة كالمبيعات والسيطرة على الإنتاج في العام التالي .

وفضلاً عن ذلك فقد تم استكمال حوسبة النظام المالي الخاص بالشركة، وكذلك في نية الشركة إدخال الخدمات الإلكترونية وربطها على موقع الشركة على الإنترنت.

من هذه الخدمات خدمة الاستفسار عن الذمم المالية الخاصة بالمجهزين الذين يعملون مع الشركة، وذلك من منطلق تبسيط الإجراءات وبما يتوافق مع رؤية الشركة المتمثلة بالوصول إلى أرفع الخدمات المتميزة للمستفيدين من خدمتها .

4. إن الشركة تأمل تحـديث وتطـوير شبكتها الإلكترونيـة الحاليـة عـن طريق ربـط جميـع المواقـع الرئيسية في المركز الرئيسي- ومصانعها المختلفـة بشبكة الأليـاف الضوئية وذلك بهدف تقديم أفضل الخدمات للإدارة بمختلف مستوياتها وللموظفين والفنين .

الهيكل التنظيمي :

يرأس الشركة مدير عام مسؤول عن انجاز خطـة الإنتـاج السنوية والواجبـات المالية .

يصنع المدير العام القرارات التكتيكية والقرارات التي تتعلق بمسائل السياسة التجارية .

تقسم الشركة إلى سبع أقسام هي المبيعات، المشتريات، الإنتاج، السيطرة على النوعية، المحاسبة (التنظيم والإنتاجية) والسيطرة على الخزين .

1. تقوم المصانع التابعة للشركة برفع التقارير الدوريـة شهرياً وفصلياً إلى المدير العام عن طريق قسـم الإنتاج . يـتم توقيـع التقـارير مـن قبـل مـدراء المصانع وترسل إلى مدير الإنتاج للإطـلاع واتخـاذ الإجراءات اللازمة .

2. إن من الواجبات الرئيسة لقسم المحاسبة هو إعداد التقارير الماليـة والسنوية والميزانيـات والتكـاليف. ويقـوم قسـم المشتريات بتـوفير المعلومات المتعلقة بالشراء إلى المدير العـام، ومتابعـة ومراقبـة الـدورة المستندية الكاملة لعمليـة الشراء مـن بـدايتها حتـى نهايتهـا، ودراسـة الانقطاعات والاختناقات التي تحصل من عمليـة تجهيـز المـواد الأوليـة والأدوات الإحتياطة .

3. إن الواجب الرئيسي لقسم السيطرة على النوعية فحص وتدقيق المواد الأولية والبضائع التامة الصنع في مختبرات متخصصة تابعة للقسم وترفع تقارير دورية بهذا الخصوص إلى المدير العام ورئيس القسم .

4. أما قسم المبيعات فهو مسؤول عن أنشطة الإعلان والترويج والتلبية الفورية لطلبيات الشراء والاحتفاظ بخزين عال ومتنوع من المنتجات ورفع تقارير دورية إلى المدير العام .

5. إن قسم الإنتاج هو المسؤول عن المعالجة المتكاملة لجميع فعاليات حركة المواد الأولية والمواد تحت الصنع في المصانع وإعداد التفاصيل والمواصفات الفنية للمنتجات. ويقوم القسم بإعداد التقارير عن السيطرة على الإنتاج، والسيطرة على الخزين والصيانة ويتم رفعها بصفة دورية إلى المدير العام ومدير الإنتاج لاتخاذ القرارات الرشيدة .

6. أما الأهداف الرئيسية لقسم التنظيم والإنتاجية هي :

- تطوير خطط لتحسين كفاءة إجراءات العمل وسير المعاملات وخطط ملفات الشركة .

- تطوير الإجراءات والطرق لأقسام الشركة المختلفة .

- تشخيص مواطن نقاط الضعف ونقاط الاختناق في جميع أقسام الشركة الإنتاجية والخدمية بهدف وضع الحلول المناسبة . يرفع تقارير دورية إلى المدير العام .

7. قسم السيطرة على الخزين : يقوم بدراسة سير المعلومات وإجراءات العمل للسيطرة على الخزين من المواد لغرض تحديد مجالات التحسين

فيها وتنظيم الخزين في المخازن . ويرفع تقارير شهرية إلى المدير العام ويستلم تقارير دورية من المخازن المختلفة في الشركة . وتتضمن التقارير المعلومات بالمواد الناقصة والمعرضة للنفاذ وبيانات عن التغيرات التي تطرأ على مدة الانتظار للمواد الرئيسية وبيانات عن التالف من المواد .

ومن الجدير بالذكر بأنه يمكن الاستفادة من هذه التقارير لأغراض الرقابة الدورية وذلك عن طريق قيام رئيس القسم بمقارنة البيانات التي تظهر فيها مع تقارير السنوات السابقة .

إجراءات الشراء :

(لاحظ الشكل 25-1) .

1. يتم تحديد كمية المواد الأولية المراد شراؤها من قبل قسم الإنتاج عن طريق استخدام الطرق العلمية واعتماداً على الخبرة الشخصية .

2. إن مهمة تحديد مواصفات المواد الأولية المراد شراؤها يتم من قبل مدير قسم السيطرة على المخازن .

3. يقوم قسم المشتريات بإعداد استمارة تخويل الشراء بعدة نسخ توزع على أقسام السيطرة على الخزين والمحاسبة والإنتاج والسيطرة على النوعية ويتم الموافقة على تخويل الشراء من قبل المدير العام .

4. يتم استلام عروض المجهزين بواسطة مدير المشتريات الذي يقوم بدوره في اختيار مصدر الشراء المناسب والعرض الأفضل بعد دراسة الشروط المقدمة من المجهزين حسب العوامل التالية :

أ. أوطأ العروض سعرا .

ب. أفضل العروض نوعية .

ت. أفضل شروط الشحن والتسليم .

ث. أفضل شروط الدفع .

5. يقــوم قســم المشـتريات بإعـداد أمـر الشـراء بعـد اختيـار العـرض الأفضل حيث يعتبر هذا بمثابة عقد رسـمي لقبـول الشركة بشـراء المواد التي سبق عرضها المجهز بالسعر والمواصفات الفنية وشروط الدفع والشحن. تستلم الأقسام التالية نسخ مـن أوامر الشـراء، المبيعات، السيطرة على الخـزين، المحاسبة، الإنتاج . كـما ترسل نسخ من أمر الشراء إلى قسم الإخراج وشركة النقل .

6. يقوم قسم الإنتاج بالإشراف والرقابة على تنفيـذ إجراءات الشـراء اعتماداً على البيانات المتوفرة في السجلات المهيئة لهذا الغرض .

7. يقوم قسم السيطرة على الخزين بإجراءات الاسـتلام والتأكـد مـن النوعية والكمية وسلامة المواد من العيوب أو الأضرار .

8. يقوم قسم السيطرة على النوعية بفحص المـواد المسـتلمة لغـرض التأكد من مطابقتها للمواصفات المتفق عليها مع المجهزين .

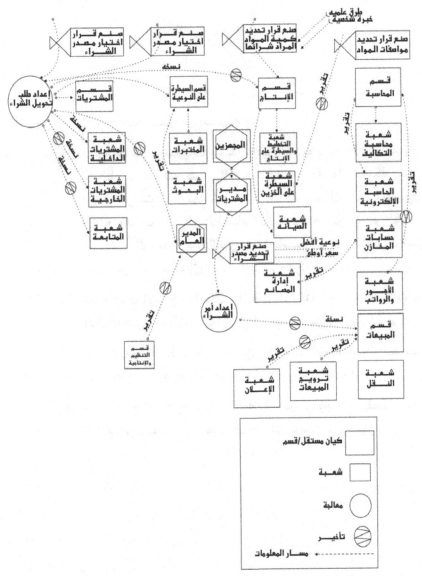

يبين الشكل (25-1) إجراءات الشراء في الشركة .

وصف نظام التكاليف في الشركة :

1. تحتفظ الشركة بدفتر لليومية العامة ودفتر للأستاذ العام الـذي يشـتمل عـلى حسـابات مراقبـة المـواد والعمـل والمصـاريف غـير المباشرة ومراقبة مصاريف التسويق والمصروفات الإدارية ومراقبـة البضاعة تحت الصنع ومراقبة البضاعة الجاهزة وكذلك حسـابات المطلوبات والموجودات . واستناداً على هذه الدفاتر تقـوم الشركة بإعداد الحسابات الختامية .

2. تتبع الشـركة طريقـة تكاليـف المراحـل، وتقـوم بإعـداد تكاليف محددة مقدماً لعناصر كلفة كل المنتجات وذلك كمؤشر ودليل لمقارنة الأسعار البيعية ولكي تستعمل في حسابات كلفة المبيعات المحـددة مقـدماً بهـدف مقارنتهـا مـع أرقـام الحسـابات الماليـة والدورية .

3. تقوم الشركة بإعداد حساباتها المالية تحت ظل النظام المحاسبي الموحد المطبق حالياً . تتضمن هذه الحسابات الدوريـة عمليـات قفل الحسابات وإجراء التسـويات الضرـورية للتخـزين والبضاعة الجـاهزة والمصـاريف المسـتحقة والمصـاريف المدفوعـة مقـدماً والاندثار .

4. إن نظام التكاليف المعمول به حالياً في الشركة بسـيط وتقليـدي وفي بداية تكوينـه العلمـي وتتبع الشركة الأسلوب التـاريخي في احتساب التكاليف وتنـدمج حسـاباتها التكاليفيـة مـع الحسـابات الماليـة وتسـتخدم مجموعـة واحـدة مـن السـجلات والمسـتندات والقوائم .

5. إن الوظائف الرئيسية لقسم التكاليف في الشركة هـي تسجيل وترحيل فقرات التكاليف والسيطرة على التلف ومقارنة التكاليف مع تكاليف الفترات السابقة .

مساوئ النظام التكاليفي :

1. إن تكاليف الإنتاج التاريخيـة التـي تستخرجها الشركة مـع مـا تتضمنه من انحرافات غير دقيقة تصبح مؤشراً أو دليلاً غير ملائماً للتسعير وللرقابة على عناصر التكاليف .

2. لا يوجد هناك نظام متكامل للتقارير وتحليل الانحرافات فيها .

3. تأخر الأقسام المختلفة في إعطاء قسم التكاليف التقارير والبيانات المطلوبة في الوقت المطلوب وبالجدية المطلوبـة ممـا يـؤدي إلى تأخر قسم التكاليف في إعداد ورفع التقارير إلى الإدارة في وقتها المحدد .

4. عدم مناسبة التقارير المعدة من قبل قسم التكاليف لاحتياجـات الإدارة وذلك للأسباب التالية :

(أ) إنها مصممة بشكل غير ملائم مما جعل رؤسـاء الأقسـام يهملون تلـك التقارير لأنها لم تعبر عـن مطـالبهم أو احتياجاتهم .

(ب) عـدم مناسبة مضمون وتفاصيل التقـارير لاحتياجـات المشتريات الإدارية.

(ج) افتقارها إلى الدقة والسرعة في الإعداد .

(د) اخـتلاف طبيعـة التقـارير ومحتوياتهـا ووقـت تقـديمها وكيفية تداولها .

(هـ) إن بعض التقارير تحتوي على بيانات غير دقيقة تؤدي إلى اتخاذ قرارات غير سليمة .

5. إن تصميم سجلات التكاليف في الشركة لم يخدم الأغراض الأساسية لنظام التكاليف المتمثل في تحديد كلفة الإنتاج والرقابة الإدارية واكتشاف الانحرافات في عناصر الكلفة .

6. إن أسعار منتجات الشركة تحددها لجان خاصة بناء على دراسة التكاليف كل مادة منتجة . وعلى ضوء التقارير التي تقدمها الشركة عن تكاليف منتجاتها الفعلية، إلا أن المشكلة الكامنة التي ينعكس تأثيرها على تحديد الأسعار هو أن التكاليف لم يتم على أساس علمي أو بناء على دراسة شاملة ورقابة دقيقة على عناصر التكاليف .

متطلبات نجاح النظام التكاليفي :

1. ضرورة إعادة النظر في الوظائف التي تقوم بها أقسام التكاليف .

2. يقتضي ـ تطوير الحسابات التقليدية المعروفة لكي تصبح أداة هامة لخدمة الإدارة في اتخاذ القرارات المتعلقة بالتخطيط والرقابة .

3. ضرورة اهتمام المدراء بالمعلومات الواردة من قسم التكاليف كما يجب مناقشتها لهذه المعلومات بهدف التعرف على تفاصيل المشاكل والانحرافات الحاصلة ومحاولة الاختيار من بين البدائل المتوافرة لمعالجة هذه المشاكل .

4. ضرورة توفر الوعي التكاليفي بين العاملين في الشركة على اختلاف مستوياتهم وذلك بهدف تذليل العقبة التي تعرقل الاستفادة من حسابات الكلفة المتواجدة .

5. الواقع أن هناك القليل من الاطمئنان على اتخاذ الشركة للبيانات التاريخية للسنوات سابقة كأساس للمقارنة وكمصدر للبيانات التي تساعد المدير العام في التخطيط والرقابة على التكاليف . إذ أن أسلوب المقارنة مع قيم تاريخية مجردة محدودة الفائدة نظراً لاختلاف الظروف الحالية عن تلك التي كانت سائدة في السنوات السابقة، إذ قد تتغير أساليب الإنتاج أو حجمه أو نوعيته .

إن مقارنة التكاليف الفعلية مع تكاليف تاريخية سابقة لا تكون معبرة عن الأداء والانجازات الصحيحة المرضية لأن التكاليف التاريخية تعكس تكاليف فترة زمنية قد انتهت ومن ثم يتعذر على المدير العام اتخاذ الإجراءات التصحيحية الفعالة في الأوقات المناسبة .

وهنا يجب التوصية بضرورة الاستعانة بأرقام تقديرية للتكاليف باعتبارها أساس أفضل للمقارنة لأنها تمثل ما ستكون عليه التكاليف قبل البدء بعملية الإنتاج أي أنها تمثل أداء مخطط في ضوء ظروف مرتقية .

الفصل السادس والعشرين
شركة عشتار للمنتجات الورقية

بعد دراستك لهذا الفصل تستطيع أن:

1. تذكر أبرز المشكلات التي واجهت الشركة عام 1995 .

2. تبين الإجراءات التي اتخذتها الإدارة والاستراتيجيات التي وضعتها لإنقاذ الشركة من الانهيار عن طريق معالجة المشاكل التي ساهمت في تراجع إنتاجها من المنتجات الورقية .

3. توضح أهداف مجموعة الحلول المتكاملة والبرمجيات الجاهزة التي وضعتها الشركة ضمن استراتيجياتها المستقبلية.

4. توضح مبررات قيام الشركة بدعم وتعزيز قدرة ودور قسم التنظيم والإنتاجية .

5. تبين أهمية استخدام نظام معلومات المبيعات المحوسب للمدراء ورؤساء الأقسام في الشركة .

6. تعرف أهمية استخدام المخططات البيانية لسير العمليات في تصوير إجراءات العمل المتعلقة بالمشتريات وتحديد العلاقات التي تربط فيما بين نظام المشتريات والنظم المختلفة في الشركة .

شركة عشتار للمنتجات الورقية

نبذة تاريخية :

تأسست الشركة عام 1985م برأس مال قدره 8 مليون دينار لتزويد السوق المحلية بمعظم احتياجاته من الورق الصحي والمناديل Tissues وورق التواليت Paper towels المتميزة بدرجة النوعية العالية وخفة الورق ونوع التكنولوجيا المستخدمة والسعر الجيد . أما الأسواق الأخرى فإنها موجودة وفرص التواجد فيها كبيرة بسبب النوعية الجيدة للمنتجات وانخفاض إنتاجها .

إن الشركة حققت خلال السنوات بعد تأسيسها أرباحاً كبيرة وقد سعت للدخول مع شركاء إستراتيجيين في شراكة إستراتيجية حقيقية لإضافة نوعية للشركة من حيث قدرة الشركة على تقديم منتجات مميزة وتحسين خدماتها كماً ونوعاً .

تتطلع شركة عشتار إلى الاستمرار في تقديم المنتجات المتميزة لعملائها وتطويرها وتعزيز مكانتها في السوق المحلية التي ترسخت خلال فترة قياسية من ممارستها لصناعة وإنتاج الورق عالي الجودة .

إن الشركة التي دخلت السوق المحلية عام (1985) لتزويد المستهلكين والتجار الموزعين بالمنتجات الورقية عالية الجودة أخذت بعين الاعتبار احتياجات ومتطلبات السوق المحلية مما دعا الشركة للتوسع فيها من خلال توفير خطوط إضافية من المنتجات الورقية لإنتاج كافة أنواع ورق الطباعة والتغليف والكرتون، وتتنوع منتجات الشركة لتشمل منتجات الورق غير المصقول والمصقول والمنتجات العالية الجودة التي تشمل المناديل الورقية والورق الخاص والكرتون المكرر وورق القرطاسية والطباعة بالإضافة إلى الأوراق اللازمة للمكاتب. وتقوم الشركة بتصنيع منتجاتها الورقية طبقاً للمواصفات العالمية .

في عام 1995 م تراجع إنتاج الشركة من المنتجات الورقية وأن العديد من العوامل ساهمت في تراجع الإنتاج ومن أهمها ما يلي :

1. خدمات ضعيفة . إن أحد أسباب تدهور نوعية الخدمات التي تقدمها الشركة يعود إلى مستوى الأفراد الذين توظفهم الشركة وليس هناك ما يكفي من العناصر الجديدة .

2. ضعف نظام التقارير الحالي . لم يستطع نظام التقارير باعتباره أداة للرقابة الفعالة في تلبية احتياجات صناع القرار وإمدادهم بالبيانات المطلوبة في الوقت والمكان المناسبين .

3. عدم دقة المعلومات التي تقدم إلى الإدارة لذلك لا يؤخذ بها لتصحيح الانحرافات، والبطء في تجهيز المعلومات لصانع القرار لذلك لا يعتمد عليها في اتخاذ القرارات بالإضافة إلى تكرار وازدواجية المعلومات المستلمة من قبل المدراء بمختلف مستوياتهم الوظيفية .

وليس من شك أن جانباً كبيراً من المصاعب التي تلاقيها الشركة يرجع في الدرجة الأولى إلى تجاهل أهمية المبيعات وعدم الاهتمام بتطبيق النواحي العلمية في دراستها والسيطرة على إجراءاتها وكان من نتيجة ذلك أن اضمحلت وظيفة المبيعات وأصبحت عاجزة عن مسايرة نمو باقي الفعاليات الإنتاجية وتبع ذلك مواجهة هذه الشركة العديد من المشاكل التسويقية .

خطة عمل الشركة المستقبلية :

وضعت الشركة ضمن إستراتيجياتها المستقبلية خطط تهدف إلى معالجة المشاكل التي ساهمت في تراجع إنتاجها من المنتجات الورقية من خلال دراسة أوضاع الشركة الحالية ووضع صيغ لآلية جديدة هدفها تطوير نظم المعلومات الحالي . لقد قامت الشركة بما يلي :

1. إنشاء نظام التخطيط للموارد الصناعية ونظام للمحاسبة وهو نوع من البرمجيات الجاهزة التي تتضمن تطبيقات مثل جدولة الإنتاج والمشتريات وتخطيط متطلبات المواد . لقد ساعد تطبيق هذه البرمجيات تحقيق الرقابة على المبيعات والخزين والنشاط المالي .

2. دعم وتعزيز قدرة ودور قسم التنظيم والإنتاجية في الشركة كبيت خبرة في مجال تطوير نظم المعلومات المعمول به حالياً وتوفير رقابة على إجراءات العمل في الأقسام المختلفة للنهوض بمستوى أدائها بالإضافة إلى وضع نظم معلومات إدارية محوسبة تساعد الوحدات التنظيمية في التخطيط والرقابة .

3. وتخطط الشركة إلى الاعتماد على تطبيقات نظم محوسبة للمعلومات التسويقية والمبيعات في المستقبل القريب وذلك بدلاً عن النظم اليدوية التي تستحوذ اليوم على الحصة الأكبر على عمليات المبيعات والتسويق، وعلى قنوات التوزيع المختلفة لمنتجات الشركة وإن تعميم استخدام النظم المحوسبة سيوفر الوقت والجهد والتوزيع وسيضمن للعملاء والزبائن توافر جميع منتجات الشركة في أي وقت لدى جميع نقاط البيع التي توزع الشركة من خلالها .

إن استخدام نظام معلومات المبيعات المحوسب سيتيح للمدير العام ورؤساء الأقسام الدخول إلى المواقع الإلكترونية على شبكة الإنترنت الخاص بمعلومات الشركة والإطلاع على أسواق المواد الأولية والتعرف على بدائل جديدة للمواد المستعملة في التصنيع والتنبؤ بالمبيعات والتعرف على الطلب وتلبيته والتعرف على المجهزين وشروطهم في التجهيز .

إن استخدام البرامج والحلول الجاهزة يوفر المزايا التالية :

أ. يستطيع رؤساء الأقسام والموظفين الاستفادة من قدراتهم إلى أقصى الحدود عن طريق استخدام البرامج والحلول التكنولوجية الجاهزة .

ب. يستطيع الموظفون في قسم المحاسبة تزويد المدراء بمعلومات آنية ودقيقة عن الفواتير والشحن والمنتجات والإجابة عن أسئلة الزبون. كما يوفر النظام فاعلية وملائمة وسيطرة كاملة على الوظائف المالية وخدمات الزبائن .

ت. يستطيع الموظفون في قسم الإنتاج والشعب الإنتاجية الوصول مباشرة للمعلومات التي قد يحتاجون إليها عن المنتجات والطلبيات وذلك عن طريق استخدام حواسيب الشركة الشخصية التي تكون مرتبطة بحاسوب الشركة المركزي .

ث. يساعد البرنامج الجاهز الفنيين والمشرفين والمدراء على التواصل مع جميع أجهزة الحاسوب والوصول المستمر إلى المعلومات المتعلقة بطلبات الزبائن بهدف تلبيتها بصورة سريعة .

1. تطبيق عملية ربط إلكتروني بين الأقسام المختلفة لكي يوفر الجهد والوقت وتقلل نسبة حدوث الأخطاء وتقلص الهدر المادي وتسهيل انجاز المعاملات .

2. استخدام الإنترنت بحيث يصبح متاحاً لأكبر عدد ممكن من الموظفين وكذلك تطوير الشبكات السلكية واللاسلكية والمعلوماتية وذلك بهدف تعزيز قدرات الشركة وتنمية مهارات الموظفين في تكنولوجيا الاتصالات والمعلومات .

3. إنشاء وتفعيل نظام معلوماتي شامل ومحوسب عن طريق استخدام شبكة حاسوبية تربط المعامل مع المركز الرئيسي للشركة في مسعى لتسهيل وتسريع تبادل المعلومات وانجاز العمل .

إن إعادة هيكلة الشركة ستمكنها من تلبية الاحتياجات المتنافسة لعملائها والتي يتوقع بأن تحقق الهيكلة الجديدة نمواً متسارعاً للشركة والتي ستدفع الشركة بعجلة تطويرها وتحديثها .

أولاً : ونظراً لتوفير الإمكانيات الفنية لدى مختبرات الفحص المعتمدة والمواصفات القياسية والقواعد الفنية المحلية، تقوم الشركة بالإجراءات التالية :

(أ)   الاتفاق مع البلد المنشأ لإخضاع البضاعة المستوردة للتفتيش والفحص من قبل الشركة المصدرة .

(ب)   يقوم مدير النوعية في الشركة بجمع عينات من أي مادة يشك فيها لدى المصانع وإرسالها للفحص لدى مختبرات الشركة بحيث لا يترتب على الشركة أية التزامات مالية في حال نجاح العينة فيما سيتحمل التكاليف في عدم نجاحها وسحبها من الأسواق واتخاذ الإجراءات القانونية اللازمة .

تتطلع الشركة للانتهاء من استكمال أتمتة عمليات الشركة وربط مصانعها بالمراكز الجمركية إلكترونياً بهدف الإسراع في انجاز المعاملات الجمركية للشركة .

قامت الشركة بتنفيذ خطط عديدة لإعادة هيكلة نظام السيطرة على النوعية الحالي وتحديثه وأصبح يستخدم الوسائل التقنية ليقدم أفضل المنتجات للزبائن .

ثانياً : اتخذت الشركة خطوات سريعة لميكنة قسم الإدارة المالية وقد استطاعت من تحقيق نجاحاً ملموساً في إدارة البريد الصادر والوارد للقسم إلكترونياً حيث قامت شركة ايستارتا للحلول البرمجية بتعديل وتوظيف نظام مراسلات وبوابة انترنت ليستفيد من التسجيل المبسط والمسح الإلكتروني لكل من البريد الصادر والوارد وخيار تتبع مكان الوثائق وخيارات البحث المباشر، والإدارة

السهلة للحفظ والأرشفة، إن نظام الميكنة سيساعد القسم على تقليل وقت الاستجابة والحد من الإجراءات المكررة في التنفيذ وتحسين الإجراءات الداخلة .

إجراءات الشراء :

(لاحظ الشكل 26-1).

1. يستلم مدير المشتريات طلبات الشراء الخارجية ويقوم بإجراء اللازم بشأن تصديقها واختيار الأسلوب المناسب للشراء .

2. يقوم مدير المشتريات بالاتصال بالمجهزين وتلقى العروض منهم .

3. يقوم مدير المشتريات بإعداد أوامر الشراء والإشراف على أعداد العقود مع المجهزين بعد القيام بعملية تقييم شاملة ودقيقة للعروض المستلمة واختيار الأفضل والأكثر ملائمة للأهداف الموضوعة .

4. يقوم رئيس ملاحظي المشتريات بمراجعة طلبات الشراء من حيث الكميات والمواصفات والتأكد من أقيامها الإجمالية في حدود المبالغ المعتمدة في ميزانية الشركة .

5. يقوم رئيس ملاحظي المشتريات باستلام العطاءات والعروض والإشراف على تفريغها في جداول خاصة .

6. يقوم ملاحظ المشتريات باستلام طلبات الشراء (تخويل الشراء) المعدة من قبل أقسام الشركة وتسجيلها وعرضها على مسؤول قسم المشتريات .

7. يقوم ملاحظ المشتريات بمتابعة التجهيز من واقع سجلات طلبات الشراء والتأكد من التنفيذ في المواعيد المحددة لها .

8. يقوم كاتب المشتريات بتسجيل أوامر الشراء وتوزيع النسخ على الأقسام المعنية وحفظ النسخ الخاصة بقسم المشتريات في ملفات منتظمة وبطريقة تسهل الرجوع إليها عند الحاجة .

9. يقوم معاون ملاحظ المشتريات بمتابعة إجراءات الاستيراد والجمارك والإخراج.
10. يقوم معاون ملاحظ المشتريات بوضع مواصفات المواد ودراسة العطاءات .
11. يقوم الملاحظ بمتابعة إجراءات الشراء ومتابعة عملية النقل .
12. يقوم قسم المشتريات بإعداد تقارير شهرية ترفع إلى المدير العام يبين فيها كفاءة الأداء لعمليات الشراء للسنوات الحالية والسنوات السابقة وذلك بهدف تقييم نتائج أعمال المشتريات . ترسل نسخ منها إلى رؤساء الأقسام .
13. يقوم قسم المشتريات بإعداد تقارير شهرية يرفعها إلى المدير العام يبين فيها الكميات المطلوبة للإنتاج، وخزين آخر مدة، والكمية الواجب شراؤها وصافي كلفة المشتريات . ترسل نسخ منه إلى مدير قسم السيطرة على الخزين . ومدير قسم السيطرة على الإنتاج وإلى مدير قسم المصانع في الشركة .
14. يرفع قسم المخازن تقارير تحتوي على معلومات تساعد الإدارة على متابعة الأرصدة الموجودة في المخزن ومتوسط المصروف ورقم آخر طلبية وتاريخها وسعرها والقسم المجهز .
15. يرفع قسم المخازن تقارير يزود الإدارة بمؤشرات تشير إلى نقاط الضعف أو الخطر الذي قد يهدد المنشأة، كزيادة التكاليف/ عدم كفاءة جهاز المشتريات، نفاذ الخزين (تقارير رقابية ومتابعة الأداء).
16. يعد ويرفع مدير قسم المخازن تقارير تزود الإدارة بمعلومات ترشدهم على تخطيط وتنفيذ ومتبعة أعمال القسم وقياس كفاءة الأداء .

17. يعـد مـدير المشتريات تقاريـر تـزود الإدارة بمعلومـات تسـاعد في تحديد الاحتياجـات مـن المـواد مـن حيـث إمكان شراءهـا ومـدى توفرها في السوق وتوفر وسائل نقلها وكـل مـا يـؤثر علـى توفيرها/ دراسات العطاءات والعروض وتحليلها ومقارنتها من حيـث السعر والمواصفات/ اختيـار المجهزين والتفـاوض معهـم للحصـول علـى أحسن الشروط والأسعار .

18. يقوم مدير المشتريات بمتابعة إجراءات الشراء للتأكد مـن وصول أوامر الشراء إلى المجهزين .

19. تقوم الشركة بـإجراءات الرقابـة الصارمة علـى المـواد الأوليـة عـن طريق أخذ عينات ممثلـة مـن هـذه المـواد عنـد وصولها للمراكـز الجمركيـة مـن قبـل منـدوبي الشـركة، ليصـار إلى إرسال العينـات للفحص في المختبرات المعتمدة لـدى الشركة للتأكد مـن أن نتائج الفحوصات مطابقة للمواصفات القياسية .

إجراءات نظام السيطرة على المخزون :

1. يقوم الحاسوب بإعـداد تقاريـر إلى قسـم المشـتريات بالمواد التي مضى على عدم تحركها مدة طويلة من الزمن وذلك لعرضها علـى الجهـات الفنيـة، والمـواد التـي نفـذ رصيـدها مـن مخازن المنشـأة والمواد التي تكون معرضة للتلف بسرعة أكثر من غيرها .

2. يعـد تقرير يخطر مدير المشتريات عن موعد وصول المواد المستلمة من قبل قسم الاستلام إلى مخازن المنشـأة لكي تتخذ الإجراءات اللازمة لتهيئة المكان اللازم لحفظها .

3. يعـد تقاريـر توفـر البيانـات الضـروريـة لمـدراء المشـتريات عـن أوجـه النشـاط المختلفة وتقييم أداء أقسام المشتريات عـن طريـق مقارنـة الأداء الفعلي مع معايير الأداء .

4. يعد تقارير توفر البيانات الضرورية للتخطيط والرقابة .

5. إعداد التقارير ويرفعها إلى الإدارة في الوقت المناسب للاستفادة منها عن طريق اكتشاف الانحرافات وتصحيحها في الوقت الملائم.

6. إعداد تقارير شهرية عن انحراف الشراء التي تبين القيمة الفعلية للمشتريات خلال الشهر وكذلك القيمة التقديرية لها وتفيد بمتابعة خطة المشتريات .

7. إعداد تقارير عن حركة المخزون بالكمية والقيمة عن أصناف المواد المستوردة والتي توضح الحد الأدنى والحد الأعلى لكل صنف .

8. إعداد تقارير شهرية تزود الإدارة بمعلومات عن أرقام وبيانات إحصائية عن التذبذبات التي تطرأ على أسعار المواد الرئيسية/ موجز عن التغيرات التي تطرأ على مدة الانتظار للمواد الرئيسة/ قائمة بالمواد الناقصة والمعرضة للنفاذ .

9. إعداد تقارير عن توقعات القسم بخصوص كمية المواد المطلوبة ومدى إمكانية الحصول عليها في الوقت المناسب وبالنوعيات المناسبة وذلك بهدف السيطرة على تكاليف شراءها .

10. بيانات عن عدد أوامر الشراء الصادرة وعدد الفواتير وطرق تحليلها.

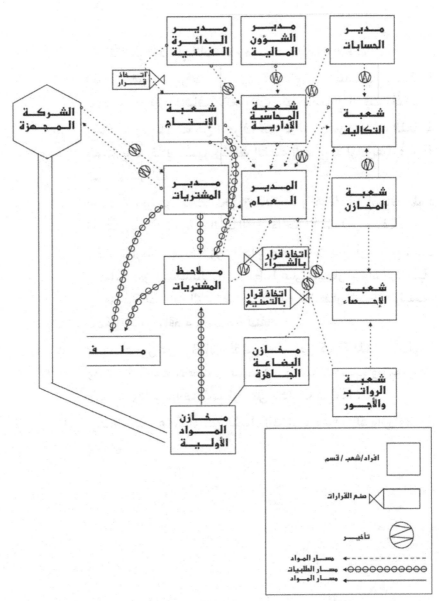

يوضح الشكل (26-1) إجراءات الشراء للمنتجات الورقية .

الفصل السابع والعشرين
شركة مصانع الرياض لإنتاج التبغ والسجائر

بعد دراستك لهذا الفصل تستطيع أن:

1. تشخيص بدقة المشاكل والصعوبات التي واجهتها الشركة خلال السنوات الماضية .

2. تحدد المشاريع التي نفذتها الشركة بهدف توفير السلع والخدمات التي تلبي حاجات وتوقعات المستهلك من حيث السعر والجودة والكمية .

3. تعرف المشاكل الرئيسية التي يعاني منها نظام السيطرة على المخزون في الشركة .

4. تبين تأثير استخدام الحلول والخدمات المتكاملة في النهوض بأداء نظام السيطرة على المخزون في الشركة .

5. تحدد طبيعة الدور الذي يقوم به نظام المعلومات المحاسبية التي باشرت الشركة بتطبيقه في دعم عملية صنع القرارات الإستراتيجية الهامة .

6. تعد مخططات تدفق البيانات ليوضح العمليات والإجراءات لنظام السيطرة على الخزين وليصور سير المعلومات في النظم المختلفة في الشركة .

7. تقوم بإعداد الرسومات البيانية وخرائط تدفق البيانات لتصوير الدورات المستندية المتعلقة بنظام المشتريات في الشركة .

شركة مصانع الرياض لإنتاج التبغ والجائر .

نبذة تاريخية :

تأسست الشركة في عام 1983 كشركة مساهمة عامة محدودة برأسمال قدره ثلاثة ملايين دولار بهدف إنتاج التبغ والسجائر بجميع أصنافه وأشكاله للغايات الاستهلاكية المحلية في الأسواق المحلية والخارجية.

يبلغ عدد موظفي الشركة (255) موظفاً في نهاية عام (2004) مقابل (195) موظفاً في العام (2001) حيث حصل تغير بسيط في الكادر البشري سواء الإداريين أو الفنيين من العمال وذلك بسبب التطور الملحوظ الذي حصل في أعمال الشركة خلال السنوات الثلاث .

إن حجم مبيعات الشركة في العام 2004 مقارنة مع العام 2001 قد سجل ارتفاعاً بنسبة مقدارها 1.81% حيث بلغ 12 مليون دولا مقابل 11.8 مليون دولار في عام 2001 .

ويشير بيان الدخول المرحلي للشركة إلى أن مجموع مبيعات الشركة في نهاية 2005 مقارنة مع السنوات السابقة قد سجل انخفاضاً ملحوظاً للأسباب التالية :

1. تعاني الشركة من المنافسة الشديدة خاصة من السجائر المستوردة من الأسواق الأوروبية والأمريكية حيث الكميات متوفرة والأسعار رخيصة . وقد تأثرت مصانع الشركة بأثر المنافسة الضارة التي أدت إلى البيع بخسارة في كثير من الأحيان .

لقد اتخذت الشركة خطوات رئيسية لمعالجة هذه المشكلة على النحو التالي :

أ. العمل على تنويع منتجاتها وإضافة أصناف جديدة ذات جودة إنتاج عالية توازي المستويات العالمية .

ب. العمل على تخفيض كلفة الإنتاج لتتمكن من الصمود .

2. تعاني الشركة أيضاً من كثرة عدد المصانع المنتجة للتبغ والسجائر في الدول المجاورة القريبة بشكل خاص فيما يخفض كلفة الشحن للسجائر المستوردة منها .

3. تعاني الشركة من الظروف الاقتصادية غير المستقرة والتي شهدتها المنطقة خلال السنوات الماضية .

الخطط المستقبلية للشركة :

تولي إدارة الشركة اهتماماً خاصاً بخطط عملها المستقبلية للارتقاء بمستواها الإنتاجي .

لقد نفّذت الشركة عدداً من المشاريع والمبادرات التي من شأنها توفير سلع وخدمات تلبي حاجات وتوقعات المستهلك من حيث السعر والجودة والكمية وذلك عن طريق ما يلي :

1. إن الشركة أنهت الدراسات الفنية والمالية ودراسة الجدوى لمشروع إنشاء مصنع جديد لإنتاج التبغ قرب موقع الشركة والذي سيزود بأحدث خطوط الإنتاج لرفع الطاقة الإنتاجية بنسبة 25% عما كانت عليها سابقاً .

2. العمل على توسيع مصانع الشركة الحالية من حيث الإنشاءات لتصل إلى ضعف المساحة الحالية وذلك بهدف استيعاب الزيادة في الطاقة الإنتاجية المخطط لها تلبية لحجم المبيعات المتوقع في المستقبل .

3. نفذت الشركة خطة تطوير وتحديث لخطوط الإنتاج بهدف مضاعفة حجم الإنتاج من خلال استغلال الطاقة الإنتاجية وتحسين نوعية الإنتاج وفق معايير الجودة وتيسير عمليات الإنتاج من خلال تسريع وتسهيل عمل الآلات وتقليل ساعات الأعطال.

وصف نظام السيطرة على المخزون :

النظم الحالية في الشركة يدوية وضعيفة وقد أنعكس ذلك على حجم الخسارة التي تحملتها الشركة بسبب الكميات الكبيرة من المواد المكدسة في مخازن الشركة والمبالغ الطائلة المجمدة في شكل رأس مال مستثمر في مخزون راكد يتطلب تكاليف مخزنية عالية . إن أهم أسباب خسارة الشركة يعود إلى الآتي :

أ.   إهمال ضبط كميات المخزون من المواد .

ب. عدم وجود خطة تتخذ الإجراءات الملائمة لتوفير المواد بالكمية والنوعية المطلوبة وفي نفس الوقت

ج. افتقار الشركة للمعلومات الإحصائية الضرورية في تعقيب إجراءات الشراء وتقييم أنجاز العاملين في المخازن .

د. ضعف سير إجراءات الشراء المعقدة تؤدي إلى تكبيد الشركة في كثير من الأحيان خسائر جسيمة نتيجة تطبيق الإجراءات التي

ليس لها مبررات الأمر الذي يؤدي إلى عدم إمكانية التخليص الجمركي على المواد المستوردة وما ينتج عنه من دفع بدلات أرضيات للجمارك وتعطيل خطوط الإنتاج وبالتالي تأخر الشركة عن تسليم منتجاتها بالوقت المحدد إلى الزبائن مما يؤدي إلى خسارتها للأسواق التي تتعامل معها .

هـ إن نظام السيطرة على الخزين الحالي قديم وبحاجة إلى تطوير وتجديد لتواكب التطورات وتجنيب الموظفين السلبيات التي تقع عليهم نتيجة ضعف النظام. إن البطء الذي يعاني منه تدفق معلومات المخزون نتيجة الاستمرار بالتعامل بالإجراءات اليدوية بسبب كثير من الأخطاء في التسجيل والترحيل للمعلومات . إن أتمتة النظام لم تعد تحتمل التأخير في ظل النشاط الكبير في هذا النظام الحيوي .

المشاكل الرئيسة التي تواجه الشركة :

1. تفتقر الشركة إلى قسم يقوم بمراقبة المستويات للمخزون وتزويد أقسام المشتريات بالبيانات عن التغيرات التي تطرأ على كمية المواد في المخازن .

2. تقوم الشركة بحساب كميات وحدود الطلب لكل مادة من المواد بصورة ارتجالية إما اعتماداً على خبرة العاملين في المخازن وإما باستخدام قواعد عامة تطبّق على جميع الأصناف ونظراً لأن عدد الأصناف المخزونة في الشركة كبير جداً فإن الاعتماد على خبرة العاملين في تحديد حد الطلب وكميته لكل صنف أمر صعب . إن

استخدام قواعد عامة لتحديد هذه الكميات لجميع الأصناف يـؤدي إلى تجاهل خصائص كل صنف مـن حيـث زمـن التجهيـز والتغيـر في معـدل الطلـب كـما أن هـذه القواعـد تطبـق دون حسـاب دقيـق لمعدلات الاستهلاك بل بتقدير شخص لها .

3. عدم الدقة في شراء احتياجات الشركة وشراءها أصنافاً ليسـت في حاجة إليها أو بكميات تزيـد عـن حاجتهـا مـما يـؤدي إلى ركودها وتكدسـها في المخازن وذلـك لعـدم وجـود خطة تتخـذ الإجـراءات الملائمة لتوفير المواد بالكمية والنوعية المطلوبة وفي الوقت المناسب .

4. لم يستطيع نظام التقارير في الشركة باعتباره أداة للرقابـة الفعالـة في تلبيـة احتياجـات المسئولين في قسـم السـيطرة عـلى المخـزون وإمدادهم بالبيانات المطلوبة في الوقت والمكان المناسبين . إذ تعجـز كثير من هـذه التقـارير في توفير البيانـات الضرورية للمـدراء عـن أوجه النشاط المختلفة وتقييم أداء القسم عن طريـق مقارنـة الأداء الفعلي مع معايير الأداء .

5. عدم كفاية نظام التقارير في تـوفير البيانـات الضـرورية للتخطيـط والرقابة لذلك فإن كثير مـن القرارات الخاصة بـالمخزون وبالشـراء تتوقف في كثير من الحالات عـلى خـبرة ومهـارة بعـض المسـئولين في الشركة .

6. بطء إعداد التقارير وعدم رفعها للإدارة في الوقت المناسب للاستفادة منها عن طريق اكتشاف الانحرافات وتصحيحها في الوقت الملائم .

7. لا تقوم الشركة بإعداد تقارير عن حركة المخزون بالكمية والقيمة عن أصناف المواد المستوردة والتي توضح الحد الأدنى والحد لأعلى لكل صنف. كان هناك ثغرات واضحة من قبل الشركة حول موضوع شمولية وحرية انسياب المعلومات بشكل فوري للمدراء ورؤساء الأقسام. وهذا يعني ليس فقط شفافية وحجم المعلومات المفصح عنها لصانع القرارات بل يضاف إليها جودة ونوعية وملائمة وتوقيت هذه المعلومات.

التحول الرقمي :

قامت الشركة بنقل التكنولوجيا لمواكبة نمو الطلب على التبغ والسجائر. لقد بدأت الشركة بإدخال وسائل التكنولوجيا الرقمية الحديثة وذلك عن طريق تنفيذ أكبر خدمة مشاريع لتطوير استخدامات الحاسوب في مختلف مناحي عمل أقسامها والمصانع التابعة لها.

إن هذه المشاريع التطويرية تهدف في المحصلة النهائية إلى تقديم الخدمات للزبائن من خلال شبكة الحاسوب وتسريع عملية الاتصال الداخلي ما بين الموظفين والمصانع المختلفة عبر شبكة الحاسوب الداخلية.

إن عمليات التطوير مستمرة على موقع الشركة الإلكتروني الذي بات يشكل إحدى النوافذ المهمة للزبون للوصول إلى المعلومة وإجراء الاتصال مع مختلف الأقسام والمصانع بالإضافة إلى إجراء بعض المعاملات عبر شبكة الحاسوب من خلال الموقع الإلكتروني للشركة.

أطلقت الشركة خدمة إلكترونية جديدة على موقعها الإلكتروني على شبكة الإنترنت تتمثل هذه الخدمة بإمكانية إطلاع المدراء على المعلومات التي تتعلق بفقرات التكاليف وتقديرات كلف المنتجات إضافة إلى معرفة تقارير الإنتاج والمشتريات والمبيعات وحركة المخزون التي يحتاجها المدير لكي يتمكن من الاستفادة من هذه التقارير في صنع القرار التي يدخل في مجال عمله . وبهذا تكون الشركة السباقة في إطلاق هذه الخدمات الإلكترونية حيث أطلقت منذ فترة خدماتها الإلكترونية المتعلقة بالاستفسار عن مقدار التلف والتبذير في القوى الإنتاجية بهدف اكتشاف المشاكل والانحرافات الحاصلة بالإضافة إلى إمكانية إطلاع المدير العام ورؤساء الأقسام المختلفة في الشركة على المعلومات التي تظهر في الحاسوب والتي تتعلق بتحليل المبيعات وتقييم الأداء وكمية وقيمة المشتريات من مواد مباشرة للإنتاج وحركة المواد المخزنية وعدد الوحدات التالفة ومقارنتها بالمعدل المحدّد للتلف الطبيعي . ويستطيع مدراء المصانع التابعة للشركة الاستفادة من هذه الخدمة عن طريق الاتصال مع المدير العام للحصول على كلمة المرور اللازمة لاستخدام هذه الخدمة .

أطلقت الشركة برنامج لأرشفة وإدارة رسائل البريد الإلكتروني وذلك كجزء من خدمة لإدارة والتعامل مع تخزين البيانات في الشركة . يوفر البرنامج حلاً متكاملاً لإدارة وأرشفة رسائل البريد الإلكتروني في الشركة والرسائل الفورية بالإضافة إلى البيانات الموجودة في قواعد البيانات حيث تمكن هذه الحلول العملاء وبشكل منخفض التكاليف من الحصول على المعلومات المطلوبة .

يقوم نظام المعلومات المحاسبية التي باشرت تطبيقه الشركة على تحويل المعلومات المحاسبية والمخزنية والورقية التقليدية إلى الرقمية ومن ثم تخزينها على الأقراص الممغنطة وربط البيانات الكتابية بعناصر المعلومات الرقمية مما يمكن

مستخدم النظـام مـن المـدراء والمـوظفين في الاستعلام عـن كافـة المعلومـات المحاسبية والمخزنية بسهولة وسرعة وبكفاءة وقدرة عالية .

إجراءات نظم السيطرة على الخزين في الشركة :

(لاحظ الشكل 27-1) .

1. يشرف مدير المخازن على جميع أعمال المخـازن ويراقب تنفيـذ أحكام الأنظمة والتعليمات الخاصة بالحفظ والتصنيف والاستلام .

2. يضع مدير المخازن نظام لمراقبة المخازن والمواد المخزونة لاكتشاف أي تلف أو عجز قبل حدوثه .

3. يتابع مـدير المخـازن أرصـدة المخـازن ويتصل بمأموري المخـازن للإطلاع على أرصدة المواد التي وصلت الحد الأدنى لاتخاذ مـا يلـزم بشأنها .

4. يقوم مدير المخازن بمراقبة موجودات المخازن واتخاذ ما يلزم بشأن المواد الراكدة والتي لا فائدة من بقائها في المخازن .

5. يقم رئيس ملاحظي المخازن بالاتصال المبـاشر بمـدير المشتريات والتنسيق مع قسم المشتريات بغرض توفير احتياجـات الشركة مـن المواد والاحتفاظ بالمستويات المناسبة لخزين كل صنف فيها .

6. يشرف رئيس ملاحظي المخازن علـى صرف المـواد مـن المخـازن إلى باقي الأقسام في الشركة حسب طلباتها .

7. يقوم المهندس الكيماوي بمراقبة ودراسة مواصفات المواد المطلوبة .

8. يشـرف مـدير المخـازن علـى صرف المـواد في المخـازن إلى المصانع حسب طلباتها .

9. يقوم مدير المخازن بمتابعة أرصدة المخازن والاتصال المستمر

بمأموري المخازن للإطلاع على أرصدة المواد التي وصلت الحد الأدنى لاتخاذ ما يلزم بشأنها .

10. يقوم مدير المخازن بمراقبة موجودات المخازن واتخاذ ما يلزم بشأن المواد الراكدة والتي لا فائدة من بقائها في المخازن .

11. يقوم مدير المخازن بالتنسيق مع إدارة المخازن في تحقيق أفضل توازن بين المواد المخزونة ومعدل استهلاكها لتأمين عدم نفاذها عند الحاجة إليها .

12. يعد قسم المخازن تقارير شهرية ترفع إلى المدير العام تبين حركة المخزون بالكمية والقيمة عن الأصناف المستوردة والأصناف الرئيسية في المواد المحلية ويوضح به الحد الأعلى والحد الأدنى لكل صنف .

13. يعد قسم المخازن تقارير شهرية ترسل إلى قسم المشتريات تبين فيها انحرافات المواد المستهلكة بالكمية وبيانات عن الكمية التقديرية .

14. يقدم قسم المخازن جداول إلى قسم المشتريات بالمواد التي مضى على عدم تحريكها مدة طويلة من الزمن وذلك لعرضها على الجهات الفنية .

15. يعد قسم المخازن تقارير فصلية تزود مدير العام بمعلومات تتعلق بمعالجة نواحي معينة كتقييم الأداء وقياس كفاءة قسم المخازن ومقدار التقدم الذي طرأ على الخطط والمشاريع الموضوعة .

16. يعد قسم المشتريات تقارير شهرية إلى المدير العام تتعلق بالمواد والأساليب الفنية لخفض الكلفة عن طريق السيطرة على التخزين وعلى تذبذبات الأسعار .

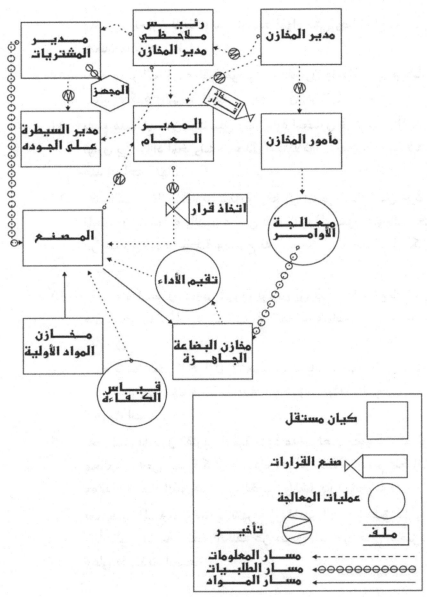

يبين الشكل (27-1) إجراءات السيطرة على الخزين لشركة مصانع الرياض .

إجراءات الشراء في شركة مصانع الرياض :

انظر الشكل (27-2) .

1. يستلم مدير المشتريات طلبات الشراء الداخلية والخارجية وإجراء اللازم بشأن تقديمها واختيار الأسلوب المناسب للشراء.

2. يفحص رئيس ملاحظي المشتريات طلبات الشراء من حيث المواصفات والكميات والتأكد من أقيامها الإجمالية في حدود المبالغ المعتمدة في ميزانية المنشأة .

3. يقوم ملاحظ المشتريات بتنفيذ جميع إجراءات الشراء الضرورية لتوفير المواد المطلوبة ومتابعتها ومسك السجلات الخاصة بها .

4. يطلب ملاحظ المشتريات العروض والأسعار من الشركات والمجهزين الأجانب .

5. يقوم كاتب المشتريات بتلقي العروض المقدمة من قبل المجهزين لغرض دراستها والبث فيها بعد عملية تقييم شاملة ودقيقة للعروض المستلمة واختيار الأفضل والأكثر ملائمة للأهداف الموضوعة .

6. يعد ملاحظ المشتريات أوامر الشراء والعقود مع المجهزين وتصديقها وعمل الإجراءات اللازمة لفتح الاعتمادات بعد التأكد من توفر التخصصات المالية لها وتوزع النسخ على الأقسام المعنية حسب التعليمات وحفظ النسخ الخاصة بالقسم .

7. يعـد ملاحـظ المشـتريات التقاريـر حـول مـدى التـزام المجهـزين بتنفيذ العقود حسب الشروط المتفق عليها .

8. يعـد كاتـب المشـتريات التقاريـر المتعلقـة بتسـجيل الطلبـات والعقـود المختلفـة مـع المجهـزين الأجانـب ويرسـلها إلى مـدير المشتريات لإجراء اللازم .

9. حفظ جميع الأوراق والمستندات الخاصة بقسم المشتريات مـن قبـل كاتـب المشـتريات وكذلك جميع الإجراءات الضرورية للشـراء في ملفات منتظمة وبطريقة تسهل الرجوع إليها عند الحاجة .

10. يسـتلم مـدير المشـتريات بيانـات حـول العطـاءات والعـروض المقدمـة مـن قبـل المجهـزين ويقـوم بإصـدار أوامـر الشـراء للمجهزين الذين يتم اختيارهم وإتمام إجراءات التعاقد معهم .

11. يعد مدير المشتريات تقارير تتضمن معلومات عـن مـدى التـزام المجهزين بتنفيذ العقود حسب الشـروط المتفـق عليهـا . ترسـل النسخة الأولى للمـدير العام للإطلاع واتخـاذ مـا يلـزم وترسـل النسخ الأخرى إلى الأقسام المعنية .

12. يعـد رئيس ملاحظي المشـتريات تقاريـر متابعـة لأسـعار المـواد العالمية ومصادر تجهيزها وكذلك ما يطرأ من تغيرات على المـواد أو ما قد يستحدث من مواد بديلة يمكن الاستفادة منهـا كذلك متابعة تغييرات أسعار العملات الأجنبية لغرض الاستفادة منها عند البث في العروض .

13. يتابع ملاحظ المشتريات التجهيز من واقع سجلات طلبات الشراء والتأكد من التنفيذ في المواعيد المحددة لها .

14. يعد مدير المشتريات تقارير شهرية عـن انحـراف أسـعار الشـراء التي تبين القيمة الفعلية للمشتريات خلال الشهر وكذلك القيمة التقديرية لها، ترسل نسخة مـن التقـارير إلى المـدير العـام وإلى مدير المخازن ومدير الإنتاج، يقـوم رئيس ملاحظي المشـتريات بإعداد تقارير فصلية بأربعة نسخ تحتوي علـى بيانـات عـن توقعات قسـم المشتريات بخصوص كمية المـواد المطلوبة ومـدى إمكانية الحصول عليها في الوقت المناسب وبالنوعيـات المناسبة والأسعار المناسبة وذلك بهدف السـيطرة علـى تكـاليف شراءهـا مسبقاً ، ترسل النسخة الأولى إلى المدير العـام والنسـخة الثانيـة إلى مـدير قسم التكـاليف والنسـخة الثالثة إلى مـدير المخـازن والنسخة الرابعة إلى مدير قسم الإنتاج .

15. توفير مجموعة من التقارير في مجـال السـيطرة علـى المشتريات مثـل تقـارير السـيطرة علـى الخـزين والرقابـة علـى كفـاءة المشتريات.

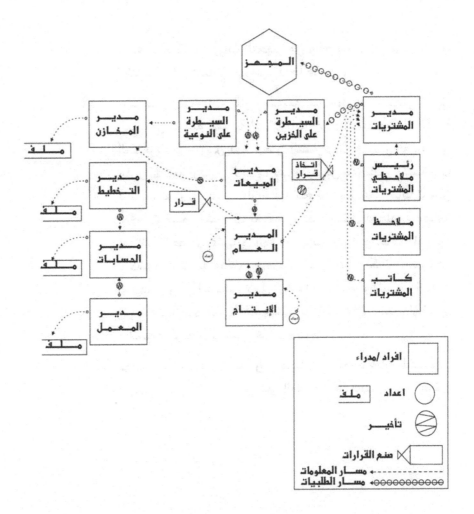

يوضح الشكل (27-2) إجراءات الشراء في مصانع الرياض .

الفصل الثامن والعشرين
شركة النهضة لصناعة الأسمنت

بعد دراستك لهذا الفصل تستطيع أن:

1. تعرف أهم الأسباب التي عرقلت مساعي الشركة في تحديـد حجـم الطلب على الأسمنت بصورة صحيحة .

2. تعرف أهم المنجزات التي أثـرت عـلى نجـاح الشركة في السـنوات الأولى من تأسيسها .

3. تشـخيص مـواطن الضـعف ونقـاط الاختنـاق في نظـام معلومـات المشتريات المعمول بها حالياً في الشركة .

4. تحدد الأعمال التي ستقوم بهـا الشركة لمعالجـة الضـعف في نظـام معلومات المشتريات الحالي .

5. تبـين الفوائـد التي سـتحققها الشركة مـن إنشـاء وتفعيـل نظـام معلوماتي شامل ومحوسب للسيطرة على المشتريات .

6. تشرح إجراءات العمل لنظم المعلومات الإدارية في الشركة .

7. تقوم بإعداد مخططات بيانية لسـير المعلومـات لتصوير الـدورات المستندية للإجراءات المحاسبية والإنتاجية والتسويقية والفنية .

شركة النهضة لصناعة الإسمنت

نبذة تاريخية :

تـم تأسيس شركـة النهضـة في عـام 1998 بهـدف إنتـاج الإسـمنت الاعتيـادي والأسمنت المقاوم للأملاح . لقد تأسست الشركة أثر انـدماج ثـلاث شركـات أهليـة صغيرة وأصبحت تمتلك مصنعاً جديداً بتقنيـة عاليـة وعـدد كبير مـن نقاط البيـع المنتشرة خارج حدود الشركة. لقد بـدأت الشركة بتصدير منتجاتها إلى الأسواق الإقليمية في عام 1999 بعد تأمين حاجة السوق لمحلي من الإسمنت .

لقد كان عام 2001 عامـاً مميـزاً مـن ناحيـة حجـم المبيعـات والأربـاح . فقـد حققت الشركة نتائج جيدة بالمقارنة مع نتائج الأعوام السـابقة. تـم تطـوير البنيـة التحتية للشركة ومعالجـة بعـض الممارسـات والإجـراءات المتشـددة والمعيقـة عـلى اختلافها من قيود واشتراطات فنية وإجراءات إدارية التي تفرض عـلى مسـتوردات الشركة من قطع الغيار لمصانعها .

من أهم المنجزات التي أثرت على نجاح الشركة هو إنجاز مشروعات لتحسين الوضع البيئي في إطار التحديات التي واجهتها الشركة من خلال تركيب فلاتر ذات قدرات عالية للحد من انبعاثات الغبار التي تؤثر على صحة العمال والتي تصدر من مصانع الإسمنت . لقد قامت الشركة بشراء وتركيب فلاتر كيسية لكي تعمل على خطوط الإنتـاج الأولى عوضـاً عـن الفلاتـر الكهربائيـة الحاليـة وذلك بهدف تخفيض انبعاثات الغبار إلى مستوى المقياس الأوروبي المسموح به في أوروبا .

المشاكل الرئيسية التي تواجه الشركة :

لقد كان عام 2003 عاماً سيئاً للشركة بسبب انخفاض حجم المبيعات بصورة مفاجئة وعزت الشركة هذا الانخفاض إلى الارتفاع الكبير الذي حصل في أسعار بيع أكياس الإسمنت . لقد وجدت الشركة بأنها لا تزال تواجه بعض التحديات من بينها الاختلالات في الطلب وذلك لعدم إعطاء الأهمية الكافية المتعلقة بالمستهلك وسلوكه ورغباته والاعتماد على التخمين والخبرة لتحديد حجم الطلب المرتقب واللذان يصبحان غير نافعين عندما تتغير الظروف . كما أن عدم وجود أدوات متطورة لتحليل البيانات وصعوبة الاتصالات بين الجهات التي تقوم بعملية التحليل كانت أهم الأسباب التي عرقلت مساعي الشركة في تحديد حجم الطلب بصورة صحيحة . وقد تسبب افتقار النظم الحالية إلى المرونة والاستجابة السريعة إلى احتياجات المدراء للمعلومات في تقليص حجم المبيعات .

وفيما يلي أهم الأسباب التي عرقلت مساعي الشركة في تحديد حجم الطلب بصورة صحيحة :

أ. إن النظم الحالية للتنبؤ عن الطلب هشة وغير مؤكدة وهذا يدل على فشل خطير في نظم المعلومات الحالية للشركة . واستناداً إلى الشركة فإن التطوير سيكون إجراءاً ضرورياً لمعالجة الضعف والعجز المتفاقم في نظم المعلومات الحالية، إن عدم كفاءة النظم الحالية يعتبر نقطة ضعف أساسية في أداء خدماتها وتمثل مشكلة هيكلية تعود جذورها إلى عدم كفاية استخدام التكنولوجيا الحديثة لتطوير وإصلاح هذا النظم. إن النظم الحالية هي عاجزة عن تزويد الإدارة بمعلومات تفيد في متابعة الأرصدة الموجودة في المخازن وعن حجم الطلبيات وعن المجهزين .

ب. إن انخفـاض مسـتوى الاسـتثمار في مجـال البنيـة التحتيـة في مصـانع الشركة أدى بشـكل متزايـد إلى تحديـد القـدرة الإنتاجيـة لهـا، وهـذا يعني أن المصانع الحالية ستحتاج إلى الاستثمار في مجـال البنيـة التحتية بهدف توسـيع القواعـد الإنتاجيـة للمصانع وتحسـين جـودة المنتجـات وإدخـال التكنولوجيـا لمواكبـة مصـانع الـدول المتقدمـة ومنافسة منتجاتها عالمياً والاهتمام ببناء القدرات البشرية مـن خـلال التدريب العلمي والعملي للجهات المختصة بالإنتاج .

التحول الرقمي :

أ. وكانت الشركة قد أعدت نهايـة عـام 2003 دراسـة جـدوى اقتصـادية لإنشـاء مصـنع متطـور هدفـه تحسـين القـدرة التنافسـية السـعرية والنوعية للمنتجات وقيام صناعة تصديرية متخصصة تحقق التكامل بين الإنتـاج والتسـويق وزيـادة الصـادرات للأسـواق الخارجيـة، وقـد طرحت الشركة فكرة إنشاء شبكة الألياف الضوئية بهدف توفير سعات وسرعات عالية للشركة لتقديم خدمات تـدمج بـين الأصـوات والصورة والإنترنت . وعن الفائدة المرجوة من إنشاء الشبكة . أكدت الشركة بأنها تتمثل بإنشاء بنى تحتية حديثة ومتطورة تتيح تقديم خدمات الاتصالات ذات جودة عالية وكلفة منخفضة .

ب. إن نظم معلومات المشتريات بوضعها الحالي بحاجة إلى تطوير شامل وفوري سواء مـن حيـث الناحيـة التكنولوجيـة أو مسـتوى الخـدمات التي تقدمها للشركة . إن تطوير هذه النظم يعد من المهـام الرئيسـية للشركة لبناء نظام حي فاعل وتطوير حقيقي . ستقوم الشركة بإعداد تأهيل النظم الحالية للمشتريات وتحديثها وتعزيزها بالتكنولوجيا

الحديثة لكي تتناسب مع متطلبات الوضع الحالي والمستقبلي . لقد استخدمت الشركة أحد الأجهزة الرقمية التي استطاعت إثبات كفاءتها الفنية وقدراتها التقنية في عالم الحاسوب . ولعل سبب نجاح هذا الجهاز في حوسبة نظم المشتريات الحالية يعود إلى سهولة استخدامه وتحديث برمجياته إضافة إلى موصفاته الجيدة وسعته التخزينية ووجدت الشركة أن هذا الجهاز يتميز بقدرته الفنية وخصائصه التقنية المتميزة حيث أنه يعمل على مساعدة الفنيين والمشرفين، ورؤساء الأقسام في الشركة للتواصل مع جميع أجهزة الشبكة . لقد اتفقت الشركة مع إحدى الشركات المحلية لشراء أجهزة حاسوب ومعدات فنية لازمة لأتمتة ملفات قسم المشتريات والقسم الفني وأرشفتها إلكترونياً بهدف تخفيف الأعباء على الموظفين وتسهيل وتسريع إجراءات العمل في هذه الأقسام . إن هذا المشروع مهم جداً لحفظ الوثائق والملفات وهو جزء من برنامج شامل لتطوير جميع نظم المعلومات في الشركة وأن فترة تنفيذ المشروع قصيرة وأن الشركة ترنو لتطوير قاعدة التكنولوجيا وتطوير قدرات الموظفين .

ج. ضمن خطتها في استخدام أفضل التقنيات التكنولوجية الحديثة، تباشر الشركة قريباً بناء قاعدة بيانات محوسبة شاملة لجميع الأقسام والشعب الإنتاجية وغير الإنتاجية لتمكينها من الحصول على معلومات حديثة ودقيقة ومتكاملة تفيد في صنع القرارات الصحيحة وتقوم الشركة من خلال مجموعة متميزة من موظفي الشركات المختصين في البرمجة والتحليل ونظم المعلومات من إعداد البرنامج الإلكتروني الخاص بقاعدة البيانات .

د. وضعت الشركة إستراتيجية لتطوير نظام إدارة الطلبيات يقوم بإدارة عمليات بيع وشراء الإسمنت عبر الإنترنت وعلى مدار الساعة مما يساهم في إحداث نقلة نوعية في أداء الشركة وازدياد حجم مبيعاتها. يوفر هذا النظام الإلكتروني للشركة القيام بعمليات البيع والشراء بمرونة كبيرة مما يساعد على توسيع قاعدة العملاء وتنظيم عمليات الطلب .

الهيكل التنظيمي :

في قمة هيكل الشركة هو المدير العام الذي يلعب الدور الرئيسي- في تكوين خطط الإنتاج والتخصيصات الرأسمالية ووضع القرارات المهمة وتطبيق الوسائل الفنية للإدارة الحديثة. ويصنع المدير العام القرارات التي تتعلق باستبدال المعدات والأجهزة وقرارات الصنع أو الشراء وقرارات تغيير مزيج الإنتاج . تجتمع اللجان الاستشارية بفترات منتظمة لمناقشة المسائل التي تتعلق بالتقدم التكنولوجي للشركة والتحديات التي تواجه البنية التحتية للطاقة الإنتاجية للمصانع .

1. إن مسؤولية قسم المشتريات هو إعداد الخطة السنوية للشراء ومتابعة تقدم إنجاز خطة الشراء ويشرف على سير المواد الأولية في المصانع ومتابعة عمليات الشراء وتنفيذها . إن قسم المصانع هو مسؤول عن إعداد التقارير والإشراف على السجلات والأضابير والأعمال الورقية العامة لمصانع الإسمنت ويقوم القسم بإعداد تقارير شهرية عن انحراف الأسعار للشراء ويرفعها للمدير العام .

2. **قسم المالية** : يقوم القسم بإعداد التقارير المالية السنوية وميزانيات الشركة ويستلم تقارير من رؤساء شعب المحاسبة الإدارية ومحاسبة التكاليف والحاسوب .

3. **قسم المبيعات** : مسؤول عن مبيعات منتجات الشركة ودراسة ظروف السوق وطلبيات المستهلكين والقيام بمسوحات مستمرة للأسواق الخارجية والداخلية، يرفع تقارير دورية إلى المدير العام يتضمن معلومات عن توقعات القسم بخصوص كمية المواد المطلوبة ومدى أولوية الحصول عليها في الوقت المناسب .

4. **القسم الفني** : مسؤول عن جدولة العمل المنجز وإصدار تعليمات العمل الضرورية . يقوم بالسيطرة على جميع فعاليات حركة المواد الأولية والمنتجات النهائية من المنشأ إلى المستهلك ويستلم تقارير من شعب التخطيط والسيطرة على الإنتاج والسيطرة على الخزين والصيانة ويقوم بإعداد تقارير تتضمن أرقام إحصائية عن التذبذبات التي تطرأ على أسعار المواد الرئيسية وترسل إلى المدير العام وقسم المشتريات .

5. **قسم المصانع** : مسؤول عن إعداد التقارير ورفعها إلى المدير العام، السيطرة على حركة المواد الأولية وتداولها في المصانع المختلفة وبرمجية عمليات الإنتاج وإدارة سير المواد والمنتجات من نقاط التجهيز إلى نقاط الطلب يقوم بإعداد تقارير عن المواد الناقصة والمعرضة للنفاذ وترسل إلى قسم المشتريات .

6. قسم التنظيم والإنتاجية :مسؤول عـن تحـديث كافـة الأقسـام ورفـد الشركة بأحدث وأدق ما توصلت إليه تكنولوجيـا الأجهـزة الحاسـوبية وذلك لتسخير كافة الإمكانات لمصلحة الشركة وعملائها ويرفع تقاريـر شهرية إلى المدير العام ورؤساء الأقسام في الشركة .

7. السيطرة على النوعية : تقوم إدارة القسم بتحدد نوعيـة ومواصـفات وخواص المواد المجهزة للمصانع والقيام بفحص نوعيـة المـواد الأوليـة والبضاعة الجاهزة بمختبرات الشركة. يرفع تقارير شـهرية وفصـلية إلى المدير العام في الشركة ويستلم تقارير دورية من مختبرات السـيطرة على النوعية .

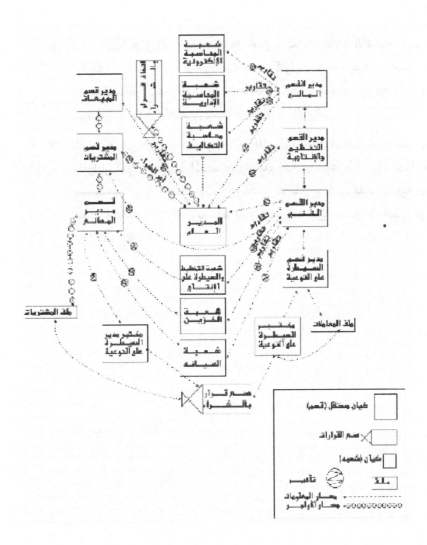

يبين الشكل (28-1) إجراءات الشراء في شركة النهضة لصناعة الإسمنت .

خطوات وإجراءات الشراء في الشركة :

لاحظ الشكل (28-1)

أولاً : تبدأ هذه الإجراءات في قسم المشتريات للمنشأة ابتداء من وصول تخويل الشراء في القسم الطالب الذي يعتبر المحرك الأساسي لعملية الشراء . وعادة ما يقوم قسم المشتريات في المنشأة بتحديد الكميات للمواد المراد شراءها وبإشراف اللجان الفنية التي تشكل من عدد من رؤساء الأقسام والفنيين .

ثانياً : أسس تحديد كميات الشراء: يتم تحديد كميات الشراء عادة استناداً على أسس مثل الخبرة الشخصية وحسب حاجة المنشأة من المواد وحسب تخصيصات الإنتاج وحسب تخطيط سنوي مسبق، ومما يجدر ذكره هنا أن كثير من الأوقات تستخدم الطرق العلمية في تحديد حاجتها من المواد وتكون الأسعار العالمية عاملاً مهماً ومساعداً في تحقيق إنجاز هذه المهمة .

ثالثاً : إن مهمة تحديد مواصفات المواد الأولية والمساعدة والأدوات الاحتياطية والرأسمالية ترجع إلى عدة جهات فنية ذلك كل حسب اختصاصها وطبيعة المادة المراد شراءها . وعموماً فإنه يتم تحديد الموصفات في كثير من الأحيان من قبل الدوائر الفنية وأقسام التخطيط والرقابة أو المخازن أو الإنتاج أو المبيعات أو الرقابة على النوعية .

رابعاً : تتفاوت مسؤولية إعداد تخويل الشراء في المنشأة وذلك للاختلاف الواضح في طبيعة العمل الذي تقوم به . وهذا يمكن القول أن عملية إعداد تخويل الشراء قد يقوم به مدراء الإنتاج أو مدراء المخازن أو مدراء المبيعات أو مدراء التخطيط والنوعية أو الدائرة الفنية أو مدراء الاستيراد .

خامساً : تستخدم أسالب متعددة تختلف باختلاف طبيعة عمل وظروف المنشأة والمدة المقررة لوصول المواد المطلوبة . فكلما كانت الحاجة إلى المواد كبيرة

والمدة المقررة قصيرة كلما كان الأسلوب المتبع يعتمد على السرعة والاتصال المباشر مع المجهز . إذ تستخدم في هذه الحالة أساليب الاتصال المباشر كالفاكس والإنترنت.

سابعاً : تقوم الشركة بإعداد أوامر الشراء بعد اختيار العرض الأفضل حيث يعتبر هذا بمثابة عقد رسمي لقبول المنشأة بشراء المواد التي سبق أن عرضها المجهز بالسعر والمواصفات الفنية وشروط الدفع والشحن .

وفي سبيل تقليل التأخيرات والتعجيل في وصول البضاعة والإسراع في الشحن تقوم الشركة بتطبيق إجراءات المتابعة، بهدف تقليص الوقت الكلي لتنفيذ إجراءات الشراء. يقوم مدير المشتريات بدراسة العروض المقدمة من المجهزين وإبداء ملاحظاته عليها خلال أسبوع من تاريخه في حين يقوم المدير العام بدراسة ملاحظات مدير المشتريات وأخذ المناسب لها .

ثامناً : يقوم قسم الإخراج في كثير من الأحيان بإجراءات إخراج البضاعة من الجمارك بعد التأكد من النوعية والكمية وسلامة البضاعة من العيوب والأضرار .

تاسعاً : يتم فحص المواد المستلمة لغرض التأكد من مطابقتها للمواصفات والكمية المتفق عليها مع المجهزين . تقوم بمهمة الفحص الدوائر الفنية بالمشاركة مع لجان الفحص التي تشكل من خبراء واختصاصيين لهذا الغرض . يتم الفحص وفق المعايير المتبعة في معهد إدارة الجودة العالمي .

وهذا يعنى أنه يبقى للشركة الدور الإشرافي على التنفيذ لمطابقة المواصفات ومتابعة سير العمل .

عاشراً : متابعة البضائع المرفوضة واتخاذ الإجراءات القانونية بحق المخالفة وإرسال عينات الفحص مع صاحب العلاقة أو إرسالها عن طريق الدائرة ذاتها والتنسيق مع دائرة الجمارك لتحديث البيانات أولاً بأول .

المصادر والمراجع

المصادر والمراجع

Chapter 1 :

1. Awad,E. "Management Information Systems - concepts, structure , and applications" the Benjamin Cummings publishing company, Inc 2004 .

2. Baddy,d. "Managing Information Systems" prentice – Hall.2004.

3. Cash,J. Building the Information - Age organization: structure , control , and Information technologies " . Buni ridge, "richard D, lrwin " 1994 .

4. Champy, J. "Now Batting cleanup : Information Technology, " computer world, October 28, 1996.

5. Chester, M "Basic Information System: analysis and design " . Mc grow-Hill 20. Cronin, M. " Doing more business on the Internet . 2nd ed. New York : van nostrand Reinhold. 1995.

6. Daven port, Th." Process innovation: reengineering work through information technology: Boston: Horvard Business school press , 1993 .

7. Darling, ch." Ease implementation woes with packaged data marts " data mation , 1997 .

8.   Hills,M . " Internet Business strategies" . New York: Join Wiley & sons, 1997 .

9. Haag ,S. "Information Systems Essentials" Mc graw Hill 2005 .

10. Keen,P."shaping the future : Business design through information technology: Cambridge Harvard Business school press, 1991 .

11. Malaga,R." Information systems technology" prentice hall 2004.

12. Newnan,P. computer related risks: new York: ACM press, 1995 .

Chapter 2:

1. Avison , D." Information systems development" McGraw-hil1 2003 .

2. Anderson, H." the rise of the extranet " pc today February 1997 .

3. Burden, K. "the cw guide toBusiness fntelligence software. " computer world . December 1994 .

4. Gurtis, G." Business information system" prentice hall 2004 .

5. Consulting, A." Foundations of business system" Dryden press 1989 .

6. Edward, T." How artificial intelligence has developed" . Journal of systems management . may 1986 .

7. Elliott ,G." global business information technology" Addison Wesley 2004

8. Garvin,D." Building a leaning organization" Harvard Business Review : July-1993 .

9. Gory , G."A framework for Management Information systems " sloan management review ,

fall 1989 .

10. Hoffer, J." Managing Information Technology "prentice-Hall 2004 .

11. Keen, P." shaping the future: Business design through information technology: Harvard Business school press. 1991 .

12. Hag , S." Management Information systems for the Information Age" McGraw -Hill 2005 .

13. Stallings, W." Business data commutations " prentice- Hall 2004.

14. Senn, J." Information .technology" prentice - hall 2004

15. Tim, osher "Artificial Intelligence : Tools,Techniques - and Application.Cambridge Mass , Harper and Row 1984 .

Chapter 3 :

1. Applegate, Lynda "paving the information Superhighway : Introduction to the internet " Harvard Business school (august 1995) .

2. Alavi, Maryam, " knowledge Management Systems : Issues challenges , and Benefits . " communications of the association for information systems 1 (February 1999) .

3. Andersen, C "Foundations" of Business Systems Hinsdalt , Dryden press, 1989 .

4. Greasley ; A. Business information Systems " Prentice Hall 2004 .

5. Hofstetter , F." Internet Technologies At Work" McGraw -Hall 2005 .

6. O'Leary, T." computing Today " Mc graw Hall 2005 .

7. Prescott, M ・ " Modern data base Management" prentice hall 2004 .

8. Storm, D. " Video conferencing focus " Internet world September 1997 .

Chapter 4 :

1. Ahituv, Niv, (pniciples of Information System for Management) and ed. Dubuque, lowa : Wm 1986 .

2. Bunch, J, (Information System : Theory and practice, 5th ed New York John wiley & Sons, 1989 .

3. Efraim, T (Integrating Expert Systems and Decision Support Systems. MIS Quartely June 1986.

4.   Houdeshed, G. (The Management Information And Decision Support System) MIS Quartely, march 1987.

5. Jessup L .(Information System Today – Why Is Matters, Prentice – Hall, 2005 .

6. John, R (Executive Support System : The Emergence of Top Management Computer Use Homewood . Dow John – Irwin, 1988 .

7. Post, G (Data Base Management System -McGraw– hall, 2005 .

8. Ralph, S. (Information System Management in

Practice) Prentice – hall 1986 .

9. Ramakrishna, R (Data Base Management) McGraw Hall 2005 .

10. Sprague, R. (Information Technology and Management) McGraw- hall 2005 .

11. Turban, E. (Decision Support and Expert Systems : Management Support System : New York : Macmillan, 1990 .

12. Vandenbosch, B. (Searching and Scanning: How Executive Obtain Information from Executive Information System) MIS quarterly, March 1997 .

13. Vachier, P (Business Data Networks and Telecommications) Prentice Hall 2004 .

14. Valacich, J. (Information System Today and Video Package) Prentice – Hall 2003 .

Chapter 5 :

1. Applegate,L."Corporate Information Strategy   Management " . McGraw hill 2005.

2. Bkay, B." workflow : The Key to Increasing Business Productivity", Fortune, March 17,1997.

3. Callon, J " Competitive Advantage Through Information Technology" , New York : McGraw – hill 1996.

4. Cronin, M. " Doing More Business on The Internet " New York : Van Nostrand Reinhold, 1995.

5. Cronin, M. " The Internet Strategy Handbook" Boston Harvard Business School Press 1996.

6.   Earl, M. "Experiences in Strategic Information System Planning " MIS quarterly . march 1993.

7.   Kurose, J: Computer Networking " Addison Wesly 2004.

8.   Laudon, K. " Essentials of Management Information System " Prentice . hall 2004.

9.   Miller, D. " Data Comumcations and Net work " McGraw. Hall 2005.

10.   Mcleod , R. "Management Information System – pearson Education International 2004.

11.   Neumann, S." Strategic Information Systems : Competition Through Information Technology" , New York Macmillan , College Publishing co. 1994.

12.   Sprague, R. " Information System Management In Practice, 3rd ed Englewood cliffs Prentice Hall , 1993.

Chapter 6 :

1.   Arlhar, A. " Foundations of Business Systems" Dryden Press – 1989.

2.   Chen, M. " Computer- Aided Software Engineering " Data Base . Spring 1989.

3.   Higson, A. "Corporate Financial reporting – Theory and practice " sage publications 2002.

4.   Fleischman, R. "Accounting History " Sage publications 2005 .

5.   Wilkinson, J " Accounting Information Systems : Essential . Concepts And Applications : John Wiley 1989.

6.   Martin , J. An End Users Guide to Data base , Englewood Cliffs , N. J. : Prentice – Hall 1981.

7.   Morgan, J. "Application Cases in Management Information Systems. McGraw – Hall 2004.

8.   Pru . Marriott " Introduction to Accounting " Sage publication 2002.

9.   Nicholson , M. " Mastering Accounting Skills" Palgrave Macmillan . 2006

Chapter 7 :

1.   Anderson, H. "The Rise of the Extranet . " Pc today. February 1997.

2.   Gushing, B. "Accounting Information System " 6th ed reading. MA : Addison Wesley publishing , 1994.

3.   Coombs, H. " Management Accounting : pal grave Macmillan . 2006.

4.   Coolittle. Seen "Intranets :The Next leavel . "pc Today. June, 1997.

5.   Hills M. " Intranet Business Strategies " New York: Wiley , 1997.

6.   Ordaining, A. " Information Technology and small Business , Antecedents and Consequences of Technology Adoption. Edward Elgar publishing , Inc 2006.

7.   Wilkinson , J. "Accounting Information System " : Essential Concepts and Application. John Wiley & Sons, 1997.

Chapter 8:

1. Buta, Paul. " Mining for Financial Knowledge with CBR " Al Expert, February 1994.

2. Barsanti, J " Expert Systems and you . " Information Executive, Winter 1989.

3. Bylinky, . : Technology in the year 2000" Fortune, July 18.1988.

4. Gageley, A"Management Accountion" London , sage Publishing 2006.

5. Psot, G. "Management Information Systems , Solving Business Problems with Information Technology. 3rd ed McGraw – Hill co, 2003.

6. Smith, M. " Performance Measurement and Management" SAGE Publications 2005.

Chapter 9:

1. Arthur, A. " Trends in Information Technology , 3rd ed . 1987.

2. Blattberg, R. " The Marketing Information Revolution " Boston : The Harvard Business School Press, 1994.

3. Gorry, G, " A Framework For Management Information Systems " , Sloan Management Review. Hall , 1971.

4. Gene, B. "The Race to the Automatic Factory " Fortune.

5. Higgins, K. " Your agent is calling " Communications Week. August 1996.

6.   king, N. " Email Reinvents itself. "Internet World, November 1997.

7.   Klassen, R. " Cases in Operations Management " London Sage publications 2005.

8.   Panatera, L. " Internet Strategies " SLM Network, April 1996.

Chapter 10:

1.   Arthar, A. " Trends in Information Technology , 3rd ed . 1987.

2.   Bennett, D. "Operations Management : A Strategic Approach " Sage publications, 2005.

3.   Bylinsky , G. " To Create Products, go into cave " Fortune , February 1996.

4.   Daven port , Th.. " Process Innovation : reengineering work through information technology Boston : Harvard Business School press.

5.   Forga, C. " Product information management for mass Customization " Macmilan2 .

6.   Gene, B. The Race to Automatic Factory "fortune. February 1983.

7.   Iansiti, Marco " Developing products on Internet time . "Harvard Business review , September- October 1997.

8.   Krar, S. "technology of machine tools " McGraw Hill 2005.

9.   Olin. B. " Computer integrated manutactring " Digital Press 1988.

10.   Smith. K. " Project Management and teamwork " McGraw Hill 2003.

11.   Sloan . R" Manufacturing Decision Support Architecture Information Systems Management, Winter 1995.

12.   Thomas, D "The new inductile engineering Sloan Management revels sawan 1990.

13.   Yeates , D. " Project Management for Information System " Prentice Hall, 2004.

Chapter 11:

1.   Botchner, Ed : " Data mining plumbing the depths of corporate databases. " Computer World , April 21, 1997.

2.   Fitzgerald, M. " Users trying again with sales force automation" computer world . November 28, 1994.

3.   Stein Field , ch. "The Impact of Electronic Commerce on Buyer- seller relationship " JCMCI no.3.December,1995.

Chapter 12:

1.   Callon, J. Competitive Advantage Through Information Technology . New York : McGraw - Hill , 1996.

2.   El- Sawy, O. " Redesigning Enterprise Processes for E-Business , Boston : Irwin McGraw – Hill, 2005.

3.   Martin, C " The Digital Estate , Strategies for Competing , Surviving , and thriving in an Internet Worked world , NW McGraw – Hill, 1997.

4. PEGEIS , C " Total Quality Management : A Survey of its Important aspects : Danvers, MA : boyd & Fraser Publishing , 1995.

5. Zahedi, F. " quality information System : Danvers MA : boyd & Fraser Publishing co, 1995.

Chapter 13:

1. As brand, D. " Squeeze out Excess costs with Supply Chain solutions " Datamation, March, 1997.

2. Carr, H. " Management of telecommunication " McGraw - Hill , 2005.

3. Deitel , P. " Internet and World Wide Web : How to program " prentice Hall , 2004.

4. Long , N. " Computer" Prentice Hall , 2004.

   Larry , L. : Computer brief " Prentice Hall 2004.

5. Marion , L. " New Links in the value chain " Computer World . June 12, 1995.

6. Nicholls , A. Fair Trade : Maket – Driven ethical consumption " sage publication , 2006.

7. Marshall . F. " what is the right supply chain for your product ? " Harvard business review . March, April , 1997.

8. William, B. "Using Information Technology " McGraw- Hall, 2005.

9. Waltner, C. " Internets Building links " Communcation Week November 11. 1996.

10. Zaid,I. "Mastering The Internet" Prentice – Hall 2004.

Chapter 14:

1.   Cash, J. " Gaining Customer Loyality Information Week , April , 1995.

2.   Forogan, B. "Business Data Communication " McGraw- Hill 2005.

3.   Hag, S. " Management Information System for the Information Age " 2005.

4.   Hills , M. " Internet Business Strategies , New York : John Wily & sons 1997.

5.   Jessup, L. " Information Systems Today " Prentice Hall 2004.

6.   Laudon, K. " Essentials of Management Information Systems . Prentice – Halld.

7.   Morgan, J. " Application Cases in Management Information Systems " McGraw – Hill, 2005.

8.   Malaga, R. " Information Systems Technology" Prentice hall 2004.

9.   O'Brien, J "Information To Information Systems " McGraw – Hill, 2005.

10.   Vernis , A. " Nonprofit Organization : Challenges and Collaboration – palgrave Macmillan 2006.

11.   Avis on , D. " A Management Approach to Database Application " McGraw – Hill, 2005.

12.   Bouwman, H. " Information and communication Technology in organization " London- Sage Applications 2005.

13.   Fred , M. " Database Management. Menio Park ,

Calif Benjamin / Cummings, 1988.

14. Jame , M. " An end user's guide to data base " .. Engle wood cliffs, N. j. prentice- Hall 1981.

Chapter 15:

1. Aronson , J . " Decision Support System" and Intelligent System Prentice Hall 2005 .

2. Cox , E. "Application of fuzy System Models" Al Expert, Octobers 1992

3. Cox , earl , "solving problem with fuzy logic : Al expert , march 1992

4. Cronin , M . "Using the web to push Key data to decision makers : fortune , sept . 1997

5. George , H . "The management information and decision support system " MIS quarterly. March 1987

6. John , G . "Knowlodge system for business : Integrating Expert Systems and MIS : Englewood Clifs , Prentice – Hall , 1988.

7. Negenevitsky , M. " Artificial Intelligence " Addition Wesley 2004 .

8. Luger, G. " Artificial Intelligence " Addition Wesley 2004.

9. Sliva, C. " Soft Computer and Intelligent Systems Design " addition Wesley 2004.

10. Stedman, Ch : "Data Mining Despits the Dangers, Computer World, December.

11. Watson , H. Determining Information Requirement

for an EIS " MIS Quarterly, September 1993.

12.   Watson, H. " Guidelines for designing ELS Intertakes " Information System Management. fall 1994.

13.   Winston , P. Retaking Artificial Intelligence " Program Anouncement, Massachusetts : Institute of Technnology, September, 1977.

Chapter 16:

1.   Applegate, L. " Corporate Information Stategy Management " McGraw – Hill 2003.

2.   Anderson, H. " The Rise of the Extranet " pc Tody February 1997.

3.   Alter, S. " Information Systems : Foundation of E- Business " Prentice hall , 2002.

4.   Bandyopadhady, N. " E- Commerce" McGraw- Hill 2002.

5.   Cingit, I. " E- Commerce Technology " Addition Wesley 2004.

6.   Curtis, G. " Business Information System " Practice hall 2004.

7.   Doorley, A. " Business Data Communication " Prentice – Hall 2004.

8.   Chaud hury , A "E- Business and E- Commerce Information 2002.

9.   Elliott, G. " Global Business Information Technology " An integrated Systems Approach " Addition Wesley 2004.

10. Greasley, A" Business Information System Technology Development and Management for the E- Business , Prentice-hall, 2005.

11. Halper, M. "Meet the New Middlemem " Computer World Commerce, April 28,1997.

12. Halsall, F"Computer Networking and the Internet" Addition Wesley 2004.

13. Iacovou, Ch" Electronic Data interchange and small Organization : Adoption and impact of Technology " MIS quarterly , dec 1995.

14. Kalakota, R" Frontiers of Electronic Commerce " "Addition Wesley publishing company – 1997.

15. Kalakota, R. " Eleetionc Commerce : A Management Guide " Reading MA " Addition Wesley 1998.

16. London, K. " E- Commerce " " Addition Wesley 2004.

17. Loshin, p. " The Electronic Marke Place. Pctoday, July 1996.

18. Loshin, P " The Mechanics of Buying and Selling on the Internet " pc today . February 24, 1997.

19. O'Brien, J "Introduction To Information Systems " McGraw – Hill, 2005 .

20. May, Thomas " Electronic Commerce : Three Truths for is " Computer World Leader ship seaers, April 1997.

21. O'Reilly, Tim " Publishing Models for Internet Commerce . ACM 1996.

22. Turban , e " Introduction to E- commerce " Prentice hall 2004.

23. Williams, B " Using information Technology" McGraw, Hill 2004.

T0271302

Printed in the United States
By Bookmasters